合格ガイド

1級会計

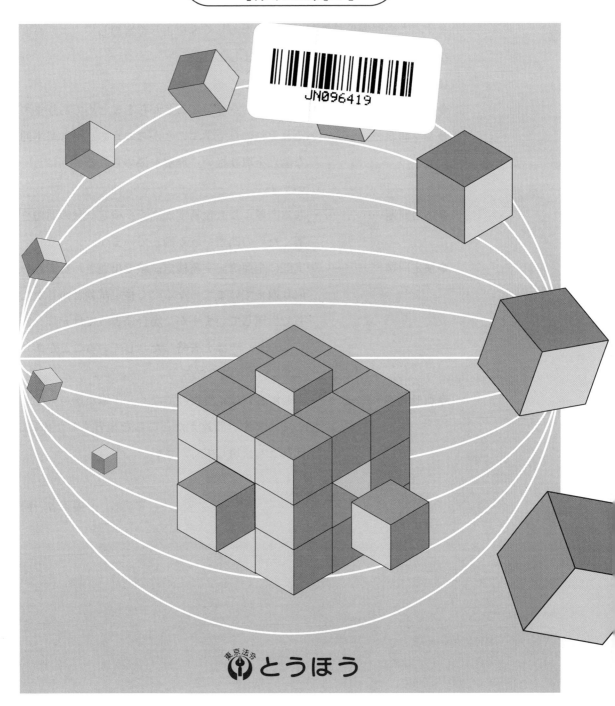

JN096419

東京法令 とうほう

まえがき

　本書は複式簿記の理解を深め，全商簿記実務検定試験に合格できるように構成されています。現代は変化の速度が速く，企業を取り巻く環境も複雑になってきていますが，そうした時代だからこそ簿記の学習が役に立ちます。この問題集で簿記の基礎となるしくみを正しく習得して，より高度な考え方を理解していくようにしましょう。

【内容】

◆学習の要点……………それぞれの章で学ぶことがらをまとめてあります。

◆基本問題………………それぞれの章で学ぶことがらのうち，最も基本的な論点を取り扱い，理解を深められるようにしています。

◆応用問題………………基本問題よりも難易度が高く，検定試験の問題を解くための問題を取り揃えています。

◆検定問題………………実際に全商簿記実務検定試験で出題された問題を取り揃えています。なるべく検定試験と同じかたちで出題していますが，場合によっては元号を修正したり，一部を省略したりしていることがあります。

◆別冊解答………………別冊解答には正解だけでなく，丁寧な解説も記載しています。間違えたところを復習するために，ぜひとも活用してください。

編著者一同

もくじ

I　会計の基礎

第1章　財務会計の概要

学習の要点 ●●●

1．企業会計と財務会計の意義・役割

　企業の経営活動を記録・計算・整理し，報告する手続を**企業会計**という。企業を取り巻く**利害関係者（ステークホルダー）**が，自己の利益を守り，適正な意思決定をおこなうための情報を提供することが企業会計の役割である。企業会計は，その情報を提供する相手によって**財務会計**と**管理会計**に分類される。

> 財務会計……企業外部の利害関係者に対し，企業の一定時点における**財政状態**（投資のポジション）および一定期間の**経営成績**（投資の成果）を報告することを目的とした会計をいう。財務会計には，経営者・株主・債権者などの利害を調整する**利害調整機能**と，投資家の意思決定に役立つ情報を提供する**情報提供機能**という2つの機能がある。

> 管理会計……企業内部の経営者などに対し，経営管理に役立つ会計情報を提供することを目的とした会計をいう。

2．会計公準

　企業会計を適正におこなうために必要な基礎的前提のことを**会計公準**という。会計公準は，会計慣行のなかで社会に広く認められているものであり，次の3つがある。

> ①企業実体の公準（会計単位の公準）
> 　出資者と区別された企業それ自体を，会計計算の範囲と考える前提のこと。
> ②継続企業の公準（会計期間の公準）
> 　人為的に区切った会計期間を単位として期間損益計算をおこなうという前提のこと。
> ③貨幣的評価の公準（貨幣的測定の公準）
> 　会計における記録・計算・報告のすべてを，貨幣額によっておこなうという前提のこと。

3．会計情報開示の重要性と企業の社会的責任

　企業の経営者は，信頼できる財務諸表によって，企業の財政状態や経営成績に関する有用な会計情報を**開示（ディスクロージャー）**する必要があり，会計情報の開示に対して重大な責任を負う。

　近年では財務報告の目的を，投資家の意思決定に有用な情報（企業価値評価の基礎となる将来キャッシュフローの予測に役立つ情報）を提供することであるとする見方もある。この場合，企業の不確実な成果の予測は投資家の自己責任でおこなわれるため，経営者の責任は**事実の開示**となる。

　また，企業は利益を追求するだけでなく，さまざまな利害関係者との調和をはかりながら経営活動を営み，社会全体に与える影響に責任をもち，あらゆる利害関係者からの要求に対して，適正な意思決定をしていかなければならない。これを**企業の社会的責任（CSR）**と

いう。

4．財務諸表の構成要素

　財務諸表の構成要素には，**資産・負債・純資産・包括利益・純利益・収益・費用**などがある（包括利益については，本書では取り扱わない）。

5．会計法規

　制度会計を支えている法律には，次の3つがある。

①会社法

　会社全般に関する基本的な規制を中心に規定する法律であるが，第2編第5章「計算等」において株式会社の会計を規定し，各種の計算書類等の作成と報告を義務づけている。具体的な取り扱いについては，法務省令である**会社法施行規則**や**会社計算規則**によって定められている。

②金融商品取引法

　有価証券の発行および金融商品の取引などを公正にすることで有価証券の流通を円滑にし，また金融商品などの公正な価格形成をはかることで国民経済の健全な発展と投資家の保護をはかろうとする法律である。金融商品取引法が適用される株式会社（おもに上場会社）は，**財務諸表等規則**に定められたルールにしたがって財務諸表を作成する。

③法人税法

　課税所得の計算および課税額の算出を目的とする法律である。

6．会計基準

　企業の経営者のおこなう会計処理に一定の規制を加え，適正な財務諸表を完成させるためのルールを**会計基準**という。わが国における最初の本格的な会計基準である**企業会計原則**は，会計処理および報告に関する基本原則を明確にしたもので，企業会計の実務のなかに慣習として発達したもののなかから，一般に公正妥当と認められたところを要約したものである。現在の日本の会計基準は，企業会計原則のほか，民間組織である**企業会計基準委員会（ASBJ）**が公表する**企業会計基準**などから構成されている。

　また，近年の会計基準の国際的統合化の流れから，国際会計基準審議会（IASB）によって**国際財務報告基準（IFRS）**が設定され，わが国においてもその適用のあり方が検討されている。

7．企業会計原則の構成

第1	一般原則	1	真実性の原則
第2	損益計算書原則	2	正規の簿記の原則
第3	貸借対照表原則	3	資本取引・損益取引区別の原則
（企業会計原則注解）		4	明瞭性の原則
		5	継続性の原則
		6	保守主義の原則
		7	単一性の原則

　※重要性の原則は，企業会計原則注解に規定されている。

基本問題

解答p.2

1 次の各文の _____ のなかにあてはまるもっとも適当な語を下記の語群のなかから選び，その番号を記入しなさい。

(1) 企業会計は，その情報を提供する相手によって ア と イ に分類される。企業の会計情報を，企業外部の利害関係者に対して提供するのが ア であるのに対し，企業内部の経営者などに対して提供するのが イ である。

(2) 株主や債権者，取引先，従業員，投資家，税務署，一般消費者や地域社会など，企業を取り巻くさまざまな利害関係者のことを英語で ウ と表現することもある。

(3) 企業は財務諸表を作成し，利害関係者に対して企業の一定時点における エ や一定期間の オ などを報告する。

(4) ア には，経営者・株主・債権者などの利害を調整する カ と，投資家の意思決定に役立つ情報を提供する キ という２つの機能がある。

(5) 企業会計を適正におこなうために必要な基礎的前提のことを ク という。これには ケ の公準・ コ の公準・ サ の公準の３つがあり，出資者と区別された企業それ自体を会計計算の範囲と考える前提を ケ の公準，人為的に区切った会計期間を単位として期間損益計算をおこなうという前提を コ の公準，会計における記録・計算・報告のすべてを貨幣額によっておこなうという前提を サ の公準という。

(6) 企業が自社の会計情報を開示することを英語で シ といい，企業の経営者は会計情報の開示に対して重大な責任を負う。

(7) 近年では財務報告の目的を， ス の意思決定に有用な情報を提供することであるとする見方もある。この場合，企業の不確実な成果の予測は ス の自己責任でおこなわれるため，経営者の責任は セ の開示となる。

(8) 企業は利益を追求するだけでなく，さまざまな利害関係者との調和をはかりながら経営活動を営み，社会全体に与える影響に責任をもち，あらゆる利害関係者からの要求に対して，適正な意思決定をしていかなければならない。これを ソ という。

語群

1．企業実体	2．ディスクロージャー	3．投資家	4．貨幣的評価
5．経営成績	6．情報提供機能	7．財政状態	8．事実
9．管理会計	10．ストックホルダー	11．企業の社会的責任	12．継続企業
13．財務会計	14．ステークホルダー	15．利害調整機能	16．会計公準

(1)		(2)	(3)		(4)	
ア	イ	ウ	エ	オ	カ	キ

(5)				(6)	(7)		(8)
ク	ケ	コ	サ	シ	ス	セ	ソ

2　次の各文の ☐☐☐ のなかにあてはまるもっとも適当な語を下記の語群のなかから選び，その番号を記入しなさい。また，次の各文の ┦　　┦ のなかから正しい語を選び，その番号を記入しなさい。

(1) 資産とは，過去の取引または事象の結果として，報告主体が支配している ア をいう。ア とは，イ の獲得に貢献する便益の源泉をいい，実物財に限らず，金融資産およびそれらとの同等物を含む。

(2) 負債とは，過去の取引または事象の結果として，報告主体が支配している ア を放棄もしくは引き渡す ウ ，またはその同等物をいう。

(3) 純資産とは，資産と負債の エ をいう。

(4) 純利益とは，特定期間の期末までに生じた純資産の変動額のうち，その期間中にリスクから オ された投資の カ である。純利益は，純資産のうちもっぱら株主資本だけを増減させる。

(5) 収益とは，純利益を(a)┦ 1．増加　　2．減少 ┦させる項目であり，特定期間の期末までに生じた資産の(b)┦ 1．増加　　2．減少 ┦や負債の(c)┦ 1．増加　　2．減少 ┦に見合う額のうち，投資のリスクから オ された部分である。

(6) 費用とは，純利益を(d)┦ 1．増加　　2．減少 ┦させる項目であり，特定期間の期末までに生じた資産の(e)┦ 1．増加　　2．減少 ┦や負債の(f)┦ 1．増加　　2．減少 ┦に見合う額のうち，投資のリスクから オ された部分である。

語群
1．ポジション　　2．経済的資源　　3．差額　　4．権利
5．キャッシュ　　6．義務　　　　7．解放　　8．合計額
9．実現　　　　　10．成果

(1)		(2)	(3)	(4)	
ア	イ	ウ	エ	オ	カ

(5)			(6)		
(a)	(b)	(c)	(d)	(e)	(f)

3　次の各文を読んで，正しいものには○印を，誤っているものには×印を記入しなさい。

(1) 企業の従業員や一般消費者は，企業の利害関係者には含まれない。

(2) 会計期間を人為的に区切る必要があるのは，企業は永続的に経営活動をおこなうという前提があるからである。

(3) 財務報告の目的を，投資家の意思決定に有用な情報の提供であると考えた場合，企業の不確実な成果の予測については，会計情報を開示する経営者自身がおこなう。

(4) 営利企業の目的は利益を追求することなので，自然環境に配慮する必要はない。

(5) 金融商品取引法のおもな適用対象は，証券取引所に株式が上場されている会社である。

(1)	(2)	(3)	(4)	(5)

4 次の各文の □□□ のなかにあてはまるもっとも適当な語を下記の語群のなかから選び, その番号を記入しなさい。

(1) 会計法規の1つである ［ ア ］ は, 会社全般に関する基本的な規制を中心に規定し, おもな利害関係者である経営者・株主・債権者の相互の利害を調整する目的で制定された法律である。そのなかで株式会社の会計を規定し, 各種の計算書類等の作成と報告を義務づけている。具体的な取り扱いについては, 法務省令である ［ イ ］ や ［ ウ ］ によって定められている。

(2) 会計法規の1つである ［ エ ］ は, 有価証券の発行および金融商品の取引などを公正にすることで有価証券の流通を円滑にし, また金融商品などの公正な価格形成をはかることで国民経済の健全な発展と投資家の保護をはかろうとする法律である。［ エ ］ が適用される株式会社は, ［ オ ］ に定められた項目の分類・配列・区分表示にしたがって財務諸表を作成する。こうして作成された財務諸表は, 有価証券届出書や有価証券報告書にまとめられて内閣総理大臣に提出されるとともに, 広く開示される。

(3) 会計法規の1つである ［ カ ］ は, 課税所得の計算および課税額の算出を目的とする法律であり, 独自の会計処理方法を定めている。

(4) わが国における最初の本格的な会計基準である ［ キ ］ は, 会計処理および報告に関する基本原則を明確にしたもので, 企業会計の実務のなかに ［ ク ］ として発達したもののなかから, 一般に公正妥当と認められたところを ［ ケ ］ したものである。

(5) 現在の日本の会計基準は, ［ キ ］ のほか, 民間組織である ［ コ ］ (ASBJ) が公表する企業会計基準などから構成されている。

(6) ［ キ ］ は, 会計の包括的な基本ルールを定めた ［ サ ］ ・損益計算書を作成するときの会計処理および表示に関する規定である ［ シ ］ ・貸借対照表を作成するときの会計処理および表示に関する規定である ［ ス ］ の3つの原則で構成されている。

(7) 近年, 企業の経営活動が国際化するなかで, 会計基準の国際的統合化の流れから, 国際会計基準審議会 (IASB) によって世界共通の会計基準である ［ セ ］ (IFRS) が設定され, わが国においてもその適用のあり方が検討されている。

語群
1．会社法施行規則　　2．民法　　　　　　　3．企業会計基準委員会　　4．企業会計原則
5．一般原則　　　　　6．貸借対照表原則　　7．金融商品取引法　　　　8．会社法
9．慣習　　　　　　　10．企業会計審議会　　11．国際財務報告基準　　　12．財務諸表等規則
13．法人税法　　　　　14．会社計算規則　　　15．損益計算書原則　　　　16．要約

(1)			(2)		(3)
ア	イ	ウ	エ	オ	カ

(4)			(5)	(6)			(7)
キ	ク	ケ	コ	サ	シ	ス	セ

5 次の各文は，企業会計原則の一般原則と，企業会計原則注解の重要性の原則について述べたものである。各文の ☐ のなかにあてはまるもっとも適当な語を下記の語群のなかから選び，その番号を記入しなさい。なお，同一の用語を重複して用いてもよい。

(1) 真実性の原則……企業会計は，企業の ☐ア☐ および ☐イ☐ に関して，☐ウ☐ な報告を提供するものでなければならない。

(2) 正規の簿記の原則……企業会計は，すべての取引につき，☐エ☐ にしたがって，正確な ☐オ☐ を作成しなければならない。

(3) 資本取引・損益取引区別の原則……資本取引と損益取引とを明瞭に区別し，特に ☐カ☐ と ☐キ☐ とを混同してはならない。

(4) 明瞭性の原則……企業会計は，財務諸表によって，☐ク☐ に対し必要な会計事実を ☐ケ☐ に表示し，企業の状況に関する判断を誤らせないようにしなければならない。

(5) 継続性の原則……企業会計は，その処理の原則および ☐コ☐ を毎期 ☐サ☐ して適用し，みだりにこれを変更してはならない。

(6) 保守主義の原則……企業の財政に ☐シ☐ な影響を及ぼす可能性がある場合には，これに備えて適当に ☐ス☐ な会計処理をしなければならない。

(7) 単一性の原則……株主総会提出のため，☐セ☐ 目的のため，租税目的のため等種々の目的のために異なる ☐ソ☐ の財務諸表を作成する必要がある場合，それらの内容は，信頼しうる ☐タ☐ にもとづいて作成されたものであって，政策の考慮のために事実の ☐チ☐ な表示をゆがめてはならない。

(8) 重要性の原則……企業会計は，定められた会計処理の方法にしたがって正確な計算をおこなうべきものであるが，企業会計が目的とするところは，企業の財務内容を明らかにし，企業の状況に関する利害関係者の判断を誤らせないようにすることにあるから，重要性の ☐ツ☐ ものについては，本来の厳密な会計処理によらないで他の簡便な方法によることも ☐テ☐ にしたがった処理として認められる。

語群
1. 乏しい　2. 健全　3. 明瞭　4. 会計記録
5. 信用　6. 財政状態　7. 資本剰余金　8. 明瞭性の原則
9. 有利　10. 手続　11. 真実　12. 高い
13. 会計帳簿　14. 利益剰余金　15. 不利　16. 継続
17. 正規の簿記の原則　18. 形式　19. 経営成績　20. 利害関係者

(1)			(2)		(3)	
ア	イ	ウ	エ	オ	カ	キ

(4)		(5)		(6)	
ク	ケ	コ	サ	シ	ス

(7)				(8)	
セ	ソ	タ	チ	ツ	テ

応用問題

解答p.3

1 次の書類のうち，会社法に定められている計算書類と，金融商品取引法に定められている財務諸表にあてはまるものをそれぞれすべて選び，その番号を記入しなさい。なお，同一の用語を重複して用いてもよい。

1．貸借対照表　　　　2．損益計算書　　3．キャッシュ・フロー計算書
4．株主資本等変動計算書　5．個別注記表　　6．附属明細表

会社法		金融商品取引法	

2 次の各文を読んで，正しいものには○印を，誤っているものには×印を記入しなさい。

(1) 保守主義の原則によると，固定資産の減価償却の方法について，正当な理由もないのに定額法から定率法に変更してはならない。

(2) 正規の簿記の原則では，すべての取引を整然と記帳することが求められているが，そのためのもっともふさわしい方法として複式簿記による記帳が挙げられる。

(3) 単一性の原則によると，ある固定資産について，株主総会提出用の財務諸表には定額法で計算した減価償却費を計上する一方で，税務署提出用の財務諸表には定率法で計算した減価償却費を計上してもよい。

(4) 明瞭性の原則の具体的な適用例として，財務諸表における項目の区分や配列に一定の基準を設けたり，同一の企業に対する債権と債務などを相殺せずに総額で表示したり，重要な会計方針について注記したりすることなどが挙げられる。

(5) 重要性の原則によると，消耗品のうち重要性の乏しいものを買い入れたときは，未使用であっても資産として処理せずに，費用として処理することができる。

(6) 資本取引・損益取引区別の原則によると，新たに株式を発行したさいに株主から払い込まれた金額を，利益剰余金として計上してはならない。

(7) 正規の簿記の原則は企業会計の最高規範であり，ほかの6つの一般原則と損益計算書原則および貸借対照表原則を総括する原則である。

(8) 継続性の原則によって，会計処理の原則または手続の不当な変更による意図的な利益操作を防いだり，会計期間ごとの利益の比較可能性を保ったりすることができる。

(9) 真実性の原則は，企業会計原則の一般原則ではなく，企業会計原則注解の注1に規定されている。

(10) 企業会計はすべての取引について，正規の簿記の原則にしたがって正確な会計帳簿を作成しなければならないが，勘定科目の性質や金額の大小から判断して，重要性の乏しいものについては，本来の厳密な方法によらないで他の簡便な方法によって処理しても問題ない。

(1)	(2)	(3)	(4)	(5)
(6)	(7)	(8)	(9)	(10)

3 次の各文の下線の引いてある語が正しいときは○印を，誤っているときは正しい語を記入しなさい。

〔注意〕ただし，正しい語を書きなおしたときは，たとえ同じ意味を示す語を記入した場合も誤答となる。

(1) 企業会計を適正におこなうために必要な基礎的前提のことを(a)会計公準という。このうち，出資者と区別された企業それ自体を会計計算の範囲と考える前提を(b)継続企業の公準という。

(2) (c)費用とは，過去の取引または事象の結果として，報告主体が支配している(d)経済的資源を放棄もしくは引き渡す義務，またはその同等物をいう。

(3) (e)純利益とは，特定期間の期末までに生じた純資産の変動額のうち，その期間中にリスクから解放された投資の(f)ポジションである。

(4) 有価証券の発行および金融商品の取引などを公正にすることで有価証券の流通を円滑にし，また金融商品などの公正な価格形成をはかることで国民経済の健全な発展と投資家の保護をはかろうとする法律を(g)会社法という。この法律に定められている財務諸表には，貸借対照表，損益計算書，キャッシュ・フロー計算書，株主資本等変動計算書および(h)附属明細書がある。

(5) 会計処理および報告に関する基本原則を明確にしたもので，企業会計の実務のなかに慣習として発達したもののなかから，一般に公正妥当と認められたところを要約したものが(i)企業会計基準である。このなかの一般原則は7つの原則から構成されており，そのなかで，ほかの6つの一般原則を総括する基本的な原則を(j)正規の簿記の原則という。

(6) すべての取引を，秩序正しく組織的に記帳し，正確な会計帳簿を作成することを求めているのが(k)真実性の原則である。そのためのもっともふさわしい方法として(l)複式簿記による記帳が挙げられる。

(7) 1つの会計事実について2つ以上の会計処理の原則または手続の選択適用が認められている場合，いったん採用した会計処理の原則または手続は，(m)正当な理由がないかぎり，変更してはならない。これは(n)単一性の原則によるものである。

(8) 財務諸表は種々の目的に応じてその形式が異なることはあっても，それらは信頼できる(o)販売記録にもとづいて作成され，実質的な内容は同じでなければならない。これは(p)継続性の原則によるものである。

(1)		(2)	
(a)	(b)	(c)	(d)
(3)		(4)	
(e)	(f)	(g)	(h)
(5)		(6)	
(i)	(j)	(k)	(l)
(7)		(8)	
(m)	(n)	(o)	(p)

検定問題

解答p.4

1 次の各文の □□□□ のなかにあてはまるもっとも適当な語を下記の語群のなかから選び，その番号を記入しなさい。なお，同一の用語を重複して用いてもよい。

(1) 財務諸表は，利害関係者が企業の財政状態および経営成績を正しく判断できるように，必要な会計事実を明瞭に表示しなければならない。これを ア の原則という。これによると，貸付金￥800,000と イ ￥500,000を相殺して貸付金￥300,000として表示することは認められない。

　（第94回）

(2) 企業会計は，すべての取引につき ウ の原則にしたがって，正確な会計帳簿を作成しなければならない。この原則は，網羅的，秩序的かつ明瞭に取引を記録することを求めており，この原則にそった記帳には エ がもっとも適している。　（第93回）

(3) 会計処理のさい，勘定科目の性質や金額の大小などから判断し，影響が小さいものについては，簡便な方法を採用することができる。これは， オ の原則の適用によるものである。たとえば，少額の消耗品について，買入時または払出時に カ として処理する方法を採用することができる。　（第93回）

(4) 株主総会への提出，信用目的，租税目的など利用目的によって，形式が異なる財務諸表を作成する必要がある場合，それらの内容は信頼しうる キ に基づいて作成されたものであり，実質的に同じでなければならない。これを ク の原則という。　（第92回）

(5) 企業会計において，いったん採用した会計処理の原則および手続きは，毎期継続して適用し，正当な理由がないかぎり変更してはならない。これを ケ の原則という。なお，正当な理由によって会計処理の原則および手続きを変更したときは，財務諸表にこのことを コ しなければならない。

　（第91回）

(6) 企業が自社の会計情報を開示することを サ といい，わが国では会社法や金融商品取引法によって規制されている。会社法は，株主に対する計算書類の提供や，貸借対照表・損益計算書の要旨を官報や新聞等で公告することを規定している。また，金融商品取引法は， シ の開示を義務づけている。　（第91回）

(7) 財務諸表を作成する場合，固定資産の減価償却の方法などの重要な会計方針を ス するなどとして，利害関係者に対し，企業の状況に関する判断を誤らせないようにしなければならない。これは セ の原則によるものである。　（第90回）

語群

1．明瞭性	2．ステークホルダー	3．費用	4．有価証券報告書
5．附属明細書	6．単一性	7．ディスクロージャー	8．複式簿記
9．重要性	10．注記	11．借入金	12．真実性
13．会計記録	14．単式簿記	15．正規の簿記	16．継続性

(1)		(2)		(3)		(4)	
ア	イ	ウ	エ	オ	カ	キ	ク

(5)		(6)		(7)	
ケ	コ	サ	シ	ス	セ

2　次の各文の 　　　　 のなかにあてはまるもっとも適当な語を下記の語群のなかから選び，その番号を記入しなさい。

(1)　株主・債権者など企業の経営に直接かかわらない外部の者に対しておこなう外部報告会計を　ア　という。この会計には，配当金などによる企業の財産の分配について，それが適正である根拠を財務諸表によって示し，利害関係者を納得させる利害調整機能がある。また，投資家に対して意思決定に必要な財務諸表を開示する　イ　機能もあり，これは企業の資金調達を円滑にする重要な機能とされている。　　　　　　　　　　　　　　　　　　　　　　　　　　　　　　（第87回）

(2)　国民経済の健全な発展と投資者の保護を目的として，財務諸表の作成や監査についての規定を設け，証券取引所に株式が上場されている会社などが適用対象となる法律を　ウ　という。この規定では有価証券報告書や有価証券届出書の提出を求められているが，それらに含まれる貸借対照表や損益計算書などは　エ　に定められた項目の分類・配列・区分表示にしたがって作成する。　　　　　　　　　　　　　　　　　　　　　　　　　　　　　　　　　　　　　　（第86回）

(3)　企業会計審議会により1949年に設定された　オ　は，わが国の重要な役割をはたしてきた会計基準である。その後，1900年代後半から国際会計基準に合わせる動きが強まり，新たな会計基準が相次いで設定されてきた。また，2001年から会計基準は民間組織である　カ　により設定されている。　　　　　　　　　　　　　　　　　　　　　　　　　　　　　　　　　　　　　　　（第81回）

(4)　企業会計は，すべての取引について，　キ　の原則にしたがって，正確な会計帳簿を作成しなければならない。しかし，事務用文房具など少額の資産については，その買入時に全額を費用として処理し，期末に未使用分が生じた場合でも資産に計上しない方法をとることができる。これは　ク　の原則の適用例である。　　　　　　　　　　　　　　　　　　　　　　　　　　　（第80回）

(5)　株主総会や税務署に提出するなど利用目的の違いから，異なる形式の財務諸表を作成することがある。しかし，それらの内容は信頼しうる　ケ　に基づいて作成され，実質的に同じでなければならない。これは　コ　の原則によるものである。　　　　　　　　　　　　　　　　　　（第79回）

(6)　商品の払出単価の計算を，正当な理由なく先入先出法から移動平均法に変更することが認められないのは　サ　の原則によるものである。この原則により財務諸表の期間比較が可能になり，また，　シ　の防止ができる。　　　　　　　　　　　　　　　　　　　　　　　　　　　（第76回）

(7)　財務諸表を作成する場合，わかりやすい表示方法を採用したり，固定資産の減価償却方法や費用・収益の計上基準などの重要な　ス　を注記することによって，利害関係者に企業の状況に関する判断を誤らせないようにするのは　セ　の原則によるものである。　　　　　　　　　（第57回）

語群

1．正規の簿記	2．保守主義	3．企業会計基準委員会	4．管理会計
5．金融商品取引法	6．会計記録	7．会計方針	8．情報提供
9．財務会計	10．会社計算規則	11．継続性	12．明瞭性
13．企業会計審議会	14．真実性	15．財務諸表等規則	16．利益操作
17．単一性	18．企業会計原則	19．重要性	20．会社法

(1)		(2)		(3)		(4)	
ア	イ	ウ	エ	オ	カ	キ	ク

(5)		(6)		(7)	
ケ	コ	サ	シ	ス	セ

Ⅱ 会計処理

第1章 資産の分類と評価

学習の要点 ●●●

1．貨幣性資産と費用性資産

貨幣性資産		貨幣のように支払手段として役立つ資産。 例 現金預金・受取手形・売掛金など
非貨幣性資産	費用性資産	販売や使用・消費によって費用となる資産。 例 商品・製品・建物・備品など
	その他	販売や使用・消費によって費用化しない資産。 例 土地・建設仮勘定など

2．事業資産と金融資産

事業資産	企業の本来の事業活動に利用することを目的とした資産。 例 棚卸資産・固定資産など
金融資産	金融活動に利用することを目的とした資産。 例 現金預金・金銭債権・売買目的有価証券など

3．貸借対照表における資産の表示区分

流動資産	当座資産	即時の支払手段として役立つ資産。 例 現金預金・受取手形・電子記録債権・売掛金・売買目的有価証券など
	棚卸資産	販売または消費する目的で保有するもので，棚卸によって有高を知ることができる資産。 例 商品・製品・消耗品・仕掛品・材料など
	その他の流動資産	当座資産・棚卸資産以外の流動資産。 例 短期貸付金・未収金・前払金・前払費用・未収収益など
固定資産	有形固定資産	長期にわたって使用される具体的なかたちのある資産。 例 建物・構築物・機械装置・備品・土地など
	無形固定資産	長期にわたって使用される具体的なかたちのない資産。 例 特許権・のれん・ソフトウェアなど
	投資その他の資産	長期の利殖・他企業の支配などの目的で保有する資産やその他の長期性資産。 例 投資有価証券・関係会社株式・長期貸付金・長期前払費用など
繰延資産（発展的な内容）		本書p.77参照。

４．資産の分類基準

資産の分類基準には，次の２つがある。

①営業循環基準（operating-cycle rule）

企業の通常の営業活動の循環過程で生じた資産を**流動資産**とする基準。

→現金預金・受取手形・電子記録債権・売掛金・商品・製品・原材料などは流動資産に分類される。

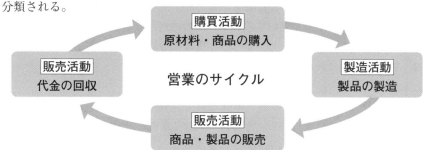

②１年基準（one-year rule）

決算日の翌日から１年以内に現金化または費用化する資産を**流動資産**とし，それ以外を**固定資産**とする基準。

→短期貸付金や前払費用などは流動資産に分類され，長期貸付金や長期前払費用などは固定資産に分類される。

なお，資産はまず営業循環基準を適用して，企業の営業活動の循環過程で発生したものを**流動資産**とする。それ以外のものについて，次に１年基準を適用して，決算日の翌日から１年以内に回収または回収期限が到来するものや，費用化するものを**流動資産**とし，それ以外を**固定資産**とする。

５．資産の評価とその重要性

貸借対照表に記載する資産の価額を決めることを**資産の評価**という。資産の評価を正しくおこなうことは，企業の財政状態を適正に表示するばかりでなく，費用の計上額と密接に関連しているので，当期の損益計算を正しくおこない，経営成績を適正に表示するためにも重要である。

①資産を過大評価したとき

資産を**過大評価**した分，**費用が過小計上**され，**利益は過大計上**される。

→過大計上された利益を配当すれば，現実にはない利益を配当することになるので，実際には資本をくいつぶすことになる。

②資産を過小評価したとき

資産を**過小評価**した分，**費用が過大計上**され，**利益は過小計上**される。

→過小計上された利益を配当すれば，現実の利益を隠すことになる。この隠された利益を**秘密積立金**という。

６．資産の評価基準

資産のおもな評価基準には，次の２つがある。

①原価基準

→取得原価を基準に資産を評価する方法。企業会計上の原則的な評価基準。

②時価基準

→決算日における時価（市場価格など）によって資産を評価する方法。

基本問題

解答p.5

1 次の各文の ▢ のなかにあてはまるもっとも適当な語を下記の語群のなかから選び，その番号を記入しなさい。なお，同一の用語を重複して用いてもよい。

(1) 資産の分類の1つとして，貨幣のように支払手段として役立つ ｱ 資産と，販売や使用・消費によって費用となる ｲ 資産に分ける方法がある。

(2) 資産の分類の1つとして，企業の本来の事業活動に利用することを目的とした ｳ 資産と，金融活動に利用することを目的とした ｴ 資産に分ける方法がある。

(3) 資産は，貸借対照表に表示するさいに大きく ｵ 資産・ ｶ 資産・繰延資産の3つに分類される。

(4) 資産の分類基準として，企業の通常の営業活動の循環過程で生じた資産を流動資産とする ｷ 基準と，決算日の翌日から1年以内に現金化または費用化する資産を流動資産とし，それ以外を固定資産とする ｸ 基準の2つがある。

(5) 貸借対照表に記載する資産の価額を決めることを資産の ｹ という。

(6) 資産のおもな評価基準として，取得原価を基準に資産を評価する ｺ 基準や，決算日における時価（市場価格など）によって資産を評価する ｻ 基準などがある。

(7) 資産の評価基準のうち， ｼ 基準は領収証などの客観的な証拠にもとづいて取得原価をとらえることができるので，企業会計上，原則的な資産評価の基準とされている。

語群
1．金融　　2．貨幣性　　3．原価　　4．評価　　5．営業循環
6．事業　　7．流動　　　8．時価　　9．低価　　10．固定
11．1年　　12．費用性

(1)		(2)		(3)	
ア	イ	ウ	エ	オ	カ
(4)		(5)	(6)		(7)
キ	ク	ケ	コ	サ	シ

2 取得原価 ¥20,000 の資産の決算日における時価が，それぞれ次のような場合，原価基準・時価基準によると，その評価額はいくらになるか答えなさい。

時　価	原価基準	時価基準
¥20,000 の場合	¥	¥
¥23,000 の場合	¥	¥
¥18,000 の場合	¥	¥

3 次の各資産は，下記のどの区分に属するか。それぞれの区分にあてはまる資産の番号を記入しなさい。

1．のれん	2．繰延税金資産	3．ソフトウェア	4．仕掛品
5．商品	6．前払費用	7．長期前払費用	8．建設仮勘定
9．売買目的有価証券	10．電子記録債権	11．土地	12．製品
13．短期貸付金	14．構築物	15．子会社株式	16．前払金
17．特許権	18．未収収益	19．長期貸付金	20．売掛金
21．備品	22．原材料	23．現金預金	24．鉱業権
25．未収金	26．機械装置	27．消耗品	28．受取手形
29．商標権	30．その他有価証券（3年後に満期到来）		

流動資産	当　座　資　産	
	棚　卸　資　産	
	その他の流動資産	
固定資産	有 形 固 定 資 産	
	無 形 固 定 資 産	
	投資その他の資産	

4 次の各文の｛　　｝のなかから正しい語を選び，その番号を記入しなさい。

(1) 資産を過大に評価すれば，費用が(a)｛1．過大　2．過小｝に計上され，その結果，利益は(b)｛1．過大　2．過小｝に表示される。この利益を配当すれば(c)｛1．資本をくいつぶす　2．現実の利益を隠す｝ことになる。

(2) 資産を過小に評価すれば，費用が(d)｛1．過大　2．過小｝に計上され，その結果，利益は(e)｛1．過大　2．過小｝に表示される。この利益を配当すれば(f)｛1．資本をくいつぶす　2．現実の利益を隠す｝ことになる。

(3) 時価基準による場合，時価が原価より高いときは，(g)｛1．評価益　2．評価損｝が計上される。反対に，時価が原価より低いときは，(h)｛1．評価益　2．評価損｝が計上される。

(1)			(2)			(3)	
(a)	(b)	(c)	(d)	(e)	(f)	(g)	(h)

5 次の各文から，秘密積立金が生じる場合について正しく述べた文を1つ選び，その番号を記入しなさい。

1．資産を過小に評価するか，または費用を過大に計上する場合に生じる。
2．資産を過大に評価するか，または費用を過小に計上する場合に生じる。
3．資産を過大に評価するか，または費用を過大に計上する場合に生じる。
4．資産を過小に評価するか，または費用を過小に計上する場合に生じる。

応用問題

解答p.6

1 次の各文の下線の引いてある語が正しいときは○印を，誤っているときは正しい語を記入しなさい。

〔注意〕ただし，正しい語を書きなおしたときは，たとえ同じ意味を示す語を記入した場合も誤答となる。

(1) 前払費用のうち，決算日の翌日から1年を超えて費用となるものを(a)その他の流動資産の区分に記載した。

(2) 製品を(b)当座資産の区分に記載した。

(3) 電子記録債権を(c)棚卸資産の区分に記載した。

(4) 定期預金（決算日の翌日から18か月後に満期到来）を(d)投資その他の資産の区分に記載した。

(5) 短期貸付金を(e)投資その他の資産の区分に記載した。

(6) 車両運搬具を(f)有形固定資産の区分に記載した。

(7) 建設仮勘定を(g)無形固定資産の区分に記載した。

(8) 商品を(h)営業循環基準によって流動資産とした。

(9) 企業が店舗として使用している建物を(i)投資その他の資産の区分に記載した。

(10) 消耗品を(j)その他の流動資産の区分に記載した。

(11) 未収収益を(k)その他の流動資産の区分に記載した。

(12) のれんを(l)投資その他の資産の区分に記載した。

(13) 売買目的で保有している有価証券を(m)当座資産の区分に記載した。

(14) 定期預金や貸付金などを1年基準によって，大きく流動資産と(n)繰延資産の2つに区別した。

(15) 繰延税金資産を(o)無形固定資産の区分に記載した。

(16) 決算日の翌日から7か月後に費用となる保険料を(p)投資その他の資産の区分に記載した。

(1)	(2)	(3)	(4)
(a)	(b)	(c)	(d)
(5)	(6)	(7)	(8)
(e)	(f)	(g)	(h)
(9)	(10)	(11)	(12)
(i)	(j)	(k)	(l)
(13)	(14)	(15)	(16)
(m)	(n)	(o)	(p)

2　次の文の｜　　　　　　｜のなかから正しい語を選び，その番号を記入しなさい。

　　たとえば，取得原価 ¥100,000 の資産について，決算時における時価が ¥120,000 であった場合に，評価額を ¥100,000 とするのが(a)｜１．原価　　２．時価｜基準であり，評価額を ¥120,000 とするのが(b)｜１．原価　　２．時価｜基準である。評価額を ¥120,000 とすれば，(c)｜１．評価益　２．評価損｜が計上される。

　　これに対して，取得原価 ¥100,000 の資産について，決算時における時価が ¥90,000 であった場合に，評価額を ¥100,000 とするのが(d)｜１．原価　　２．時価｜基準であり，評価額を ¥90,000 とするのが(e)｜１．原価　　２．時価｜基準である。評価額を ¥90,000 とすれば，(f)｜１．評価益　２．評価損｜が計上される。

　　したがって，(g)｜１．原価　　２．時価｜基準によれば，時価が上下しても評価益も評価損も計上しないが，(h)｜１．原価　　２．時価｜基準によれば，取得原価と時価の差額を評価益や評価損として計上することになる。

(a)	(b)	(c)	(d)	(e)	(f)	(g)	(h)

3　次の各文を読んで，秘密積立金が生じる場合には○印を，資本のくいつぶしが生じる場合には×印を記入しなさい。

(1)　期末の商品を過小に評価した。

(2)　減価償却費を過小に計上した。

(3)　費用を過大に見積もり，当期純利益を過小に計上した。

(4)　計上しなければならない未払家賃を計上しなかった。

(5)　資産を過大評価し，当期純利益が過大になるようにした。

(1)	(2)	(3)	(4)	(5)

■ 検定問題

解答p.6

1　次の各文の □□□ のなかにあてはまるもっとも適当な語を下記の語群のなかから選び，その番号を記入しなさい。なお，同一の用語を重複して用いてもよい。

(1)　通常の営業活動の過程にある受取手形・売掛金などの債権や商品などを □ア□ とする基準を □イ□ という。　　　　　　　　　　　　　　　　　　　　　　　　　　　（第76回）

(2)　取引先との通常の商取引の過程にある受取手形・売掛金・商品などの資産を □ウ□ とする基準を □エ□ という。　　　　　　　　　　　　　　　　　　　　　　　（第73回）

語群
１．固定資産　　２．繰延資産　　３．1年基準　　４．営業循環基準　　５．流動資産

(1)		(2)	
ア	イ	ウ	エ

第2章　現金と預金

学習の要点 ●●●

1．当座資産の種類

　即座に現金化でき，企業の支払手段にあてることなどができる資産を**当座資産**という。当座資産には次のようなものがある。

現　　　　金	通貨のほか，他人振り出しの小切手・送金小切手・期限が到来した公社債の利札・配当金領収証などが含まれる。
預　　　　金	当座預金・普通預金・決算日の翌日から1年以内に満期が到来する定期預金*1など。
受　取　手　形	営業取引によって生じた手形債権。
電 子 記 録 債 権	その発生・譲渡などについて，電子債権記録機関への電子記録を要件とする金銭債権。
売　　掛　　金	営業取引によって生じた売上代金の未回収の債権。
クレジット売掛金	クレジットカード払いによって商品を売り上げた場合に生じる，クレジットカード会社に対する売掛金。
有　価　証　券	売買目的で保有する有価証券・満期保有目的の債券のうち1年以内に満期が到来するもの*2・その他有価証券のうち1年以内に満期が到来する債券*3。

*1　決算日の翌日から1年を超えて満期が到来する定期預金は「投資その他の資産」の区分に記載する。
*2　満期保有目的の債券のうち1年を超えて満期が到来するものは「投資その他の資産」の区分に記載する。
*3　その他有価証券のうち株式および1年を超えて満期が到来する債券は「投資その他の資産」の区分に記載する。

2．銀行勘定調整表

　当座預金については，企業の「当座預金出納帳の残高」と，銀行が発行する「当座勘定残高証明書の残高」とが，記帳の時間的なズレなどのために一致しないことがある。この場合には，不一致の原因を調べて銀行勘定調整表を作成し，当座預金の残高が一致することを確認する。

　銀行勘定調整表の作成方法には，次の3つの方法がある。
　①両者区分調整法
　　銀行の残高と企業の帳簿残高を両方修正して，正しい貸借対照表価額で一致させる方法。
　②企業残高基準法
　　企業の帳簿残高を修正して，銀行の残高に一致させる方法。
　③銀行残高基準法
　　銀行の残高を修正して，企業の帳簿残高に一致させる方法。

3．当座預金残高が不一致となる例

　当座預金の残高が不一致となる原因については，次のようなものがある。

①時間外預け入れ

銀行の営業時間外に預け入れたために銀行で未記帳の場合。

例1 得意先小石川商店から，売掛金の回収として同店振り出しの小切手¥80,000を受け取り，ただちに当座預金口座に預け入れたが，営業時間外のため銀行では翌日に入金処理されていた。

　　　仕　訳　な　し

②未取立小切手

他人振り出しの小切手を銀行に預け入れ，銀行に取り立てを依頼したが，まだ銀行が取り立てていない場合。

例2 得意先小石川商店から，売掛金の回収として同店振り出しの小切手¥80,000を受け取り，ただちに当座預金口座に預け入れたが，銀行ではまだ取り立てられていなかった。

　　　仕　訳　な　し

③未取付小切手

取引先に渡した小切手が銀行にまだ呈示されておらず，銀行で未払いの場合。

例3 仕入先東法商店に，買掛金支払いのために振り出した小切手¥80,000が銀行で未払いであった。

　　　仕　訳　な　し

④未渡小切手

小切手を作成したが，まだ取引先に渡していない場合。

例4 仕入先東法商店に，買掛金支払いのために振り出した小切手¥80,000を，まだ渡していなかった。

　　（借）当 座 預 金　80,000　　　（貸）買　　掛　　金　80,000

例5 広告料支払いのために振り出した小切手¥80,000を，まだ渡していなかった。

　　（借）当 座 預 金　80,000　　　（貸）未　　払　　金　80,000

⑤銀行連絡未通知

当座預金口座への振り込みや自動引き落としなどの連絡が銀行から来ていない場合。

例6 電気代¥80,000が当座預金口座から引き落とされていたが，その旨の通知が銀行から来ていなかった。

　　（借）水 道 光 熱 費　80,000　　　（貸）当 座 預 金　80,000

⑥企業の未記帳

当座預金口座への振り込みや自動引き落としなどの連絡が銀行から来ているが，企業が記帳をおこなっていない場合。

例7 電気代¥80,000が当座預金口座から引き落とされていたが，当店では未記帳であった。

　　（借）水 道 光 熱 費　80,000　　　（貸）当 座 預 金　80,000

⑦帳簿の誤記入

企業で取引を誤って記帳した場合。

例8 電気代¥80,000が当座預金口座から引き落とされたさいに，誤って¥8,000と記帳していた。

　　（借）水 道 光 熱 費　72,000　　　（貸）当 座 預 金　72,000

基本問題

解答p.7

1 次の各文の ▢ のなかにあてはまるもっとも適当な語を下記の語群のなかから選び，その番号を記入しなさい。

(1) 当座資産には，現金預金のほか，｜ ア ｜・｜ イ ｜・｜ ウ ｜などの売上債権，売買目的で保有している｜ エ ｜などが含まれる。

(2) 現金には，通貨のほか，他人振り出しの小切手・送金小切手・期限が到来した｜ オ ｜・配当金領収証などが含まれる。

語群

1．受取手形　　　2．有価証券　　　3．収入印紙　　　4．公社債の利札

5．短期貸付金　　6．電子記録債権　　7．未収金　　　　8．売掛金

(1)				(2)
ア	イ	ウ	エ	オ

2 次の取引の仕訳を示しなさい。

(1) 高知商店に対する売掛金 ¥3/2,000 を，同店振り出しの小切手で回収した。

(2) 現金の実際有高を調べたところ，配当金領収証 ¥25,000 と期限が到来した社債の利札 ¥9,000 が未記帳であることが判明した。

(3) 当月分の従業員の給料 ¥876,000 の支払いにさいし，源泉徴収の所得税額 ¥84,000 を差し引いた残額を普通預金から支払った。

	借　　　　方	貸　　　　方
(1)		
(2)		
(3)		

3 当店の決算日における当座預金出納帳の残高は ¥464,000 であり，銀行が発行した当座勘定残高証明書の金額は ¥478,100 であった。そこで，不一致の原因を調査したところ，次のことが判明した。よって，修正に必要な仕訳を示し，当座預金出納帳の次月繰越高を求めなさい。なお，当店で修正する必要のないものについては「仕訳なし」と記入すること。

(1) かねて，買掛金の支払いのために香川商店に振り出していた約束手形 ¥106,000 が，期日に当店の当座預金口座から支払われていたが，当店では記帳していなかった。

(2) 売掛金の回収として，徳島商店から当店の当座預金口座に ¥73,000 の入金があったが，当店では記帳していなかった。

(3) 買掛金の支払いのために愛媛商店に小切手 ¥48,000 を振り出していたが，銀行で未払いであった。

(4) 電気代 ¥24,300 が当座預金口座から引き落とされていたが，当店で誤って ¥23,400 と記帳していた。

	借　　　方	貸　　　方
(1)		
(2)		
(3)		
(4)		
当座預金出納帳の次月繰越高	￥	

応用問題

解答p.8

1 当座預金の残高が不一致となる原因のうち，企業側で仕訳が必要なものを選び，その番号を記入しなさい。

1．帳簿の誤記入　　2．時間外預け入れ　　3．企業の未記帳　　4．未渡小切手

5．未取立小切手　　6．銀行連絡未通知　　7．未取付小切手

企業側で仕訳が必要なもの	

2 大阪物産株式会社（決算年1回　3月31日）の決算日における当座預金出納帳の残高は￥2,156,600であり，銀行が発行した当座勘定残高証明書の金額は￥2,692,000であった。そこで，不一致の原因を調査したところ，次の資料を得た。よって，銀行勘定調整表を作成しなさい。

資　　料

1．かねて取り立てを依頼してあった得意先京都商店振り出しの約束手形￥372,000（商品の売上代金として受け取り）が銀行で取立済みとなり，当座預金口座に入金されていたが，当社では未記帳であった。

2．水道料金￥10,600が当座預金口座から引き落とされていたが，当社では未記帳であった。

3．3月31日に現金￥120,000を当座預金口座に預け入れたが，営業時間外であったため銀行では翌日付けの入金処理となる。

4．買掛金の支払いのために和歌山商店に振り出した小切手￥294,000が，銀行で未払いであった。

銀 行 勘 定 調 整 表

令和○年3月31日

		当 座 勘 定 残 高 証 明 書		当 座 預 金 出 納 帳 残 高	
3月31日現在残高		￥　　　2,692,000		￥　　　2,156,600	
（加算）〔　　　　　〕				（　　　　　　）	
〔　　　　　〕		（　　　　　　）			
計		￥（　　　　　）		￥（　　　　　）	
（減算）〔　　　　　〕				（　　　　　　）	
〔　　　　　〕		（　　　　　　）			
調整残高		￥（　　　　　）		￥（　　　　　）	

検定問題

解答p.8

1 次の取引の仕訳を示しなさい。なお，仕訳をおこなう必要のないものについては「仕訳なし」と記入すること。

(1) 所有する満期保有目的の債券について，期限の到来した利札 ¥20,000 が記入もれになっていた。　　　　　　　　　　　　　　　　　　　　　　　　　　　　　　　　　　　　（第90回）

(2) 配当金額収証 ¥96,000 を受け取っていたが，未処理であった。　　　　　　　　　　　（第87回）

(3) 3月31日（決算日）の当座預金出納帳の残高は ¥1,300,000 であり，当座勘定残高証明書の金額は ¥1,720,000 であった。その不一致の原因を調査したところ，次の資料を得た。（第86回一部修正）

（ア）かねて仕入先長崎商店あてに振り出した小切手 ¥140,000 が，銀行でまだ引き落とされていなかった。

（イ）買掛金支払いのために小切手 ¥80,000 を作成して記帳していたが，まだ仕入先に渡していなかった。

（ウ）かねて取り立てを依頼してあった得意先鹿児島商店振り出しの約束手形 ¥200,000（商品の売上代金として受け取り）が銀行で取り立て済みとなり，当座預金口座に入金されていたが，当社では未記帳であった。

		借　　　　　方	貸　　　　　方
(1)			
(2)			
(3)	（ア）		
	（イ）		
	（ウ）		

2 岡山商事株式会社の決算日（3月31日）における当座預金出納帳の残高は ¥790,000 であり，銀行が発行した当座勘定残高証明書の金額は ¥1,050,000 であった。そこで，不一致の原因を調査したところ，次の資料を得た。よって，銀行勘定調整表を完成し，当座預金出納帳の次月繰越高を求めなさい。

<u>資　　料</u>

1. かねて福井商店あてに振り出した小切手 ¥270,000 が銀行でまだ支払われていなかった。
2. 通信費 ¥2,000 が当座預金口座から引き落とされていたが，当社ではまだ記帳していなかった。
3. 決算日に預け入れた現金 ¥30,000 が営業時間外のため銀行では翌日付の入金として扱われていた。
4. 買掛金支払いのための小切手 ¥22,000 を作成して記帳していたが，仕入先に未渡しであった。

銀　行　勘　定　調　整　表
令和5年3月31日

当座預金出納帳残高			¥	790,000
（加算）〔　　　　〕	（　　　　）			
〔　　　　〕	（　　　　）	（　　　　）		
計			¥（　　　　）	
（減算）〔　　　　〕	（　　　　）			
〔　　　　〕	（　　　　）	（　　　　）		
当座勘定残高証明書			¥	1,050,000

当座預金出納帳の次月繰越高	¥	

3 滋賀商事株式会社の決算日における当座預金出納帳の残高は¥510,000であり，銀行が発行した当座勘定残高証明書の金額は¥1,220,000であった。そこで，不一致の原因を調査したところ，次の資料を得た。よって，当座預金出納帳の次月繰越高を求めなさい。　　　　　　　（第94回）

　資　　料
　i　仕入代金の支払いのために小切手¥200,000を作成して記帳していたが，まだ仕入先に渡していなかった。
　ii　三重商店あてに買掛金の支払いとして振り出した小切手¥250,000が，銀行でまだ支払われていなかった。なお，この小切手を振り出したさいに会計係が誤って¥520,000と記帳していた。
　iii　当月分の電話代¥10,000が当座預金口座から引き落とされていたが，当社ではまだ記帳していなかった。

¥	

4 島根商事株式会社の決算日における当座預金出納帳の残高は¥520,000であり，銀行が発行した当座勘定残高証明書の金額は¥720,000であった。そこで，不一致の原因を調査したところ，次の資料を得た。よって，当座預金出納帳の次月繰越高を求めなさい。　　　　　　　（第90回）

　資　　料
　i　当月分の電気代¥50,000が当座預金口座から引き落とされていたが，当社ではまだ記帳していなかった。
　ii　かねて東北商店あてに振り出した小切手¥150,000が，銀行でまだ支払われていなかった。
　iii　買掛金支払いのために小切手¥100,000を作成して記帳していたが，まだ仕入先に渡していなかった。

当座預金出納帳の次月繰越高	¥	

5 大分商事株式会社の決算日における当座預金出納帳の残高は¥1,563,000であり，銀行が発行した当座勘定残高証明書の金額は¥1,873,000であった。そこで，不一致の原因を調査したところ，次の資料を得た。よって，当座預金出納帳の次月繰越高を求めなさい。　　　　　　　（第80回）

　資　　料
　i　かねて宮崎商店あてに振り出していた小切手¥280,000が，銀行でまだ支払われていなかった。
　ii　買掛金支払いのために小切手¥120,000を作成して記帳していたが，仕入先に未渡しであった。
　iii　新聞代¥3,000が当座預金口座から引き落とされていたが，当社ではまだ記帳していなかった。
　iv　決算日に預け入れた現金¥87,000が，営業時間外のため銀行では翌日付けの入金として扱われていた。

当座預金出納帳の次月繰越高	¥	

第3章　売上債権

学習の要点 ●●●

1. 売上債権の種類

受取手形・電子記録債権・売掛金・クレジット売掛金をあわせて**売上債権**という。また，売上債権と貸付金などの債権をあわせて**金銭債権**という。

受 取 手 形	営業取引によって生じた手形債権。
電 子 記 録 債 権	その発生・譲渡などについて，電子債権記録機関への電子記録を要件とする金銭債権。
売 　 掛 　 金	営業取引によって生じた売上代金の未回収の債権。
クレジット売掛金	クレジットカード払いによって商品を売り上げた場合に生じる，クレジットカード会社に対する売掛金。

2. 貸倒引当金の設定

金銭債権は，債務者の財政状態や経営成績などによって次のように分類される。

一 　 般 　 債 　 権	経営状態に重大な問題が生じていない債務者に対する債権。 →**貸倒実績率法**により貸倒見積高を計算する。貸倒実績率法による計算式を示すと次のようになる。 貸倒見積高＝債権金額×貸倒実績率
貸倒懸念債権	経営破綻の状態ではないが，債務の弁済に重大な問題が生じているか，生じる可能性が高い債務者に対する債権。 →**財務内容評価法**または**キャッシュ・フロー見積法**＊により貸倒見積高を計算する。財務内容評価法による計算式を示すと次のようになる。 $$貸倒見積高 = \left(債権金額 - \begin{array}{l}担保処分見込額\\保証回収見込額\end{array}\right) × 貸倒見積率$$
破産更生債権等	経営破綻，あるいは実質的に経営破綻している債務者に対する債権。 →**財務内容評価法**により貸倒見積高を計算する。財務内容評価法による計算式を示すと次のようになる。 $$貸倒見積高 = 債権金額 - \begin{array}{l}担保処分見込額\\保証回収見込額\end{array}$$

＊キャッシュ・フロー見積法については，本書では取り扱わない。

売上債権は，原則として債権金額から貸倒引当金の金額を差し引く形式で貸借対照表に表示する。なお，クレジット売掛金は通常の売掛金に含めて表示する。

3. 電子記録債権の概要

電子記録債権とは，その発生・譲渡などについて，電子債権記録機関への電子記録を要件とする金銭債権である。企業は，保有する売掛債権を電子化することで，取引の安全を確保しながらも，簡易・迅速に取引できるようになり，従来の売掛債権や紙の手形債権とは異なる決済手段として活用することができる。

①電子記録債権の発生

電子記録債権が発生するまでの流れを示すと次のようになる。

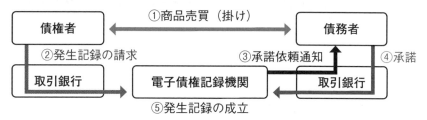

＊債権者側が発生記録の請求をおこなう場合（債権者請求方式）を示している。

例1　A商店は，B商店に対する売掛金￥340,000について，取引銀行を通じて電子記録債権の発生記録の請求をおこなった。B商店はこの通知を受け，これを承諾した。

【A商店の仕訳】

（借）電 子 記 録 債 権　　340,000　（貸）売　　　　掛　　　　金　　340,000

【B商店の仕訳】

（借）買　　　　掛　　　　金　　340,000　（貸）電 子 記 録 債 務　　340,000

②電子記録債権の譲渡

電子記録債権を譲渡したさいに損失が発生したときは，**電子記録債権売却損勘定**（営業外費用）で処理する。

例2　A商店は，例1の電子記録債権のうち￥100,000を取引銀行で割り引くために譲渡記録の請求をおこない，割引料を差し引かれた手取金￥98,000が当座預金口座に振り込まれた。

【A商店の仕訳】

（借）当　　座　　預　　金　　　98,000　（貸）電 子 記 録 債 権　　100,000
　　　電 子 記 録 債 権 売 却 損　　　2,000

例3　A商店は，C商店に対する買掛金￥135,000の支払いのため，例1の電子記録債権のうち￥135,000を譲渡記録によりC商店に譲渡した。

【A商店の仕訳】

（借）買　　　　掛　　　　金　　135,000　（貸）電 子 記 録 債 権　　135,000

【C商店の仕訳】

（借）電 子 記 録 債 権　　135,000　（貸）売　　　　掛　　　　金　　135,000

③電子記録債権の消滅

例4　支払期日となり，A商店の電子記録債権￥105,000とB商店の電子記録債務￥340,000が当座預金口座を通じて決済された。

【A商店の仕訳】

（借）当　　座　　預　　金　　105,000　（貸）電 子 記 録 債 権　　105,000

【B商店の仕訳】

（借）電 子 記 録 債 務　　340,000　（貸）当　　座　　預　　金　　340,000

4．クレジット売掛金の概要

　クレジットカードは，事前にクレジットカード会社（信販会社など）の審査を受け，一定の資格をもった会員に発行される。会員（顧客）はクレジットカードを加盟店（販売店）に示し，書類に署名または暗証確認をするだけで商品を購入したり，サービスを受けたりすることができる。

　　クレジットカードで販売した商品やサービスの代金について，加盟店はクレジットカード会社から手数料を差し引かれた残額を受け取ることになる。クレジットによる売掛金は，クレジットカード会社に対する債権として，通常の売掛金と区別して**クレジット売掛金勘定**で処理する。

①**クレジットカード決済の手続**

　　クレジットカード決済の流れを示すと次のようになる。

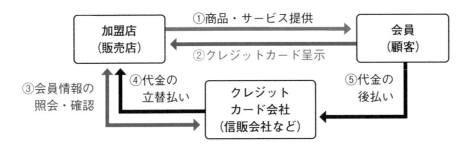

②**クレジットによる商品販売時**

例5　D百貨店はクレジット払いの条件により，商品を￥110,000で売り渡した。なお，クレジットカード会社への手数料は売上代金の2％であり，販売時に計上する。

（借）クレジット売掛金　107,800　（貸）売　　　　上　110,000
　　　支 払 手 数 料　　2,200

③**クレジットによる売掛金回収時**

例6　例5について，クレジットカード会社から2％の手数料が差し引かれた￥107,800が当店の当座預金口座に振り込まれた。

（借）当 座 預 金　107,800　（貸）クレジット売掛金　107,800

基本問題

解答p.11

1　次の各文の □□□ のなかにあてはまるもっとも適当な語を下記の語群のなかから選び，その番号を記入しなさい。なお，同一の用語を重複して用いてもよい。

(1)　受取手形・電子記録債権・売掛金・クレジット売掛金をあわせて ア という。また， ア と貸付金などの債権をあわせて イ という。

(2)　 ウ は，取引先との営業取引によって生じた手形債権である。したがって，同じ手形債権でも，通常の営業取引以外によって生じた手形債権は ウ として処理しない。たとえば，金銭の貸付けにともなって生じた手形債権は エ として処理し，貸借対照表には オ として表示する。

(3)　金銭債権の区分のうち，経営状態に重大な問題が生じていない債務者に対する債権を カ という。 カ の貸倒見積高については， キ 法によって算定する。

(4)　金銭債権の区分のうち，経営破綻の状態ではないが，債務の弁済に重大な問題が生じているか，生じる可能性が高い債務者に対する債権を ク という。 ク の貸倒見積高については， ケ 法またはキャッシュ・フロー見積法によって算定する。

(5)　金銭債権の区分のうち，経営破綻，あるいは実質的に経営破綻している債務者に対する債権を コ という。 コ の貸倒見積高については， サ 法によって算定する。

(6) 　　シ　　とは，その発生・譲渡などについて，電子債権記録機関への電子記録を要件とする金銭債権である。

(7) 電子記録債権を譲渡したさいに損失が発生したときは，　　ス　　勘定（営業外費用）で処理する。

(8) クレジットによる売掛金は，クレジットカード会社に対する債権として，通常の売掛金と区別して　　セ　　勘定で処理する。ただし，　　セ　　を貸借対照表に表示するさいには，通常の売掛金に含めて表示する。

語群

1．売上債権	2．電子記録債権売却損	3．長期貸付金	4．手形貸付金
5．受取手形	6．貸倒懸念債権	7．財務内容評価	8．クレジット売掛金
9．貸倒実績率	10．売掛金	11．手形売却損	12．破産更生債権等
13．短期貸付金	14．金銭債権	15．電子記録債権	16．一般債権

(1)		(2)			(3)	
ア	イ	ウ	エ	オ	カ	キ

(4)		(5)		(6)	(7)	(8)
ク	ケ	コ	サ	シ	ス	セ

2 次の北海道商事株式会社（決算年1回　3月31日）の総勘定元帳勘定残高（一部）および決算整理事項によって，貸倒れに関する決算整理仕訳をおこない，報告式の貸借対照表（一部）を作成しなさい。

元帳勘定残高（一部）

受取手形	¥ 850,000	電子記録債権	¥ 2,300,000	売掛金	¥ 3,610,000
クレジット売掛金	590,000	貸倒引当金	74,000		

決算整理事項

a．貸倒見積高

売上債権の期末残高に対し，それぞれ2％と見積もり，貸倒引当金を設定する。

決算整理仕訳

	借　　　　　方	貸　　　　　方
a		

貸　借　対　照　表

北海道商事株式会社　　　　　令和○年3月31日　　　　　（単位：円）

資　産　の　部

Ⅰ　流　動　資　産

⋮

2．受　取　手　形	（　　　　　　）	
貸　倒　引　当　金	△（　　　　　　）	（　　　　　　）
3．電　子　記　録　債　権	（　　　　　　）	
貸　倒　引　当　金	△（　　　　　　）	（　　　　　　）
4．売　　　掛　　　金	（　　　　　　）	
貸　倒　引　当　金	△（　　　　　　）	（　　　　　　）

3 次の金銭債権について，貸倒見積高をそれぞれ求めなさい。

(1) 東西商店に対する売掛金¥290,000の回収が遅れており，弁済に重大な問題が生じる可能性が高いことが判明したため貸倒懸念債権に区分した。なお，担保処分見込額は¥70,000であり，貸倒れの可能性を40％と見積もった。

(2) 南北商店が破産手続開始の申立てをおこなったため，南北商店に対する受取手形¥170,000と売掛金¥250,000を破産更生債権等に区分した。なお，担保処分見込額は¥60,000である。

(1)	¥		(2)	¥

4 次の一連の取引の山形商店の仕訳を示しなさい。ただし，商品に関する勘定は3分法によること。

(1) 山形商店は，得意先宮城商店に商品を¥1,460,000で売り渡し，代金のうち¥150,000はさきに受け取っていた内金と相殺し，残額は掛けとした。

(2) 山形商店は，宮城商店に対する売掛金¥1,310,000について，取引銀行を通じて電子記録債権の発生記録の請求をおこなった。宮城商店はこの通知を受け，これを承諾した。

(3) 山形商店は，秋田商店に対する買掛金¥390,000の支払いのため，上記(2)の電子記録債権のうち¥390,000を譲渡記録により秋田商店に譲渡した。

(4) 山形商店は，上記(2)の電子記録債権のうち¥500,000を取引銀行で割り引くために譲渡記録の請求をおこない，割引料を差し引かれた手取金¥495,000が当座預金口座に振り込まれた。

(5) 支払期日となり，山形商店の電子記録債権¥420,000が当座預金口座を通じて決済された。

	借　　　　方	貸　　　　方
(1)		
(2)		
(3)		
(4)		
(5)		

5 次の一連の取引の東京商店の仕訳を示しなさい。ただし，商品に関する勘定は3分法によること。

(1) 東京商店は，仕入先千葉商店から商品¥650,000を仕入れ，代金は掛けとした。なお，引取費用¥7,000は現金で支払った。

(2) 東京商店は，千葉商店に対する買掛金¥650,000について，取引銀行を通じて電子記録債務の発生記録の請求をおこなった。千葉商店はこの通知を受けた。

(3) 支払期日となり，東京商店の電子記録債務¥650,000が当座預金口座を通じて決済された。

	借　　　　方	貸　　　　方
(1)		
(2)		
(3)		

6　次の一連の取引の仕訳を示しなさい。ただし，商品に関する勘定は3分法によること。

(1)　広島百貨店はクレジット払いの条件により，商品を¥230,000で売り渡した。なお，クレジットカード会社への手数料は売上代金の3%であり，販売時に計上する。

(2)　上記(1)について，クレジットカード会社から3%の手数料が差し引かれた金額が当店の当座預金口座に振り込まれた。

	借　　　　　方	貸　　　　　方
(1)		
(2)		

応用問題

解答p.13

1　長野商店（会計期間　1月1日から12月31日まで）の12月中の取引の仕訳を示し，総勘定元帳（一部）の各勘定に転記しなさい。ただし，転記は日付と金額を記入すること。

12月中の取引

12月10日　得意先南北商店が倒産したため，前期から繰り越された同店に対する売掛金¥70,000を貸倒れとして処理した。

18日　仕入先山梨商店に対する買掛金¥190,000の支払いのため，保有する電子記録債権のうち¥190,000を譲渡記録により山梨商店に譲渡した。

20日　仮受金のうち，¥420,000は売掛金の回収額であることが判明した。

25日　得意先東西商店が倒産し，当期に商品代金として受け取っていた約束手形¥250,000が回収不能となったので，貸倒れとして処理した。

31日　売上債権の期末残高に対し，それぞれ2%と見積もり，貸倒引当金を設定した。

	借　　　　　方	貸　　　　　方
12/10		
18		
20		
25		
31		

（注意）総勘定元帳（一部）の記録は，1月1日から11月30日までの合計額で示してある。

総　勘　定　元　帳

受　取　手　形		電子記録債権	
4,730,000	3,980,000	6,130,000	4,670,000

売　　掛　　金		貸倒引当金	
7,970,000	5,550,000		100,000

2　鳥取物産株式会社（会計期間　令和○1年4月1日から令和○2年3月31日まで）の3月中の取引の仕訳を示し，総勘定元帳（一部）の各勘定に転記しなさい。また，報告式の貸借対照表（一部）を完成しなさい。ただし，鳥取物産株式会社では手形による取引をおこなっていないものとする。また，転記は日付と金額を記入すること。

3月中の取引

3月7日　保有する電子記録債権のうち¥900,000を取引銀行で割り引くために譲渡記録の請求をおこない，割引料¥18,000を差し引かれた手取金が当座預金口座に振り込まれた。

12日　得意先山口商事株式会社に対する売掛金¥1,400,000について，取引銀行を通じて電子記録債権の発生記録の請求をおこなった。山口商事株式会社はこの通知を受け，これを承諾した。

31日　保有する電子記録債権のうち¥1,300,000が支払期日となり，当座預金口座を通じて決済された。

〃　売上債権の期末残高に対し，それぞれ2％と見積もり，貸倒引当金を設定した。

	借　　　方	貸　　　方
3／7		
12		
31		
〃		

（注意）総勘定元帳（一部）の記録は，令和○1年4月1日から令和○2年2月28日までの合計額で示してある。

総　勘　定　元　帳

電子記録債権		売　　掛　　金	
11,840,000	7,970,000	14,530,000	10,600,000

貸　倒　引　当　金	
150,000	230,000

貸　借　対　照　表

鳥取物産株式会社　　　　　　令和○2年3月31日　　　　　　　　（単位：円）

資　産　の　部

Ⅰ　流　動　資　産

　　　　　　　　　　　　　　　　　　：

　2．電　子　記　録　債　権　　　（　　　　　）

　　　　貸　倒　引　当　金　　△（　　　　　）　（　　　　　　　）

　3．売　　　掛　　　金　　　　（　　　　　）

　　　　貸　倒　引　当　金　　△（　　　　　）　（　　　　　　　）

検定問題

解答p.15

1　兵庫商事株式会社の総勘定元帳勘定残高（一部）と付記事項および決算整理事項によって，必要な仕訳をおこない，報告式の貸借対照表（一部）を完成しなさい。　　　　　　　　　　（第94回一部修正）

　　　ただし，ⅰ　会社計算規則によること。

　　　　　　　　ⅱ　会計期間は令和３年４月１日から令和４年３月31日までとする。

　元帳勘定残高（一部）

　　受取手形 ¥ 1,100,000　　　売掛金 ¥ 3,000,000　　　貸倒引当金 ¥ 15,000

　付記事項

　　①　売掛金¥300,000が当座預金口座に振り込まれていたが，未記帳であった。

　決算整理事項

　　a．貸倒見積高

　　　　受取手形と売掛金の期末残高に対し，それぞれ１％と見積もり，貸倒引当金を設定する。

　付記事項の仕訳

	借　　　　方	貸　　　　方
①		

　決算整理仕訳

	借　　　　方	貸　　　　方
a		

貸　借　対　照　表

兵庫商事株式会社　　　　　　　　　令和４年３月31日　　　　　　　　　（単位：円）

資　産　の　部

Ⅰ　流　動　資　産

　　　　　　　　　　　　　　　　　⋮

　　2．受　取　手　形　　　　　　　1,100,000

　　　　貸　倒　引　当　金　　△（　　　　　　　）　　（　　　　　　　）

　　3．売　　　掛　　　金　　　　（　　　　　　　）

　　　　貸　倒　引　当　金　　△（　　　　　　　）　　（　　　　　　　）

2　次の取引の仕訳を示しなさい。ただし，商品に関する勘定は３分法によること。

(1)　電子記録債権¥480,000を取引銀行で割り引くために電子債権記録機関に譲渡記録の請求をおこない，割引料を差し引かれた手取金¥470,400が当社の当座預金口座に振り込まれた。

(2)　愛知百貨店は，商品¥325,000をクレジットカード払いの条件で販売した。なお，クレジット会社への手数料（販売代金の４％）を計上した。

	借　　　　方	貸　　　　方
(1)		
(2)		

第4章　有価証券

学習の要点 ●●●

1. 有価証券の分類

有価証券には，株式・社債・公債などがある。有価証券はその保有目的によって次の4つに分類される。

分　類	内　容		表　示
売買目的有価証券	時価の変動により利益を得ることを目的として保有する有価証券。		有価証券（流動資産）
満期保有目的の債券	満期まで所有する意図をもって保有する社債・公債など。	1年以内に満期が到来	有価証券（流動資産）
		1年を超えて満期が到来	投資有価証券（投資その他の資産）
子会社株式	ほかの企業を支配する目的で保有する株式。		関係会社株式（投資その他の資産）
関連会社株式	ほかの企業の意思決定機関に対して，重要な影響を与える目的で保有する子会社株式以外の株式。		
その他有価証券	上記以外の有価証券（営業や取引を円滑にするために保有する企業の株式など）。	1年以内に満期が到来する債券	有価証券（流動資産）
		株式および1年を超えて満期が到来する債券	投資有価証券（投資その他の資産）

2. 有価証券の購入および売却

有価証券は，その保有目的によって勘定科目を使い分ける必要がある。有価証券を購入したときの**取得価額**は，有価証券の購入代価に買入手数料などの付随費用を加算した額である。

なお，有価証券のうち社債や公債を売買したときには，買主は直前の利払日の翌日から購入日までの経過利息（これを**端数利息**という）を売主に支払う。この経過利息は取得価額には含めずに**有価証券利息勘定**（営業外収益）で処理する。

分　類	勘定科目	売却損益
売買目的有価証券	売買目的有価証券[*1]	有価証券売却損益（営業外損益）
満期保有目的の債券	満期保有目的債券[*2]	売却による利益の獲得を目的としていない[*3]。
子会社株式	子会社株式	
関連会社株式	関連会社株式	
その他有価証券	その他有価証券[*2]	

＊1　有価証券勘定を用いる場合もあるが，本書では取り扱わない。
＊2　投資有価証券勘定を用いる場合もあるが，本書では取り扱わない。
＊3　その他有価証券の売却については，第Ⅱ編第13章で学習する。

3．有価証券の期末評価

有価証券の期末評価の方法は，その保有目的によって異なる。

分　　類	評価基準	評価差額の処理
売買目的有価証券	時価	有価証券評価損益 （営業外損益）
満期保有目的の債券	原則：取得原価	評価差額は生じない。
	例外：償却原価*4	有価証券利息 （営業外収益）
子会社株式 関連会社株式	取得原価	評価差額は生じない。
その他有価証券	時価*5	その他有価証券評価差額金*6 （評価・換算差額等）

＊4　債券金額（額面金額）より低い価額または高い価額で取得した場合において，その差額の性格が金利の調整と認められる場合には，**償却原価法**を適用しなければならない。償却方法には利息法（原則）と定額法（例外）があるが，本書では**定額法**について取り扱う。また，帳簿価額の修正は決算にあたっておこなうものとする。

＊5　市場価格のない株式等は，取得原価をもって貸借対照表価額とする。

＊6　本書では，評価差額の合計額をすべて純資産の部に計上する**全部純資産直入法**を前提としている。

4．有価証券の減損処理

満期保有目的の債券・子会社株式および関連会社株式・その他有価証券のうち，**市場価格のない株式等以外のもの**について時価が著しく下落したときは，回復する見込みがあると認められる場合を除き，時価をもって貸借対照表価額とし，評価差額は当期の損失として処理しなければならない。この場合には，当該**時価**を翌期首の取得原価とする。

また，**市場価格のない株式等**については，発行会社の財政状態の悪化により**実質価額**が著しく低下したときは，相当の減額をなし，評価差額は当期の損失として処理しなければならない。この場合には，当該**実質価額**を翌期首の取得原価とする。

$$実質価額 = \frac{その会社の純資産額}{その会社の発行済株式総数} \times 持株数$$

１株あたりの純資産額

たとえば，子会社株式および関連会社株式は，期末に原則として取得原価で評価するが，減損処理をおこなった場合には，その評価差額は**子会社株式評価損勘定**（特別損失）や**関連会社株式評価損勘定**（特別損失）で処理する。これらの勘定を損益計算書に表示するときは，**関係会社株式評価損**とする。

有価証券は，保有目的ごとの違いをしっかりと押さえよう！

基本問題

解答p.16

1 次の各文の ☐ のなかにあてはまるもっとも適当な語を下記の語群のなかから選び，その番号を記入しなさい。なお，同一の用語を重複して用いてもよい。

(1) 時価の変動により利益を得ることを目的として保有する有価証券を ア という。 ア は，貸借対照表では イ の区分に記載し ウ と表示する。また，期末には エ で評価する。

(2) 満期まで所有する意図をもって保有する社債・公債などを オ という。 オ のうち1年を超えて満期が到来するものは，貸借対照表では カ の区分に記載し キ と表示する。また，期末には原則として ク で評価するが，債券金額（額面金額）より低い価額または高い価額で取得した場合において，その差額の性格が金利の調整と認められる場合には， ケ を適用しなければならない。なお， ケ を適用した場合の調整差額は コ 勘定（営業外収益）で処理する。

(3) ほかの企業を支配する目的で保有する株式を サ といい，ほかの企業の意思決定機関に対して，重要な影響を与える目的で保有する サ 以外の株式を シ という。 サ や シ は，貸借対照表では ス の区分に記載し， セ と表示する。また，期末には ソ で評価する。

(4) ア ・ オ ・ サ および シ 以外の株式を タ という。 タ のうち株式や1年を超えて満期が到来する債券は，貸借対照表では チ の区分に記載し， ツ と表示する。また，期末には テ で評価する。このときの評価差額は ト として貸借対照表の純資産の部（評価・換算差額等）に表示する。

語群
1．関連会社株式　　2．関係会社株式　　3．取得原価　　　　4．流動資産
5．有価証券利息　　6．投資有価証券　　7．満期保有目的の債券　8．時価
9．その他有価証券　10．売買目的有価証券　11．投資その他の資産　12．子会社株式
13．有価証券　　　14．償却原価法　　　15．その他有価証券評価差額金

(1)				(2)		
ア	イ	ウ	エ	オ	カ	キ

(2)			(3)			
ク	ケ	コ	サ	シ	ス	セ

(3)		(4)			
ソ	タ	チ	ツ	テ	ト

2 次の各文の ☐ のなかにあてはまるもっとも適当な語を下記の語群のなかから選び，その番号を記入しなさい。

(1) 有価証券を購入したときの取得価額は，有価証券の購入代価に買入手数料などの ア を加算した額である。

(2) 有価証券のうち社債や公債を売買したときには，買主は直前の利払日の翌日から購入日までの経過利息である イ を売主に支払う。 イ は取得価額には含めずに ウ 勘定（営業外収益）で処理する。

(3)　満期保有目的の債券・子会社株式および関連会社株式・その他有価証券のうち，　エ　のない株式等以外のものについて時価が著しく下落したときは，　オ　する見込みがあると認められる場合を除き，　カ　をもって貸借対照表価額とし，評価差額は当期の損失として処理しなければならない。

(4)　　エ　のない株式等については，発行会社の財政状態の悪化により　キ　が著しく低下したときは，相当の減額をなし，評価差額は当期の損失として処理しなければならない。　キ　は1株あたりの　ク　額に持株数を乗じて算定する。

(5)　子会社株式評価損や関連会社株式評価損は，損益計算書では　ケ　の区分に記載し，　コ　と表示する。

語群

1．付随費用	2．実質価額	3．端数利息	4．純資産
5．雑益	6．市場価格	7．関係会社株式評価損	8．時価
9．営業外費用	10．有価証券利息	11．特別損失	12．回復

	(1)		(2)		(3)	
	ア	イ	ウ	エ	オ	カ

	(4)		(5)	
	キ	ク	ケ	コ

3　次の一連の取引の仕訳を示しなさい。

(1)　売買目的で，額面￥70,000,000の社債を額面￥100につき￥97で買い入れ，この代金は買入手数料￥210,000および端数利息￥140,000とともに約束手形を振り出して支払った。

(2)　上記(1)の社債の利払日となり，半年分の利息￥280,000を現金で受け取り，ただちに当座預金とした。

(3)　上記(1)の社債のうち額面￥30,000,000を額面￥100につき￥98で売却し，端数利息￥30,000とともに現金で受け取った。

(4)　上記(1)の社債のうち額面￥20,000,000を額面￥100につき￥95で売却し，端数利息￥60,000とともに現金で受け取った。

	借　　　方	貸　　　方
(1)		
(2)		
(3)		
(4)		

4 次の取引の仕訳を示しなさい。

(1) 売買目的で，福島食品株式会社の額面¥3,000,000の社債を額面¥100につき¥96.50で買い入れ，この代金は買入手数料¥45,000および端数利息¥27,000とともに約束手形を振り出して支払った。

(2) 売買目的で保有している熊本物産株式会社の社債（額面¥6,000,000）のうち¥4,500,000を額面¥100につき¥98.80で売却し，代金は端数利息¥21,000とともに小切手で受け取った。ただし，この額面¥6,000,000の社債は，当期に額面¥100につき¥97.90で買い入れたものであり，同時に買入手数料¥30,000および端数利息¥14,000を支払っている。

(3) 売買目的で保有している奈良商事株式会社の社債（額面¥20,000,000）のうち¥15,000,000を額面¥100につき¥98.30で売却し，代金は端数利息¥35,000とともに小切手で受け取り，ただちに当座預金とした。ただし，この額面¥20,000,000の社債は，当期に額面¥100につき¥98.80で買い入れたものであり，同時に買入手数料¥100,000および端数利息¥70,000を支払っている。

	借 方	貸 方
(1)		
(2)		
(3)		

5 次の取引の仕訳を示しなさい。

(1) 満期まで保有する目的で，沖縄商事株式会社の額面¥9,000,000の社債を額面¥100につき¥97.50で買い入れ，この代金は買入手数料¥45,000および端数利息¥15,000とともに小切手を振り出して支払った。

(2) 北東商事株式会社（発行済株式総数1,000株）に影響力を行使する目的で，同社の株式400株を¥14,000,000で買い入れ，この代金は買入手数料¥70,000とともに約束手形を振り出して支払った。

(3) 神奈川物産株式会社との円滑な取引関係を維持する目的で，同社の株式を¥4,800,000で買い入れ，この代金は買入手数料¥24,000とともに約束手形を振り出して支払った。

(4) 南西商事株式会社（発行済株式総数1,000株）を支配する目的で，同社の株式800株を¥32,000,000で買い入れ，この代金は買入手数料¥160,000とともに小切手を振り出して支払った。

	借 方	貸 方
(1)		
(2)		
(3)		
(4)		

6 決算日（年1回）における次の決算整理事項の仕訳を示しなさい。なお，仕訳をおこなう必要のないものについては「仕訳なし」と記入すること。また，その他有価証券の評価差額はすべて純資産の部に計上し，税効果は考慮しないものとする。

(1) 売買目的有価証券として保有する青森物産株式会社の株式300株（1株あたりの帳簿価額 ¥12,500）の決算日の時価は，1株あたり¥13,000であった。

(2) その他有価証券として保有する石川商事株式会社の株式100株（1株あたりの帳簿価額 ¥24,600）の決算日の時価は，1株あたり¥27,200であった。

(3) 子会社株式として保有する南北食品株式会社の株式700株（1株あたりの帳簿価額¥8,900）の決算日の時価は，1株あたり¥9,700であった。

(4) その他有価証券として保有する栃木商事株式会社の株式200株（1株あたりの帳簿価額 ¥7,040）の決算日の時価は，1株あたり¥5,680であった。

(5) 関連会社株式として保有する東西産業株式会社の株式500株（1株あたりの帳簿価額¥11,300）の決算日の時価は，1株あたり¥11,000であった。

(6) 売買目的有価証券として保有する静岡電機株式会社の株式300株（1株あたりの帳簿価額 ¥17,300）の決算日の時価は，1株あたり¥16,900であった。

	借　　　　方	貸　　　　方
(1)		
(2)		
(3)		
(4)		
(5)		
(6)		

7 次の一連の取引の仕訳を示しなさい。また，令和○2年3月31日時点での満期保有目的債券の帳簿価額を答えなさい。なお，当社の会計期間は4月1日から3月31日までとする。

(1) 令和○1年4月1日に，満期まで保有する目的で，佐賀商事株式会社の社債を発行と同時に下記の条件で買い入れ，この代金は小切手を振り出して支払った。

発行条件
　　額面総額　¥2,000,000　　　取得価額　額面¥100につき¥97.50
　　償還期限　　　5年　　　利　率　年1.3%　　　利払い　9月末日と3月末日

(2) 令和○1年9月30日に，上記(1)の社債の半年分の利息を現金で受け取った。

(3) 令和○2年3月31日に，上記(1)の社債の半年分の利息を現金で受け取った。また，決算にあたり，上記(1)の社債について償却原価法（定額法）によって評価替えをおこなった。

	借　　　　方	貸　　　　方
(1)		
(2)		
(3)		

令和○2年3月31日時点での満期保有目的債券の帳簿価額　¥

8 決算日（年１回）における次の決算整理事項の仕訳を示しなさい。

(1) 関連会社株式として保有する南東商事株式会社の株式400株（１株あたりの帳簿価額 ¥7,800）について，時価が著しく下落し，回復する見込みがないと判断されるため，時価に評価替えした。なお，期末の時価は１株あたり ¥2,200であった。

(2) 子会社株式として保有する北西商事株式会社の株式800株（１株あたりの帳簿価額 ¥15,400）について，時価が著しく下落し，回復する見込みがないと判断されるため，時価に評価替えした。なお，期末の時価は１株あたり ¥6,300であった。

(3) 子会社株式として保有する中央商事株式会社の市場価格のない株式700株（１株あたりの帳簿価額 ¥21,600）について，同社の財政状態が悪化したので，実質価額によって評価替えした。なお，中央商事株式会社の期末の資産総額は ¥27,500,000　負債総額は ¥19,500,000　発行済株式総数は1,000株であった。

	借　　　　　方	貸　　　　　方
(1)		
(2)		
(3)		

応用問題

解答p.19

1 富山物産株式会社の総勘定元帳勘定残高（一部）と付記事項および決算整理事項によって，付記事項の仕訳と決算整理仕訳をおこない，報告式の貸借対照表（一部）および報告式の損益計算書（一部）を完成しなさい。

ただし，　i　会社計算規則によること。

　　　　　ii　会計期間は令和○１年４月１日から令和○２年３月31日までとする。

　　　　　iii　その他有価証券の評価差額はすべて純資産の部に計上する。

　　　　　iv　税効果は考慮しないものとする。

元帳勘定残高（一部）

売買目的有価証券	¥ 2,632,000	満期保有目的債券	¥ 7,720,000	その他有価証券	¥ 1,650,000
子 会 社 株 式	6,930,000	有 価 証 券 利 息	120,000	支 払 手 数 料	8,000

付 記 事 項

① 支払手数料勘定の ¥8,000は，売買目的で岩手通信株式会社の株式400株を１株につき ¥3,180で買い入れたときの手数料と判明したので，適切な科目に訂正した。

決算整理事項

a．有価証券評価高

保有する株式および債券は次のとおりである。なお，子会社株式は時価が著しく下落し，回復の見込みがない。

売買目的有価証券：新潟産業株式会社　200株　　時価　１株　¥7,000

岩手通信株式会社　400株　　時価　１株　¥3,200

※岩手通信株式会社の株式は，付記事項①のものである。

満期保有目的債券：償却原価法（定額法）によって ¥7,776,000に評価する。

なお，満期日は令和○６年３月31日である。

その他有価証券：福岡食品株式会社　300株　　時価　１株　¥5,800

子 会 社 株 式：西北商事株式会社　900株　　時価　１株　¥2,900

付記事項の仕訳

	借　　　方	貸　　　方
①		

決算整理仕訳

	借　　　方	貸　　　方
a		

貸　借　対　照　表

富山物産株式会社　　　　　　令和○2年3月31日　　　　　　　（単位：円）

資　産　の　部

Ⅰ　流　動　資　産

　4.（　　　　　　　　）　　　　　（　　　　　　　）
　　　　　　　　　　　　⋮

Ⅱ　固　定　資　産

　　　　　　　　　　　　⋮

（3）投資その他の資産

　1.（　　　　　　　　）　　　　　（　　　　　　　）
　2.（　　　　　　　　）　　　　　（　　　　　　　）

純　資　産　の　部

　　　　　　　　　　　　⋮

Ⅱ　評価・換算差額等

　1.（　　　　　　　　）　　　　　（　　　　　　　）
　　　　　評価・換算差額等合計　　　　　　　　　　（　　　　　　　）

損　益　計　算　書

富山物産株式会社　　　　令和○1年4月1日から令和○2年3月31日まで　　　　（単位：円）

　　　　　　　　　　　　⋮

Ⅳ　営　業　外　収　益

　　　　　　　　　　　　⋮

　2.（　　　　　　　　）　　　　　（　　　　　　　）
　3.（　　　　　　　　）　　　　　（　　　　　　　）

　　　　　　　　　　　　⋮

Ⅶ　特　別　損　失

　1.（　　　　　　　　）　　　　　（　　　　　　　）

2　株式会社埼玉商事は，北南商事株式会社（発行済株式総数500株）の株式300株（帳簿価額
¥7,500,000）を保有し，実質的に支配している。同社の株式は市場価格のない株式であるため，決
算にあたり，同社の財政状態を確認したところ，資産総額は¥24,900,000　負債総額は¥12,100,000
であった。よって，1株あたりの実質価額を求め，評価替えの必要があるかどうかを判断し，該当
する欄に○印を付けなさい。

1株あたりの実質価額　　　¥	評価替えをする　　（　　　　　）	
	評価替えをしない　（　　　　　）	

検定問題

解答p.21

1 次の取引の仕訳を示しなさい。なお，その他有価証券の評価差額はすべて純資産の部に計上し，税効果は考慮しないものとする。

(1) 売買目的で保有している宮城建設株式会社の社債　額面￥7,000,000のうち￥4,000,000を額面￥100につき￥97.79で売却し，代金は端数利息￥16,500とともに小切手で受け取り，ただちに当座預金とした。ただし，この額面￥7,000,000の社債は，当期に額面￥100につき￥97.50で買い入れたものであり，同時に買入手数料￥14,000および端数利息￥9,600を支払っている。

(2) 満期まで保有する目的で，富山物産株式会社の額面￥8,000,000の社債を，額面￥100につき￥96.50で買い入れ，代金は買入手数料￥16,000および端数利息￥20,000とともに小切手を振り出して支払った。　　　　　　　　　　　　　　　　　　　　　　　　　（第94回）

(3) 石川商事株式会社は，実質的に支配している東西商事株式会社の財政状態が悪化したので，保有する同社の株式400株（帳簿価額￥18,400,000）を実質価額によって評価替えした。なお，東西商事株式会社の資産総額は￥69,000,000　負債総額は￥57,000,000で，発行済株式数は600株であり，市場価格のない株式である。　　　　　　　　　　　　　　　　　　　　　　　（第94回）

(4) 満期まで保有する目的で，当期首に愛知商事株式会社が発行した額面￥80,000,000の社債を，発行と同時に額面￥100につき￥99.20で買い入れていたが，決算にあたり，償却原価法（定額法）によって評価した。なお，この社債の償還期限は10年である。　　　　　　　（第92回）

(5) 秋田商事株式会社（決算年1回）は，決算にあたり，その他有価証券として保有している次の株式を時価によって評価した。　　　　　　　　　　　　　　　　　　　　　　　　　（第90回）

　　　福島商事株式会社　1,500株（帳簿価額　1株につき￥890　時価　1株につき￥960）

(6) 売買目的で額面￥7,000,000の社債を額面￥100につき￥98.70で買い入れ，代金は買入手数料￥18,000および端数利息￥21,000とともに小切手を振り出して支払った。　　　　（第89回）

(7) 売買目的で保有している西北物産株式会社の社債　額面￥10,000,000のうち￥6,000,000を額面￥100につき￥97.50で売却し，代金は端数利息￥38,000とともに小切手で受け取り，ただちに当座預金とした。ただし，この額面￥10,000,000の社債は，当期に額面￥100につき￥97.40で買い入れたものであり，同時に買入手数料￥20,000および端数利息￥50,000を支払っている。

　　　　　　　　　　　　　　　　　　　　　　　　　　　　　　　　　　　　　　（第88回）

	借　　　　方	貸　　　　方
(1)		
(2)		
(3)		
(4)		
(5)		
(6)		
(7)		

2　北海道商事株式会社の総勘定元帳勘定残高（一部）および決算整理事項は，次のとおりであった。よって，決算整理仕訳をおこない，報告式の貸借対照表（一部）および報告式の損益計算書（一部）を完成しなさい。

ただし，ⅰ　会社計算規則によること。

ⅱ　会計期間は令和○4年4月1日から令和○5年3月31日までとする。

ⅲ　その他有価証券の評価差額はすべて純資産の部に計上する。

ⅳ　税効果は考慮しないものとする。

元帳勘定残高（一部）

売買目的有価証券　¥2,180,000　　その他有価証券　¥1,980,000

決算整理事項

a．有価証券評価高

保有する株式は次のとおりである。

	銘柄	株数	1株の帳簿価額	1株の時価
売買目的有価証券	奈良商事株式会社	400株	¥3,800	¥4,200
	南北物産株式会社	300株	¥2,200	¥1,900
その他有価証券	東西産業株式会社	1,000株	¥1,980	¥2,020

決算整理仕訳

	借　　　　方	貸　　　　方
a		

貸　借　対　照　表

北海道商事株式会社　　　　　　　　令和○5年3月31日　　　　　　　　　　（単位：円）

資　産　の　部

Ⅰ　流　動　資　産

　　4.（　　　　　　　　）　　　　　　　　（　　　　　　　　）

Ⅱ　固　定　資　産

(2)　投資その他の資産

　　1.（　　　　　　　　）　　　　　　　　（　　　　　　　　）

純　資　産　の　部

Ⅱ　評価・換算差額等

　　1.（　　　　　　　　）　　　　（　　　　　　　　）

　　　　　　　評価・換算差額等合計　　　　　　　　（　　　　　　　　）

損　益　計　算　書

北海道商事株式会社　　　　令和○4年4月1日から令和○5年3月31日まで　　　　（単位：円）

Ⅳ　営　業　外　収　益

　　3.（　　　　　　　　）　　　　　　　　（　　　　　　　　）

第5章　棚卸資産・その他の流動資産

学習の要点 ●●●

1. 棚卸資産の意味

棚卸資産は，販売または製造のために消費することを目的として保有する資産をいう。ふつうは実地棚卸によってその有高が確かめられる。

商品売買業……商品・消耗品など

製　造　業……製品・仕掛品・材料など

2. 棚卸資産の取得原価

購入した場合……取得原価＝購入代価＋付随費用

製造した場合……取得原価＝製造原価

3. 棚卸資産の費用配分

棚卸資産は，販売・消費のために払い出されるが，1会計期間に払い出された分が当期の費用となり，まだ払い出されていない分は次期以降の費用として繰り越される。このように棚卸資産の取得原価は，適正な期間損益計算のために，販売・消費という事実にもとづいて，当期の費用と次期以降の費用に配分する必要がある。これを**費用配分の原則**という。

4. 棚卸資産の単価・数量の計算

棚卸資産の払出高と期末棚卸高は，いずれも単価と数量を掛けて計算する。

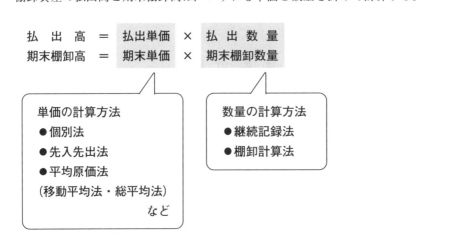

単価の計算方法	個 別 法		取得原価の異なる棚卸資産を区別して記録し，その個々の実際の取得原価によって単価を計算する方法。
	先入先出法		先に受け入れた商品から先に払い出すものとみなして，単価を決定する方法。
	平均原価法	移 動 平 均 法	商品を受け入れるつど平均単価を算出する方法。
		総 平 均 法	一定期間ごと*1に総平均単価を算出する方法。
数量の計算方法	継続記録法		棚卸資産の種類ごとに受入・払出・残高の数量を継続的に記録して，払出数量と帳簿棚卸数量を常に明らかにしておく方法。継続記録法によれば，棚卸減耗を把握することができる。
	棚卸計算法		棚卸資産の受入の記録のみをおこない，期末に実地棚卸によって棚卸資産の現在数量を確かめる方法。棚卸計算法によれば，棚卸減耗を把握することができない。

＊1　本書では，1か月間の平均単価を計算する月次総平均法を前提としている。

5．棚卸資産の評価

　棚卸資産の期末における評価は，原則として**取得原価**によっておこなう，しかし，**棚卸減耗損**＊2や**商品評価損**が生じた場合には，棚卸減耗損や商品評価損を次のような区分に計上して，棚卸資産の単価や数量を修正する必要がある。

発生内容	表示区分	売上原価の内訳項目	販売費	営業外費用	特別損失
棚卸減耗損	原価性あり	○	○	―	―
	原価性なし	―	―	○	○
商品評価損		○	―	―	○＊3

＊2　棚卸減耗費ともいう。
＊3　商品評価損のうち，臨時の事象を原因とする多額のものは特別損失に表示する。

（計算例）期末商品棚卸高

　　　　　　　帳簿棚卸数量　300個　　　原　　　　価　@¥100
　　　　　　　実地棚卸数量　280個　　　正味売却価額　@¥90

　　　原価 ×（帳簿棚卸数量－実地棚卸数量）＝ 棚卸減耗損
　　@¥100×（　　300個　－　280個　）＝　¥2,000
　（　原価　－正味売却価額）×実地棚卸数量　＝ 商品評価損
　　（@¥100－　@¥90　）×　280個　　　＝　¥2,800

6．売価還元法

　棚卸資産の期末評価の特別な方法として，**売価還元法**がある。これは，売価による期末商品棚卸高から原価による期末商品棚卸高を算出する方法である。この方法は，取扱商品の種類が多い小売店や百貨店などで用いられる。

原価による期末商品棚卸高＝売価による期末商品棚卸高×原価率

$$原価率＝\frac{期首商品棚卸高（原価）＋当期商品仕入高（原価）}{期首商品棚卸高（売価）＋当期商品仕入高（売価）}$$

7．その他の流動資産

　当座資産および棚卸資産以外で短期的に現金化または費用化する資産を**その他の流動資産**という。これには，短期貸付金・未収金・前払金・前払費用・未収収益などがある。なお，手形貸付金は短期貸付金に含めて貸借対照表に表示する。

基本問題

解答p.23

1　次の各文の　□□□　のなかにあてはまるもっとも適当な語を下記の語群のなかから選び，その番号を記入しなさい。

(1)　棚卸資産は，　ア　または製造のために　イ　することを目的として保有する資産をいう。ふつうは　ウ　によってその有高が確かめられる。

(2)　棚卸資産の取得原価は，棚卸資産の購入代価に引取運賃や購入手数料などの　エ　を加えた額となる。また，製造する場合は，その　オ　が取得原価となる。

(3)　棚卸資産の取得原価は，適正な　カ　のために，　ア　・　イ　という事実にもとづいて，当期の費用と次期以降の費用に配分する必要がある。これを　キ　の原則という。

(4)　棚卸資産の払出高と期末棚卸高は，いずれも単価と数量を掛けて計算する。単価の計算方法としては，個別法・　ク　法・平均原価法（　ケ　法と総平均法）などがある。また，数量の計算方法としては，　コ　法と　サ　法がある。このうち，　コ　法によれば棚卸減耗を把握することができる。

(5)　棚卸資産の期末における評価は，原則として　シ　によっておこなう。ただし，正味売却価額が帳簿価額を下回ったときには，正味売却価額によって評価しなければならない。この場合は，　ス　を計上することになる。

(6)　取扱商品の種類が多い百貨店などでは，　セ　による期末商品棚卸高を求め，これに原価率を乗じて原価による期末商品棚卸高を算定する方法がとられることがある。この評価方法を　ソ　法という。

(7)　当座資産および棚卸資産以外で短期的に現金化または費用化する資産を　タ　という。これには，短期貸付金・未収金・前払金・前払費用・未収収益などがある。なお，手形貸付金は　チ　に含めて貸借対照表に表示する。

語群

1．製造原価	2．棚卸減耗損	3．売価	4．移動平均
5．消費	6．付随費用	7．棚卸計算	8．費用配分
9．取得原価	10．投資その他の資産	11．期間損益計算	12．短期貸付金
13．費用収益対応	14．売価還元	15．販売	16．商品評価損
17．継続記録	18．その他の流動資産	19．先入先出	20．実地棚卸

(1)			(2)		(3)	
ア	イ	ウ	エ	オ	カ	キ

(4)				(5)	
ク	ケ	コ	サ	シ	ス

(6)		(7)	
セ	ソ	タ	チ

2 茨城商事株式会社（決算年1回　12月31日）の商品に関する資料によって，必要な仕訳をおこない，繰越商品勘定の記入を示しなさい。

資　料

期末商品棚卸高　帳簿棚卸数量 1,500個　　原　　　　価 @¥900

　　　　　　　　実地棚卸数量 1,400個　　正味売却価額 @¥870

借　　　方		貸　　　方	

繰　越　商　品

1/1	前 期 繰 越	2,100,000	12/31	仕　　入	(	)
12/31	仕　　入	(	)	〃	棚卸減耗損	(	)
			〃	商品評価損	(	)
			〃	(	)	(	)
		(	)			(	)

3 次の資料から，売価還元法によって，期末商品棚卸高（原価）を求めなさい。なお，計算式も示すこと。

資　料

	（原　価）	（売　価）
期首商品棚卸高	¥ 730,000	¥ 940,000
当期商品仕入高	2,540,000	3,420,000
期末商品棚卸高		800,000

計　算　式	期末商品棚卸高（原価）
	¥

4　A品についての下記の資料から，(1)先入先出法，(2)移動平均法，(3)総平均法によって，商品有高帳に記入し，締め切りなさい。また，売上原価，期末商品棚卸高および売上総利益を求めなさい。

資　料

9月1日　前月繰越　100個　@¥210　　9月8日　仕入れ　650個　@¥180
　　17日　売上げ　500個　@¥300　　　20日　仕入れ　250個　@¥200
　　25日　売上げ　300個　@¥300

(1)

商　品　有　高　帳

(先入先出法)　　　　　　　　　　　　　(品名)　A　品　　　　　　　　　　(単位：個)

令和○年		摘　要	受　入			払　出			残　高		
			数量	単価	金　額	数量	単価	金　額	数量	単価	金　額
9	1	前月繰越	100	210	21,000				100	210	21,000

売上原価　¥	期末商品棚卸高　¥	売上総利益　¥

(2)

商　品　有　高　帳

(移動平均法)　　　　　　　　　　　　　(品名)　A　品　　　　　　　　　　(単位：個)

令和○年		摘　要	受　入			払　出			残　高		
			数量	単価	金　額	数量	単価	金　額	数量	単価	金　額
9	1	前月繰越	100	210	21,000				100	210	21,000

売上原価　¥	期末商品棚卸高　¥	売上総利益　¥

(3)

商 品 有 高 帳
（品名）A 品　(単位：個)

(総平均法)

令和○年		摘　要	受　入			払　出			残　高		
			数量	単価	金 額	数量	単価	金 額	数量	単価	金 額
9	1	前 月 繰 越	100	210	21,000				100	210	21,000

売上原価 ￥	期末商品棚卸高 ￥	売上総利益 ￥

⑤ 次の資料から，棚卸減耗損・商品評価損・売上原価・売上総利益の金額を求めなさい。
ただし，棚卸減耗損は営業外費用とし，商品評価損は売上原価の内訳項目とする。

資　料

期首商品棚卸高 ￥300,000　当期商品仕入高 ￥5,200,000　当期売上高 ￥7,500,000

期末商品棚卸高　帳簿棚卸数量 700個　　　原　　　価 @￥500
　　　　　　　　実地棚卸数量 680個　　　正味売却価額 @￥470

棚卸減耗損	商品評価損	売上原価	売上総利益
￥	￥	￥	￥

⑥ 次の取引の仕訳を示しなさい。

(1) 商品 ￥300,000 を注文し，内金として ￥60,000 を小切手を振り出して支払った。

(2) 岐阜商店は，南西商店に現金 ￥1,000,000 を貸し付け，同店振り出しの約束手形を受け取った。

(3) 売買目的で保有している群馬通信株式会社の株式200株（1株の帳簿価額 ￥18,900）を1株あたり ￥19,300 で売却し，代金は1週間後に受け取ることにした。

(4) 決算にあたり，手数料の未収高 ￥20,000 を見越し計上する。

(5) 決算にあたり，家賃の前払高 ￥38,000 を次期に繰り延べる。

	借　　　　　方	貸　　　　　方
(1)		
(2)		
(3)		
(4)		
(5)		

応用問題

解答p.27

1 次の各文の ☐ のなかにあてはまるもっとも適当な語を下記の語群のなかから選び，その番号を記入しなさい。なお，同一の用語を重複して用いてもよい。

(1) 商品の価格上昇期において，移動平均法によると，先入先出法に比べて売上原価が ☐ ア ☐ なり，売上総利益は ☐ イ ☐ なる。

(2) 払出単価の決定方法について，価格が上昇しているときに先入先出法を採用すると，移動平均法に比べて売上原価は ☐ ウ ☐ なり，売上総利益は ☐ エ ☐ なる。

(3) 正味売却価額が取得原価より下落したことによって生じた ☐ オ ☐ は，原則として ☐ カ ☐ の内訳項目とする。

(4) 実地棚卸数量が帳簿棚卸数量より少ない場合に計上される ☐ キ ☐ は，通常発生する程度の金額で原価性があると認められる場合には， ☐ カ ☐ の内訳項目または ☐ ク ☐ とし，それらの金額が異常に大きいなど，原価性がないと認められる場合には， ☐ ケ ☐ または特別損失とする。

(5) 決算日の翌日から１年以内に回収期限がくる貸付金は ☐ コ ☐ として，貸借対照表の ☐ サ ☐ の区分に表示する。

語群
1．短期貸付金　　2．棚卸減耗損　　3．営業外費用　　4．固定資産
5．流動資産　　　6．大きく　　　　7．小さく　　　　8．長期貸付金
9．売上原価　　　10．販売費　　　　11．商品評価損　　12．繰延資産

(1)		(2)		(3)	
ア	イ	ウ	エ	オ	カ

(4)			(5)	
キ	ク	ケ	コ	サ

2 次の資料から，下記のそれぞれの方法によるときの売上原価，期末商品棚卸高および売上総利益を求めなさい。

資　料

5月1日	前月繰越	600個	@¥500	5月8日	売上げ	400個 @¥660
12日	仕入れ	500個	@¥570	16日	売上げ	300個 @¥670
22日	仕入れ	400個	@¥510	28日	売上げ	700個 @¥680

	先入先出法	移動平均法	総平均法
売　上　原　価	¥	¥	¥
期末商品棚卸高	¥	¥	¥
売　上　総　利　益	¥	¥	¥

3 次の栃木商事株式会社（決算年１回　12月31日）の商品に関する資料にもとづいて，

(1)決算整理仕訳を示しなさい。

(2)報告式の損益計算書（一部）を完成しなさい。

(3)報告式の貸借対照表（一部）を完成しなさい。

資　　料

  i　商品に関する勘定記録（売上勘定・仕入勘定の記録は，1年間の合計金額で示してある。）

繰 越 商 品		売 上	
1/1 前期繰越　1,260,000		85,000	17,835,000

仕 入	
14,045,000	95,000

  ii　期末商品棚卸高

      帳簿棚卸数量　320個　　原　　　価　@¥4,500

      実地棚卸数量　300個　　正味売却価額　@¥4,400

    ただし，棚卸減耗損のうち10個分は売上原価の内訳項目とし，残りは営業外費用とする。また，商品評価損は売上原価の内訳項目とする。

	借　　　　　方	貸　　　　　方
(1)		

(2)
損 益 計 算 書

栃木商事株式会社　　　　令和○年1月1日から令和○年12月31日まで　　　　（単位：円）

Ⅰ　売　上　高　　　　　　　　　　　　　　　　　　　　　　（　　　　　）

Ⅱ　売　上　原　価

    1．　期首商品棚卸高　　　　　　　（　　　　　）

    2．　当期商品仕入高　　　　　　　（　　　　　）

        合　　　計　　　　　　　（　　　　　）

    3．（　　　　　　　　　）　　　　（　　　　　）

                      （　　　　　）

    4．　棚　卸　減　耗　損　　　　　（　　　　　）

    5．（　　　　　　　　　）　　　　（　　　　　）　　（　　　　　）

        売　上　総　利　益　　　　　　　　　（　　　　　）

                         :

Ⅴ　営　業　外　費　用

                         :

    3．（　　　　　　　　　）　　　　　　　　（　　　　　）

(3)
貸 借 対 照 表

栃木商事株式会社　　　　　　　令和○年12月31日　　　　　　（単位：円）
資 産 の 部

Ⅰ　流　動　資　産

                         :

    5．（　　　　　　　　　）　　　　（　　　　　）

4 次の千葉商事株式会社（決算年1回　12月31日）の商品に関する資料にもとづいて，

(1) 決算整理仕訳および決算振替仕訳を示しなさい。

(2) 各勘定に転記して，損益勘定以外の勘定を締め切りなさい。なお，勘定には日付・相手科目・金額を記入すること。

(3) 報告式の損益計算書（一部）を完成しなさい。

(4) 報告式の貸借対照表（一部）を完成しなさい。

　　ただし，ⅰ　棚卸減耗損のうち30個分は原価性があり，残りは原価性がない。

　　　　　　ⅱ　原価性がある棚卸減耗損は売上原価の内訳項目とし，原価性がない棚卸減耗損は営業外費用とする。

　　　　　　ⅲ　商品評価損は売上原価の内訳項目とする。

資　料
　期末商品棚卸高　帳簿棚卸数量　1,500個　　原　　　　価　@¥500
　　　　　　　　　実地棚卸数量　1,450個　　正味売却価額　@¥470

(1)決算整理仕訳

借　　方		貸　　方	

決算振替仕訳

借　　方		貸　　方	

(2)（注意）売上勘定・仕入勘定の記録は，1年間の合計金額で示してある。

繰　越　商　品

1/1	前期繰越	500,000			

売　　上

					5,200,000

仕　　入

		3,500,000			

棚　卸　減　耗　損

商品評価損　　　　　　　　　　　損　　益

(3) 　　　　　　　　　　損　益　計　算　書

千葉商事株式会社　　　令和○年1月1日から令和○年12月31日まで　　　（単位：円）

Ⅰ　売　上　高　　　　　　　　　　　　　　　（　　　　　）
Ⅱ　売　上　原　価
　　1.　期首商品棚卸高　　　　　　　（　　　　　）
　　2.　当期商品仕入高　　　　　　　（　　　　　）
　　　　　合　　計　　　　　　　　　（　　　　　）
　　3.（　　　　　　　）　　　　　　（　　　　　）
　　　　　　　　　　　　　　　　　　（　　　　　）
　　4.　棚卸減耗損　　　　　　　　　（　　　　　）
　　5.（　　　　　　　）　　　　　　（　　　　　）　　（　　　　　）
　　　　　売上総利益　　　　　　　　　　　　　（　　　　　）
　　　　　　　　　　　　　　　　：
Ⅴ　営　業　外　費　用
　　　　　　　　　　　　　　　　：
　　3.（　　　　　　　）　　　　　　　　　（　　　　　）

(4) 　　　　　　　　　　貸　借　対　照　表

千葉商事株式会社　　　　令和○年12月31日　　　　（単位：円）
　　　　　　　　　　　資　産　の　部

Ⅰ　流　動　資　産
　　　　　　　　　　：
　　5.（　　　　　　　）　　　　　　（　　　　　）

5　愛媛産業株式会社の次の資料から，売価還元法によって，原価率および期末商品棚卸高（原価）を計算しなさい。

資　料　　　　　　　　　（原　価）　　　（売　価）
　　期首商品棚卸高　　　¥　310,000　　¥　460,000
　　当期商品仕入高　　　2,070,000　　　2,940,000
　　期末商品棚卸高　　　[　　　]　　　　420,000

原価率	期末商品棚卸高（原価）
	¥

6　徳島食品株式会社の次の資料から，売価還元法によって，(1)原価率，(2)期末商品棚卸高（原価），(3)売上総利益を計算しなさい。

資　料　　　　　　　　　（原　価）　　　（売　価）
　　期首商品棚卸高　　　¥　250,000　　¥　375,000
　　当期商品仕入高　　　1,250,000　　　1,500,000
　　期末商品棚卸高　　　[　　　]　　　　200,000
　　当期売上高　　　　　[　　　]　　　1,675,000

(1)原価率	(2)期末商品棚卸高（原価）	(3)売上総利益
	¥	¥

7　次の岡山物産株式会社の商品に関する資料にもとづいて，(1)決算に必要な仕訳を示し，(2)報告式の損益計算書（一部）および報告式の貸借対照表（一部）を完成しなさい。

　　　ただし，ⅰ　会計期間は令和○年1月1日から令和○年12月31日までとする。
　　　　　　　ⅱ　棚卸減耗損および商品評価損については，売上原価の内訳項目とする。

資　料
　a．期首商品棚卸高　¥690,000
　b．会計期間中の取引
　　　総売上高　¥10,720,000　　　売上返品高 ¥70,000　　　売上値引高 ¥50,000
　　　総仕入高　　8,000,000　　　仕入返品高　30,000
　c．期末商品棚卸高

A品
| 帳簿棚卸数量　1,000個 | 原　　価　@¥300 |
| 実地棚卸数量　　900個 | 正味売却価額　@¥260 |

B品
| 帳簿棚卸数量　1,700個 | 原　　価　@¥200 |
| 実地棚卸数量　1,700個 | 正味売却価額　@¥190 |

(1)決算整理仕訳

借　　　方		貸　　　方	

決算振替仕訳

借　　　方		貸　　　方	

(2)
損　益　計　算　書

岡山物産株式会社　　　　　令和○年1月1日から令和○年12月31日まで　　　　　（単位：円）
Ⅰ　売　上　高　　　　　　　　　　　　　　　　　　　　（　　　　　　　）
Ⅱ　売　上　原　価
　　1．期首商品棚卸高　　　　　　　　　（　　　　　　　）
　　2．当期商品仕入高　　　　　　　　　（　　　　　　　）
　　　　合　　　計　　　　　　　　　　（　　　　　　　）
　　3．（　　　　　　　　　　）　　　　（　　　　　　　）
　　　　　　　　　　　　　　　　　　　（　　　　　　　）
　　4．（　　　　　　　　　　）　　　　（　　　　　　　）
　　5．商　品　評　価　損　　　　　　　（　　　　　　　）　　（　　　　　　　）
　　　　　売　上　総　利　益　　　　　　　　　　　　　　（　　　　　　　）

貸　借　対　照　表

岡山物産株式会社　　　　　　　　　令和○年12月31日　　　　　　　　（単位：円）
資　産　の　部

Ⅰ　流　動　資　産
　　　　　　　　　　　　　　　　　　：
　　5．（　　　　　　　　　　）　　　　　（　　　　　　　）

8 次の山梨商事株式会社（決算年1回　12月31日）の商品に関する資料にもとづいて，
(1) 繰越商品勘定・棚卸減耗損勘定・商品評価損勘定の記入を示しなさい。なお，勘定には日付・相手科目・金額を記入すること。
(2) 報告式の損益計算書（一部）および報告式の貸借対照表（一部）を完成しなさい。ただし，棚卸減耗損のうち10個分は売上原価の内訳項目とし，残りは営業外費用とする。また，商品評価損は売上原価の内訳項目とする。

資　　料
i　商品に関する勘定記録（売上勘定・仕入勘定の記録は，1年間の合計金額で示してある。）

繰 越 商 品		
1/1　前期繰越　3,800,000		

売	上	
270,000		34,870,000

仕	入	
25,540,000		140,000

ii　期末商品棚卸高

A品 { 帳簿棚卸数量　800個　　原　　　価　@¥1,900
　　 { 実地棚卸数量　760個　　正味売却価額　@¥2,600

B品 { 帳簿棚卸数量　580個　　原　　　価　@¥4,500
　　 { 実地棚卸数量　580個　　正味売却価額　@¥4,400

(1)

繰 越 商 品		
1/1　前期繰越　3,800,000		

棚 卸 減 耗 損		

商 品 評 価 損		

(2)

損 益 計 算 書

山梨商事株式会社　　　　令和○年1月1日から令和○年12月31日まで　　　　（単位：円）

Ⅰ　売　上　高　　　　　　　　　　　　　　　　　　　　　　　（　　　　　　）
Ⅱ　売　上　原　価
　　1.　期首商品棚卸高　　　　　　　（　　　　　　）
　　2.　当期商品仕入高　　　　　　　（　　　　　　）
　　　　　合　　　計　　　　　　　　（　　　　　　）
　　3.（　　　　　　　　　）　　　　（　　　　　　）
　　　　　　　　　　　　　　　　　　（　　　　　　）
　　4.　棚　卸　減　耗　損　　　　　（　　　　　　）
　　5.（　　　　　　　　　）　　　　（　　　　　　）　　　　（　　　　　　）
　　　　　　売　上　総　利　益　　　　　　　　　　　　　　　（　　　　　　）
　　　　　　　　　　　　　　　　　　　　⋮
Ⅴ　営　業　外　費　用
　　　　　　　　　　　　　　　　　　　　⋮
　　3.（　　　　　　　　　）　　　　　　　　　　　　　　　　（　　　　　　）

貸 借 対 照 表

山梨商事株式会社　　　　　　　　令和○年12月31日　　　　　　　　（単位：円）
資 産 の 部

Ⅰ　流　動　資　産
　　　　　　　　　　　　　　　　　　　　⋮
　　5.（　　　　　　　　　）　　　　　　　　　　　　　　　　（　　　　　　）

解答p.35

検定問題

1 次の文の 　　　 のなかにあてはまるもっとも適当な語を下記の語群のなかから選び，その番号を記入しなさい。

正しい期間損益計算をおこなうため，資産の取得原価は　ア　の原則によって当期の費用となる部分と，次期以降の費用とするために資産として繰り越す部分とに分けられる。たとえば，商品の取得原価は，当期に販売されて　イ　となる部分と，当期に販売されずに　ウ　として繰り越す部分とに分けられる。 　　　　　　　　　　　　　　（第75回一部修正）

語群
1．期末商品棚卸高　　　2．費用収益対応
3．費用配分　　　　　　4．当期商品仕入高
5．資本取引・損益取引区別　　6．売上原価

ア	イ	ウ

2 北海道商事株式会社の総勘定元帳勘定残高（一部）および決算整理事項は，次のとおりであった。よって，報告式の損益計算書（一部）および報告式の貸借対照表（一部）を完成しなさい。

ただし，ⅰ　会社計算規則によること。

ⅱ　会計期間は令和○4年4月1日から令和○5年3月31日までとする。

元帳勘定残高（一部）

繰越商品 ¥ 3,615,600　　売上 ¥ 34,025,640　　仕入 ¥ 18,637,960

決算整理事項

a．期末商品棚卸高

帳簿棚卸数量　3,840個　　原　価　@¥850

実地棚卸数量　3,800個　　正味売却価額　@¥830

ただし，棚卸減耗損および商品評価損は売上原価の内訳項目とする。

損　益　計　算　書

北海道商事株式会社　　　令和○4年4月1日から令和○5年3月31日まで　　　（単位：円）

Ⅰ　売　上　高		（　　　　　　）
Ⅱ　売　上　原　価		
1．期首商品棚卸高	3,615,600	
2．当期商品仕入高	18,637,960	
合　　　計	22,253,560	
3．期末商品棚卸高	（　　　　　　）	
	（　　　　　　）	
4．（　　　　　　　　）	（　　　　　　）	
5．商品評価損	（　　　　　　）	（　　　　　　）
売上総利益		（　　　　　　）

貸　借　対　照　表

北海道商事株式会社　　　　　　令和○5年3月31日　　　　　　（単位：円）

資　産　の　部

Ⅰ　流　動　資　産

：

5．（　　　　　　　　）	（　　　　　　）

3 兵庫商事株式会社の総勘定元帳勘定残高（一部）および決算整理事項によって，

(1) 報告式の損益計算書（一部）を完成しなさい。

(2) 報告式の貸借対照表（一部）を完成しなさい。 （第94回一部修正）

　　ただし，ⅰ　会社計算規則によること。

　　　　　　ⅱ　会計期間は令和3年4月1日から令和4年3月31日までとする。

元帳勘定残高（一部）

　　繰越商品 ¥ 2,989,000　　売上 ¥ 68,985,000　　仕入 ¥ 50,274,000

決算整理事項

　　a．期末商品棚卸高

	帳簿棚卸数量	実地棚卸数量	原　価	正味売却価額
A品	1,400個	1,300個	@¥950	@¥1,320
B品	1,500個	1,400個	@¥830	@¥750

　　　ただし，棚卸減耗損（棚卸減耗費）および商品評価損は売上原価の内訳項目とする。

(1)
損　益　計　算　書

兵庫商事株式会社　　　　令和3年4月1日から令和4年3月31日まで　　　　（単位：円）

Ⅰ　売　上　高　　　　　　　　　　　　　　　　　　　　　　　　　68,985,000

Ⅱ　売　上　原　価

　　1．期首商品棚卸高　　　　　　　　　　　2,989,000

　　2．当期商品仕入高　　　　　　　　（　　　　　　　　）

　　　　　合　　　計　　　　　　　　（　　　　　　　　）

　　3．期末商品棚卸高　　　　　　　　（　　　　　　　　）

　　　　　　　　　　　　　　　　　　（　　　　　　　　）

　　4．（　　　　　　　　）　　　　　（　　　　　　　　）

　　5．（　　　　　　　　）　　　　　（　　　　　　　　）　　（　　　　　　　　）

　　　　　売　上　総　利　益　　　　　　　　　　　　　　　　（　　　　　　　　）

(2)
貸　借　対　照　表

兵庫商事株式会社　　　　　　　　令和4年3月31日　　　　　　　　（単位：円）

資　産　の　部

Ⅰ　流　動　資　産

　　　　　　　　　　　　　　　　　⋮

　　5．（　　　　　　　　）　　　　（　　　　　　　　）

4 下記の当期の資料から，売価還元法によって □ のなかに入る適当な比率と金額を求めなさい。 （第87回）

① 資料ⅰから，前期の期末商品棚卸高の原価率は ア ％である。

② 前期よりも当期の原価率は低くなり，当期の期末商品棚卸高（原価）は ¥ イ である。

資　料

	原　価	売　価
ⅰ　期首商品棚卸高	¥ 612,000	¥ 900,000
ⅱ　純仕入高	7,308,000	11,100,000
ⅲ　期末商品棚卸高	イ	750,000

ア	前期の期末商品棚卸高の原価率		％
イ	当期の期末商品棚卸高（原価）	¥	

第6章　有形固定資産

学習の要点 ●●●

1. 有形固定資産の意味と種類

長期にわたって使用される具体的なかたちをもつ資産を**有形固定資産**という。

建　　　物	店舗・事務所・工場・倉庫などの営業用建物のほかに，冷暖房・照明などの付属設備を含む。
構　築　物	建物以外で土地に定着した設備や工作物。広告塔・橋・桟橋・軌道など。
機 械 装 置	各種の機械装置およびその付属設備のほかに，コンベア・クレーンなどを含む。
車 両 運 搬 具	自動車・鉄道車両その他の陸上運搬具。
船　　　舶	客船や貨物船などの水上運搬具。タンカー・フェリーなど。
航　空　機	人や物を乗せる空中運搬具。旅客機・ヘリコプター・グライダーなど。
工具器具備品	机・いす・事務用品などで，耐用年数が1年以上かつ相当額以上のもの。
リ ー ス 資 産	本書p.70参照。
土　　　地	営業用の土地のほかに，社宅の敷地などを含む。ただし，投資の目的で所有する土地は投資その他の資産に含まれる。
建 設 仮 勘 定	建物や構築物などのような有形固定資産の建設が長期にわたる場合，その建設に要した支出を，それが完成するまで一時的に記録する勘定。建設工事が完了して引き渡しを受けたときは，建物や構築物などの該当する勘定に振り替える。

2. 有形固定資産の評価

$$\boxed{期末評価額＝取得原価^{*1}－減価償却累計額^{*2}}$$

　*1　取得原価には，その購入代価または製作価額のほか，営業に使用するまでに要した付随費用も含まれる。

　*2　土地と建設仮勘定については，減価償却をおこなわない。

3. 資本的支出と収益的支出

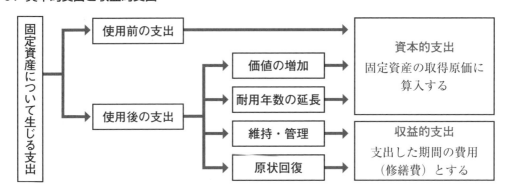

4．減価償却の意味

　土地と建設仮勘定以外の固定資産は，使用または時の経過などによって，価値が次第に減少する（これを**減価**という）。そのため，取得原価のうち毎期の価値の減少分を一定の計算方式によって計算し，この減価額を費用として計上して固定資産の帳簿価額を減少させる。これにより，固定資産の取得原価は残存価額を除いて使用するすべての会計期間に費用として配分される。この手続を**減価償却**といい，減価償却によって計上された費用を**減価償却費**という。

　減価償却は適正な期間損益計算をするために，**費用配分の原則**によって固定資産の取得原価を各会計期間に割り当てる手続である。

　定額法による減価償却費を図解すると，次のようになる。

5．減価の種類

減価の種類		発生原因	減価償却の処理
経常的減価	物質的減価	使用または時の経過	減価償却の対象
	機能的減価	陳腐化または不適応化	
偶発的減価		天災その他の突発的事故	減価償却の対象外

6．減価償却費の計算方法

定 額 法	毎期，同一額を減価償却費として計上する方法。この方法によると，償却額が毎期均等に計上される。建物や構築物などの物質的減価の発生しやすい固定資産に適用される。 $$毎期の減価償却費 = \frac{取得原価 - 残存価額}{耐用年数}$$
定 率 法	固定資産の帳簿価額に一定率（**償却率**）を掛けて毎期の減価償却費を計算する方法。この方法によると，償却額は初期に多く，年度が進むにつれて少なくなる。したがって，機械装置や車両運搬具などの機能的減価の発生しやすい固定資産に適用される。 $$毎期の減価償却費 = \underset{未償却残高}{(取得原価 - 減価償却累計額)} \times 償却率$$
生 産 高 比 例 法	固定資産の生産量や利用の程度に比例して，毎期の償却額を計算する方法。総生産量や総利用時間数が予測できる鉱業用機械装置や航空機などの固定資産に適用される。 $$毎期の減価償却費 = (取得原価 - 残存価額) \times \frac{各期実際生産量（利用時間数）}{予測総生産量（利用時間数）}$$

7．減価償却費の記帳方法

減価償却費の記帳方法には，**直接法**と**間接法**がある。

有形固定資産にはふつう間接法を用い，減価償却累計額を貸借対照表に示す場合には，原則として固定資産から控除する形式で示す。

決算において，備品の減価償却費を計上したときの仕訳は次のようになる。

直接法	（借）	減 価 償 却 費	×××	（貸）	備 品	×××
間接法	（借）	減 価 償 却 費	×××	（貸）	備品減価償却累計額	×××

本書では特に指示がない限り，有形固定資産には間接法を適用する。また，減価償却費に関する税効果会計については第Ⅱ編第14章で学習する。

8．固定資産の除却・買換え・滅失

①固定資産の除却

固定資産が使用できなくなるなどして，これを帳簿上から取り除くことを**除却**という。固定資産を除却・廃棄処分したときは，帳簿価額を**固定資産除却損勘定**（特別損失）に振り替える。

例1 取得原価 ¥300,000 減価償却累計額 ¥240,000の備品を期首に除却し，廃棄処分した。なお，この備品の評価額は零（0）とする。

（借）	備品減価償却累計額	240,000	（貸）	備 品	300,000
	固 定 資 産 除 却 損	60,000			

②固定資産の買換え

古い固定資産を下取りに出して新しい固定資産を購入したときは，古い固定資産の売却の仕訳と，新しい固定資産の購入の仕訳をまとめ，古い固定資産の下取価額を新しい固定資産の購入に充てたと考える。古い固定資産の下取価額と帳簿価額の差額は，**固定資産売却益勘定**（特別利益）または**固定資産売却損勘定**（特別損失）で処理する。

例2 期首に，事務用カラーコピー機 ¥600,000を買い入れ，代金はこれまで使用してきた事務用カラーコピー機（取得原価 ¥500,000 減価償却累計額 ¥244,000）を ¥200,000で引き取らせ，新しい事務用カラーコピー機の代金との差額は現金で支払った。

【考え方】 ①古い事務用カラーコピー機の売却の仕訳

（借）	現 金	200,000	（貸）	備 品	500,000
	備品減価償却累計額	244,000			
	固 定 資 産 売 却 損	56,000			

②新しい事務用カラーコピー機の購入の仕訳

（借）	備 品	600,000	（貸）	現 金	600,000

①と②をあわせて現金を相殺すると，買換えの仕訳となる。

（借）	備 品	600,000	（貸）	備 品	500,000
	備品減価償却累計額	244,000		現 金	400,000
	固 定 資 産 売 却 損	56,000			

③固定資産の滅失

火災や風水害などで固定資産を失ってしまうことがある。これを**固定資産の滅失**という。この場合，固定資産の帳簿価額を減少させるが，保険を契約しているかどうかで処理が異なってくる。

例3　期首に火災により，営業用の倉庫（取得原価 ¥900,000　減価償却累計額 ¥360,000）が焼失した。なお，この倉庫には火災保険の契約をしていない。

（借）建物減価償却累計額	360,000	（貸）建	物	900,000
災 害 損 失	540,000			

例4　期首に火災により，営業用の倉庫（取得原価 ¥900,000　減価償却累計額 ¥360,000）が焼失した。なお，この倉庫には火災保険の契約をしているため，ただちに保険会社に連絡をした。

（借）建物減価償却累計額	360,000	（貸）建	物	900,000
未 決 算	540,000			

例5　例4の営業用の倉庫について，保険会社に保険金の支払いを請求していたが，本日，査定の結果，保険金 ¥600,000 を支払うとの連絡があった。

（借）未 収 金	600,000	（貸）未 決 算	540,000
		保 険 差 益	60,000

例6　例4の営業用の倉庫について，保険会社に保険金の支払いを請求していたが，本日，査定の結果，保険金 ¥400,000 を支払うとの連絡があった。

（借）未 収 金	400,000	（貸）未 決 算	540,000
災 害 損 失	140,000		

基本問題

解答p.38

1　次の各文の　□□□　のなかにあてはまるもっとも適当な語を下記の語群のなかから選び，その番号を記入しなさい。

(1) 有形固定資産のうち，建物以外で土地に定着した設備や工作物のことを ア という。また，建物や ア などのような有形固定資産の建設が長期にわたる場合，その建設に要した支出を，それが完成するまで一時的に記録する勘定を イ という。

(2) 保有する有形固定資産について生じる支出のうち，固定資産の価値を増価させたり，耐用年数を延長させたりする支出を ウ といい，この金額は固定資産の取得原価に算入する。また，固定資産の維持・管理をしたり，固定資産の原状を回復したりする支出を エ といい，この金額は支出した期間の費用とする。

(3) 減価償却は適正な オ をするために， カ の原則によって固定資産の取得原価を各会計期間に割り当てる手続である。

(4) 使用または時の経過によって発生する減価を キ 減価といい，陳腐化または不適応化によって発生する減価を ク 減価という。

語群

1．明瞭性	2．資本的支出	3．期間損益計算	4．構築物
5．偶発的	6．収益的支出	7．物質的	8．費用収益対応
9．建設仮勘定	10．費用配分	11．機械装置	12．機能的

(1)		(2)		(3)		(4)	
ア	イ	ウ	エ	オ	カ	キ	ク

2　次のものは，有形固定資産のどの勘定で処理するか。その勘定科目を記入しなさい。
(1)　製造業における作業機械・工作機械・コンベア・クレーンなど
(2)　営業用の土地
(3)　営業用の自動車・トラック・貨物自動車・鉄道車両など
(4)　広告塔・橋・桟橋・軌道・煙突・塀など
(5)　長期建設工事における完成前の支出
(6)　店舗・事務所・工場・倉庫・社宅など
(7)　耐用年数が1年以上で，取得原価が¥100,000以上の事務用カラーコピー機・商品陳列ケース・金庫・応接用テーブル・いすなど

(1)	(2)	(3)	(4)

(5)	(6)	(7)	

3　次の取引の仕訳を示しなさい。
(1)　構築物の建築を依頼し，その建設請負代金¥10,000,000のうち，¥2,000,000を約束手形を振り出して支払った。
(2)　土地¥20,000,000を購入し，代金は登記料¥1,500,000　測量費¥200,000　整地費用¥70,000　仲介手数料¥170,000とともに小切手を振り出して支払った。
(3)　機械装置¥3,400,000を買い入れ，代金のうち半額は小切手を振り出して支払い，残額は月末に支払うことにした。なお，この機械装置の据付費¥50,000および試運転費¥80,000は現金で支払った。
(4)　所有している建物について修繕および改良をおこない，工事費用¥1,000,000を小切手を振り出して支払った。ただし，このうち¥600,000を資本的支出とした。
(5)　構築物が完成し，引き渡しを受けた。総工事費用は¥4,000,000で，すでに前渡ししてある¥1,500,000を差し引き，残額は約束手形を振り出して支払った。
(6)　建物の修繕および改良をおこない，工事費用¥2,500,000を小切手を振り出して支払った。このうち，¥1,800,000を資本的支出とした。
(7)　仮払金¥1,250,000は，建設中の構築物に対する工事代金の支払額であった。ただし，この構築物は未完成である。

	借　　　　　方	貸　　　　　方
(1)		
(2)		
(3)		
(4)		
(5)		
(6)		
(7)		

4 次の長崎商事株式会社（決算年1回）の機械装置に関する資料によって，この機械装置の第1期から第3期までの減価償却費を定額法・定率法で計算し，下記の表に記入しなさい。なお，この機械装置は第1期の期首に取得したものとする。

　資　　料
　　取得原価　¥1,200,000　　　　残存価額　零(0)
　　耐用年数　5年　　　　　　　定率法による償却率　40%

方法　　　　期間	第1期	第2期	第3期
定額法	¥	¥	¥
定率法	¥	¥	¥

5 次の備品に関する資料によって，(1)備品減価償却累計額勘定に記入し，(2)貸借対照表（一部）を完成しなさい。ただし，勘定には日付・相手科目・金額を記入し，締め切ること。

　資　　料
　　取得原価　¥1,000,000　　　　定率法による償却率　20%
　　決算日　　12月31日（年1回）

(1)
備 品 減 価 償 却 累 計 額

		1/1　　前 期 繰 越	360,000

(2)
貸 借 対 照 表
令和○年12月31日　　　　　　　　　　　（単位：円）
資 産 の 部
：

Ⅱ　固 定 資 産
　(1)　有 形 固 定 資 産
　　　1．備　　　　　品　　　（　　　　　　　）
　　　（　　　　　　　　　　　）　△（　　　　　　　　）　（　　　　　　　　）

6 次の資料によって，それぞれの固定資産の減価償却費を計算しなさい。ただし，決算は年1回，残存価額は取得原価の10%とする。

　(1)　建　　　　物　取得原価　¥10,000,000
　　　　　　　　　　定額法　耐用年数30年
　(2)　車両運搬具　取得原価　¥3,000,000
　　　　　　　　　　定率法による償却率　30%　　　減価償却累計額　¥900,000
　(3)　機 械 装 置　取得原価　¥12,000,000
　　　　　　　　　　生産高比例法　予測総利用時間数　50,000時間
　　　　　　　　　　　　　　　　　実際利用時間数　　5,000時間

(1)	¥	(2)	¥	(3)	¥

7 次の取引の仕訳を示しなさい。

(1) 取得原価 ¥720,000 の商品陳列用ケースを取得後8年目の初頭に廃棄処分した。ただし，残存価額は零（0）　耐用年数8年とし，定額法によって減価償却費を計算し，間接法で記帳してきた。なお，廃棄した商品陳列用ケースの評価額は零（0）とする。

(2) 茨城産業株式会社は，第5期初頭に営業用自動車を ¥1,500,000 で買い入れ，この代金は，これまで使用してきた営業用自動車を ¥400,000 で引き取らせ，新車両の代金との差額は翌月末に支払うことにした。ただし，この旧車両は第3期初頭に ¥1,200,000 で買い入れたもので，定率法により毎期の償却率を20％として，2年間にわたり減価償却費を計上し，間接法で記帳してきた。

(3) 取得原価 ¥600,000　残存価額は零（0）　耐用年数8年の商品陳列用ケースを，定額法で5年間償却し，間接法で記帳してきたが，6年目初頭に ¥80,000 で引き取らせ，新しい商品陳列用ケースを ¥800,000 で購入し，差額は小切手を振り出して支払った。

(4) 決算にあたり，¥30,000,000 で購入した鉱業用機械装置について，生産高比例法によって減価償却費を計算し，間接法で記帳した。ただし，残存価額は取得原価の10％　予測総利用時間90,000時間　当期の実際利用時間3,000時間とする。

(5) 取得原価 ¥1,200,000　減価償却累計額 ¥540,000 の備品を ¥700,000 で売却し，代金は月末に受け取ることにした。なお，記帳は間接法による。

(6) 取得原価 ¥500,000　残存価額は零（0）　耐用年数4年の事務用パーソナルコンピュータを，定額法で3年間償却し，間接法で記帳してきたが，4年目初頭に ¥30,000 で引き取らせ，新しい事務用パーソナルコンピュータを ¥600,000 で購入し，差額は現金で支払った。

(7) 取得原価 ¥900,000　残存価額は零（0）　耐用年数10年の営業用金庫を，定額法で9年間償却し，間接法で記帳してきたが，10年目初頭に ¥100,000 で引き取らせ，新しい営業用金庫を ¥1,000,000 で購入し，差額は約束手形を振り出して支払った。

	借　　　　方	貸　　　　方
(1)		
(2)		
(3)		
(4)		
(5)		
(6)		
(7)		

8 次の取引の仕訳を示しなさい。

(1) 取得原価￥8,000,000の営業用倉庫が，取得後16年目の初頭に火災により焼失した。ただし，残存価額は零（0）耐用年数25年とし，定額法によって減価償却費を計算し，間接法で記帳してきた。なお，この倉庫には火災保険の契約をしていない。

(2) 取得原価￥12,000,000 残存価額は零（0）耐用年数50年の店舗用建物を，定額法で30年間償却し，間接法で記帳してきたが，31年目初頭に火災により焼失した。なお，この建物には火災保険の契約をしているため，ただちに保険会社に連絡をした。

(3) 上記(2)の店舗用建物について，保険会社に保険金の支払いを請求していたが，本日，査定の結果，保険金￥4,000,000を支払うとの連絡があった。

(4) かねて，営業用に使用していた倉庫が取得後21年目の初頭に火災により焼失し，保険会社に保険金の支払いを請求していたが，本日，査定の結果，保険金￥3,200,000を支払うとの連絡があった。なお，この倉庫は取得原価￥9,000,000 残存価額は零（0）耐用年数30年で，定額法で20年間償却し，間接法で記帳してきた。

	借　　　方	貸　　　方
(1)		
(2)		
(3)		
(4)		

応用問題

解答p.41

1 次の各文の ＿＿＿ のなかにあてはまるもっとも適当な語を下記の語群のなかから選び，その番号を記入しなさい。なお，同一の用語を重複して用いてもよい。

(1) 有形固定資産の ア から イ を差し引いた残高が有形固定資産の期末評価額となる。なお， ア は有形固定資産の購入代価に登記料・引取費・試運転費・仲介手数料などの ウ を加えたものである。

(2) 資本的支出を収益的支出とすれば，資産は エ に評価され，費用は オ に計上される。この場合，利益を配当すれば カ ことになる。

(3) 適切な期間損益計算をおこなうためには，建物・備品などの固定資産について，その キ を，一定の減価償却の方法で，当期の費用となる部分と次期以降に繰り越す部分とに分ける必要がある。これは ク の原則によるものである。

語群
1. 過大　　　2. 現実の利益を隠す　　3. 取得原価　　4. 費用収益対応
5. 過小　　　6. 付随費用　　7. 明瞭性　　8. 資本をくいつぶす
9. 費用配分　　10. 減価償却累計額

(1)			(2)			(3)	
ア	イ	ウ	エ	オ	カ	キ	ク

2　次の取引の仕訳を示しなさい。

(1)　山形建設株式会社に建設を依頼していた店舗が完成し，引き渡しを受けた。総工事費用は ¥20,000,000で，すでに支払ってある ¥8,000,000 を差し引き，残額は約束手形を振り出して支払った。

(2)　土地 ¥70,000,000 を購入し，代金は登記料・整地費用・仲介手数料の合計額 ¥1,400,000 とともに小切手を振り出して支払った。

(3)　機械装置 ¥1,800,000 を買い入れ，代金のうち ¥1,000,000 は小切手を振り出して支払い，残額は 3か月後に支払うことにした。なお，この機械装置の据付費 ¥200,000 は現金で支払った。

(4)　仮払金 ¥2,000,000 は，建設中の店舗に対する工事代金の支払額であった。ただし，この店舗は未完成である。

(5)　かねて建物の修繕および改良をおこない，工事費用 ¥900,000 を小切手を振り出して支払ったさいに，全額を修繕費として処理していたが，このうち 3分の1を資本的支出とし，本日，これを訂正した。

(6)　建物の修繕および改良をおこない，工事費用 ¥1,500,000 を約束手形を振り出して支払った。このうち ¥350,000 を資本的支出とした。

(7)　かねて建設を依頼していた機械装置が完成し，引き渡しを受けたので，建設代金 ¥10,000,000 のうち，すでに支払ってある ¥4,000,000 を差し引いて，残額は小切手を振り出して支払った。なお，この機械装置の試運転費 ¥300,000 は現金で支払った。

(8)　岩手商事株式会社は，第6期初頭に営業用自動車を ¥2,400,000 で買い入れ，この代金は，これまで使用してきた営業用自動車を ¥600,000 で引き取らせ，新車両代金との差額 ¥1,800,000 は約束手形を振り出して支払った。ただし，この旧車両は，第3期初頭に ¥1,500,000 で買い入れたもので，残存価額は零（0）　予測総走行距離は100,000km　当期までの実際走行距離は70,000km であり，生産高比例法によって減価償却費を計上し，間接法で記帳してきた。

	借　　　　　方	貸　　　　　方
(1)		
(2)		
(3)		
(4)		
(5)		
(6)		
(7)		
(8)		

3 島根商事株式会社（決算年1回　3月31日）の有形固定資産に関する取引は，次のとおりである。よって，仕訳を示しなさい。

(1) 令和○1年4月1日　新店舗設立のために次の固定資産を購入し，代金は小切手を振り出して支払った。

建物 ¥10,000,000　車両運搬具 ¥3,000,000

(2) 令和○1年7月1日　備品¥600,000を購入し，代金は約束手形を振り出して支払った。

(3) 令和○2年3月31日　決算にさいし，上記の固定資産の減価償却をおこなった。ただし，残存価額はすべて零（0）とし，間接法により記帳する。

	耐用年数	償却方法	備考
建　物	25年	定額法	—
車両運搬具	5年	定率法	償却率40%
備　品	6年	定額法	月割計算による

(4) 令和○2年7月31日　新車両を¥3,600,000で買い入れ，この代金は，これまで使用してきた旧車両を¥1,500,000で引き取らせ，新車両代金との差額¥2,100,000は小切手を振り出して支払った（月割計算による）。

(5) 令和○3年3月31日　決算にさいし，有形固定資産の減価償却をおこなった。ただし，新車両については，旧車両と同じ条件で減価償却を月割計算によりおこなう。

(6) 令和○3年4月1日　備品を廃棄処分した。ただし，評価額は零（0）とする。

(7) 令和○3年10月1日　建物の修繕および改良をおこない，工事費用¥1,100,000を小切手を振り出して支払った。ただし，このうち¥500,000を資本的支出とする。

	借　　　方	貸　　　方
(1)		
(2)		
(3)		
(4)		
(5)		
(6)		
(7)		

検定問題

解答p.44

1 次の各文の ☐ のなかにあてはまるもっとも適当な語を下記の語群のなかから選び，その番号を記入しなさい。なお，同一の用語を重複して用いてもよい。

(1) 固定資産の通常の維持・管理および原状を回復させるための支出では，その支出が生じた会計期間の費用として修繕費勘定に計上する。これを ア という。例えば，修繕費として計上すべき支出額を，建物として計上するなど，その区分を誤ると一会計期間における正しい イ をおこなうことができなくなるため，非常に重要である。 （第94回）

(2) 固定資産の通常の維持・管理および原状を回復させるための支出を ウ という。この支出を費用として計上せずに，資産として処理した場合には，純利益は エ に計上される。 （第90回一部修正）

(3) 有形固定資産の減価のうち，企業経営上，当然発生する減価を オ 減価という。これには，使用または時の経過などにともない生じる物質的減価と，陳腐化や不適応化によって生じる カ 減価がある。 （第89回）

(4) 有形固定資産を修繕および改良するために生じた支出のうち，有形固定資産の価値を高めたり，耐用年数を延長させたりする支出を キ という。この支出を資産に計上せずに，当期の費用として処理した場合には，純利益は ク に計上される。 （第83回）

語群

1．機能的　　2．資本的支出　　3．収益的支出　　4．過小
5．経常的　　6．損益計算　　　7．過大　　　　　8．偶発的

(1)		(2)		(3)		(4)	
ア	イ	ウ	エ	オ	カ	キ	ク

2 次の取引の仕訳を示しなさい。

(1) 新潟商事株式会社（決算年1回）は，取得原価 ¥1,250,000 の備品を第21期初頭に除却し，廃棄処分した。ただし，この備品は第18期初頭に買い入れたもので，定率法により毎期の償却率を40%として減価償却費を計算し，間接法で記帳してきた。なお，この備品の評価額は零（0）である。 （第94回）

(2) 愛知商事株式会社は，かねて建築を依頼していた本社社屋が完成し，引き渡しを受けた。よって，建築代金 ¥86,000,000 のうち，すでに支払ってある金額を差し引いて，残額 ¥30,000,000 は小切手を振り出して支払った。 （第93回一部修正）

(3) 宮崎工業株式会社（決算年1回）は，第13期初頭に備品を ¥2,200,000 で買い入れ，この代金はこれまで使用してきた備品を ¥800,000 で引き取らせ，新しい備品の代金との差額は翌月末に支払うことにした。ただし，この古い備品は第10期初頭に ¥2,000,000 で買い入れたもので，定率法により毎期の償却率を20%として減価償却費を計算し，間接法で記帳してきた。 （第92回）

(4) 徳島商事株式会社は建物の改良と修繕をおこない，その代金 ¥3,680,000 を小切手を振り出して支払った。ただし，代金のうち ¥3,000,000 は建物の使用可能期間を延長させる支出と認められ，資本的支出とした。 （第91回）

(5) 鹿児島商事株式会社は，かねて自社の敷地内に広告塔の建設を依頼していたが，本日完成したため，引き渡しを受けたので，建設代金 ¥2,500,000 のうち，すでに支払ってある ¥1,500,000 を差し引いて，残額を小切手を振り出して支払った。 （第86回）

	借　　　　方	貸　　　　方
(1)		
(2)		
(3)		
(4)		
(5)		

3　兵庫商事株式会社の総勘定元帳勘定残高（一部）および決算整理事項によって，報告式の貸借対照表（一部）および損益計算書（一部）を完成しなさい。　　　　　　（第94回一部修正）

ただし，ⅰ　会社計算規則によること。

ⅱ　会計期間は令和3年4月1日から令和4年3月31日までとする。

元帳勘定残高（一部）

建　　　　物　¥5,130,000　　建物減価償却累計額　¥684,000　　備　　　　品　¥2,880,000

備品減価償却累計額　720,000　　土　　　　地　7,164,000

決算整理事項

a．減価償却高

建物：取得原価¥5,130,000　残存価額は零（0）　耐用年数は30年とし，定額法により計算している。

備品：取得原価¥2,880,000　毎期の償却率を25%とし，定率法により計算している。

貸　借　対　照　表

兵庫商事株式会社　　　　　　　　令和4年3月31日　　　　　　　　（単位：円）

資　産　の　部

：

Ⅱ　固　定　資　産

(1)　有　形　固　定　資　産

　1．建　　　　物　　　　　　　　5,130,000

　　　　減価償却累計額　△（　　　　　　　　）　（　　　　　　　　）

　2．備　　　　品　　　　　　　　2,880,000

　　　　減価償却累計額　△（　　　　　　　　）　（　　　　　　　　）

　3．（　　　　　　　　）　　　　　　　　　（　　　　　　　　）

　　　　有形固定資産合計　　　　　　　　（　　　　　　　　）

損　益　計　算　書

兵庫商事株式会社　　　令和3年4月1日から令和4年3月31日まで　　　（単位：円）

：

Ⅲ　販売費及び一般管理費

：

　5．減　価　償　却　費　　　　　　　　（　　　　　　　　）

第7章 リース会計

学習の要点 ●●●

1. リース取引の概要

備品や車両, 機械装置などの固定資産 (**リース物件**) を, あらかじめ決められた期間 (**リース期間**) にわたって借りる契約を結び, その使用料 (**リース料**) を支払う取引を**リース取引**という。

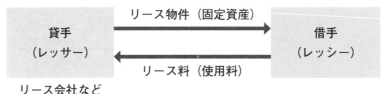

2. リース取引の分類

リース取引	ファイナンス・リース取引 (売買処理)	所有権移転	利子抜き法	利息法 (原則)	出題範囲
		所有権移転外		定額法 (例外)	
			利子込み法 (例外)		
	オペレーティング・リース取引 (賃貸借処理)				

リース取引は, 大きく**ファイナンス・リース取引**と**オペレーティング・リース取引**に分類される。

①ファイナンス・リース取引 (finance lease)

リース期間の途中で解約することができず (**ノン・キャンセラブル**), また, リース物件の使用のために生じるコストを借手が負担する (**フルペイアウト**) リース取引。本書では, 所有権移転外ファイナンス・リース取引のうち, リース資産総額に重要性が乏しいと認められる場合 (例外・簡便法) の会計処理について取り扱う。

②オペレーティング・リース取引 (operating lease)

ファイナンス・リース取引以外のリース取引。リース期間が満了すれば, 借手は貸手にリース物件を返却しなければならない。

3. ファイナンス・リース取引の借手側の会計処理

ファイナンス・リース取引では, 固定資産を購入して代金を分割で支払う場合と同様の処理をおこなう (売買処理)。

ファイナンス・リース取引におけるリース物件を処理するさいには, 通常の備品や車両などと区別するために, **リース資産勘定** (有形固定資産) を使用する。また, リース取引に関する負債については, **リース債務勘定** (1年基準により流動負債・固定負債に分ける) で処理する。リース資産およびリース債務として計上する額は, リース料に含まれる利息相当額をどのように処理するかによって異なる。利息相当額の処理方法には**利子抜き法**と**利子込み法**の2つの方式がある。

①利子抜き法

リース料総額からこれに含まれる利息相当額を差し引いた金額を, リース資産および

リース債務とする方法。利息相当額については，リース期間中の各期に配分する（本書では**定額法**を適用した場合の説明をおこなう）。

②**利子込み法**

　リース料総額から利息相当額を差し引かず，リース料総額をリース資産およびリース債務とする方法。

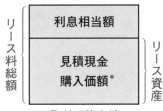

①利子抜き法　　②利子込み法

＊見積現金購入価額とは，対象となるリース物件を現金で購入した場合の合理的な見積額をいう。

4．オペレーティング・リース取引の借手側の会計処理

　オペレーティング・リース取引では，固定資産を借りてリース料を支払う場合と同様の処理をおこなう（賃貸借処理）。

　リース料を支払ったときは**支払リース料勘定**（販売費及び一般管理費）で処理する。

基本問題

解答p.46

1 次の各文の　□□□　のなかにあてはまるもっとも適当な語を下記の語群のなかから選び，その番号を記入しなさい。なお，同一の用語を重複して用いてもよい。

(1) リース取引とは，備品や車両，機械装置などの　ア　を，あらかじめ決められた　イ　にわたって借りる契約を結び，　ウ　を支払う取引をいう。

(2) リース取引のうち，リース期間の途中で解約することができず，また，リース物件の使用のために生じるコストを借手が負担するものを　エ　・リース取引といい，　エ　・リース取引以外のリース取引を　オ　・リース取引という。

(3) 　カ　・リース取引では，借手側は固定資産を購入して代金を分割で支払う場合と同様の処理をおこなう。一方で，　キ　・リース取引では，借手側は固定資産を借りてリース料を支払う場合と同様の処理をおこなう。

(4) ファイナンス・リース取引におけるリース物件を処理するさいには，通常の備品や車両などと区別するために，　ク　勘定を使用する。また，リース取引に関する負債については，　ケ　勘定で処理する。

語群

1．ファイナンス　　2．オペレーティング　　3．リース債務　　4．リース期間
5．リース負債　　6．リース取引　　7．リース物件　　8．リース資産
9．リース債権　　10．リース料

(1)			(2)	
ア	イ	ウ	エ	オ

(3)		(4)	
カ	キ	ク	ケ

2　次の一連の取引の仕訳を示しなさい。

(1)　青森食品株式会社は，令和○1年4月1日（期首）に事務用カラーコピー機のリース契約（所有権移転外ファイナンス・リース取引に該当）を次の条件で締結した。なお，利息相当額の処理は利子抜き法（利息相当額を控除する方法）により，リース期間中の各期に定額で配分する。

　　条　件
　　　年間リース料　　　￥150,000（毎年3月末支払い）
　　　見積現金購入価額　￥550,000
　　　リース期間　　　　4年

(2)　青森食品株式会社は，令和○2年3月31日にリース料を現金で支払った。なお，利息相当額については，リース期間中の各期に定額で配分する。

(3)　青森食品株式会社は，令和○2年3月31日（決算日）にリース資産の減価償却費を定額法で計上した。なお，残存価額は零（0）耐用年数はリース期間とし，間接法で記帳している。

	借　　　方	貸　　　方
(1)		
(2)		
(3)		

3　次の一連の取引の仕訳を示しなさい。

(1)　三重商事株式会社は，令和○1年4月1日（期首）に営業用トラックのリース契約（所有権移転外ファイナンス・リース取引に該当）を次の条件で締結した。なお，利息相当額の処理は利子込み法（利息相当額を控除しない方法）による。

　　条　件
　　　年間リース料　　　￥80,000（毎年3月末支払い）
　　　見積現金購入価額　￥340,000
　　　リース期間　　　　5年

(2)　三重商事株式会社は，令和○2年3月31日にリース料を現金で支払った。

(3)　三重商事株式会社は，令和○2年3月31日（決算日）にリース資産の減価償却費を定額法で計上した。なお，残存価額は零（0）耐用年数はリース期間とし，間接法で記帳している。

	借　　　方	貸　　　方
(1)		
(2)		
(3)		

4　次の一連の取引の仕訳を示しなさい。なお，仕訳をおこなう必要のないものについては「仕訳なし」と記入すること。

(1)　東京通信株式会社は，令和○1年4月1日（期首）に機械装置のリース契約（オペレーティング・リース取引に該当）を次の条件で締結した。

　　条　件
　　　年間リース料　￥120,000（毎年3月末支払い）　　　リース期間　3年

(2) 東京通信株式会社は，令和○2年3月31日にリース料を現金で支払った。

	借　　　　方	貸　　　　方
(1)		
(2)		

応用問題

解答p.47

1　高知観光株式会社の総勘定元帳勘定残高（一部）と付記事項および決算整理事項は，次のとおりであった。よって，報告式の貸借対照表（一部）を完成しなさい。

　　ただし， i　会社計算規則によること。
　　　　　　 ii　会計期間は令和○2年4月1日から令和○3年3月31日までとする。

元帳勘定残高（一部）

　リース資産 ¥540,000　　リース資産減価償却累計額 ¥108,000　　リース債務 ¥324,000

付記事項

　① リース債務¥324,000は令和○6年3月31日までリース契約をしている営業用自動車に対するものであり，決算日の翌日から1年以内に支払期限が到来する部分は流動負債として表示する。

決算整理事項

　a．減価償却高
　　　　リース資産：見積現金購入価額¥540,000　残存価額は零(0)　耐用年数は5年（リース期間）とし，定額法により計算している。

貸　借　対　照　表

高知観光株式会社　　　　　　　　　令和○3年3月31日　　　　　　　　（単位：円）

資　産　の　部

⋮

II　固　定　資　産

(1)　有 形 固 定 資 産

⋮

　3．リ ー ス 資 産　　　　（　　　　　　）
　（　　　　　　　　　　）　△（　　　　　　　　）　（　　　　　　）

⋮

負　債　の　部

I　流　動　負　債

⋮

　3．リ ー ス 債 務　　　　　　　　　　　　（　　　　　　）

⋮

II　固　定　負　債

⋮

　2．リ ー ス 債 務　　　　　　　　　　　　（　　　　　　）

> リース資産の元帳勘定残高と見積現金購入価額が一致していることから，利子抜き法（利息相当額を控除する方法）で処理していることを判断しよう！

2　熊本物産株式会社の総勘定元帳勘定残高（一部）と付記事項および決算整理事項は，次のとおりであった。よって，報告式の貸借対照表（一部）を完成しなさい。

　　ただし，ⅰ　会社計算規則によること。
　　　　　　ⅱ　会計期間は令和○4年4月1日から令和○5年3月31日までとする。

元帳勘定残高（一部）
　　リ ー ス 資 産　¥660,000　　リース資産減価償却累計額　¥220,000　　リ ー ス 債 務　¥330,000

付 記 事 項
　　①　リース債務¥330,000は令和○8年3月31日までリース契約をしている機械装置に対するものであり，決算日の翌日から1年以内に支払期限が到来する部分は流動負債として表示する。

決算整理事項
　a．減価償却高
　　　　リース資産：見積現金購入価額¥600,000　残存価額は零（0）　耐用年数は6年（リース期間）とし，定額法により計算している。

貸 借 対 照 表

熊本物産株式会社　　　　　　　　　令和○5年3月31日　　　　　　　　　　（単位：円）

資 産 の 部

⋮

Ⅱ　固 定 資 産
（1）有 形 固 定 資 産

⋮

　　3．リ ー ス 資 産　　　　　（　　　　　　　）
　　　（　　　　　　　　　）　△（　　　　　　　）　（　　　　　　）

⋮

負 債 の 部

Ⅰ　流 動 負 債

⋮

　　3．リ ー ス 債 務　　　　　　　　　　　　　（　　　　　　）

⋮

Ⅱ　固 定 負 債

⋮

　　2．リ ー ス 債 務　　　　　　　　　　　　　（　　　　　　）

> リース資産の元帳勘定残高と見積現金購入価額が一致していないことから，利子込み法（利息相当額を控除しない方法）で処理していることを判断しよう！

3　次の一連の取引の仕訳を示しなさい。なお，仕訳をおこなう必要のないものについては「仕訳なし」と記入すること。

（1）静岡電機株式会社（決算年1回　3月31日）は，令和○1年10月1日に機械装置のリース契約（オペレーティング・リース取引に該当）を次の条件で締結した。

　　条 件
　　　年間リース料　　　¥140,000（毎年9月末支払い）
　　　リース期間　　　　4年

（2）静岡電機株式会社は，令和○2年3月31日（決算日）にリース料の未払高を計上した。

(3)　静岡電機株式会社は，令和○2年4月1日（翌期首）にリース料に関する再振替仕訳をおこなった。

(4)　静岡電機株式会社は，令和○2年9月30日にリース料を現金で支払った。

	借　　　方	貸　　　方
(1)		
(2)		
(3)		
(4)		

検定問題

解答p.49

1　北海道商事株式会社の総勘定元帳勘定残高（一部）と付記事項および決算整理事項は，次のとおりであった。よって，報告式の貸借対照表（一部）を完成しなさい。

　　ただし，　i　会社計算規則によること。

　　　　　　　ii　会計期間は令和○4年4月1日から令和○5年3月31日までとする。

元帳勘定残高（一部）

　　リース資産　¥500,000　　リース資産減価償却累計額　¥100,000　　リース債務　¥300,000

付記事項

　①　リース債務¥300,000は令和○8年3月31日までリース契約をしているコピー機に対するものであり，決算日の翌日から1年以内に支払期限が到来する部分は流動負債として表示する。

決算整理事項

　a．減価償却高

　　　　リース資産：見積現金購入価額¥500,000　残存価額は零（0）　耐用年数は5年（リース期間）とし，定額法により計算している。

貸　借　対　照　表

北海道商事株式会社　　　　　　　　　令和○5年3月31日　　　　　　　　　　　（単位：円）

資　産　の　部

　　　　　　　　　　　　　　　　　　　⋮

Ⅱ　固　定　資　産

(1)　有　形　固　定　資　産

　　　　　　　　　　　　　　　　　　　⋮

　3．リ ー ス 資 産　　　（　　　　　　）

　　（　　　　　　　　　　）　△（　　　　　　　　）　　（　　　　　　　）

　　　　　　　　　　　　　　　　　　　⋮

負　債　の　部

Ⅰ　流　動　負　債

　　　　　　　　　　　　　　　　　　　⋮

　3．リ ー ス 債 務　　　　　　　　　（　　　　　　　）

　　　　　　　　　　　　　　　　　　　⋮

Ⅱ　固　定　負　債

　　　　　　　　　　　　　　　　　　　⋮

　2．リ ー ス 債 務　　　　　　　　　（　　　　　　　）

第8章　無形固定資産・研究開発費と開発費

1．無形固定資産の意味と種類

具体的なかたちをもたない固定資産を**無形固定資産**という。

法律上の権利*	特許権	登録された発明や技術などを独占的に使用する権利。
	鉱業権	一定の土地や鉱区で鉱物を採掘する権利。
の　　れ　　ん		ほかの同種企業よりも高い収益力（超過収益力）を貨幣価値であらわしたもの。
ソ　フ　ト　ウ　ェ　ア		コンピュータを動かすための命令であるプログラム。

＊法律上の権利には，このほかに実用新案権・意匠権・商標権・借地権などがある。

2．法律上の権利

法律上の権利を取得したときは，取得に直接要した支出額に登録料などの付随費用を加えた額を取得原価とする。償却額の計算は，残存価額をゼロとして定額法でおこない，直接法によって記帳する。なお，鉱業権については生産高比例法を用いるのが合理的である。

　　例　期首に特許権を¥3,000,000で取得し，耐用年数8年で償却する。

　　　毎期の償却額：$\dfrac{¥3,000,000 - ¥0}{8年} = ¥375,000$

　　　1年目末　¥3,000,000 - ¥375,000 = ¥2,625,000（期末評価額）
　　　2年目末　¥2,625,000 - ¥375,000 = ¥2,250,000（期末評価額）
　　　3年目末　¥2,250,000 - ¥375,000 = ¥1,875,000（期末評価額）

3．のれん

ある企業がほかの企業を取得したさいに支払う金額（取得対価）と，被取得企業の純資産の時価評価額（資産と負債の時価評価額の差額）の差額を**のれん**という。のれんは，買収や合併などによってほかの企業を取得した場合に限り計上することができる。

取得対価の求め方にはさまざまな方法があるが，本書では，企業の収益力をもとにして企業価値を評価する**収益還元価値法**について取り扱う。

　　のれんの金額 ＝ $\underbrace{\dfrac{被取得企業の平均利益額}{同種企業の平均利益率}}_{収益還元価値（取得対価）}$ － 純資産の時価評価額

のれんの償却は，取得後20年以内のその効力の及ぶ期間にわたって，残存価額をゼロとして定額法その他の合理的な方法によって規則的におこない，直接法によって記帳する。

4．自社利用目的のソフトウェア

　自社利用目的のソフトウェアについて，その利用によって将来の収益獲得または費用削減が確実であると認められる場合には，その制作費や取得原価などを**ソフトウェア勘定**（無形固定資産）で処理する。なお，制作途中のソフトウェアについては，**ソフトウェア仮勘定**で処理する。

　自社利用目的のソフトウェアの償却は，残存価額をゼロとして定額法でおこない，直接法によって記帳する。

5．研究開発費と開発費

　新しい研究・開発に要したすべての原価は，発生時に**研究開発費勘定**（販売費及び一般管理費または当期製造費用）で処理する。研究開発費は，将来の収益を確実に獲得できるかが不明であるため，資産ではなく費用として計上される。

　また，新技術・新経営組織の採用や，資源の開発・新市場開拓などのために特別に支出した諸費用，生産性向上などにより設備の大規模な配置替えをおこなった場合などの諸費用は，支出時に**開発費勘定**（売上原価または販売費及び一般管理費）を用いて費用として処理するのが原則である。ただし，適切な期間損益計算をおこなうために，開発費を支払った年度だけの費用としないで，**繰延資産**として効果の及ぶ数期間に負担させることが認められている。

> **繰延資産の会計処理（発展的な内容）**
>
> 　例1　市場を新しく開拓するために特別に広告宣伝をおこない，広告料￥4,000,000を小切手を振り出して支払い，全額を繰延資産として処理した。
>
> 　　（借）開　　発　　費　　4,000,000　　　　（貸）当　座　預　金　　4,000,000
>
> 　例2　決算（年1回）にあたり，例1の開発費のうち￥800,000を償却した。
>
> 　　（借）開 発 費 償 却　　800,000　　　　（貸）開　　発　　費　　800,000

6．投資その他の資産

　固定資産は，有形固定資産・無形固定資産・投資その他の資産の3つに分けられる。**投資その他の資産**には，長期的な利殖を目的とする資産や，ほかの企業を支配する目的または影響力を行使する目的の資産，ほかの資産区分に属さないその他の長期性資産などがある。

投資有価証券	満期保有目的債券	満期保有目的の社債・公債などの債券（1年を超えて満期が到来するもの）。
	その他有価証券	売買目的有価証券，満期保有目的の債券，子会社株式・関連会社株式以外の有価証券（株式・1年を超えて満期が到来する債券）。
長　期　貸　付　金		決算日の翌日から1年を超えて期限の到来する貸付金。
関係会社株式	子 会 社 株 式	他企業を支配・統制する目的で保有する株式。
	関 連 会 社 株 式	他企業に影響力を行使する目的で保有する株式。
長　期　前　払　費　用		決算日の翌日から1年を超えて費用化する前払費用。

基本問題

解答p.50

1 次の各文の □□□ のなかにあてはまるもっとも適当な語を下記の語群のなかから選び，その番号を記入しなさい。なお，同一の用語を重複して用いてもよい。

(1) 具体的なかたちをもたない固定資産を ア という。

(2) 法律上の権利を取得したときは，取得に直接要した支出額に イ を加えた額を取得原価とする。償却額の計算は，残存価額をゼロとして定額法でおこない， ウ によって記帳する。なお， エ については生産高比例法を用いるのが合理的である。

(3) ほかの同種企業よりも高い収益力（超過収益力）を貨幣価値であらわしたものを オ という。 オ の償却は，取得後 カ 以内のその効力の及ぶ期間にわたって，残存価額をゼロとして キ その他の合理的な方法によって規則的におこない， ク によって記帳する。

(4) 企業の収益力をもとにして企業価値を評価する方法を ケ といい，ほかの企業を取得したさいに支払う金額（取得対価）を決定する方法の1つである。

(5) コンピュータを動かすための命令であるプログラムを コ という。自社利用目的の コ の償却は，残存価額をゼロとして サ でおこない， シ によって記帳する。

(6) 新しい研究・開発に要したすべての原価は，発生時に ス 勘定で処理する。

(7) 新技術・新経営組織の採用や，資源の開発・新市場開拓などのために特別に支出した諸費用，生産性向上などにより設備の大規模な配置替えをおこなった場合などの諸費用は，支出時に セ 勘定を用いて費用として処理するのが原則である。

(8) 固定資産は，有形固定資産・ ア ・ ソ の3つに分けられる。 ソ には， タ 的な利殖を目的とする資産や，ほかの企業を支配する目的または影響力を行使する目的の資産，ほかの資産区分に属さないその他の タ 性資産などがある。

語群

1．短期	2．のれん	3．開発費	4．鉱業権
5．20年	6．定額法	7．収益還元価値法	8．10年
9．投資その他の資産	10．特許権	11．間接法	12．売価還元法
13．定率法	14．長期	15．ソフトウェア	16．付随費用
17．無形固定資産	18．その他の流動資産	19．直接法	20．研究開発費

(1)		(2)			(3)		
ア	イ	ウ	エ	オ	カ	キ	ク

(4)	(5)			(6)	(7)	(8)	
ケ	コ	サ	シ	ス	セ	ソ	タ

2 次の取引の仕訳を示しなさい。

(1) 特許権を¥3,100,000で取得し，代金は小切手を振り出して支払った。なお，登録料¥100,000は現金で支払った。

(2) 決算にあたり，上記(1)の特許権のうち¥400,000を償却した。

(3) 決算にあたり，取得原価¥100,000,000の鉱区から当期10万トンの採掘量があったので，生産高比例法を用いて，この鉱区に対する鉱業権を償却した。ただし，この鉱区の推定埋蔵量は400万トンであり，鉱業権の残存価額は零（0）である。

(4)　ある鉱区の鉱業権¥60,000,000を買い入れ，代金は小切手を振り出して支払った。

(5)　決算にあたり，取得原価¥8,000,000の鉱区に対する鉱業権を生産高比例法を用いて償却した。ただし，この鉱区の推定埋蔵量は400万トン，当期の採掘量は19万トンであり，鉱業権の残存価額は零（0）である。

(6)　特許権を¥1,750,000で取得し，代金は小切手を振り出して支払った。なお，登録料¥90,000は現金で支払った。

(7)　決算にあたり，上記(6)の特許権のうち¥230,000を償却した。

	借　　　方	貸　　　方
(1)		
(2)		
(3)		
(4)		
(5)		
(6)		
(7)		

3　次の資料により，のれんの金額を計算しなさい。ただし，被取得企業の収益還元価値を取得対価とする。

　資　　料
　　i　被取得企業の純資産額（時価）　　¥19,500,000
　　ii　被取得企業の年平均利益額　　　¥2,000,000
　　iii　同種企業の平均利益率　　　　　10％

計　　算　　式	のれんの金額
	¥

4　次の資料により，のれんの金額を計算しなさい。ただし，被取得企業の収益還元価値を取得対価とする。

　資　　料
　　i　被取得企業の純資産額（時価）　　¥39,600,000
　　ii　被取得企業の年平均利益額　　　¥3,200,000
　　iii　同種企業の平均利益率　　　　　8％

計　　算　　式	のれんの金額
	¥

5 次の財政状態にある神奈川商会（個人企業）を取得し，取得対価は小切手を振り出して支払った。ただし，同商会の年平均利益額は¥100,000　同種企業の平均利益率を8％として収益還元価値を求め，その金額を取得対価とした。なお，神奈川商会の貸借対照表に示されている資産および負債の帳簿価額は時価に等しいものとする。よって，
(1) 取得時の仕訳を示しなさい。
(2) 決算（年1回）にあたり，のれんの金額のうち¥7,500を償却したときの仕訳を示しなさい。

貸　借　対　照　表

神奈川商会　　　　　　　　　　令和○年5月1日　　　　　　　　　（単位：円）

資　　　産	金　　額	負債及び純資産	金　　額
現　金　預　金	1,200,000	買　　掛　　金	1,500,000
電　子　記　録　債　権	700,000	借　　入　　金	800,000
売　　掛　　金	500,000	資　　本　　金	1,100,000
商　　　　　品	900,000		
備　　　　　品	100,000		
	3,400,000		3,400,000

	借　　　　方	貸　　　　方
(1)		
(2)		

6 次の取引の仕訳を示しなさい。
(1) 資源開発のために特別に¥6,000,000を小切手を振り出して支払った。
(2) 期首に，自社利用目的でソフトウェア¥580,000を購入し，代金は設定等にかかる費用¥60,000とともに約束手形を振り出して支払った。
(3) 決算にあたり，上記(2)で購入したソフトウェアの償却をおこなった。なお，当該ソフトウェアは定額法により5年間で償却する。
(4) かねて制作を依頼していた自社利用目的のソフトウェアが完成し，引き渡しを受けたので，契約代金¥4,500,000のうち，すでに支払ってある金額を差し引いて，残額¥2,100,000は小切手を振り出して支払った。
(5) 既存の製品の生産方法を著しく改良するための計画的な調査をおこない，そのために¥3,700,000を小切手を振り出して支払った。
(6) 市場を新しく開拓するために特別に広告宣伝をおこない，広告料¥2,900,000を小切手を振り出して支払った。
(7) かねて制作を依頼していた自社利用目的のソフトウェアが完成し，引き渡しを受けたので，契約代金¥7,100,000のうち，すでに支払ってある¥3,200,000を差し引いて，残額は小切手を振り出して支払った。

	借　　　　方	貸　　　　方
(1)		
(2)		
(3)		
(4)		
(5)		
(6)		
(7)		

7 沖縄物産株式会社（決算年1回　3月31日）の総勘定元帳勘定残高（一部）および決算整理事項によって，報告式の貸借対照表（一部）および報告式の損益計算書（一部）を完成しなさい。

元帳勘定残高（一部）

その他有価証券　¥ 900,000　　子会社株式　¥2,500,000　　関連会社株式　¥1,300,000
保　険　料　　　680,000

決算整理事項

a．有価証券評価高

その他有価証券について，時価¥950,000に評価替えをおこなう。

b．保険料前払高

保険料のうち，¥456,000は2年分を支払ったものであり，支払いから2か月で決算をむかえた。

貸　借　対　照　表

沖縄物産株式会社　　　　　　　　令和○2年3月31日　　　　　　　　（単位：円）

資　産　の　部

Ⅰ　流　動　資　産

⋮

6.（　　　　　　　　　）　　　　　（　　　　　　　　）

⋮

Ⅱ　固　定　資　産

⋮

(3)　投資その他の資産

1.（　　　　　　　　　）　　　　　（　　　　　　　　）
2.（　　　　　　　　　）　　　　　（　　　　　　　　）
3.（　　　　　　　　　）　　　　　（　　　　　　　　）

　　　投資その他の資産合計　　　（　　　　　　　　）

損　益　計　算　書

沖縄物産株式会社　　　　令和○1年4月1日から令和○2年3月31日まで　　　　（単位：円）

⋮

Ⅲ　**販売費及び一般管理費**

⋮

7．保　険　料　　　　　　　　（　　　　　　　　）

応用問題

解答p.53

1　福井商店は，北東商店（個人企業）を令和○年9月1日に取得したが，取得直前の両店の貸借対照表および取得に関する資料は次のとおりであった。よって，

(1) 取得時の仕訳を示しなさい。

(2) 取得後の福井商店の貸借対照表を完成しなさい。

福井商店	貸 借 対 照 表	（単位：円）			北東商店	貸 借 対 照 表	（単位：円）	
現金預金	1,800,000	支払手形	590,000		受取手形	300,000	支払手形	840,000
受取手形	410,000	買掛金	600,000		売掛金	260,000	買掛金	920,000
売掛金	500,000	資本金	3,200,000		商品	1,100,000	資本金	1,400,000
商品	330,000				建物	1,500,000		
建物	1,000,000					3,160,000		3,160,000
備品	350,000							
	4,390,000		4,390,000					

資　　料

i　北東商店の貸借対照表に示されている資産および負債の帳簿価額は時価に等しいものとする。

ii　北東商店の年平均利益額は ¥124,000　同種企業の平均利益率を8％として収益還元価値を求め，その金額を取得対価とし，小切手を振り出して支払った。

iii　北東商店の買掛金のうち ¥200,000は，福井商店に対するものである。

(1)

	借　　　　　方	貸　　　　　方

(2)

貸　借　対　照　表

福井商店　　　　　　　　　　　　令和○年9月1日　　　　　　　　　　　（単位：円）

資　　　産	金　　　額	負債及び純資産	金　　　額

2 香川観光株式会社（決算年1回　3月31日）の総勘定元帳勘定残高（一部）および決算整理事項によって，報告式の貸借対照表（一部）を完成しなさい。

元帳勘定残高（一部）

備　　　　　品	¥1,600,000	備品減価償却累計額	¥400,000	土　　　　　地	¥4,000,000
鉱　業　権	7,000,000	ソフトウェア	800,000	満期保有目的債券	976,000
その他有価証券	640,000	子会社株式	2,000,000	保　険　料	468,000

決算整理事項

a．備品減価償却高

定率法により，毎期の償却率を25％とする。

b．鉱業権償却高

取得原価¥7,000,000の鉱業権を，生産高比例法によって償却する。ただし，この鉱区の推定埋蔵量は200万トン，当期の採掘量は32万トンであり，鉱業権の残存価額は零（0）である。

c．ソフトウェア償却高

当期首に¥800,000で取得したソフトウェアを，定額法によって5年間で償却する。

d．有価証券評価高

保有する株式および債券は次のとおりである。

満期保有目的債券：償却原価法（定額法）によって¥984,000に評価する。

その他有価証券：時価¥680,000に評価替えをおこなう。なお，評価差額はすべて純資産の部に計上し，税効果は考慮しないものとする。

e．保険料前払高

保険料のうち，¥360,000は18か月分を支払ったものであり，支払いから5か月で決算をむかえた。

貸　借　対　照　表

香川観光株式会社　　　　　　　　　令和○年3月31日　　　　　　　　　（単位：円）

資　産　の　部

Ⅰ　流　動　資　産

　　　　　　　　　　　⋮

　7.（　　　　　　　　　）　　　　　　　　（　　　　　　　　）

　　　　　　　　　　　⋮

Ⅱ　固　定　資　産

　(1)　有形固定資産

　　1．備　　　　品　　　　　　　1,600,000

　　　　減価償却累計額　△（　　　　　　　）（　　　　　　　）

　　2．（　　　　　　　　　）　　　　　　　（　　　　　　　）

　　　　有形固定資産合計　　　　　　　　　（　　　　　　　）

　(2)　無形固定資産

　　1．（　　　　　　　　　）　　　　　　　（　　　　　　　）

　　2．（　　　　　　　　　）　　　　　　　（　　　　　　　）

　　　　無形固定資産合計　　　　　　　　　（　　　　　　　）

　(3)　投資その他の資産

　　1．（　　　　　　　　　）　　　　　　　（　　　　　　　）

　　2．（　　　　　　　　　）　　　　　　　（　　　　　　　）

　　3．（　　　　　　　　　）　　　　　　　（　　　　　　　）

　　　　投資その他の資産合計　　　　　　　（　　　　　　　）

　　　　固　定　資　産　合　計　　　　　　　　　　　　（　　　　　　　）

　　　　　　　　　　　⋮

純　資　産　の　部

　　　　　　　　　　　⋮

Ⅱ　評価・換算差額等

　1．（　　　　　　　　　）　　　　　　　（　　　　　　　）

　　　　評価・換算差額等合計　　　　　　　　　　　　（　　　　　　　）

検定問題

解答p.55

1 次の文の ▢ のなかにあてはまるもっとも適当な語を下記の語群のなかから選び，その番号を記入しなさい。

特許権や鉱業権などの法律上の権利は，貸借対照表では ア に分類され，有効期間にわたって一定の減価償却の方法により，その取得原価を各会計期間に割り当てる必要がある。これは イ の原則によるものである。 (第79回)

語群

1．無形固定資産　　2．明瞭性　　3．投資その他の資産　　4．費用配分

ア	イ

2 次の取引の仕訳を示しなさい。

(1) かねて制作を依頼していた自社利用目的のソフトウェアが完成し，引き渡しを受けたので，契約代金 ¥8,800,000 のうち，すでに支払ってある金額を差し引いて，残額 ¥3,700,000 は小切手を振り出して支払った。

(2) 鹿児島鉱業株式会社は，決算にあたり，生産高比例法を用いて鉱業権を償却した。なお，この鉱業権は ¥187,000,000 で取得し，当期に17,000トンの採掘量があった。ただし，この鉱区の推定埋蔵量は850,000トンであり，鉱業権の残存価額は零 (0) である。 (第93回)

(3) 大分商事株式会社は，次の財政状態にある北東商会を取得し，代金は小切手を振り出して支払った。ただし，同商会の平均利益額は ¥252,000 同種企業の平均利益率を 6 ％として収益還元価値を求め，その金額を取得対価とした。なお，北東商会の貸借対照表に示されている資産および負債の時価は帳簿価額に等しいものとする。 (第92回)

北東商会	貸 借 対 照 表		（単位：円）
売　　掛　　金	2,800,000	支　払　手　形	1,300,000
商　　　　　品	3,600,000	買　　掛　　金	1,100,000
		資　　本　　金	4,000,000
	6,400,000		6,400,000

(4) 青森鉱業株式会社（決算年 1 回　3 月31日）は，決算にあたり，生産高比例法を用いて鉱業権を償却した。なお，この鉱業権は ¥150,000,000 で取得し，当期に18,000トンの採掘量があった。ただし，この鉱区の推定埋蔵量は750,000トンであり，鉱業権の残存価額は零 (0) である。

(第90回)

(5) 新潟商事株式会社は，次の財政状態にある東西商会を取得し，代金は小切手を振り出して支払った。ただし，同商会の平均利益額は ¥378,000 同種企業の平均利益率を 7 ％として収益還元価値を求め，その金額を取得対価とした。なお，東西商会の貸借対照表に示されている資産および負債の時価は帳簿価額に等しいものとする。 (第89回)

東西商会	貸 借 対 照 表		（単位：円）
売　　掛　　金	2,600,000	買　　掛　　金	1,800,000
商　　　　　品	5,900,000	長　期　借　入　金	1,700,000
		資　　本　　金	5,000,000
	8,500,000		8,500,000

	借　　　　　方	貸　　　　　方
(1)		
(2)		
(3)		
(4)		
(5)		

3 山梨鉱業株式会社（決算年1回　3月31日）の次の資料から，貸借対照表に記載する鉱業権の金額を求めなさい。ただし，鉱業権は当期に取得したもののみである。 (第92回)

資　料

令和2年6月1日　鉱業権を¥150,000,000で取得した。なお，この鉱区の推定埋蔵量は750,000トンである。

令和3年3月31日　決算にあたり，当期に18,000トンの採掘量があったので，生産高比例法を用いて鉱業権を償却した。ただし，鉱業権の残存価額は零（0）である。

貸借対照表に記載する鉱業権の金額	¥

4 青森物産株式会社は，令和○年4月1日に南西商会を取得した。よって，下記の貸借対照表と資料から，のれんの金額を求めなさい。 (第77回一部修正)

貸　借　対　照　表

南西商会　　　　　　　　　　令和○年4月1日　　　　　　　（単位：円）

受　取　手　形	514,000	支　払　手　形	512,000
売　　掛　　金	786,000	買　　掛　　金	738,000
商　　　　　品	630,000	長　期　借　入　金	250,000
備　　　　　品	570,000	資　　本　　金	1,000,000
	2,500,000		2,500,000

資　料

i　南西商会の資産と負債の時価は，帳簿価額に等しい。

ii　収益還元価値を求め，取得対価とする。

iii　南西商会の年平均利益額　¥90,000

iv　同種企業の平均利益率　　8%

のれんの金額	¥

5 北海道商事株式会社の総勘定元帳勘定残高（一部）および決算整理事項は，次のとおりであった。よって，必要な仕訳をおこない，報告式の貸借対照表（一部）および報告式の損益計算書（一部）を完成しなさい。

　　ただし，ⅰ　会社計算規則によること。
　　　　　　ⅱ　会計期間は令和○4年4月1日から令和○5年3月31日までとする。
　　　　　　ⅲ　その他有価証券の評価差額はすべて純資産の部に計上する。
　　　　　　ⅳ　税効果は考慮しないものとする。

元帳勘定残高（一部）

　その他有価証券　¥1,980,000　　保　険　料　¥1,218,000

決算整理事項
　a．有価証券評価高
　　　　保有する株式は次のとおりである。

	銘　　　　　柄	株　　数	1株の帳簿価額	1株の時価
その他有価証券	東西産業株式会社	1,000株	¥1,980	¥2,020

　b．保険料前払高
　　　　保険料のうち¥1,008,000は，令和○4年11月1日から3年分の保険料として支払ったものであり，前払高を次期に繰り延べる。

決算整理仕訳

	借　　　　　方	貸　　　　　方
a		
b		

貸　借　対　照　表

北海道商事株式会社　　　　　　　令和○5年3月31日　　　　　　　　（単位：円）

資　産　の　部

Ⅰ　流　動　資　産

　　6.（　　　　　　　　　）　　　　　　　　　　　（　　　　　　　　）
　　　　　　　　　　⋮

Ⅱ　固　定　資　産

　　　　　　　　　　⋮

　⑵　投資その他の資産

　　1.（　　　　　　　　　）　　　　　　　　　　　（　　　　　　　　）
　　2.（　　　　　　　　　）　　　　　　　　　　　（　　　　　　　　）
　　　　　投資その他の資産合計　　　　　　　　　　（　　　　　　　　）

純　資　産　の　部

　　　　　　　　　　⋮

Ⅱ　評価・換算差額等

　　1.　その他有価証券評価差額金　　　　　　　　　（　　　　　　　　）
　　　　　評価・換算差額等合計　　　　　　　　　　　　　　　　（　　　　　　　　）

損　益　計　算　書

北海道商事株式会社　　　　令和○4年4月1日から令和○5年3月31日まで　　　　（単位：円）

　　　　　　　　　　⋮

Ⅲ　販売費及び一般管理費

　　　　　　　　　　⋮

　　9.　保　　険　　料　　　　　　　　　（　　　　　　　　）

6 島根商事株式会社の総勘定元帳勘定残高（一部）および決算整理事項によって，必要な仕訳をおこない，報告式の貸借対照表（一部）および報告式の損益計算書（一部）を完成しなさい。

(第87回一部修正)

ただし，i　会社計算規則によること。

ⅱ　会計期間は令和○1年4月1日から令和○2年3月31日までとする。

ⅲ　その他有価証券の評価差額はすべて純資産の部に計上する。

ⅳ　税効果は考慮しないものとする。

元帳勘定残高（一部）

特　許　権　¥560,000　　その他有価証券　¥2,025,000

決算整理事項

a．有価証券評価高

保有する株式は次のとおりである。

その他有価証券：岡山株式会社　15株　　時価　1株　¥139,000

b．特許権償却高

特許権は，前期首に¥640,000で取得したものであり，取得のときから8年間にわたって定額法によって償却している。

決算整理仕訳

	借　　　方	貸　　　方
a		
b		

貸　借　対　照　表

島根商事株式会社　　　　　令和○2年3月31日　　　　　　　（単位：円）

資　産　の　部

⋮

Ⅱ　固　定　資　産

⋮

(2)　無形固定資産

1.（　　　　　　　　　）　　　　　　（　　　　　　）

無形固定資産合計　　　　　（　　　　　　）

(3)　投資その他の資産

1.（　　　　　　　　　）　　　　　　（　　　　　　）

投資その他の資産合計　　　（　　　　　　）

⋮

純　資　産　の　部

⋮

Ⅱ　評価・換算差額等

1.　その他有価証券評価差額金　　　（　　　　　　）

評価・換算差額等合計　　　　　　　　　　　（　　　　　　）

損　益　計　算　書

島根商事株式会社　　　　令和○1年4月1日から令和○2年3月31日まで　　　（単位：円）

⋮

Ⅲ　販売費及び一般管理費

⋮

6.　特　許　権　償　却　　　　（　　　　　　）

第9章　負債の意味・分類

学習の要点 ●●●

1．負債の意味

　負債とは，過去の取引または事象の結果として，企業が支配している経済的資源を放棄もしくは引き渡す義務，またはその同等物をいう。負債は，企業が第三者から調達した資金の源泉をあらわしていることから，**他人資本**ともよばれている。

2．負債の分類

流動負債	短期間で支払期限などが到来する負債。 例 支払手形・電子記録債務・買掛金・未払金・前受金・短期借入金・保証債務・未払費用・前受収益・預り金・未払法人税等・修繕引当金・賞与引当金・役員賞与引当金など
固定負債	決算日の翌日から1年を超えて支払期限が到来する負債。 例 長期借入金・退職給付引当金・社債＊・繰延税金負債など

＊社債の発行者側の会計処理については，本書では取り扱わない。

3．負債の分類基準

　負債の分類基準には，資産の場合と同じく次の2つがある。

　①営業循環基準（operating-cycle rule）

　　企業の通常の営業活動の循環過程で生じた負債を**流動負債**とする基準。

　　　→支払手形・電子記録債務・買掛金などは流動負債に分類される。

　②1年基準（one-year rule）

　　決算日の翌日から1年以内に支払期限が到来する負債を**流動負債**とし，それ以外を**固定負債**とする基準。

　　　→短期借入金などは流動負債に分類され，長期借入金などは固定負債に分類される。

　なお，負債についても資産の場合と同じく，まず営業循環基準を適用して，企業の営業活動の循環過程で発生したものを**流動負債**とする。それ以外のものについて，次に1年基準を適用して，決算日の翌日から1年以内に支払期限が到来するものを**流動負債**とし，それ以外を**固定負債**とする。

4．流動負債

　流動負債には次のようなものがある。

支　払　手　形	営業取引によって生じる手形債務。
電 子 記 録 債 務	その発生などについて，電子債権記録機関への電子記録を要件とする金銭債務。
買　　掛　　金	営業取引によって生じる仕入代金などの未払分。
未　　払　　金	通常の営業取引以外の取引によって生じる債務。
前　　受　　金	得意先から受け取った商品代金の前受分。

短 期 借 入 金	決算日の翌日から1年以内に支払期限が到来する借入金。手形借入金や当座借越などもこれに含める。
保 証 債 務	手形の裏書や割引をおこなった場合に生じる二次的責任。
未 払 費 用	一定の契約にしたがい，継続して役務の提供を受ける場合における，すでに提供された役務に対する未払分。
前 受 収 益	一定の契約にしたがい，継続して役務を提供する場合における，まだ提供していない役務に対する前受分。
預 り 金	営業上の諸預り金・預り保証金などの一時的な預り金。
未 払 法 人 税 等	当期の法人税・住民税・事業税の未納付額。本書p.142参照。
修 繕 引 当 金	次期に支出される修繕費のうち，当期に負担すべき金額を見積もって計上する引当金。
賞 与 引 当 金	従業員に対して次期に支給される賞与のうち，当期に負担すべき金額を見積もって計上する引当金。
役員賞与引当金	役員に対して支給される当期の賞与の見込額が，次期の株主総会で確定するまで計上する引当金。

5．手形の二次的責任

　手形の裏書譲渡や割引をおこなえば，手形債権は消滅する。しかし，その手形が支払人の支払能力の欠如によって不渡りとなった場合には，支払人に代わって手形代金を支払う義務（遡求義務）を負う。これを**手形の二次的責任**という。

　手形の裏書譲渡や割引をおこなったときは，**保証債務費用勘定**（営業外費用）の借方および**保証債務勘定**（流動負債）の貸方に，保証債務を時価で評価した金額を記入する。

　また，手形が無事に決済された場合や，不渡りとなり支払人に代わって手形代金を支払った場合など，手形の二次的責任が消滅したときは，保証債務を取り崩し，貸方は**保証債務取崩益勘定**（営業外収益）で処理する。

6．偶発債務

　他人の借入金などの債務について保証人となった場合などは，その債務が履行されなかったときに，債務者に代わって債務を弁済する義務を負う。このように，現在は実際の債務ではないが，将来，実際の債務になるおそれのあるものを**偶発債務**という。

　債務の保証をおこなったときは，備忘記録として**保証債務見返勘定**（対照勘定）の借方および**保証債務勘定**（対照勘定）の貸方に記入する。

7．固定負債

　固定負債には次のようなものがある。

長 期 借 入 金	銀行などから借り入れる，決算日の翌日から1年を超えて支払期限が到来する借入金。
退職給付引当金	将来，従業員に支払うことになる退職一時金や退職年金のために，計画的に計上する引当金。
社 債	株式会社などが多額に資金を必要とするときに発行して，広く一般から資金を借り入れる長期の債務。
繰 延 税 金 負 債	本書p.144参照。

　このほか，預り金，未払金，リース債務などのうち，決算日の翌日から1年を超えて支払期限が到来するものは，固定負債の部に記載する。

8．引当金

　引当金は，適正な期間損益計算をおこなうために，当期に負担させることが適当な費用または損失の見積額を計上する場合に設定されるもので，次に示す要件をすべて満たすことが必要である。

　　①将来の特定の費用または損失である。
　　②その発生が当期以前の事象に起因する。
　　③発生の可能性が高い。
　　④その金額を合理的に見積もることができる。

評価性引当金	資産に対する評価勘定としての性質をもつ引当金。 （資産の部に記載）	貸　倒　引　当　金	債権金額から控除
負債性引当金	負債の性質をもつ引当金。 （負債の部に記載）	修　繕　引　当　金 賞　与　引　当　金 役員賞与引当金	流動負債
		退職給付引当金	固定負債

基本問題

解答p.58

1 　次の各文の ☐ のなかにあてはまるもっとも適当な語を下記の語群のなかから選び，その番号を記入しなさい。

(1)　負債とは，過去の取引または事象の結果として，企業が支配している ア を放棄もしくは引き渡す義務，またはその同等物をいう。負債は，企業が第三者から調達した資金の源泉をあらわしていることから， イ ともよばれている。

(2)　負債は，貸借対照表に表示するさいに大きく ウ 負債・ エ 負債の２つに分類される。

(3)　負債の分類基準として，企業の通常の営業活動の循環過程で生じた負債を流動負債とする オ 基準と，決算日の翌日から１年以内に支払期限が到来する負債を流動負債とし，それ以外を固定負債とする カ 基準の２つがある。

(4)　代金の未払額のうち，通常の営業取引によって生じたものは キ とし，通常の営業取引以外の取引によって生じたものは ク とする。

(5)　決算日の翌日から１年以内に支払期限が到来する借入金を ケ といい， コ や サ などはこれに含まれる。

(6)　手形の裏書譲渡や割引をおこなったときは，二次的責任である保証債務を シ で評価した金額を計上する。

(7)　現在は実際の債務ではないが，将来，実際の債務になるおそれのあるものを ス という。

(8)　適正な期間損益計算をおこなうために，当期に負担させることが適当な費用または損失の見積額を計上する場合に設定するものを セ という。 セ は，将来の特定の ソ または損失であって，その発生が当期以前の事象に起因し，発生の可能性が高く，かつ，その金額を タ 的に見積ることができる場合に設定することができる。

(9)　 セ のうち，資産に対する評価勘定としての性質をもつものを チ といい，負債の性質をもつものを ツ という。

語群
1．手形借入金　　2．1年　　　　　3．負債性引当金　　4．経済的資源
5．買掛金　　　　6．長期借入金　　7．合理　　　　　　8．他人資本
9．流動　　　　　10．評価性引当金　11．営業循環　　　12．時価
13．短期借入金　　14．固定　　　　　15．未払金　　　　16．当座借越
17．自己資本　　　18．引当金　　　　19．偶発債務　　　20．費用

(1)		(2)		(3)	
ア	イ	ウ	エ	オ	カ

(4)		(5)		(6)	
キ	ク	ケ	コ	サ	シ

(7)		(8)		(9)	
ス	セ	ソ	タ	チ	ツ

② 次の各負債は，流動負債と固定負債のどちらに属するか。それぞれの区分にあてはまる負債の番号を記入しなさい。

1．前受収益　　　　2．長期借入金　　3．買掛金　　　　　4．前受金
5．電子記録債務　　6．未払金　　　　7．役員賞与引当金　8．社債
9．短期借入金　　　10．修繕引当金　　11．繰延税金負債　　12．保証債務
13．預り金　　　　14．支払手形　　　15．未払費用　　　　16．退職給付引当金
17．賞与引当金　　18．未払法人税等　19．リース債務（3年後に支払期限到来）

流動負債	
固定負債	

③ 次の各文から，借入金の貸借対照表への記載について正しく述べた文を1つ選び，その番号を記入しなさい。
1．借り入れた日から起算して1年以内に支払期限が到来するものは流動負債の区分に，1年を超えるものは固定負債の区分に記載する。
2．借り入れた日から起算して1年以内に支払期限が到来するものもしないものも，いずれも流動負債の区分に記載する。
3．決算日の翌日から1年以内に支払期限が到来するものは流動負債の区分に，1年を超えるものは固定負債の区分に記載する。
4．決算日の翌日から1年以内に支払期限が到来するものもしないものも，いずれも流動負債の区分に記載する。

4　次の取引の仕訳を示しなさい。

(1)　長野商店は，岐阜商店に対する買掛金¥880,000について，取引銀行を通じて電子記録債務の発生記録の請求をおこなった。岐阜商店はこの通知を受けた。

(2)　備品¥500,000を買い入れ，代金のうち半額は小切手を振り出して支払い，残額は月末に支払うことにした。

(3)　決算にあたり，給料の未払高¥390,000を見越し計上する。

(4)　決算にあたり，地代の前受高¥150,000を次期に繰り延べる。

(5)　従業員に本月分の給料¥380,000を支払うにあたり，源泉徴収の所得税額¥20,000と社会保険料¥30,000を差し引き，残額を現金で支払った。

(6)　かねて支払手形勘定で処理していた¥700,000のうち，¥300,000は短期の資金を借り入れたときに振り出した手形であることが判明したので，本日，これを訂正した。

	借　　　　　方	貸　　　　　方
(1)		
(2)		
(3)		
(4)		
(5)		
(6)		

5　次の取引の仕訳を示しなさい。ただし，商品に関する勘定は3分法によること。

(1)　山口商店から商品¥700,000を仕入れ，代金は，かねて商品代金として受け取っていた広島商店振り出しの約束手形¥500,000を裏書譲渡し，残額は掛けとした。なお，保証債務の時価は手形額面金額の2％とする。

(2)　上記(1)の手形¥500,000が支払期日に支払われたむね，取引銀行から通知を受けた。

(3)　かねて商品代金として受け取っていた鳥取商店振り出しの約束手形¥400,000を取引銀行で割り引き，割引料¥10,000を差し引かれた手取金は当座預金とした。なお，保証債務の時価は手形額面金額の2％とする。

(4)　上記(3)の手形¥400,000が支払期日に支払われたむね，取引銀行から通知を受けた。

	借　　　　　方	貸　　　　　方
(1)		
(2)		
(3)		
(4)		

6　次の取引の仕訳を示しなさい。
(1)　群馬商店に対する買掛金￥600,000の支払いのため，かねて商品代金として受け取っていた南北商店振り出しの約束手形￥600,000を裏書譲渡した。なお，保証債務の時価は手形額面金額の3％とする。
(2)　上記(1)の約束手形が不渡りとなり，群馬商店から償還請求を受けた。よって，手形金額と期日以後の利息￥3,000をともに小切手を振り出して支払った。なお，同時に振出人である南北商店に支払請求をおこない，このための費用￥1,500は現金で支払った。
(3)　かねて商品代金として受け取っていた東西商店振り出しの約束手形￥800,000を取引銀行で割り引き，割引料を差し引かれた手取金￥792,000は当座預金とした。なお，保証債務の時価は手形額面金額の2％とする。
(4)　上記(3)の約束手形が不渡りとなり，取引銀行から償還請求を受けた。よって，手形金額と期日以後の利息￥2,000をともに小切手を振り出して支払った。なお，同時に振出人である東西商店に支払請求をおこない，このための費用￥1,200は現金で支払った。

	借　　　方	貸　　　方
(1)		
(2)		
(3)		
(4)		

7　次の一連の取引の仕訳を示しなさい。
(1)　取引先である南東商店の依頼により，同店の￥5,000,000の借入契約の保証人となったので，対照勘定を用いて備忘記録をおこなった。
(2)-1　上記(1)の借入金について，南東商店が期日に返済し，保証人としての債務が解消した。
(2)-2　上記(1)の借入金について，南東商店が期日に返済できなかったため，利息￥25,000とともに小切手を振り出して支払った。

	借　　　方	貸　　　方
(1)		
(2)-1		
(2)-2		

8　次の一連の取引の仕訳を示しなさい。
(1)　決算にあたり，次期の修繕に備えて¥150,000を修繕引当金として計上した。
(2)　当期に建物の修繕をおこない，その費用¥163,000を現金で支払った。なお，この修繕のために¥150,000が修繕引当金として計上されている。

	借　　　方	貸　　　方
(1)		
(2)		

9　次の一連の取引の仕訳を示しなさい。
(1)　決算にあたり，次期に支払う従業員に対する賞与のうち，当期に負担すべき¥600,000を賞与引当金として計上した。
(2)　従業員に対して，賞与¥1,070,000を小切手を振り出して支払った。なお，この賞与に対しては賞与引当金¥600,000が計上されている。

	借　　　方	貸　　　方
(1)		
(2)		

10　次の一連の取引の仕訳を示しなさい。
(1)　決算にあたり，役員賞与の見込額¥5,200,000を役員賞与引当金として計上した。
(2)　株主総会において，役員賞与¥5,200,000の支払いが決議され，小切手を振り出して支払った。なお，この賞与に対しては役員賞与引当金¥5,200,000が計上されている。

	借　　　方	貸　　　方
(1)		
(2)		

11　次の取引の仕訳を示しなさい。
(1)　決算にあたり，退職給付引当金¥3,100,000を計上した。
(2)　従業員が退職したため，退職給付規程にしたがい，退職一時金として¥22,000,000を定期預金から支払った。なお，退職給付引当金¥56,000,000が計上されている。

	借　　　方	貸　　　方
(1)		
(2)		

応用問題

解答p.61

1　滋賀商事株式会社の総勘定元帳勘定残高（一部）と付記事項および決算整理事項によって，
(1)　付記事項の仕訳および決算整理仕訳を示しなさい。
(2)　貸借対照表の負債の部を完成しなさい。
　　ただし，会計期間は令和○年1月1日から令和○年12月31日までとする。

元帳勘定残高（一部）

売　掛　金	¥3,380,000	支 払 手 形	¥700,000	電子記録債務	¥1,450,000
買　掛　金	1,190,000	当 座 借 越	380,000	手形借入金	900,000
仮　受　金	680,000	保 証 債 務	5,000	長 期 借 入 金	2,400,000
退職給付引当金	1,430,000				

付 記 事 項

① 　仮受金¥680,000は，京都商店に対する売掛金¥430,000の回収額と，大阪商店からの商品注文に対する内金¥250,000であることが判明した。

② 　長期借入金¥2,400,000のうち¥400,000は，決算日の翌日から6か月後に返済日が到来する借入金である。

決算整理事項

a．利　息　未　払　高　　長期借入金に対する利息の未払高が¥12,000ある。
b．修 繕 引 当 金 繰 入 額　¥260,000
c．退職給付引当金繰入額　¥470,000

(1)付記事項の仕訳

	借　　方	貸　　方
①		
②		

決算整理仕訳

	借　　方	貸　　方
a		
b		
c		

(2)

貸　借　対　照　表

滋賀商事株式会社　　　　　　令和○年12月31日　　　　　　　（単位：円）
⋮

負　債　の　部

I　流　動　負　債

1．支　払　手　形		（　　　　　）	
2．電 子 記 録 債 務		（　　　　　）	
3．買　　掛　　金		（　　　　　）	
4．（　　　　　　　）		（　　　　　）	
5．（　　　　　　　）		（　　　　　）	
6．（　　　　　　　）		（　　　　　）	
7．未 払 法 人 税 等		520,000	
8．（　　　　　　　）		（　　　　　）	
9．（　　　　　　　）		（　　　　　）	
流 動 負 債 合 計			（　　　　　　）

II　固　定　負　債

1．（　　　　　　　）		（　　　　　）	
2．（　　　　　　　）		（　　　　　）	
固 定 負 債 合 計			（　　　　　）
負 債 合 計			（　　　　　）

検定問題

1 次の文の ▢ のなかにあてはまるもっとも適当な語を下記の語群のなかから選び，その番号を記入しなさい。

通常の営業取引で生じた ┌ア┐ や買掛金などの債務を流動負債とするのは，┌イ┐ によるものである。　　　　　　　　　　　　　　　　　　　　　　　　　　　　　　　　（第81回）

語群
1．営業循環基準　　2．支払手形
3．借入金　　　　　4．1年基準

ア	イ

2 次の取引の仕訳を示しなさい。ただし，商品に関する勘定は3分法によること。

(1) かねて，取引銀行で割り引いていた北海道商店振り出しの約束手形 ¥750,000 が期日に決済されたとの通知を受けた。なお，この手形を割り引いたさいに，手形額面金額の2％の保証債務を計上している。　　　　　　　　　　　　　　　　　　　　　　　　　（第94回）

(2) 福岡商店から商品 ¥700,000 を仕入れ，代金のうち ¥500,000 は，商品代金として受け取っていた得意先長野商店振り出し，当店あての約束手形を裏書譲渡し，残額は福岡商店あての約束手形を振り出して支払った。なお，保証債務の時価は手形額面金額の1％とする。（第93回一部修正）

(3) 従業員福岡一郎が退職し，退職一時金 ¥6,000,000 を定期預金から支払った。ただし，退職給付引当金勘定の残高が ¥30,000,000 ある。　　　　　　　　　　　　　（第92回）

(4) 岐阜産業株式会社は，かねて，商品代金の支払いとして長野商事株式会社に裏書譲渡していた東商店振り出しの約束手形が不渡りとなり，償還請求を受けた。よって，手形金額 ¥1,200,000 および期日以後の利息 ¥3,000 をともに小切手を振り出して支払い，同時に東商店に支払請求をおこなった。なお，この手形を裏書きしたさいに，手形額面金額の1％の保証債務を計上している。
　　　　　　　　　　　　　　　　　　　　　　　　　　　　　　　　　　（第92回）

(5) 得意先愛媛商店から商品代金として受け取っていた同店振り出しの約束手形 ¥600,000 を取引銀行で割り引き，割引料を差し引かれた手取金 ¥591,000 は当座預金とした。なお，保証債務の時価は手形額面金額の1％とする。　　　　　　　　　　　（第91回一部修正）

	借　　方	貸　　方
(1)		
(2)		
(3)		
(4)		
(5)		

3 北海道商事株式会社の総勘定元帳勘定残高（一部）および決算整理事項は，次のとおりであった。よって，必要な仕訳をおこない，報告式の貸借対照表（一部）および報告式の損益計算書（一部）を完成しなさい。

　　　ただし，ⅰ　会社計算規則によること。
　　　　　　　ⅱ　会計期間は令和○4年4月1日から令和○5年3月31日までとする。

元帳勘定残高（一部）

　　支 払 手 形 ¥1,850,000　　　長 期 借 入 金 ¥1,700,000　　　退職給付引当金 ¥6,120,330
　　支 払 利 息 　　54,000

決算整理事項

　　a．利 息 未 払 高　　¥ 21,250
　　b．退職給付引当金繰入額　　¥450,800

決算整理仕訳

	借　　　　　方	貸　　　　　方
a		
b		

貸 借 対 照 表

北海道商事株式会社　　　　　　　　　令和○5年3月31日　　　　　　　　　（単位：円）
　　　　　　　　　　　　　　　　　　　　⋮
負 債 の 部

Ⅰ　流 動 負 債
　　1．支 払 手 形　　　　　　　　　（　　　　　　　）
　　2．買 　 掛 　 金　　　　　　　　2,795,700
　　3．リ ー ス 債 務　　　　　　　　100,000
　　4．未 払 費 用　　　　　　　　　（　　　　　　　）
　　5．未 払 法 人 税 等　　　　　　258,700
　　　　　流 動 負 債 合 計　　　　　　　　　　　　　（　　　　　　　）
Ⅱ　固 定 負 債
　　1.（　　　　　　　　　）　　　　1,700,000
　　2．リ ー ス 債 務　　　　　　　　200,000
　　3．退 職 給 付 引 当 金　　　　（　　　　　　　）
　　　　　固 定 負 債 合 計　　　　　　　　　　　（　　　　　　　）
　　　　　負 債 合 計　　　　　　　　　　　　　　（　　　　　　　）

損 益 計 算 書

北海道商事株式会社　　　　令和○4年4月1日から令和○5年3月31日まで　　　（単位：円）
　　　　　　　　　　　　　　　　　　　　⋮
Ⅲ　販売費及び一般管理費
　　　　　　　　　　　　　　　　　　　⋮
　　6．退 職 給 付 費 用　　　　　　（　　　　　　　）
　　　　　　　　　　　　　　　　　　　⋮
Ⅴ　営 業 外 費 用
　　1.（　　　　　　　　　）　　　　（　　　　　　　）

未払法人税等に関する仕訳は，
第Ⅱ編第14章で扱っているよ！

第10章　株式会社の設立・開業と株式の発行

学習の要点 ●●●

1．株式会社の仕組み

　会社の経営の元手となる資金を多くの人から出資してもらい，その証明として株式を発行する会社を**株式会社**といい，株式会社に出資している人を**株主**という。

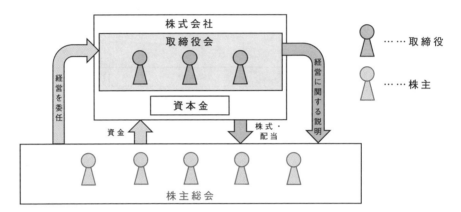

2．株式会社の資本金

　株式会社の資本金は，ふつう，会社が発行した株式に対する出資によって調達される。株式会社の資本金の額は，会社法に別段の定めがある場合を除き，設立または株式の発行にさいして株主となる者がその株式会社に対して払い込んだ額とする。すなわち，株式の払込金額の総額を**資本金勘定**（純資産の勘定）で処理するのが**原則**である。

> **資本金＝１株の払込金額×発行済株式数**

　ただし，払込金額の２分の１を超えない額を資本金に計上しないこともできる（**容認**＝この処理方法も認められる）。この資本金に計上しない部分を**株式払込剰余金**といい，**資本準備金勘定**（純資産の勘定）の貸方に記入する。

①会社設立時（原則処理）

　例1　A株式会社は，設立にさいし，株式100株を１株につき¥6,000で発行し，全額の引き受け・払い込みを受け，払込金は当座預金とした。

　（借）当 座 預 金　*600,000*　　　（貸）資　　本　　金　*600,000*

②会社設立時（容認処理）

　例2　B株式会社は，設立にさいし，株式100株を１株につき¥6,000で発行し，全額の引き受け・払い込みを受け，払込金は当座預金とした。ただし，１株の払込金額のうち会社法に規定する最高限度額を資本金に計上しないことにした。

　（借）当 座 預 金　*600,000*　　　（貸）資　　本　　金　*300,000*
　　　　　　　　　　　　　　　　　　　　　資 本 準 備 金　*300,000*

　※会社法に規定する最高限度額＝払込金額の２分の１
　　資本金に計上しない＝資本準備金として計上する

③**会社設立後の株式発行時（原則処理）**

例3　C株式会社は，事業規模拡張のため，株式100株を１株につき￥6,000で発行し，全額の引き受け・払い込みを受け，払込金は当座預金とした。

（借）当　座　預　金　600,000　　（貸）資　本　金　600,000

④**会社設立後の株式発行時（容認処理）**

例4　D株式会社は，事業規模拡張のため，株式100株を１株につき￥6,000で発行し，全額の引き受け・払い込みを受け，払込金は当座預金とした。ただし，１株の払込金額のうち会社法に規定する最高限度額を資本金に計上しないことにした。

（借）当　座　預　金　600,000　　（貸）資　本　金　300,000
　　　　　　　　　　　　　　　　　　　　資　本　準　備　金　300,000

　　※会社法に規定する最高限度額＝払込金額の２分の１
　　　資本金に計上しない＝資本準備金として計上する

３．創立費・開業費・株式交付費

　株式会社を設立するときや，設立してから開業するまでにはさまざまな費用がかかる。また，新株を発行するときにも，銀行や証券会社に支払う手数料などの費用がかかる。これらは，原則として支出時の費用として処理する。

①**創立費**

　株式会社の設立のために要した費用を**創立費**という。創立費は，発起人<ruby>発<rt>ほっ</rt></ruby><ruby>起<rt>き</rt></ruby><ruby>人<rt>にん</rt></ruby>（＝株式会社を設立する人）が立て替えておき，会社設立後，会社から発起人に支払われる。発起人に創立費を支払ったときは，**創立費勘定**（費用の勘定）の借方に記入する。

②**開業費**

　会社設立後から開業までに要した開業準備のための費用を**開業費**という。開業費を支払ったときは，**開業費勘定**（費用の勘定）の借方に記入する。

③**株式交付費**

　会社設立後，新たに株式を発行するため，または自己株式（→第Ⅱ編第12章参照）を処分するために直接支出した費用を**株式交付費**という。会社設立のために発行する株式の発行費用は創立費勘定で処理するが，会社設立後に発行する株式の発行費用は**株式交付費勘定**（費用の勘定）の借方に記入する。

④**会社設立時・株式発行時にかかる諸費用の処理**

例5　E株式会社は，設立にさいし，株式100株を１株につき￥6,000で発行し，全額の引き受け・払い込みを受け，払込金は当座預金とした。なお，設立準備に要した諸費用￥50,000は小切手を振り出して支払った。

（借）当　座　預　金　600,000　　（貸）資　本　金　600,000
　　　創　立　費　　50,000　　　　　当　座　預　金　50,000

例6　F株式会社は，事業規模拡張のため，株式100株を１株につき￥6,000で発行し，全額の引き受け・払い込みを受け，払込金は当座預金とした。なお，この株式発行のために直接支出した諸費用￥50,000は小切手を振り出して支払った。

（借）当　座　預　金　600,000　　（貸）資　本　金　600,000
　　　株　式　交　付　費　50,000　　　当　座　預　金　50,000

基本問題

解答p.64

1 次の各文の 　　　 のなかにあてはまるもっとも適当な語を下記の語群のなかから選び，その番号を記入しなさい。なお，同一の用語を重複して用いてもよい。

(1) 会社の経営の元手となる資金を多くの人から出資してもらい，その証明として株式を発行する会社を ア といい，株式会社に出資している人を イ という。

(2) ア の資本金の額は，会社法に別段の定めがある場合を除き，設立または株式の発行にさいして イ となる者がその株式会社に対して払い込んだ額とする。ただし，払込金額の ウ 分の1を超えない額を資本金に計上しないこともできる。この資本金に計上しない部分を エ といい， オ 勘定の貸方に記入する。

(3) 株式会社の設立のために要した費用を カ ，会社設立後から開業までに要した開業準備のための費用を キ ，会社設立後，新たに株式を発行するため（または自己株式を処分するため）に直接支出した費用を ク という。

(4) 会社設立のために発行する株式の発行費用は ケ 勘定で処理する。また，会社設立後に発行する株式の発行費用は コ 勘定で処理する。

語群

1．10	2．資本準備金	3．持分会社	4．2
5．株式会社	6．4	7．株主	8．開業費
9．創立費	10．取締役	11．株式払込剰余金	12．繰越利益剰余金
13．利益準備金	14．株式交付費		

(1)			(2)	
ア	イ	ウ	エ	オ
(3)			(4)	
カ	キ	ク	ケ	コ

2 次の取引の仕訳を示しなさい。

(1) 佐賀物産株式会社は，設立にさいし，株式20,000株を1株につき¥7,000で発行し，全額の引き受け・払い込みを受け，払込金は当座預金とした。

(2) 埼玉商事株式会社は，事業規模拡大のため，株式6,000株を1株につき¥20,000で発行し，全額の引き受け・払い込みを受け，払込金は当座預金とした。

(3) 秋田食品株式会社は，設立にさいし，株式2,400株を1株につき¥90,000で発行し，全額の引き受け・払い込みを受け，払込金は当座預金とした。ただし，1株の払込金額のうち資本金に計上しない金額は，会社法に規定する最高限度額とした。

(4) 和歌山電機株式会社は，事業規模拡張のため，株式16,000株を1株につき¥7,500で発行し，全額の引き受け・払い込みを受け，払込金は当座預金とした。ただし，1株の払込金額のうち資本金に計上しない金額は，会社法に規定する最高限度額とした。

(5) 石川通信株式会社は，設立にさいし，株式4,000株を1株につき¥60,000で発行し，全額の引き受け・払い込みを受け，払込金は当座預金とした。ただし，1株の払込金額のうち¥15,000は資本金に計上しないことにした。

	借　　　　方	貸　　　　方
(1)		
(2)		
(3)		
(4)		
(5)		

3　次の取引の仕訳を示しなさい。

(1)　鳥取観光株式会社は，事業規模拡張のため，新たに発行した株式の発行費用 ¥1,900,000 を小切手を振り出して支払った。

(2)　香川商事株式会社は，設立にさいし，発起人が立て替えていた定款作成費用と設立登記のための費用など ¥3,100,000 を小切手を振り出して発起人に支払った。

(3)　高知物産株式会社は，開業準備のための諸費用 ¥4,000,000 を小切手を振り出して支払った。

	借　　　　方	貸　　　　方
(1)		
(2)		
(3)		

4　次の取引の仕訳を示しなさい。

(1)　宮崎商事株式会社は，設立にさいし，株式30,000株を1株につき ¥8,400 で発行し，全額の引き受け・払い込みを受け，払込金は当座預金とした。ただし，1株の払込金額のうち ¥3,000 は資本金に計上しないことにした。なお，設立準備に要した諸費用 ¥3,900,000 は小切手を振り出して支払った。

(2)　茨城食品株式会社は，事業規模拡大のため，株式2,000株を1株につき ¥80,000 で発行し，全額の引き受け・払い込みを受け，払込金は当座預金とした。ただし，1株の払込金額のうち資本金に計上しない金額は，会社法に規定する最高限度額とした。なお，この株式発行のために直接支出した諸費用 ¥780,000 は小切手を振り出して支払った。

	借　　　　方	貸　　　　方
(1)		
(2)		

応用問題

解答p.65

1 次の取引の仕訳を示しなさい。

(1) 奈良電機株式会社は，設立にさいし，株式25,000株を1株につき¥9,200で発行し，全額の引き受け・払い込みを受け，払込金は当座預金とした。ただし，資本金とする額は会社法が規定する原則を適用する。

(2) 岩手物産株式会社は，事業規模拡張のため，株式2,200株を1株につき¥60,000で発行し，全額の引き受け・払い込みを受け，払込金は当座預金とした。ただし，資本金とする額は会社法が規定する原則を適用する。なお，この株式発行のために直接支出した諸費用¥900,000は小切手を振り出して支払った。

(3) 山口産業株式会社は，設立にさいし，株式30,000株を1株につき¥7,500で発行し，全額の引き受け・払い込みを受け，払込金は当座預金とした。ただし，資本金とする額は会社法が規定する原則を適用する。なお，設立準備に要した諸費用¥2,700,000は小切手を振り出して支払った。

	借　　方	貸　　方
(1)		
(2)		
(3)		

検定問題

解答p.66

1 次の取引の仕訳を示しなさい。

(1) 熊本物産株式会社は，事業規模拡大のため，株式82,000株を1株につき¥700で発行し，全額の引き受け・払い込みを受け，払込金は当座預金とした。ただし，払込金額のうち，資本金に計上しない金額は，会社法に規定する最高限度額とした。なお，この株式の発行に要した諸費用¥450,000は小切手を振り出して支払った。　　　　　　　　　　　　　　　　　　　　　　　　　　　（第93回）

(2) 青森物産株式会社は，設立にさいし，株式900株を1株の払込金額¥85,000で発行し，全額の引き受け・払い込みを受け，払込金は当座預金とした。ただし，資本金とする額は会社法が規定する原則を適用する。なお，設立準備に要した諸費用¥6,200,000は小切手を振り出して支払った。　　　　　　　　　　　　　　　　　　　　　　　　（第87回）

	借　　方	貸　　方
(1)		
(2)		

第11章　当期純損益の計上と剰余金の配当・処分

学習の要点 ●●●

1．株式会社における当期純利益の計上

「簿記」で学習したとおり，個人企業においては，当期純利益は損益勘定から資本金勘定の貸方に振り替える。一方で，株式会社においては，当期純利益は損益勘定から**繰越利益剰余金勘定**（純資産の勘定）の貸方に振り替える。

　　　　（借）損　　　　益　×××　　　　（貸）繰越利益剰余金　×××

2．株式会社における当期純損失の計上

「簿記」で学習したとおり，個人企業においては，当期純損失は損益勘定から資本金勘定の借方に振り替える。一方で，株式会社においては，当期純損失は損益勘定から**繰越利益剰余金勘定**（純資産の勘定）の借方に振り替える。

　　　　（借）繰越利益剰余金　×××　　　　（貸）損　　　　益　×××

3．繰越利益剰余金の配当および処分

繰越利益剰余金勘定が貸方残高の場合は，原則として株主総会の決議によって繰越利益剰余金を配当および処分することができる。

①配当金

株主に対して支払われる利益の分配額を**配当金**という。株主総会にて分配額が決定し，実際に支払われるまで**未払配当金勘定**（負債の勘定）の貸方に記入する。

②利益準備金

繰越利益剰余金を原資として配当する場合，資本準備金と利益準備金の合計額が資本金の４分の１に達するまで，配当金の10分の１を**利益準備金**として積み立てなければならない。利益準備金を積み立てたときは，**利益準備金勘定**（純資産の勘定）の貸方に記入する。

③任意積立金

利益準備金のように法律の強制によるものではなく，定款の規定や株主総会の決議によって任意に積み立てることができる利益の留保額を**任意積立金**という。任意積立金には次のようなものがあり，それぞれの積立金ごとに**新築積立金勘定・減債積立金勘定***・**配当平均積立金勘定・別途積立金勘定**（いずれも純資産の勘定）の貸方に記入する。

新　築　積　立　金	店舗や事務所の新築に備えて積み立てるもの。
減　債　積　立　金	社債の償還に備えて積み立てるもの*。
配　当　平　均　積　立　金	毎期一定の配当ができるように積み立てるもの。
別　途　積　立　金	特に目的は定めていないが，将来のために積み立てるもの。

＊減債積立金については本書では取り扱わない。

4．繰越利益剰余金の欠損てん補

繰越利益剰余金勘定が借方残高の場合は，原則として株主総会の決議によって任意積立金を取り崩しててん補するのがふつうである。任意積立金を取り崩してもてん補できない場合は，利益準備金などを取り崩しててん補することができる。

基本問題

解答p.66

1　次の各文の □□□ のなかにあてはまるもっとも適当な語を下記の語群のなかから選び，その番号を記入しなさい。

(1)　株式会社においては，当期純利益・当期純損失は損益勘定から ［ ア ］ 勘定に振り替える。

(2)　株主に対して支払われる利益の分配額を ［ イ ］ といい，株主総会にて分配額が決定し，実際に支払われるまで ［ ウ ］ 勘定の貸方に記入する。

(3)　繰越利益剰余金を原資として配当する場合，資本準備金と利益準備金の合計額が資本金の ［ エ ］ 分の1に達するまで，配当金の ［ オ ］ 分の1を ［ カ ］ として積み立てなければならない。

(4)　利益準備金のように法律の強制によるものではなく，定款の規定や株主総会の決議によって任意に積み立てることができる利益の留保額を ［ キ ］ という。［ キ ］ には，店舗や事務所の新築に備えて積み立てる ［ ク ］ や，特に目的は定めていないが，将来のために積み立てる ［ ケ ］ などがある。

(5)　繰越利益剰余金勘定が ［ コ ］ 残高の場合は，株主総会の決議によって任意積立金などを取り崩しててん補するのがふつうである。

語群

1．借方	2．10	3．資本金	4．配当平均積立金
5．未払配当金	6．別途積立金	7．資本準備金	8．2
9．4	10．配当金	11．貸方	12．剰余金
13．繰越利益剰余金	14．利益準備金	15．任意積立金	16．新築積立金

(1)	(2)		(3)		
ア	イ	ウ	エ	オ	カ

(4)			(5)
キ	ク	ケ	コ

2　次の取引の仕訳を示しなさい。

(1)　富山物産株式会社は，決算の結果，当期純利益¥1,200,000を計上した。

(2)　東西通信株式会社は，決算の結果，当期純損失¥800,000を計上した。

(3)　南北商事株式会社は，決算の結果，当期純利益¥900,000を計上した。ただし，繰越利益剰余金勘定の借方残高が¥1,300,000ある。

	借　　　　方	貸　　　　方
(1)		
(2)		
(3)		

3 次の取引の仕訳を示しなさい。

(1) 滋賀産業株式会社は，株主総会において，繰越利益剰余金を次のとおり配当および処分することを決議した。ただし，繰越利益剰余金勘定の貸方残高は¥4,170,000である。

利益準備金　¥250,000　　配当金　¥2,500,000　　別途積立金　¥860,000

(2) 京都観光株式会社（発行済株式総数4,200株）は，株主総会において，繰越利益剰余金を次のとおり配当および処分することを決議した。ただし，繰越利益剰余金勘定の貸方残高は¥5,620,000である。

利益準備金　¥315,000　　配当金　1株につき¥750　　新築積立金　¥1,500,000

(3) 栃木商事株式会社は，株主総会において，繰越利益剰余金を次のとおり配当および処分することを決議した。なお，当社の純資産は，資本金¥28,000,000　資本準備金¥5,400,000　利益準備金¥700,000　別途積立金¥1,000,000　繰越利益剰余金¥4,970,000（貸方）である。

利益準備金　会社法に規定する額　　配当金　¥3,100,000　　別途積立金　¥900,000

(4) 千葉電機株式会社は，株主総会において，繰越利益剰余金を次のとおり配当および処分することを決議した。なお，当社の純資産は，資本金¥26,000,000　資本準備金¥5,300,000　利益準備金¥900,000　繰越利益剰余金¥8,040,000（貸方）である。

利益準備金　会社法に規定する額　　配当金　¥3,800,000　　新築積立金　¥3,000,000

(5) 長崎通信株式会社は，株主総会において，繰越利益剰余金を次のとおり配当および処分することを決議した。なお，当社の純資産は，資本金¥30,000,000　資本準備金¥6,800,000　利益準備金¥500,000　繰越利益剰余金¥6,760,000（貸方）である。

利益準備金　会社法に規定する額　　配当金　¥3,500,000　　配当平均積立金　¥2,200,000

	借　　　　方	貸　　　　方
(1)		
(2)		
(3)		
(4)		
(5)		

4　次の取引の仕訳を示しなさい。

(1)　岡山商事株式会社は，株主総会で決議された配当金￥2,650,000の支払いを北東銀行に委託し，小切手を振り出して支払った。

(2)　北西物産株式会社は，株主総会において，繰越利益剰余金勘定の借方残高￥1,440,000を別途積立金￥1,440,000を取り崩しててん補することを決議した。

(3)　南西産業株式会社は，株主総会において，繰越利益剰余金勘定の借方残高￥1,280,000を新築積立金￥500,000と別途積立金￥780,000を取り崩しててん補することを決議した。

(4)　南東観光株式会社は，株主総会において，繰越利益剰余金勘定の借方残高￥1,650,000を利益準備金￥720,000と別途積立金￥930,000を取り崩しててん補することを決議した。

	借　　　方	貸　　　方
(1)		
(2)		
(3)		
(4)		

応用問題

解答p.68

1　次の神奈川物産株式会社における一連の取引の仕訳を示しなさい。

3/31　第7期決算の結果，当期純利益￥3,780,000を計上した。ただし，繰越利益剰余金勘定の貸方残高が￥1,400,000ある。

6/25　株主総会において，繰越利益剰余金を次のとおり配当および処分することを決議した。なお，当社の資本金は￥40,000,000　資本準備金は￥7,500,000　利益準備金は￥840,000である。
　　　　　利益準備金　会社法に規定する額　　　配当金　￥3,500,000　　　別途積立金　￥670,000

6/30　株主総会で決議された配当金の支払いを南北銀行に委託し，小切手を振り出して支払った。

3/31　第8期決算の結果，当期純利益￥4,220,000を計上した。

	借　　　方	貸　　　方
3/31		
6/25		
6/30		
3/31		

2　次の福井商事株式会社における一連の取引の仕訳を示しなさい。

　3/31　第13期決算の結果，当期純利益 ¥6,830,000 を計上した。ただし，繰越利益剰余金勘定の借方残高が ¥600,000 ある。

　6/26　株主総会において，繰越利益剰余金を次のとおり配当および処分することを決議した。なお，当社の資本金は ¥35,000,000　資本準備金は ¥7,200,000　利益準備金は ¥1,300,000　発行済株式総数は700株である。

　　　　利益準備金　会社法に規定する額　　　配当金　1株あたり ¥6,000

　　　　配当平均積立金　　¥1,000,000

　6/30　株主総会で決議された配当金の支払いを東西銀行に委託し，小切手を振り出して支払った。

　3/31　第14期決算の結果，当期純利益 ¥7,120,000 を計上した。

	借　　　　　方	貸　　　　　方
3/31		
6/26		
6/30		
3/31		

3　次の北東商事株式会社における一連の取引の仕訳を示しなさい。

　3/31　第6期決算の結果，当期純損失 ¥1,560,000 を計上した。ただし，繰越利益剰余金勘定の貸方残高が ¥330,000 ある。

　6/26　株主総会において，繰越利益剰余金勘定の借方残高を新築積立金 ¥500,000 と別途積立金 ¥730,000 を取り崩しててん補することを決議した。

　3/31　第7期決算の結果，当期純利益 ¥2,840,000 を計上した。

	借　　　　　方	貸　　　　　方
3/31		
6/26		
3/31		

4　次の南西物産株式会社における一連の取引の仕訳を示しなさい。

　3/31　第10期決算の結果，当期純損失 ¥1,820,000 を計上した。ただし，繰越利益剰余金勘定の借方残高が ¥480,000 ある。

　6/27　株主総会において，繰越利益剰余金勘定の借方残高を利益準備金 ¥1,030,000 と別途積立金 ¥1,270,000 を取り崩しててん補することを決議した。

　3/31　第11期決算の結果，当期純利益 ¥2,790,000 を計上した。

	借　　　　　方	貸　　　　　方
3/31		
6/27		
3/31		

5　次の東京食品株式会社における一連の取引の仕訳を示し，総勘定元帳の繰越利益剰余金勘定と損益勘定に転記して締め切りなさい。ただし，勘定には日付・相手科目・金額を記入し，繰越利益剰余金勘定には開始記入も示すこと。

3/31　第3期決算の結果，当期純利益 ¥3,700,000 を計上した。ただし，繰越利益剰余金勘定の貸方残高が ¥1,110,000 ある。

6/26　株主総会において，繰越利益剰余金を次のとおり配当および処分することを決議した。なお，当社の資本金は ¥20,000,000　資本準備金は ¥4,000,000　利益準備金は ¥400,000　別途積立金は ¥640,000　発行済株式総数は1,000株である。

　　　　利益準備金　会社法に規定する額　　配当金　1株あたり ¥3,000
　　　　別途積立金　¥820,000

6/30　株主総会で決議された配当金の支払いを西北銀行に委託し，小切手を振り出して支払った。

3/31　第4期決算の結果，当期純利益 ¥4,950,000 を計上した。

	借　　　　方	貸　　　　方
3/31	損　益　　3,700,000	繰越利益剰余金　3,700,000
6/26	繰越利益剰余金　4,120,000	利益準備金　　　　300,000 未払配当金　　3,000,000 別途積立金　　　820,000
6/30	未払配当金　3,000,000	当座預金　　　3,000,000
3/31	損　益　　4,950,000	繰越利益剰余金　4,950,000

総　勘　定　元　帳

繰　越　利　益　剰　余　金

借　方			貸　方		
3/31	次期繰越	4,810,000		（貸方残高）	1,110,000
			3/31	損　益	3,700,000
		4,810,000			4,810,000
6/26	利益準備金	300,000	4/1	前期繰越	4,810,000
6/26	未払配当金	3,000,000	3/31	損　益	4,950,000
6/26	別途積立金	820,000			
3/31	次期繰越	5,640,000			
		9,760,000			9,760,000

損　　　　益

借　方			貸　方		
（総費用）		15,500,000	（総収益）		19,200,000
繰越利益剰余金		3,700,000			
		19,200,000			19,200,000
（総費用）		17,800,000	（総収益）		22,750,000
繰越利益剰余金		4,950,000			
		22,750,000			22,750,000

検定問題

解答p.70

1　次の文の □ のなかにあてはまるもっとも適当な語を下記の語群のなかから選び，その番号を記入しなさい。

　会社法によれば，繰越利益剰余金を配当する場合は，その配当により減少する額の10分の1を，資本準備金と利益準備金の合計額が資本金の ┌ ア ┐ に達するまで， ┌ イ ┐ として計上しなければならない。　　　　　　　　　　　　　　　　　　　　　　　　　　　　　　　　　　　（第74回）

語群

1．資本準備金　　2．利益準備金　　3．2分の1　　4．4分の1

ア	イ

2　次の取引の仕訳を示しなさい。

(1)　南東物産株式会社は，株主総会において，繰越利益剰余金勘定の借方残高¥800,000をてん補するため，利益準備金¥800,000を取り崩すことを決議した。　　　　　　　　　　　（第88回）

(2)　岐阜商事株式会社は，株主総会において，繰越利益剰余金を次のとおり配当および処分することを決議した。なお，当社の純資産は，資本金¥64,000,000　資本準備金¥14,500,000　利益準備金¥1,370,000　別途積立金¥630,000　繰越利益剰余金¥2,100,000（貸方）である。　　（第82回）

　　　　利益準備金　会社法による額　　配当金　¥1,410,000　　別途積立金　¥220,000

(3)　福岡商事株式会社は，株主総会において，繰越利益剰余金を次のとおり配当および処分することを決議した。なお，当社の純資産は，資本金¥94,000,000　資本準備金¥18,000,000　利益準備金¥2,360,000　繰越利益剰余金¥2,800,000（貸方）である。　　　　　　（第80回）

　　　　利益準備金　会社法に規定する額　　配当金　¥2,100,000　　別途積立金　¥320,000

(4)　愛知商事株式会社は，株主総会において，繰越利益剰余金を次のとおり配当および処分することを決議した。なお，当社の純資産は，資本金¥80,000,000　資本準備金¥18,000,000　利益準備金¥1,850,000　別途積立金¥790,000　繰越利益剰余金¥2,650,000（貸方）である。　　（第75回）

　　　　利益準備金　会社法に規定する額　　配当金　¥1,800,000　　別途積立金　¥280,000

	借　　　方	貸　　　方
(1)		
(2)		
(3)		
(4)		

第12章　純資産の意味・分類

学習の要点 ●●●

1．純資産の意味と分類

　純資産とは，資産総額から負債総額を差し引いた額をいう。純資産は株主資本とその他の項目に分けられる。**株主資本**とは，株主に帰属する部分であり，その他の項目には**評価・換算差額等，株式引受権，新株予約権**がある。

　また，株主資本と評価・換算差額等の合計金額を**自己資本**といい，負債と純資産の合計金額（＝資産の総額）を**総資本**という。

＜会社法・会社計算規則による純資産の分類＞

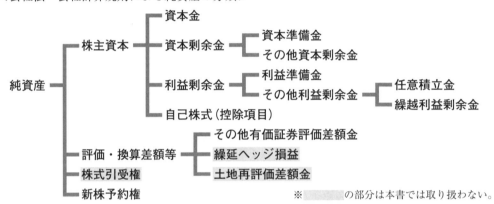

※　　　　　の部分は本書では取り扱わない。

2．資本金

①資本金の増加

　第Ⅱ編第10章（→p.98）で学習したように，会社設立時や会社設立後に新株を発行した場合，株式の払込金額は原則として全額を資本金としなければならない。このように新株を発行した場合には，資本金が増加するとともに純資産の額も増加する。

（増加前）　貸 借 対 照 表	
資　　産	負　　債
	純資産 資 本 金
	資本準備金

→

（増加後）　貸 借 対 照 表	
資　　産	負　　債
	純資産 資 本 金
	資本準備金

　また，株主総会の決議により，資本準備金やその他資本剰余金などを減少させて資本金を増加させることができる。このように株主資本の計数を変動させた場合には，資本金は増加するが純資産の額は変わらない。

（増加前）　貸 借 対 照 表	
資　　産	負　　債
	純資産 資 本 金
	資本準備金

→

（増加後）　貸 借 対 照 表	
資　　産	負　　債
	純資産 資 本 金

＊この図では，資本準備金をすべて資本金に計上した場合を示している。

②資本金の減少

　株主総会の決議により，資本金を減少させて資本準備金やその他資本剰余金を増加させることができる。このように株主資本の計数を変動させた場合には，資本金は減少するが純資産の額は変わらない。

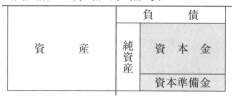

　また，繰越利益剰余金勘定が借方残高の場合，資本金を減少してその他資本剰余金を増加させ，そこから欠損をてん補することができる。

3．資本剰余金

　資本剰余金とは，株主が出資した資金のうち資本金に計上しなかったものをいう。資本剰余金は，資本準備金とその他資本剰余金に分けられる。

①資本準備金

　資本準備金とは，株式の発行・合併などの資本取引から生じ，会社法の規定により積み立てが義務付けられているものである。この資本準備金は利益準備金とあわせて**（法定）準備金**といわれることもある。

　第Ⅱ編第10章（→p.98）で学習したように，新株を発行した場合，株式の払込金額の2分の1を超えない金額は資本金に計上しないことができる。この資本金に計上しない部分を株式払込剰余金といい，資本準備金に計上する。

　また，株主総会の決議により，資本金やその他資本剰余金を減少させて資本準備金を増加させたり，資本準備金を減少させて資本金やその他資本剰余金を増加させたりすることができる（株主資本の計数変動）。

②その他資本剰余金

　その他資本剰余金とは，資本準備金以外の資本剰余金である。

　その他資本剰余金を原資として配当をおこなう場合には，準備金（資本準備金と利益準備金）の合計額が資本金の額の4分の1に達するまで，配当額の10分の1の額を資本準備金として積み立てなければならない。

　また，株主総会の決議により，資本金や資本準備金を減少させてその他資本剰余金を増加させたり，その他資本剰余金を減少させて資本金や資本準備金を増加させたりすることができる（株主資本の計数変動）。

4．利益剰余金

　利益剰余金とは，株主資本から資本金・資本剰余金（および自己株式）を除いた部分をいう。利益剰余金は，利益準備金とその他利益剰余金に分けられる。

①利益準備金

　利益準備金とは，利益から一定の条件で計上した（法定）準備金などである。

　株主総会の決議により，利益準備金を減少させてその他利益剰余金を増加させたり，繰越利益剰余金勘定の借方残高をてん補したりすることができる。

②その他利益剰余金

　その他利益剰余金は，任意積立金と繰越利益剰余金に分けられる。

　任意積立金とは，利益準備金のように法律の強制によるものではなく，定款の規定や株主総会の決議によって任意に積み立てることができる利益の留保額をいう。第Ⅱ編第11章（→p.103）でも学習したように，任意積立金には次のようなものがある。

新 築 積 立 金	店舗や事務所の新築に備えて積み立てるもの。
減 債 積 立 金	社債の償還に備えて積み立てるもの*。
配当平均積立金	毎期一定の配当ができるように積み立てるもの。
別 途 積 立 金	特に目的は定めていないが，将来のために積み立てるもの。

＊減債積立金については本書では取り扱わない。

　繰越利益剰余金とは，その他利益剰余金のうち任意積立金以外のものをいう。

　繰越利益剰余金は，当期純利益を計上したときや任意積立金を取り崩したときなどに増加し，当期純損失を計上したときや繰越利益剰余金を原資として配当をおこなったときなどに減少する。

　繰越利益剰余金を原資として配当をおこなう場合には，準備金（資本準備金と利益準備金）の合計額が資本金の額の4分の1に達するまで，配当額の10分の1の額を利益準備金として積み立てなければならない。

5．自己株式

　株式会社がすでに発行している自社の株式を取得した場合，この株式を**自己株式**という。自社の株式を自社で取得するということは，事実上の出資の払い戻しとなるため，貸借対照表においては，純資産（株主資本）から控除する形式で表示する。

①自己株式の取得

　自己株式を取得したときは，自己株式勘定の借方に記入する。自己株式を取得したときに支払った手数料は**営業外費用**として処理する。

　例1　東法株式会社は，自社が発行している株式のうち100株を1株あたり￥2,000で取得し，手数料￥20,000とともに現金で支払った。

　　（借）自 己 株 式　200,000　　（貸）現　　　　　金　220,000
　　　　　支 払 手 数 料　 20,000

②自己株式の処分

　保有する自己株式を処分したときは，自己株式勘定の貸方に記入する。自己株式の帳簿価額よりも高い価額で処分した場合の差額を自己株式処分差益，自己株式の帳簿価額よりも低い価額で処分した場合の差額を自己株式処分差損という。自己株式処分差益と自己株式処分差損は**その他資本剰余金勘定**で処理する。

　例2　東法株式会社は，例1で取得した自己株式のうち50株（1株あたりの帳簿価額￥2,000）を1株あたり￥2,500で処分し，代金は当座預金口座に振り込まれた。

　　（借）当 座 預 金　125,000　　（貸）自 己 株 式　100,000
　　　　　　　　　　　　　　　　　　　　その他資本剰余金　 25,000

　例3　東法株式会社は，例1で取得した自己株式のうち50株（1株あたりの帳簿価額￥2,000）を1株あたり￥1,500で処分し，代金は当座預金口座に振り込まれた。

（借）当　座　預　金　*75,000*　　　（貸）自　己　株　式　*100,000*
　　　その他資本剰余金　*25,000*

③自己株式の消却

　自己株式の消却とは，自己株式を消滅させることをいう。保有する自己株式を消却したときは，自己株式勘定の貸方に記入するとともに，**その他資本剰余金勘定**の借方に記入する。

　例4　東法株式会社は，例1で取得した自己株式のうち50株（1株あたりの帳簿価額*￥2,000*）を消却した。

（借）その他資本剰余金　*100,000*　　　（貸）自　己　株　式　*100,000*

6．評価・換算差額等

　純資産の株主資本以外の項目の1つとして，**評価・換算差額等**がある。評価・換算差額等の内訳項目としては，第Ⅱ編第4章（→p.35）で学習した**その他有価証券評価差額金**がある。

　その他有価証券については，事業遂行上等の必要性から直ちに売買・換金をおこなうことには制約をともなう要素もあり，評価差額を直ちに当期の損益として処理することは適切ではない。そのため，その他有価証券評価差額金は原則として純資産の部に表示される。

7．新株予約権

　新株予約権とは，この権利を持つ者（＝新株予約権者）が発行会社に対して権利を行使することで，あらかじめ定められた価額で株式の交付が受けられる権利をいう。

　新株予約権は，将来，権利行使され払込資本になる可能性がある一方，失効して払込資本にならない可能性もある。このように発行者側の新株予約権は，権利行使の有無が確定するまでその性格が確定しないことから，返済義務のある負債としてではなく，純資産として表示される。

①新株予約権の発行

　新株予約権を発行したときは，新株予約権勘定の貸方に記入する。

　例5　東法株式会社は，新株予約権を*￥100,000*（権利行使価格*￥500,000*）で発行し，払込金額は当座預金とした。

（借）当　座　預　金　*100,000*　　　（貸）新　株　予　約　権　*100,000*

②新株予約権の行使

　新株予約権が行使されたときは，発行時に計上していた新株予約権を取り崩し，権利行使にともなう払込金額との合計額を原則として**資本金勘定**に振り替える。

　例6　例5の新株予約権のうち，70％について権利行使がなされたので，新株を発行し，権利行使価格は当座預金口座に振り込まれた。

（借）新　株　予　約　権　*70,000*　　　（貸）資　　本　　金　*420,000*
　　　当　座　預　金　*350,000*

　なお，新株の発行の場合と同様に，払込金額の2分の1を超えない額を資本金に計上しないことができる。資本金に計上しない部分は**資本準備金勘定**で処理する。

　例7　例5の新株予約権のうち，70％について権利行使がなされたので，新株を発行し，権利行使価格は当座預金口座に振り込まれた。ただし，1株の払込金額のうち会社法に規定する最高限度額を資本金に計上しないことにした。

（借）新　株　予　約　権　*70,000*　　　（貸）資　　本　　金　*210,000*
　　　当　座　預　金　*350,000*　　　　　　　資　本　準　備　金　*210,000*

　　また，新株を発行する代わりに保有する自己株式を交付することもできる。このとき，新株予約権の発行時の払込金額と権利行使にともなう払込金額の合計額と，交付する自己株式の帳簿価額の差額は**その他資本剰余金勘定**で処理する。

　　例8　例5の新株予約権のうち，10%について権利行使がなされたので，自己株式（帳簿価額￥55,000）を交付し，権利行使価格は当座預金口座に振り込まれた。

　　（借）　新　株　予　約　権　　10,000　　　　（貸）　自　己　株　式　　55,000
　　　　　　当　座　預　金　　50,000　　　　　　　　　その他資本剰余金　　5,000

③**新株予約権の失効**

　　新株予約権が行使されずに権利行使期間が満了したとき（＝失効したとき）は，新株予約権勘定から**新株予約権戻入益勘定**（特別利益）に振り替える。

　　例9　例5の新株予約権のうち，20%については権利行使がなされないまま権利行使期間が満了した。

　　（借）　新　株　予　約　権　　20,000　　　　（貸）　新株予約権戻入益　　20,000

8．会社の合併

　　合併とは，2つ以上の会社が1つの会社になることである。合併には，ある会社が他の会社を吸収する**吸収合併**と，複数の会社が消滅して新しい会社を設立する**新設合併**がある（本書では，吸収合併の場合の処理について取り扱う）。

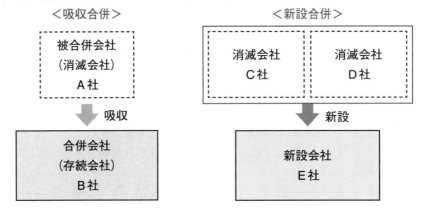

　　吸収合併をおこなうと，合併会社は被合併会社の資産と負債を引き継ぎ，合併会社の新株式などを被合併会社の株主に交付する。

　　被合併会社の株主に交付した株式などの時価総額が合併契約で決められた資本金・資本準備金の金額を超える場合は，**その他資本剰余金**として処理する。

　　被合併会社の株主に交付した株式などの時価総額が被合併会社から引き継いだ純資産の時価評価額を上回る場合は，この超過額を**のれん**（無形固定資産）として処理する。

のれん＝交付した株式などの時価総額－被合併会社の純資産の時価評価額
　（交付した株式などの時価総額＞被合併会社の純資産の時価評価額の場合）

基本問題

解答p.71

1 次の各文の □□□ のなかにあてはまるもっとも適当な語を下記の語群のなかから選び，その番号を記入しなさい。なお，同一の用語を重複して用いてもよい。

(1) ［ ア ］とは，資産総額から負債総額を差し引いた額をいう。［ ア ］は［ イ ］とその他の項目に分けられる。［ イ ］とは，株主に帰属する部分であり，その他の項目には［ ウ ］，株式引受権，新株予約権がある。

(2) 資本剰余金は，［ エ ］とその他資本剰余金に分けられる。

(3) 利益剰余金は，利益準備金と［ オ ］に分けられる。［ オ ］はさらに，任意積立金と［ カ ］に分けられる。

(4) 資本準備金と利益準備金をあわせて［ キ ］といわれることもある。

(5) 繰越利益剰余金勘定が借方残高の場合，資本金を減少して［ ク ］を増加させ，そこから欠損をてん補することができる。

(6) その他資本剰余金を原資として配当をおこなう場合には，［ キ ］（資本準備金と利益準備金）の合計額が資本金の額の［ ケ ］分の1に達するまで，配当額の［ コ ］分の1の額を［ サ ］として積み立てなければならない。

(7) 繰越利益剰余金を原資として配当をおこなう場合には，［ キ ］（資本準備金と利益準備金）の合計額が資本金の額の［ ケ ］分の1に達するまで，配当額の［ コ ］分の1の額を［ シ ］として積み立てなければならない。

(8) 株式会社がすでに発行している自社の株式を取得した場合，この株式を［ ス ］という。自社の株式を自社で取得するということは，事実上の出資の払い戻しとなるため，貸借対照表においては，純資産（株主資本）から［ セ ］する形式で表示する。

(9) ［ ソ ］とは，この権利を持つ者が発行会社に対して権利を行使することで，あらかじめ定められた価額で株式の交付が受けられる権利をいう。

(10) 会社の合併には，ある会社が他の会社を吸収する［ タ ］と，複数の会社が消滅して新しい会社を設立する［ チ ］がある。

語群

1．4	2．新設合併	3．繰越利益剰余金	4．その他資本剰余金
5．株主資本	6．10	7．評価・換算差額等	8．吸収合併
9．利益準備金	10．資本金	11．控除	12．自己株式
13．2	14．その他利益剰余金	15．純資産	16．資本準備金
17．新株予約権	18．（法定）準備金		

(1)			(2)	(3)	
ア	イ	ウ	エ	オ	カ

(4)	(5)		(6)		(7)
キ	ク	ケ	コ	サ	シ

(8)		(9)	(10)	
ス	セ	ソ	タ	チ

2 下記の沖縄商事株式会社の資料により，次の問いに答えなさい。ただし，純資産はすべて株主資本である。

(1) 総資本の額はいくらか。

(2) 純資産の額はいくらか。

(3) 利益剰余金の額はいくらか。

(4) 資本金の額はいくらか。

資　　料

| 資 産 総 額 | ¥ 40,000,000 | 負 債 総 額 | ¥ 24,000,000 | 資 本 剰 余 金 | ¥ 1,500,000 |
| 利 益 準 備 金 | ¥ 400,000 | 任 意 積 立 金 | ¥ 500,000 | 繰越利益剰余金 | ¥ 600,000 |

(1)	¥	(2)	¥
(3)	¥	(4)	¥

3 次の取引の仕訳を示しなさい。

(1) 静岡物産株式会社は，設立にさいし，株式20,000株を1株につき¥8,000で発行し，全額の引き受け・払い込みを受け，払込金は当座預金とした。

(2) 宮城商事株式会社は，株主総会の決議により，資本準備金¥6,000,000を減少させ，資本金を¥6,000,000増加させた。

(3) 広島電機株式会社は，株主総会の決議により，その他資本剰余金¥4,500,000を減少させ，資本金を¥4,500,000増加させた。

(4) 福島産業株式会社は，株主総会の決議により，資本金¥3,000,000を減少させ，資本準備金を¥3,000,000増加させた。

(5) 群馬食品株式会社は，株主総会の決議により，資本金¥5,000,000を減少させ，その他資本剰余金を¥5,000,000増加させた。

(6) 東南商事株式会社は，株主総会の決議により，繰越利益剰余金勘定の借方残高¥2,000,000をてん補するために，資本金¥2,000,000を減少させた。

(7) 埼玉観光株式会社は，株主総会において，資本金¥9,000,000を減少させ，同時にこれを原資として¥7,000,000の配当をおこなうことを決議した。なお，配当額の10分の1を資本準備金とした。

	借　　　　方	貸　　　　方
(1)		
(2)		
(3)		
(4)		
(5)		
(6)		
(7)		

4 次の取引の仕訳を示しなさい。

(1) 三重商事株式会社は，事業規模拡張のため，株式30,000株を1株につき¥5,000で発行し，全額の引き受け・払い込みを受け，払込金は当座預金とした。ただし，1株の払込金額のうち資本金に計上しない金額は，会社法に規定する最高限度額とした。

(2) 山形商事株式会社は，株主総会の決議により，その他資本剰余金¥3,000,000を減少させ，資本準備金を¥3,000,000増加させた。

(3) 佐賀物産株式会社は，株主総会の決議により，資本準備金¥2,500,000を減少させ，その他資本剰余金を¥2,500,000増加させた。

(4) 西北物産株式会社は，株主総会の決議により，繰越利益剰余金勘定の借方残高¥1,600,000をてん補するために，その他資本剰余金¥1,600,000を減少させた。

(5) 大阪商事株式会社は，株主総会において，その他資本剰余金を原資として¥6,000,000の配当をおこなうことを決議した。なお，決算日時点の資本金は¥10,000,000　資本準備金は¥1,800,000　利益準備金は¥200,000であった。

(6) 兵庫産業株式会社は，株主総会において，その他資本剰余金を原資として¥8,000,000の配当をおこなうことを決議した。なお，決算日時点の資本金は¥16,000,000　資本準備金は¥2,000,000　利益準備金は¥500,000であった。

	借　　　方	貸　　　方
(1)		
(2)		
(3)		
(4)		
(5)		
(6)		

5 次の取引の仕訳を示しなさい。

(1) 富山商事株式会社は，株主総会の決議により，別途積立金¥2,500,000を減少させ，利益準備金を¥2,500,000増加させた。

(2) 高知物産株式会社は，株主総会の決議により，繰越利益剰余金¥800,000を減少させ，利益準備金を¥800,000増加させた。

(3) 大分物産株式会社は，株主総会の決議により，利益準備金¥1,000,000を減少させ，新築積立金を¥1,000,000増加させた。

(4) 東西商事株式会社は，株主総会の決議により，繰越利益剰余金勘定の借方残高¥900,000をてん補するために，利益準備金¥900,000を減少させた。

	借　　　方	貸　　　方
(1)		
(2)		
(3)		
(4)		

6　次の取引の仕訳を示しなさい。

(1)　山梨産業株式会社は，株主総会において，繰越利益剰余金を原資として¥9,000,000の配当をおこなうことを決議した。なお，決算日時点の資本金は¥15,000,000　資本準備金は¥2,400,000　利益準備金は¥400,000であった。

(2)　島根物産株式会社は，株主総会において，繰越利益剰余金を原資として¥10,000,000の配当をおこなうことを決議した。なお，決算日時点の資本金は¥20,000,000　資本準備金は¥3,400,000　利益準備金は¥800,000であった。

(3)　滋賀食品株式会社は，株主総会において，繰越利益剰余金を原資として¥8,000,000の配当をおこなうことと，新築積立金として¥1,000,000を積み立てることを決議した。なお，決算日時点の資本金は¥28,000,000　資本準備金は¥5,600,000　利益準備金は¥900,000であった。

(4)　千葉産業株式会社は，株主総会において，繰越利益剰余金を原資として¥11,000,000の配当をおこなうことと，別途積立金として¥900,000を積み立てることを決議した。なお，決算日時点の資本金は¥25,000,000　資本準備金は¥4,100,000　利益準備金は¥800,000であった。

(5)　福井商事株式会社は，株主総会において，その他資本剰余金¥4,000,000と繰越利益剰余金¥3,000,000を原資として剰余金の配当をおこなうことを決議した。なお，配当にあたって資本準備金¥400,000と利益準備金¥300,000を計上する。

(6)　山口食品株式会社は，株主総会の決議により，配当平均積立金¥10,000,000を取り崩して，当期の配当¥9,000,000にあてた。なお，配当にあたって利益準備金¥900,000を計上する。

	借　　　　方	貸　　　　方
(1)		
(2)		
(3)		
(4)		
(5)		
(6)		

7　次の取引の仕訳を示しなさい。

(1)　構築物￥25,000,000が完成して引き渡しを受けたので，この代金のうち，すでに支払った￥13,000,000を差し引いて，残額は小切手を振り出して支払った。なお，取締役会の決議により新築積立金￥25,000,000を取り崩した。

(2)　営業所として使用する建物￥40,000,000が完成して引き渡しを受けたので，この代金のうち，すでに支払った￥28,000,000を差し引いて，残額は約束手形を振り出して支払った。なお，取締役会の決議により新築積立金￥40,000,000を取り崩した。

(3)　秋田産業株式会社は，決算の結果，当期純利益￥2,100,000を計上した。

(4)　南北商事株式会社は，決算の結果，当期純損失￥490,000を計上した。

(5)　栃木物産株式会社は，株主総会の決議により，繰越利益剰余金￥700,000を減少させ，別途積立金を￥700,000増加させた。

(6)　中央観光株式会社は，株主総会において，繰越利益剰余金勘定の借方残高￥2,130,000を新築積立金￥1,600,000と別途積立金￥530,000を取り崩しててん補することを決議した。

	借　　　方	貸　　　方
(1)		
(2)		
(3)		
(4)		
(5)		
(6)		

8　次の一連の取引の仕訳を示しなさい。

(1)　奈良電機株式会社は，自社が発行している株式のうち600株を1株あたり￥7,000で取得し，手数料￥90,000とともに小切手を振り出して支払った。

(2)　奈良電機株式会社は，(1)で取得した自己株式のうち500株（1株あたりの帳簿価額￥7,000）を1株あたり￥6,700で処分し，代金は当座預金口座に振り込まれた。

(3)　奈良電機株式会社は，(1)で取得した自己株式のうち100株（1株あたりの帳簿価額￥7,000）を消却した。

	借　　　方	貸　　　方
(1)		
(2)		
(3)		

9 次の一連の取引の仕訳を示しなさい。

(1) 岡山商事株式会社は，自社が発行している株式のうち800株を1株あたり¥8,000で取得し，手数料¥110,000とともに小切手を振り出して支払った。

(2) 岡山商事株式会社は，(1)で取得した自己株式のうち700株（1株あたりの帳簿価額¥8,000）を1株あたり¥8,300で処分し，代金は当座預金口座に振り込まれた。

(3) 岡山商事株式会社は，(1)で取得した自己株式のうち100株（1株あたりの帳簿価額¥8,000）を消却した。

	借　　　方	貸　　　方
(1)		
(2)		
(3)		

10 決算日（年1回）における次の決算整理事項の仕訳を示しなさい。なお，その他有価証券の評価差額はすべて純資産の部に計上し，税効果は考慮しないものとする。

(1) その他有価証券として保有する和歌山商事株式会社の株式400株（1株あたりの帳簿価額¥11,600）の決算日の時価は，1株あたり¥11,200であった。

(2) その他有価証券として保有する東京商事株式会社の株式300株（1株あたりの帳簿価額¥7,880）の決算日の時価は，1株あたり¥8,240であった。

	借　　　方	貸　　　方
(1)		
(2)		

11 次の一連の取引の仕訳を示しなさい。

(1) 香川物産株式会社は，新株予約権を¥4,000,000（権利行使価格¥35,000,000）で発行し，払込金額は当座預金とした。

(2) (1)の新株予約権のうち，80％について権利行使がなされたので，新株を発行し，権利行使価格は当座預金口座に振り込まれた。ただし，1株の払込金額のうち会社法に規定する最高限度額を資本金に計上しないことにした。

(3) (1)の新株予約権のうち，20％については権利行使がなされないまま権利行使期間が満了した。

	借　　　方	貸　　　方
(1)		
(2)		
(3)		

12　次の一連の取引の仕訳を示しなさい。
(1)　宮崎商事株式会社は，新株予約権を次の条件で発行し，払込金額は当座預金とした。
　　発行条件
　　　発 行 総 数　　30個（新株予約権1個につき5株を付与）
　　　払 込 金 額　　新株予約権1個につき¥70,000
　　　権利行使価格　　1株につき¥110,000
　　　権利行使期間　　令和○4年4月1日から令和○5年3月31日まで
(2)　(1)の新株予約権のうち，20個について権利行使がなされたので，新株100株を発行し，権利行使価格は当座預金口座に振り込まれた。
(3)　(1)の新株予約権のうち，6個について権利行使がなされたので，自己株式30株（1株あたりの帳簿価額¥120,000）を交付し，権利行使価格は当座預金口座に振り込まれた。
(4)　(1)の新株予約権のうち，4個については権利行使がなされないまま権利行使期間が満了した。

	借　　　　方	貸　　　　方
(1)		
(2)		
(3)		
(4)		

13　次の取引の仕訳を示しなさい。
(1)　愛媛商事株式会社は，次の条件で発行した新株予約権のうち10個の権利行使があったので，新株100株を発行し，権利行使価格の払込金を当座預金とした。ただし，会社法に規定する最高限度額を資本金に計上しないことにした。
　　発行条件
　　　発 行 総 数　　20個（新株予約権1個につき10株を付与）
　　　払 込 金 額　　新株予約権1個につき¥30,000
　　　権利行使価格　　1株につき¥70,000
　　　権利行使期間　　令和○1年10月1日から令和○2年9月30日まで
(2)　徳島産業株式会社は，次の条件で発行した新株予約権のうち30個の権利行使があったので，新株300株を発行し，権利行使価格の払込金を当座預金とした。
　　発行条件
　　　発 行 総 数　　50個（新株予約権1個につき10株を付与）
　　　払 込 金 額　　新株予約権1個につき¥50,000
　　　権利行使価格　　1株につき¥80,000
　　　権利行使期間　　令和○3年7月1日から令和○4年6月30日まで

	借　　　　方	貸　　　　方
(1)		
(2)		

14　次の取引の仕訳を示しなさい。

(1)　熊本産業株式会社は，株式会社八代商会を吸収合併することになり，株式300株を１株あたり¥70,000で発行して，株式会社八代商会の株主に交付した。ただし，この合併により熊本産業株式会社において増加する資本金の額は¥15,000,000　資本準備金の額は¥4,000,000とする。なお，株式会社八代商会の貸借対照表に示されている資産および負債の帳簿価額は時価に等しいものとする。

株式会社八代商会	貸　借　対　照　表		（単位：円）
電 子 記 録 債 権	5,600,000	電 子 記 録 債 務	3,700,000
売　　　掛　　　金	9,400,000	買　　　掛　　　金	6,500,000
商　　　　　　　品	1,200,000	資　　　本　　　金	18,000,000
建　　　　　　　物	8,000,000	利 益 準 備 金	900,000
備　　　　　　　品	4,900,000		
	29,100,000		29,100,000

(2)　新潟商事株式会社は，上越商会株式会社を吸収合併することになり，株式500株を１株あたり¥40,000で発行して，上越商会株式会社の株主に交付した。ただし，この合併により新潟商事株式会社において増加する資本金の額は¥18,000,000　資本準備金の額は¥2,000,000とする。なお，上越商会株式会社の貸借対照表に示されている資産および負債の帳簿価額は時価に等しいものとする。

上越商会株式会社	貸　借　対　照　表		（単位：円）
現　　金　　預　　金	2,190,000	電 子 記 録 債 務	3,800,000
電 子 記 録 債 権	7,300,000	買　　　掛　　　金	4,000,000
売　　　掛　　　金	5,810,000	資　　　本　　　金	17,500,000
建　　　　　　　物	6,000,000	利 益 準 備 金	1,000,000
土　　　　　　　地	5,000,000		
	26,300,000		26,300,000

	借　　　　　方	貸　　　　　方
(1)		
(2)		

応用問題

解答p.77

1 次の取引の仕訳を示しなさい。

(1) 西北商事株式会社は，株主総会の決議により，繰越利益剰余金勘定の借方残高¥3,000,000をてん補するために，資本金¥3,000,000を減少させた。

(2) 鹿児島商事株式会社は，株主総会において，資本金¥10,000,000を減少させ，同時にこれを原資として¥9,000,000の配当をおこなうことを決議した。なお，配当額の10分の1を資本準備金とした。

(3) 石川食品株式会社は，株主総会において，その他資本剰余金を原資として¥8,000,000の配当をおこなうことを決議した。なお，決算日時点の資本金は¥26,000,000　資本準備金は¥5,000,000利益準備金は¥900,000であった。

(4) 岩手産業株式会社は，株主総会において，繰越利益剰余金を原資として¥6,000,000の配当をおこなうことと，別途積立金として¥500,000を積み立てることを決議した。なお，決算日時点の資本金は¥20,000,000　資本準備金は¥3,000,000　利益準備金は¥700,000であった。

(5) 鳥取商事株式会社は，株主総会において，その他資本剰余金¥3,500,000と繰越利益剰余金¥6,500,000を原資として剰余金の配当をおこなうことを決議した。なお，配当にあたって資本準備金¥350,000と利益準備金¥650,000を計上する。

(6) 営業所として使用する建物¥36,000,000が完成して引き渡しを受けたので，この代金のうち，すでに支払った¥21,000,000を差し引いて，残額は約束手形を振り出して支払った。なお，取締役会の決議により新築積立金¥36,000,000を取り崩した。

	借　　　　　方	貸　　　　　方
(1)		
(2)		
(3)		
(4)		
(5)		
(6)		

2　次の一連の取引の仕訳を示しなさい。

(1)　長崎観光株式会社は，自社が発行している株式のうち900株を1株あたり¥11,000で取得し，手数料¥120,000とともに小切手を振り出して支払った。

(2)　長崎観光株式会社は，(1)で取得した自己株式のうち300株（1株あたりの帳簿価額¥11,000）を1株あたり¥9,700で処分し，代金は当座預金口座に振り込まれた。

(3)　長崎観光株式会社は，(1)で取得した自己株式のうち400株（1株あたりの帳簿価額¥11,000）を1株あたり¥12,100で処分し，代金は当座預金口座に振り込まれた。

(4)　長崎観光株式会社は，(1)で取得した自己株式のうち200株（1株あたりの帳簿価額¥11,000）を消却した。

	借　　　方	貸　　　方
(1)		
(2)		
(3)		
(4)		

3　次の一連の取引の仕訳を示しなさい。

(1)　神奈川商事株式会社は，新株予約権を次の条件で発行し，払込金額は当座預金とした。

発行条件

　　発 行 総 数　　80個（新株予約権1個につき10株を付与）
　　払 込 金 額　　新株予約権1個につき¥78,000
　　権利行使価格　　1株につき¥35,000
　　権利行使期間　　令和○1年11月1日から令和○2年10月31日まで

(2)　(1)の新株予約権のうち，50個について権利行使がなされたので，新株500株を発行し，権利行使価格は当座預金口座に振り込まれた。ただし，1株の払込金額のうち会社法に規定する最高限度額を資本金に計上しないことにした。

(3)　(1)の新株予約権のうち，20個について権利行使がなされたので，自己株式200株（1株あたりの帳簿価額¥44,000）を交付し，権利行使価格は当座預金口座に振り込まれた。

(4)　(1)の新株予約権のうち，10個については権利行使がなされないまま権利行使期間が満了した。

	借　　　方	貸　　　方
(1)		
(2)		
(3)		
(4)		

4 京都通信株式会社では，令和○年4月1日に株式会社宇治商会を吸収合併することになり，株式1,200株を1株あたり¥12,000で発行して，株式会社宇治商会の株主に交付した。ただし，この合併により京都通信株式会社において増加する資本金の額は¥10,000,000　資本準備金の額は¥3,000,000とする。なお，京都通信株式会社および株式会社宇治商会の貸借対照表に示されている資産および負債の帳簿価額は時価に等しいものとする。また，株式会社宇治商会の売掛金のうち¥750,000は京都通信株式会社に対するものである。よって，

(1)　合併のための仕訳を示しなさい。

(2)　合併直後の京都通信株式会社の貸借対照表（勘定式）を完成しなさい。

貸 借 対 照 表

京都通信株式会社	令和○年4月1日		（単位：円）
現 金 預 金	3,500,000	買 掛 金	6,500,000
売 掛 金	4,200,000	資 本 金	20,000,000
商　　　品	5,500,000	資本準備金	1,300,000
建　　　物	10,000,000	利益準備金	1,500,000
備　　　品	6,100,000		
	29,300,000		29,300,000

貸 借 対 照 表

株式会社宇治商会	令和○年4月1日		（単位：円）
現 金 預 金	2,500,000	買 掛 金	1,200,000
売 掛 金	3,900,000	資 本 金	12,500,000
商　　　品	4,000,000	利益準備金	300,000
備　　　品	3,600,000		
	14,000,000		14,000,000

	借　　　方	貸　　　方
(1)		

(2)

貸 借 対 照 表

京都通信株式会社	令和○年4月1日		（単位：円）
資　　　産	金　　額	負債及び純資産	金　　額

5　茨城産業株式会社の総勘定元帳勘定残高（一部）と付記事項および決算整理事項によって，付記事項の仕訳と決算整理仕訳をおこない，報告式の貸借対照表における純資産の部を完成しなさい。なお，決算整理後の資産総額は¥84,830,000　負債総額は¥31,900,000であった。

ただし，ⅰ　会社計算規則によること。
　　　　ⅱ　会計期間は令和○1年4月1日から令和○2年3月31日までとする。
　　　　ⅲ　その他有価証券の評価差額はすべて純資産の部に計上する。
　　　　ⅳ　税効果は考慮しないものとする。

元帳勘定残高（一部）

その他有価証券	¥1,200,000	資本金 ¥30,000,000	資本準備金 ¥7,400,000
その他資本剰余金	2,260,000	利益準備金 1,500,000	新築積立金 5,000,000
配当平均積立金	3,000,000	別途積立金 930,000	繰越利益剰余金 680,000
自己株式	1,400,000	新株予約権 800,000	

付記事項

①　茨城産業株式会社は，決算の結果，当期純利益¥2,700,000を計上した。

決算整理事項

ａ．有価証券評価高

保有する株式は次のとおりである。

その他有価証券　埼玉商事株式会社　300株　時価　1株　¥4,200

付記事項の仕訳

	借　　　方	貸　　　方
①		

決算整理仕訳

	借　　　方	貸　　　方
a		

貸　借　対　照　表

茨城産業株式会社　　　　　　　令和○2年3月31日　　　　　　　　（単位：円）

純　資　産　の　部

Ⅰ　株　主　資　本
　(1)　資　　本　　金　　　　　　　　　　　　　　　　　　　　　(　　　　　　)
　(2)　資　本　剰　余　金
　　　1.(　　　　　　　　　)　　　　　　　　　　　(　　　　　　)
　　　2.(　　　　　　　　　)　　　　　　　　　　　(　　　　　　)
　　　　　　資　本　剰　余　金　合　計　　　　　　　　　　　(　　　　　　)
　(3)　利　益　剰　余　金
　　　1.(　　　　　　　　　)　　　　　　　　　　　(　　　　　　)
　　　2.　その他利益剰余金
　　　　①(　　　　　　　　)　　　　　　　　　　　(　　　　　　)
　　　　②(　　　　　　　　)　　　　　　　　　　　(　　　　　　)
　　　　③(　　　　　　　　)　　　　　　　　　　　(　　　　　　)
　　　　④(　　　　　　　　)　　　　　　　　　　　(　　　　　　)
　　　　　　利　益　剰　余　金　合　計　　　　　　　　　　(　　　　　　)
　(4)　自　　己　　株　　式　　　　　　　　　　　　△(　　　　　　)
　　　　　　株　主　資　本　合　計　　　　　　　　　　　　(　　　　　　)
Ⅱ　評価・換算差額等
　　　1.(　　　　　　　　　)　　　　　　　　　　　(　　　　　　)
　　　　　　評価・換算差額等合計　　　　　　　　　　　(　　　　　　)
Ⅲ　新　株　予　約　権　　　　　　　　　　　　　　　(　　　　　　)
　　　　　　純　資　産　合　計　　　　　　　　　　　(　　　　　　)
　　　　　　負　債　及　び　純　資　産　合　計　　　(　　　　　　)

検定問題

解答p.81

1 次の文の ☐☐☐ のなかにあてはまるもっとも適当な語を下記の語群のなかから選び，その番号を記入しなさい。

(1) 自己株式を取得するために要した費用は取得原価に含めない。よって，この費用は損益計算書に ☐ ア ☐ として処理する。また，期末に自己株式を保有している場合は，貸借対照表の ☐ イ ☐ の末尾に控除する形式で表示することになる。 (第84回)

(2) 会社法の規定によれば，繰越利益剰余金を配当する場合は，その配当により減少する額の ☐ ウ ☐ を，資本準備金と利益準備金の合計額が資本金の4分の1に達するまで， ☐ エ ☐ として計上しなければならない。 (第68回一部修正)

語群
1．資本準備金　　　2．営業外費用　　　3．利益準備金　　　4．評価・換算差額等
5．2分の1　　　　6．10分の1　　　　7．株主資本　　　　8．販売費及び一般管理費

(1)		(2)	
ア	イ	ウ	エ

2 次の取引の仕訳を示しなさい。

(1) 熊本商事株式会社は，次の条件で発行した新株予約権のうち10個の権利行使があったので，新株50株を発行し，権利行使価格の払込金を当座預金とした。ただし，会社法に規定する最高限度額を資本金に計上しないことにした。

発行条件
　発 行 総 数　20個（新株予約権1個につき5株を付与）
　払 込 金 額　新株予約権1個につき¥80,000
　権利行使価格　1株につき¥120,000
　権利行使期間　令和○4年9月1日から令和○5年8月31日

(2) 福井商事株式会社は，自己株式（1株の帳簿価額¥650）のうち8,000株を1株につき¥700で処分し，受け取った代金は当座預金とした。 (第94回)

(3) 静岡商事株式会社は，保有する自己株式（1株の帳簿価額¥60,000）200株を消却した。 (第92回)

(4) 香川商事株式会社は，自社の発行済株式のうち20,000株を1株につき¥600で取得し，代金は小切手を振り出して支払った。 (第91回)

	借　　　　方	貸　　　　方
(1)		
(2)		
(3)		
(4)		

3　次の取引の仕訳を示しなさい。

(1)　北東商事株式会社は，株主総会の決議によって資本金￥5,000,000を減少して，その他資本剰余金を同額増加させたうえで，繰越利益剰余金勘定の借方残高￥5,000,000をてん補した。（第94回）

(2)　かねて建築を依頼していた本社社屋が完成し，引き渡しを受けたので，建築代金￥88,000,000のうち，すでに支払ってある金額を差し引いて，残額￥23,000,000は小切手を振り出して支払った。なお，取締役会の決議により新築積立金￥88,000,000を取り崩した。　　　　　（第90回）

(3)　東西商事株式会社は，株主総会において，資本金￥5,500,000を減少して，その他資本剰余金を同額増加させたうえで，剰余金￥5,000,000の配当をおこなうことを決議した。これにともない，配当額の10分の1を準備金に計上した。　　　　　　　　　　　　　　　　（第90回）

(4)　岩手商事株式会社は，株主総会において，剰余金￥6,500,000（その他資本剰余金￥3,000,000　繰越利益剰余金￥3,500,000）の配当をおこなうことを決議した。なお，配当にともない，資本準備金￥300,000　利益準備金￥350,000を計上する。　　　　　　　　　　　　　（第87回）

(5)　香川商事株式会社は，株主総会において資本金￥8,800,000を減少して，その他資本剰余金を同額増加させたうえで，剰余金￥8,000,000の配当をおこなうことを決議した。なお，配当額の10分の1を資本準備金に計上した。　　　　　　　　　　　　　　　　　　　（第85回）

(6)　関西商事株式会社は，株主総会において，剰余金￥4,000,000（その他資本剰余金￥1,000,000　繰越利益剰余金￥3,000,000）の配当をおこなうことを決議した。なお，配当にともない，資本準備金￥100,000　利益準備金￥300,000を計上する。　　　　　　　　　　　　　（第83回）

	借　　　　　方	貸　　　　　方
(1)		
(2)		
(3)		
(4)		
(5)		
(6)		

4　北海道商事株式会社の総勘定元帳勘定残高（一部）および決算整理事項は，次のとおりであった。よって，決算整理仕訳をおこない，報告式の貸借対照表の純資産の部を完成しなさい。

　　　ただし，ⅰ　会社計算規則によること。

　　　　　　ⅱ　会計期間は令和○4年4月1日から令和○5年3月31日までとする。

　　　　　　ⅲ　その他有価証券の評価差額はすべて純資産の部に計上する。

　　　　　　ⅳ　税効果は考慮しないものとする。

　　　　　　ⅴ　決算整理後の資産総額は¥34,550,590　負債総額は¥13,496,780　当期純利益は¥1,158,310であった。

元帳勘定残高（一部）

その他有価証券　¥1,980,000　　資　本　金　¥16,000,000　　資本準備金　¥1,650,000

利益準備金　　　　900,000　　別途積立金　　　560,000　　繰越利益剰余金　745,500

決算整理事項

　a．有価証券評価高

　　　保有する株式は次のとおりである。

	銘　　　　　柄	株　　数	1株の帳簿価額	1株の時価
その他有価証券	東西産業株式会社	1,000株	¥1,980	¥2,020

決算整理仕訳

	借　　　　方	貸　　　　方
a		

貸　借　対　照　表

北海道商事株式会社　　　　　令和○5年3月31日　　　　　（単位：円）

⋮

純　資　産　の　部

Ⅰ　株　主　資　本

(1)　資　　本　　金　　　　　　　　　　　　　　　　　　　　16,000,000

(2)　資　本　剰　余　金

　　1．資　本　準　備　金　　　　　　　　1,650,000

　　　　資本剰余金合計　　　　　　　　　　　　　　　　　　1,650,000

(3)　利　益　剰　余　金

　　1．利　益　準　備　金　　　　　　　　900,000

　　2．その他利益剰余金

　　　①　別　途　積　立　金　　　　　　　560,000

　　　②　繰越利益剰余金　　　　　　　（　　　　　　　）

　　　　利益剰余金合計　　　　　　　　　　　　　　　　（　　　　　　）

　　　　株主資本合計　　　　　　　　　　　　　　　　　（　　　　　　）

Ⅱ　評価・換算差額等

　　1．その他有価証券評価差額金　　　（　　　　　　　）

　　　　評価・換算差額等合計　　　　　　　　　　　　　（　　　　　　）

　　　　純　資　産　合　計　　　　　　　　　　　　　　（　　　　　　）

　　　　負債及び純資産合計　　　　　　　　　　　　　34,550,590

第13章　収益・費用の認識と測定

学習の要点 ●●●

1．認識と測定

　資産・負債・純資産・収益・費用などの項目を財務諸表の本体に計上することを**認識**という。また，財務諸表に計上される諸項目に貨幣額を割り当てることを**測定**という。

2．収益・費用の計上基準

　損益計算を正確におこなうためには，収益および費用を適正に計上する必要がある。その計上の基準には，次のようなものがある。

①現金主義

　現金の収入があったときに収益を計上し，現金の支出があったときに費用を計上する考え方を**現金主義**という。

長　所	現金の収入と支出という事実にもとづいて計上するので損益計算に確実性があり，わかりやすい。
短　所	収益・費用の発生と現金の収入・支出は必ずしも一致しないので，期間損益計算を合理的におこなうことができない。

②発生主義

　現金の収支の時点とは関係なく，1会計期間に生じた収益・費用を，それらが発生しているという事実にもとづいて計上する考え方を**発生主義**という。

長　所	収益・費用を発生の事実にもとづいて計上できるので，期間損益計算を合理的におこなうことができる。
短　所	収益の計上においては，資金的な裏付けのない不確実な収益を計上してしまう可能性がある。

③実現主義

　収益と費用は原則として発生主義によって計上するが，収益については発生したという事実だけでは計上せず，実現した収益だけを当期の収益として計上しなければならない。この考え方を**実現主義**という。なお，収益が「実現した」といえるためには，①商品やサービスの提供と，②対価（現金や売掛金などの貨幣性資産）の受け取りの2要件が必要となる。

長　所	実現していない不確実な収益を当期の損益計算から除くことができる。
短　所	すべての収益計上に一律に適応できない。

④投資のリスクからの解放

　投資にあたって期待された成果が事実として確定することを**投資のリスクからの解放**といい，収益は，投下資金が投資のリスクから解放された時点で把握されるとする考え方もある。

3．費用収益対応の原則

　損益計算においては，1会計期間に属するすべての収益と，その収益をあげるために発生したすべての費用を対応させることにより，正確な損益計算をおこなうことができる。このように1会計期間における費用と収益を対応させて損益計算をおこなうべきとする原則を**費用収益対応の原則**という。

①個別的対応

　商品の販売により計上された売上高に，販売された商品の売上原価を対応させるなど，収益と費用を明確な基準で対応させることを**個別的対応**という。

②期間的対応

　1会計期間に計上された収益に，その期間に発生した費用を対応させるなど，収益と費用を明確に対応させることが困難である場合に，一定の期間を基準として対応させることを**期間的対応**という。

4．仕入割引・売上割引

①仕入割引

　買掛金を支払期日前に支払ったとき，支払った日から期日までの利息に相当する金額を契約などによって差し引いてもらえる場合がある。この金額を**仕入割引**といい，**仕入割引勘定**（営業外収益）で処理する。

　例1　A商店は，仕入先B商店に対する買掛金¥100,000を現金で支払うにあたり，期日前のため，契約によって同店から2％の割引を受けた。

（借）買　　　掛　　　金	100,000	（貸）現　　　　　　　金	98,000
		仕　入　割　引	2,000

②売上割引

　売掛金を回収期日前に受け取ったとき，受け取った日から期日までの利息に相当する金額を契約などによって差し引く場合がある。この金額を**売上割引**といい，売上勘定から控除する*。

　例2　B商店は，得意先A商店に対する売掛金¥100,000を現金で受け取るにあたり，期日前のため，契約によって同店に2％の割引をおこなった。

（借）現　　　　　　　金	98,000	（貸）売　　　掛　　　金	100,000
売　　　　　　　上	2,000		

　＊本来的には，売上割引は「収益認識に関する会計基準」における変動対価にあたるため，商品を売り上げた時点で返金負債勘定を用いて処理すべきであるが，本書では代金回収時に売上勘定から直接減額する方法を取り扱っている。

5．投資有価証券の売却

　その他有価証券として保有する株式などを売却したときに売却益が生じた場合は，**投資有価証券売却益勘定**（特別利益）で処理する。反対に，売却損が生じた場合は，**投資有価証券売却損勘定**（特別損失）で処理する。

　例3　その他有価証券として保有するC株式会社の株式100株（1株の帳簿価額¥5,000）を1株につき¥5,500で売却し，代金は現金で受け取った。

（借）現　　　　　　　金	550,000	（貸）その他有価証券	500,000
		投資有価証券売却益	50,000

　例4　その他有価証券として保有するC株式会社の株式100株（1株の帳簿価額¥5,000）を1株につき¥4,500で売却し，代金は現金で受け取った。

（借）現　　　　　　　金	450,000	（貸）その他有価証券	500,000
投資有価証券売却損	50,000		

6．役務収益・役務費用

　サービス（役務）を提供することを業務としている企業では，サービスの提供が完了したときに，その対価を**役務収益勘定**で処理し，これに対応する費用は**役務原価勘定**で処理する。

①サービスの提供に先立って費用を支払ったとき

サービスの提供に先立って費用を支払ったときは，いったん費用の勘定科目で処理をおこなう。

例5 Dデザイン会社は，顧客から依頼のあったパンフレット制作にかかわる社員の給料¥300,000を現金で支払った。

(借) 給 料 300,000 (貸) 現 金 300,000

②費用がサービスの提供のために直接費やされたものであると判明したとき

いったん費用として処理していた金額について，サービスの提供のために直接費やされたものであることが判明したときは，当該サービスに直接費やされた分の金額を**仕掛品勘定**（棚卸資産）に振り替える。

例6 例5の給料のうち¥100,000について，例5のパンフレット制作のために直接費やされたものであることが判明した。

(借) 仕 掛 品 100,000 (貸) 給 料 100,000

③サービスの提供が完了したとき

サービスの提供が完了したときは，その対価を役務収益として計上する。また，この役務収益に対応する費用は仕掛品勘定に集計されているため，その金額を役務原価勘定に振り替える。

例7 例5のパンフレットが完成したため，顧客に引き渡し，対価として¥130,000を現金で受け取った。

(借) 現 金 130,000 (貸) 役 務 収 益 130,000
役 務 原 価 100,000 仕 掛 品 100,000

7. 工事契約（建設業会計）

工事契約とは，顧客の指図にもとづいて土木や建築などの工事をおこない，その完成に対して対価が支払われる請負契約のことをいう。

①履行義務の充足に係る進捗度を合理的に見積もることができる場合

一定の期間にわたり，履行義務が充足されると判定され，かつ，進捗度を合理的に見積もることができる場合は，その進捗度にもとづいて収益を認識する。これは，従来の**工事進行基準**のような考え方である。なお，進捗度の見積方法については，その時点までに発生した工事原価が工事原価総額に占める割合によって進捗度を見積もる（**インプット法**／従来の**原価比例法**）。

例8 工事収益総額¥700,000 工事原価総額¥400,000 当期発生の工事原価¥160,000（材料¥100,000 賃金¥60,000）の工事契約について，本日決算にあたり，工事進行基準により当期の工事収益を計上することとした。

(借) 工 事 原 価 160,000 (貸) 材 料 100,000
賃 金 60,000
契 約 資 産 280,000 工 事 収 益 280,000

※当期の工事進捗度 （¥160,000／¥400,000）＝0.4
当期の工事収益 ¥700,000×0.4＝280,000

工事の進行途中で計上した工事収益は，契約上，まだ対価の支払義務が発生していないから，債権として計上できないんだよ。だから，工事収益を計上する仕訳の相手勘定科目として契約資産勘定を用いるんだ。

②履行義務の充足に係る進捗度を合理的に見積もることができない場合

　　　履行義務の充足に係る進捗度を合理的に見積もることはできないが，発生する工事費用が回収可能であると予測できるときは，進捗度の合理的な見積りが可能になる時まで，回収可能と認められる工事費用の金額で工事収益を認識する。この方法を原価回収基準という。

　例9　工事収益総額￥700,000　当期発生の工事原価￥160,000（材料￥100,000　賃金￥60,000）の工事契約について，本日決算にあたり，原価回収基準により当期の工事収益を計上することとした。

　　（借）工　事　原　価　160,000　　（貸）材　　　　　料　100,000
　　　　　　　　　　　　　　　　　　　　　賃　　　　　金　 60,000

　　　　　契　約　資　産　160,000　　　　工　事　収　益　160,000

③履行義務が充足するまでの期間がごく短い場合

　　　契約における取引開始日から完全に履行義務を充足すると見込まれる時点までの期間がごく短い場合には，完全に履行義務を充足した時点で収益を認識することができる。これは，従来の工事完成基準のような考え方である。

　例10　工事収益総額￥700,000　工事原価総額￥400,000　当期発生の工事原価￥160,000（材料￥100,000　賃金￥60,000）の工事契約について，次期に完成予定であるため，工事完成基準により工事収益を計上することとした。

　　　　　仕　訳　な　し

　例11　例10の工事が完成して目的物を引き渡した。なお，当期発生の工事原価は￥240,000（材料￥160,000　賃金￥80,000）であった。

　　（借）工　事　原　価　400,000　　（貸）材　　　　　料　260,000
　　　　　　　　　　　　　　　　　　　　　賃　　　　　金　140,000

　　　　　工　事　未　収　金　700,000　　　工　事　収　益　700,000

基本問題

解答p.83

1　次の各文の　□□□□　のなかにあてはまるもっとも適当な語を下記の語群のなかから選び，その番号を記入しなさい。

(1)　資産・負債・純資産・収益・費用などの項目を財務諸表の本体に計上することを　ア　という。また，財務諸表に計上される諸項目に貨幣額を割り当てることを　イ　という。

(2)　現金の収入があったときに収益を計上し，現金の支出があったときに費用を計上する考え方を　ウ　という。また，現金の収支の時点とは関係なく，1会計期間に生じた収益・費用を，それらが発生しているという事実にもとづいて計上する考え方を　エ　という。

語群

1．発生主義　　　2．認識　　　3．実現主義　　　4．現金主義
5．測定　　　　　6．投資のリスクからの解放

(1)		(2)	
ア	イ	ウ	エ

2　次の各文の □□□ のなかにあてはまるもっとも適当な語を下記の語群のなかから選び，その番号を記入しなさい。

(1)　収益については発生したという事実だけでは計上せず，実現した収益だけを当期の収益として計上しなければならない。この考え方を ［ ア ］ という。

(2)　収益が「実現した」といえるためには，［ イ ］ の提供と，その ［ ウ ］ の受け取りの2要件が必要となる。

(3)　投資にあたって期待された成果が ［ エ ］ として確定することを ［ オ ］ からの解放といい，収益は，投下資金が ［ オ ］ から解放された時点で把握されるとする考え方もある。

(4)　1会計期間における費用と収益を対応させて損益計算をおこなうべきとする原則を ［ カ ］ の原則という。この原則における収益・費用の対応関係には，売上高に売上原価を対応させるなど，収益と費用を明確な基準で対応させる ［ キ ］ と，収益と費用を明確に対応させることが困難である場合に，一定の期間を基準として対応させる ［ ク ］ がある。

(5)　サービス（役務）を提供することを業務としている企業では，サービスの提供が完了したときに，その対価を ［ ケ ］ 勘定で処理し，これに対応する費用は ［ コ ］ 勘定で処理する。なお，サービスの提供前に，当該サービスの提供のために直接費やされたと判明した分の金額は ［ サ ］ 勘定で処理しておく。

(6)　工事契約において，履行義務の充足に係る進捗度を合理的に見積もることはできないが，発生する工事費用が回収可能であると予測できるときは，進捗度の合理的な見積りが可能になる時まで，回収可能と認められる工事費用の金額で工事収益を認識する。この方法を ［ シ ］ という。

語群

1．原価回収基準	2．役務収益	3．正規の簿記	4．事実
5．商品やサービス	6．役務原価	7．個別的対応	8．明瞭性
9．工事完成基準	10．現金主義	11．工事進行基準	12．実現主義
13．建設仮	14．対価	15．発生主義	16．投資のリスク
17．費用配分	18．費用収益対応	19．仕掛品	20．期間的対応

(1)	(2)		(3)		(4)		
ア	イ	ウ	エ	オ	カ	キ	ク

(5)			(6)
ケ	コ	サ	シ

3　次の一連の取引の仕訳を示しなさい。ただし，商品に関する勘定は3分法によること。

(1)　宮城商店は，仕入先山形商店から商品 ¥550,000 を仕入れ，代金は掛けとした。なお，引取費用 ¥3,000 は現金で支払った。

(2)　宮城商店は，(1)の山形商店に対する買掛金 ¥550,000 を小切手を振り出して支払うにあたり，期日前のため，契約によって同店から2％の割引を受けた。

	借　　　　　方	貸　　　　　方
(1)		
(2)		

4　次の一連の取引の仕訳を示しなさい。ただし，商品に関する勘定は３分法によること。なお，売上割引の処理については，代金回収時に売上勘定から直接減額する方法によること。

(1)　群馬商店は，得意先福島商店に商品を￥840,000で売り渡し，代金は掛けとした。

(2)　群馬商店は，(1)の福島商店に対する売掛金￥840,000を同店振り出しの小切手で受け取るにあたり，期日前のため，契約によって同店に２％の割引をおこなった。

	借　　　　　方	貸　　　　　方
(1)		
(2)		

5　次の取引の仕訳を示しなさい。

(1)　その他有価証券として保有する広島商事株式会社の株式700株（１株の帳簿価額￥8,800）を１株につき￥9,100で売却し，代金は小切手で受け取り，ただちに当座預金とした。

(2)　その他有価証券として保有する三重産業株式会社の株式1,300株（１株の帳簿価額￥6,000）を１株につき￥5,400で売却し，代金は小切手で受け取った。

(3)　その他有価証券として保有する大阪物産株式会社の株式500株（１株の帳簿価額￥13,900）を１株につき￥13,000で売却し，代金は月末に受け取ることにした。

(4)　その他有価証券として保有する佐賀商事株式会社の株式900株（１株の帳簿価額￥9,300）を１株につき￥9,900で売却し，代金は小切手で受け取った。

	借　　　　　方	貸　　　　　方
(1)		
(2)		
(3)		
(4)		

6 次の一連の取引の仕訳を示しなさい。

(1) 旅行業を営む沖縄トラベル株式会社は，国内旅行のツアーを企画したところ，参加希望者からの申し込みがあり，ツアー代金 ¥1,000,000 を現金で受け取った。

(2) 本日，(1)の国内旅行のツアーを実施し，サービスの提供にともなう費用 ¥792,400 を現金で支払った。また，(1)で計上したツアー代金 ¥1,000,000 を役務収益勘定に振り替えた。

	借　　　　　方	貸　　　　　方
(1)		
(2)		

【ヒント】
サービスの提供前に受け取った代金は，一時的に前受金勘定で処理しておくんだよ。また，サービスの提供と同時に支払った費用は，仕掛品勘定を経由せず，直接，役務原価勘定に振り替えるんだ。

7 次の一連の取引の仕訳を示しなさい。

(1) 資格試験予備校の株式会社愛知学院は，有料のオンライン講座（全10回）を企画したところ，希望者からの申し込みがあり，受講料 ¥3,500,000 を現金で受け取り，ただちに当座預金とした。また，オンライン講座の準備のための費用 ¥2,700,000 を現金で支払い，その全額について仕掛品勘定で処理した。

(2) 本日決算にあたり，決算日時点での進捗度に応じて役務収益および役務費用を計上した。なお，当期においては，(1)のオンライン講座（全10回）のうち 6 回までが終了している。

	借　　　　　方	貸　　　　　方
(1)		
(2)		

【ヒント】
前受金に計上した額の10分の 6 を役務収益に，仕掛品に計上した額の10分の 6 を役務原価にそれぞれ振り替えよう。

8 次の一連の取引の仕訳を示しなさい。

(1) 奈良デザイン株式会社は，顧客から依頼のあったプロモーションビデオ制作にかかわる社員の給料 ¥400,000 および旅費 ¥60,000 を現金で支払った。

(2) (1)で支払った給料のうち ¥160,000 および旅費のうち ¥24,000 について，(1)のプロモーションビデオ制作のために直接費やされたものであることが判明したため，これらを仕掛品勘定に振り替えた。

(3)　(1)のプロモーションビデオが完成したため，顧客に引き渡し，対価として¥260,000が当座預金口座に振り込まれた。よって，役務収益を計上するとともに対応する役務費用を計上する。

	借　　　方	貸　　　方
(1)		
(2)		
(3)		

9　次の取引の仕訳を示しなさい。なお，仕訳をおこなう必要のないものについては「仕訳なし」と記入すること。

(1)　かねて建物の建設を引き受けて，工事収益総額¥98,000,000で工事契約を締結し，工事原価総額を¥70,000,000と見積もっていた。本日決算にあたり，工事進行基準により当期の工事収益を計上した。なお，当期発生の工事原価は¥21,000,000（材料¥14,000,000　賃金¥7,000,000）であった。

(2)　かねて建物の建設を引き受けて，工事収益総額¥120,000,000で工事契約を締結したが，工事原価総額を合理的に見積もることはできなかった。本日決算にあたり，原価回収基準により当期の工事収益を計上した。なお，当期発生の工事原価は¥38,500,000（材料¥28,000,000　賃金¥10,500,000）であった。

(3)　かねて建物の建設を引き受けて，工事収益総額¥40,000,000で工事契約を締結し，工事原価総額を¥23,000,000と見積もっていた。この工事は次期に完成予定であるため，本日決算にあたり，工事完成基準により工事収益を計上することとした。なお，当期発生の工事原価は¥14,000,000（材料¥9,000,000　賃金¥5,000,000）であった。

(4)　(3)の工事が完成して目的物を引き渡したため，工事完成基準により工事収益を計上することとした。なお，当期発生の工事原価は¥9,000,000（材料¥6,000,000　賃金¥3,000,000）であった。ただし，工事収益の対価は工事未収金勘定で処理すること。

	借　　　方	貸　　　方
(1)		
(2)		
(3)		
(4)		

応用問題

解答p.85

1　次の文の ☐ のなかにあてはまるもっとも適当な語の組み合わせとして正しいものを1つ選び，その番号を記入しなさい。

　　発生主義によれば，　ア　および　イ　は当期の損益計算に計上することになる。一方で，　ウ　および　エ　は当期の損益計算から除かれることになる。

　　1．ア．前払費用　　　イ．前受収益　　　ウ．未払費用　　　エ．未収収益
　　2．ア．前払費用　　　イ．未払費用　　　ウ．前受収益　　　エ．未収収益
　　3．ア．前受収益　　　イ．未収収益　　　ウ．前払費用　　　エ．未払費用
　　4．ア．未払費用　　　イ．未収収益　　　ウ．前払費用　　　エ．前受収益

2　次の一連の取引の仕訳を示しなさい。

　6/1　　学習塾の滋賀ゼミナール株式会社は，来月から開講予定の有料の講座（7/1から翌年6/30まで実施）の受講料￥5,000,000を現金で受け取った。また，講座で使用する教材の作成費等￥3,200,000を現金で支払い，その全額について仕掛品勘定で処理した。

　3/31　　決算にあたり，決算日時点での進捗度に応じて役務収益および役務費用を計上した。なお，当期においては，講座のうち75％が終了している。

　6/30　　講座がすべて終了したため，役務収益および役務費用を計上した。

	借　　　　　方	貸　　　　　方
6/1		
3/31		
6/30		

3　次の例において，当期に計上する工事収益の金額をそれぞれ求めなさい。なお，工事収益を計上しない場合は解答欄に0を記入すること。

(1)　建物の建設を引き受け，工事収益総額￥140,000,000で工事契約を締結し，工事原価総額を￥106,000,000と見積もった。当期中の工事原価は￥44,520,000であった。期末に，工事進行基準によって工事収益を計上した。

(2)　建物の建設を引き受け，工事収益総額￥110,000,000で工事契約を締結したが，工事原価総額については見積もることができなかった。よって，期末に原価回収基準により工事収益を計上することとした。なお，当期中の工事原価は￥36,300,000である。

(3)　建物の建設を引き受け，工事収益総額￥40,000,000で工事契約を締結し，工事原価総額を￥21,000,000と見積もった。当期中の工事原価は￥15,330,000であったが，次期に完成予定であるため，工事完成基準によって工事収益を計上することとした。

(1)	￥	(2)	￥
(3)	￥		

検定問題

解答p.86

1 次の各文の □ のなかにあてはまるもっとも適当な語を下記の語群のなかから選び，その番号を記入しなさい。なお，同一の用語を重複して用いてもよい。

(1) 費用および収益は，その発生源泉にしたがって明瞭に分類し，各収益項目とそれに関連する費用項目とを損益計算書に対応表示しなければならないのは ア の原則によるものである。たとえば，売上高と イ を対応させて，表示するのはこの原則によるものである。　（第92回）

(2) 適正な期間損益計算をおこなうために，現金の収支に関係なく発生した事実にもとづいて費用や収益を計上するという考え方を ウ という。これによると， エ は当期の損益計算から除くことになる。　（第78回）

(3) 適正な期間損益計算をおこなうために，現金の収支とは関係なく，発生した事実にもとづいて1会計期間の費用および収益を計上する。この考え方を オ といい，未収収益および カ は当期の損益計算に計上しなければならない。　（第74回）

(4) 商品売買業における売上収益は，原則として，商品の引き渡しとともに，代金として現金および短期間に現金化できる受取手形や売掛金などの キ を取得したときにおこなう。これは，資金的な裏付けのある確実な収益を計上し，不確実な収益を計上しないという ク の考え方によるものである。　（第71回）

語群

1. 未払費用　　2. 正規の簿記　　3. 発生主義　　4. 費用性資産
5. 現金主義　　6. 貨幣性資産　　7. 明瞭性　　8. 売上原価
9. 前払費用　　10. 費用収益対応　　11. 実現主義　　12. 費用配分

(1)		(2)		(3)		(4)	
ア	イ	ウ	エ	オ	カ	キ	ク

2 次の例において，当期に計上する工事収益の金額をそれぞれ求めなさい。なお，工事収益を計上しない場合は解答欄に 0 を記入すること。

(1) 建物の建設を引き受け，工事収益総額 ¥100,000,000 で工事契約を締結し，工事原価総額を ¥75,000,000 と見積もった。当期中の工事原価は ¥26,250,000 であった。期末に，工事進行基準によって工事収益を計上した。

(2) 建物の建設を引き受け，工事収益総額 ¥150,000,000 で工事契約を締結したが，工事原価総額については見積もることができなかった。よって，期末に原価回収基準により工事収益を計上することとした。なお，当期中の工事原価は ¥31,500,000 である。

(3) 建物の建設を引き受け，工事収益総額 ¥50,000,000 で工事契約を締結し，工事原価総額を ¥35,000,000 と見積もった。当期中の工事原価は ¥28,000,000 であったが，次期に完成予定であるため，工事完成基準によって工事収益を計上することとした。

(1)	¥	(2)	¥
(3)	¥		

3　次の取引の仕訳を示しなさい。なお，売上割引の処理については，代金回収時に売上勘定から直接減額する方法によること。

(1)　旅行業を営む千葉観光株式会社は，本日国内旅行のツアーを実施し，サービスの提供にともなう費用￥341,750を現金で支払った。

(2)　岐阜商店に対する買掛金￥400,000の支払いにあたり，支払期日前のため，契約によって同店から割引を受け，割引額を差し引いた金額￥396,000を現金で支払った。　　　　　（第93回）

(3)　東京商店に対する買掛金￥800,000の支払いにあたり，期日の10日前に割引額を差し引いた金額￥796,000を小切手を振り出して支払った。なお，東京商店とは買掛金を期日の7日以前に支払うときに割引を受ける契約をしている。　　　　　（第91回）

(4)　三重商店に対する売掛金について，同店から期日の10日前に当店の当座預金口座に￥882,000の振り込みがあった。なお，三重商店とは売掛金を期日の1週間以前に受け取るときに，2％の割引をおこなう契約をしている。　　　　　（第89回）

(5)　徳島商店に対する買掛金￥300,000の支払いにあたり，支払期日前のため，契約によって同店から割引を受け，割引額を差し引いた金額￥298,000は現金で支払った。　　　　　（第88回）

(6)　兵庫商店に対する買掛金の支払いにあたり，支払期日前のため，契約によって￥5,000の割引を受け，割引額を差し引いた金額￥245,000は現金で支払った。　　　　　（第83回）

(7)　石川商店に対する売掛金￥1,800,000を期日前に受け取ることになり，契約によって割引をおこない，割引額を差し引いた金額を同店振り出しの小切手￥1,764,000で受け取った。　　　　　（第82回）

(8)　宮城商店に対する買掛金￥750,000の支払いにあたり，支払期日前のため，契約によって2％の割引を受け，割引額を差し引いた金額は小切手を振り出して支払った。　　　　　（第81回）

	借　　　　方	貸　　　　方
(1)		
(2)		
(3)		
(4)		
(5)		
(6)		
(7)		
(8)		

4　次の2つの工事について，当期の工事収益を求めなさい。　　　　　　　　　　（第88回）

①　当期に，3年後完成の予定で契約した次の工事について，工事進行基準により工事収益を計上する。

　ⅰ　工事収益総額は¥234,800,000であり，工事原価総額を¥187,200,000と見積もることができた。

　ⅱ　当期発生工事原価は¥46,800,000であった。

②　前期に契約した次の工事が当期に完成し，引き渡した。よって，工事完成基準により工事収益を計上する。

　ⅰ　工事収益総額は¥41,200,000であり，工事原価総額は合理的に見積もることができなかった。

　ⅱ　実際発生工事原価は，前期が¥12,360,000　当期が¥18,540,000であった。

①	工事進行基準による当期の工事収益	¥
②	工事完成基準による当期の工事収益	¥

5　山梨建設株式会社は，当期に工事収益総額¥903,000,000で工事を引き受け，3年後の完成予定で工事を開始した。決算にあたり，当期の実際発生工事原価を集計したところ¥135,450,000であった。なお，工事原価は信頼性をもった見積りがされており，工事原価総額は¥752,500,000である。よって，決算日における工事進捗度（工事の進行度合）により，当期の工事収益を求めなさい。

　　　　　　　　　　　　　　　　　　　　　　　　　　　　　　　　　　　　（第82回）

当期の工事収益	¥

6　次の2つの工事について，当期の工事収益を求めなさい。　　　　　　　　　　（第78回）

①　当期に，5年後完成の予定で請け負った次の工事について，工事進行基準により工事収益を計上する。

　ⅰ　工事収益総額は¥357,000,000であり，工事原価総額を¥285,600,000と見積もることができた。

　ⅱ　当期発生工事原価は¥78,540,000であった。

②　前期に請け負った次の工事が当期に完成し，引き渡した。よって，工事完成基準により工事収益を計上する。

　ⅰ　工事収益総額は¥52,500,000であり，工事原価総額は合理的に見積もることができなかった。

　ⅱ　実際発生工事原価は，前期が¥13,230,000　当期が¥24,570,000であった。

①	工事進行基準による当期の工事収益	¥
②	工事完成基準による当期の工事収益	¥

第14章　税

1．株式会社の税金

株式会社にも個人企業と同じように納税義務がある。税金は，国が課す**国税**と地方公共団体が課す**地方税**に分けられる。

税金の種類	国税	地方税
税法上，費用として処理できない税金	法人税など	住民税・事業税など
税法上，費用として処理できる税金	印紙税・登録免許税・消費税など	固定資産税など

2．法人税等の意義

ここでは，株式会社が納める法人税・住民税・事業税について取り扱う。これらの税金をあわせて**法人税等勘定**で処理する。

法人税	法人の所得に対して課せられる税金。
住民税	会社の住所がある都道府県や市町村などに対して支払う税金。
事業税	会社の事業活動に対して課せられる税金。

3．法人税等の会計処理

★年1回決算の会社の場合（決算日　3月31日）

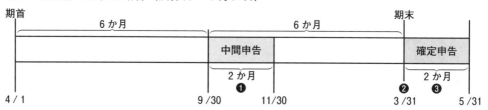

❶　事業年度開始後6か月を過ぎた日から2か月以内に中間申告をおこなって，法人税等の一部を納付する。中間申告のさいに納付する額は，前年度の法人税等の金額の2分の1とするか，中間決算をおこなって算出した金額とする。

　例1　A株式会社（決算年1回）は，法人税，住民税及び事業税の中間申告をおこない，前年度の納税額¥800,000の2分の1を現金で納付した。

　　（借）仮払法人税等　400,000　　（貸）現　　　　金　400,000

❷　決算日に，その事業年度の法人税等の納付額が確定する。

　例2　A株式会社（決算年1回）は，決算の結果，当期の法人税，住民税及び事業税の合計額¥900,000を計上した。ただし，仮払法人税等の残高が¥400,000ある。

　　（借）法　人　税　等　900,000　　（貸）仮払法人税等　400,000
　　　　　　　　　　　　　　　　　　　　　　未払法人税等　500,000

❸　事業年度終了後2か月以内に確定申告をおこなって，中間申告時に納付した分を差し引いた額の法人税等を納付する。

例3　A株式会社（決算年1回）は，法人税，住民税及び事業税の確定申告をおこない，決算で計上した法人税等¥900,000から中間申告のさいに納付した¥400,000を差し引いた額を現金で納付した。

　（借）未 払 法 人 税 等　500,000　　　（貸）現　　　　　金　500,000

4．課税所得の計算

　企業会計上の利益は，収益から費用を差し引いて計算されるのに対し，税法上の利益といえる**課税所得**は，**益金**から**損金**を差し引いて計算される。このとき，収益と益金または費用と損金は必ずしも同じものというわけではない。

収益－費用＝企業会計上の利益

益金－損金＝課税所得（税法上の利益）

課税所得（税法上の利益）×法定実効税率＝納付すべき法人税等の金額

課税所得は，企業会計上の利益に必要な調整をおこなって求める。

①	損金不算入	企業会計上は費用であるが，税務上は損金としないもの。
②	損 金 算 入	企業会計上は費用ではないが，税務上は損金とするもの。
③	益 金 不 算 入	企業会計上は収益であるが，税務上は益金としないもの。
④	益 金 算 入	企業会計上は収益ではないが，税務上は益金とするもの。

課税所得（税法上の利益）＝企業会計上の利益＋（①・④）－（②・③）

5．税効果会計

　企業会計上の収益・費用の額と，課税所得計算上の益金・損金の額に差異があるため，税引前当期純利益（＝法人税等を控除する前の当期純利益）と法人税等の金額は期間的に対応しない。そこで，法人税等の額を適切に期間配分することにより，税引前当期純利益と法人税等を合理的に対応させる必要がある。このための手続を**税効果会計**という。

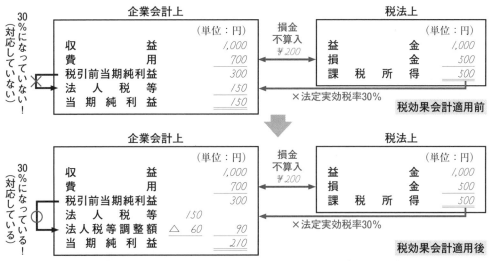

　企業会計と税法の相違により生じる差異には，将来においてその差異が解消し，税効果会計の対象となる**一時差異**と，将来においてその差異が永久に解消せず，税効果会計の対象とならない**永久差異**がある。一時差異には，将来の課税所得を減少させる**将来減算一時差異**と，将来の課税所得を増加させる**将来加算一時差異**がある。

　将来減算一時差異に法定実効税率を乗じた金額は，税金の前払いとして**繰延税金資産勘定**（投資その他の資産）で処理し，将来加算一時差異に法定実効税率を乗じた金額は，税金の未払いとして**繰延税金負債勘定**（固定負債）で処理する。これらの相手勘定科目は，原則として**法人税等調整額**で処理する。

　①将来減算一時差異

　　差異の発生時の仕訳

　　　（借）　繰延税金資産　　×××　　　（貸）　法人税等調整額　　×××

　　差異の解消時の仕訳

　　　（借）　法人税等調整額　　×××　　　（貸）　繰延税金資産　　×××

　　※繰延税金資産は税金の前払い→将来支払う税金が減るため資産となる。
　　　仕訳の金額は「将来減算一時差異×法定実効税率」で求める。

　②将来加算一時差異

　　差異の発生時の仕訳

　　　（借）　法人税等調整額　　×××　　　（貸）　繰延税金負債　　×××

　　差異の解消時の仕訳

　　　（借）　繰延税金負債　　×××　　　（貸）　法人税等調整額　　×××

　　※繰延税金負債は税金の未払い→将来支払う税金が増えるため負債となる。
　　　仕訳の金額は「将来加算一時差異×法定実効税率」で求める。

6．税効果会計の個別論点

①貸倒引当金の繰入限度超過額（損金不算入）

　企業会計上は，貸倒引当金の繰入額はすべて費用として処理するが，税法上は，貸倒引当金の繰入額に上限があり，それを超える部分については損金不算入となる。

　例4　決算にあたり，貸倒引当金￥110,000を繰り入れる。ただし，税法上，損金算入限度額は￥100,000であった。税効果会計を適用した場合の仕訳を示しなさい。なお，法定実効税率は30％である。

　　（借）　貸倒引当金繰入　110,000　　（貸）　貸倒引当金　110,000
　　　　　　繰延税金資産　　　3,000　　　　　　法人税等調整額　3,000

　　※将来減算一時差異(￥110,000－￥100,000)×法定実効税率30％＝￥3,000

②減価償却費の償却限度超過額（損金不算入）

　企業会計上は，経済的耐用年数で減価償却費を計算するが，税法上は，法定耐用年数で減価償却費を計算し，これが償却限度額となる。経済的耐用年数で計算した減価償却費のうち，法定耐用年数で計算した償却限度額を超える部分については損金不算入となる。

　例5　決算にあたり，備品の減価償却費￥150,000を計上する。ただし，税法上，損金算入限度額は￥100,000であった。税効果会計を適用した場合の仕訳を示しなさい。なお，法定実効税率は30％である。

　　（借）　減価償却費　150,000　　（貸）　備品減価償却累計額　150,000
　　　　　　繰延税金資産　15,000　　　　　　法人税等調整額　15,000

　　※将来減算一時差異(￥150,000－￥100,000)×法定実効税率30％＝￥15,000

③その他有価証券の評価差額

　企業会計上は，その他有価証券を期末に時価評価するが，税法上は，その他有価証券は原価で評価するため，税効果会計を適用する。ただし，（全部純資産直入法を前提とすると）その他有価証券の評価差額は純資産に直入され，損益計算書には影響しないため，法人税

等調整額勘定ではなく，**その他有価証券評価差額金勘定**で直接調整をおこなう。

例6　決算にあたり，その他有価証券として保有する株式（帳簿価額￥500,000）の時価は￥600,000であった。税効果会計を適用した場合の仕訳を示しなさい。なお，法定実効税率は30%である。

（借）　その他有価証券　　100,000　　（貸）　その他有価証券　　100,000
　　　　　　　　　　　　　　　　　　　　　　評　価　差　額　金

　　　　その他有価証券　　30,000　　　　　　繰延税金負債　　30,000
　　　　評　価　差　額　金

※評価差額 ￥600,000 － ￥500,000 ＝ ￥100,000
　将来加算一時差異 ￥100,000 ×法定実効税率30% ＝ ￥30,000
　その他有価証券評価差額金は相殺して表示してもよい。

例7　決算にあたり，その他有価証券として保有する株式（帳簿価額￥500,000）の時価は￥400,000であった。税効果会計を適用した場合の仕訳を示しなさい。なお，法定実効税率は30%である。

（借）　その他有価証券　　100,000　　（貸）　その他有価証券　　100,000
　　　　評　価　差　額　金

　　　　繰延税金資産　　30,000　　　　　　　その他有価証券　　30,000
　　　　　　　　　　　　　　　　　　　　　　評　価　差　額　金

※評価差額 ￥400,000 － ￥500,000 ＝△￥100,000
　将来減算一時差異 ￥100,000 ×法定実効税率30% ＝ ￥30,000
　その他有価証券評価差額金は相殺して表示してもよい。

7．繰延税金資産・繰延税金負債の表示

　繰延税金資産（投資その他の資産）と繰延税金負債（固定負債）は，貸借対照表では相殺して純額で表示する。

基本問題

解答p.88

1　次の各文の　□□□　のなかにあてはまるもっとも適当な語を下記の語群のなかから選び，その番号を記入しなさい。

(1)　税金は，国が課す　ア　と地方公共団体が課す　イ　に分けられる。

(2)　株式会社が納める税金のうち，法人の所得に対して課せられる税金を　ウ　，会社の住所がある都道府県や市町村などに対して支払う税金を　エ　，会社の事業活動に対して課せられる税金を　オ　という。会計上，これらの3種類の税金はまとめて　ウ　等勘定で処理される。

語群

1．地方税	2．印紙税	3．所得税	4．住民税
5．国税	6．間接税	7．登録免許税	8．直接税
9．法人税	10．事業税	11．固定資産税	12．消費税

(1)		(2)		
ア	イ	ウ	エ	オ

2　次の各文の ▢ のなかにあてはまるもっとも適当な語を下記の語群のなかから選び，その番号を記入しなさい。

(1)　企業会計上の利益は，収益から費用を差し引いて計算されるのに対し，税法上の利益といえる ア は，益金から損金を差し引いて計算される。

(2)　企業会計上の収益・費用の額と， ア 計算上の益金・損金の額に差異がある場合に，法人税等の額を適切に期間配分することにより，税引前当期純利益と法人税等を合理的に対応させる手続を イ という。

(3)　企業会計と税法の相違により生じる差異には，将来においてその差異が解消し，税効果会計の対象となる ウ と，将来においてその差異が永久に解消せず，税効果会計の対象とならない エ がある。 ウ には，将来の課税所得を減少させる オ と，将来の課税所得を増加させる カ がある。

(4)　 オ に法定実効税率を乗じた金額は，税金の前払いとして キ 勘定で処理し， カ に法定実効税率を乗じた金額は，税金の未払いとして ク 勘定で処理する。これらの相手勘定科目は，原則として ケ で処理する。

(5)　 キ は貸借対照表の コ の区分に記載し， ク は，貸借対照表の サ の区分に記載する。ただし，これらは相殺して シ で表示しなければならない。

語群

1．永久差異	2．総額	3．税効果会計	4．将来減算一時差異
5．法人税等調整額	6．繰延税金負債	7．一時差異	8．投資その他の資産
9．その他の流動資産	10．固定負債	11．純額	12．将来加算一時差異
13．繰延税金資産	14．課税所得	15．流動負債	16．評価・換算差額等

(1)	(2)	(3)			
ア	イ	ウ	エ	オ	カ

(4)			(5)		
キ	ク	ケ	コ	サ	シ

3　次の鳥取商事株式会社（決算年1回　3月31日）の一連の取引の仕訳を示しなさい。

11/26　法人税，住民税及び事業税の中間申告をおこない，前年度の納税額¥1,700,000の2分の1を現金で納付した。

3/31　決算の結果，当期の法人税，住民税及び事業税の合計額¥1,980,000を計上した。

5/27　法人税，住民税及び事業税の確定申告をおこない，決算で計上した法人税等の額から中間申告の納付額を差し引いた額を現金で納付した。

	借　　　　方	貸　　　　方
11/26		
3/31		
5/27		

4 次の取引の仕訳を示しなさい。

(1) 大分産業株式会社は，法人税，住民税及び事業税の確定申告をおこない，決算で計上した法人税等￥2,190,000から中間申告のさいに納付した￥910,000を差し引いた額を小切手を振り出して納付した。

(2) 京都商事株式会社（決算年1回）は，法人税，住民税及び事業税の中間申告をおこない，前年度の納税額￥1,770,000の2分の1を現金で納付した。

(3) 秋田産業株式会社は，決算の結果，当期の法人税，住民税及び事業税の合計額￥1,690,000を計上した。ただし，仮払法人税等の残高が￥740,000ある。

(4) 福島商事株式会社は，法人税，住民税及び事業税の確定申告をおこない，中間申告によって納付した￥840,000を差し引いた￥920,000を現金で納付した。

(5) 鹿児島電機株式会社は，法人税，住民税及び事業税の未払額￥880,000と従業員の給料から差し引いて預かっていた所得税額￥160,000を，ともに小切手を振り出して納付した。

(6) 茨城物産株式会社（決算年1回）は，法人税，住民税及び事業税の中間申告をおこない，前年度の納税額￥1,830,000の2分の1を小切手を振り出して納付した。

(7) 栃木商事株式会社は，決算の結果，当期の法人税，住民税及び事業税の合計額￥1,720,000を計上した。ただし，仮払法人税等の残高が￥730,000ある。

	借　　　方	貸　　　方
(1)		
(2)		
(3)		
(4)		
(5)		
(6)		
(7)		

5 次の資料から，当期の法人税，住民税及び事業税の合計額を計算しなさい。

資　料

当期の収益総額　￥76,360,000　　　当期の費用総額　￥70,270,000
損金不算入額　￥250,000　　　法定実効税率　30%

当期の法人税，住民税及び事業税の合計額	￥

6 次の資料から，当期の法人税，住民税及び事業税の合計額を計算しなさい。

資　料

当期の収益総額　￥92,110,000　　　当期の費用総額　￥86,490,000
損金不算入額　￥140,000　　　法定実効税率　30%

当期の法人税，住民税及び事業税の合計額	￥

7　次の一連の取引について，税効果会計を適用した場合の仕訳を示しなさい。ただし，法定実効税率は30％とする。
(1) 第1期の決算にあたり，中央商店の売掛金に対して貸倒引当金￥70,000を繰り入れる。ただし，税法上，損金算入限度額は￥50,000であったため，超過額￥20,000は損金不算入となった。
(2) 第2期の期中に，(1)の中央商店の売掛金が回収不能となったため，貸倒引当金を全額取り崩した（期中に適切に処理済み）。これにより(1)の繰入限度超過額￥20,000について損金算入が認められるため，第2期の決算にあたり，一時差異を解消する仕訳をおこなった。

	借　　　　方	貸　　　　方
(1)		
(2)		

8　次の一連の取引について，税効果会計を適用した場合の仕訳を示しなさい。ただし，法定実効税率は30％とする。
(1) 第1期の決算にあたり，備品の減価償却費￥100,000を計上する。ただし，税法上，損金算入限度額は￥80,000であったため，超過額￥20,000は損金不算入となった。
(2) 第2期の決算にあたり，備品の減価償却費￥100,000を計上する。ただし，税法上，損金算入限度額は￥80,000であったため，超過額￥20,000は損金不算入となった。

	借　　　　方	貸　　　　方
(1)		
(2)		

9　次の一連の取引について，税効果会計を適用した場合の仕訳を示しなさい。ただし，その他有価証券の評価差額はすべて純資産の部に計上することとし，法定実効税率は30％とする。
(1) 第1期の決算にあたり，その他有価証券として保有する株式900株（1株あたりの帳簿価額￥2,100）の時価は，1株あたり￥2,000であった。
(2) 第2期の期首に，(1)の再振替仕訳をおこなった。

	借　　　　方	貸　　　　方
(1)		
(2)		

10　次の一連の取引について，税効果会計を適用した場合の仕訳を示しなさい。ただし，その他有価証券の評価差額はすべて純資産の部に計上することとし，法定実効税率は30％とする。

(1) 第1期の決算にあたり，その他有価証券として保有する株式1,200株（1株あたりの帳簿価額 ¥1,800）の時価は，1株あたり¥1,950であった。

(2) 第2期の期首に，(1)の再振替仕訳をおこなった。

	借　　　　　方	貸　　　　　方
(1)		
(2)		

応用問題

解答p.91

1 次の一連の取引について，税効果会計を適用した場合の仕訳を示しなさい。ただし，法定実効税率は30％とする。

(1) 第1期の決算にあたり，東西商店の売掛金に対して貸倒引当金¥130,000を繰り入れる。ただし，税法上，損金算入限度額は¥100,000であったため，超過額¥30,000は損金不算入となった。

(2) 第2期の期中に，(1)の東西商店の売掛金が回収不能となったため，貸倒引当金を全額取り崩した（期中に適切に処理済み）。これにより(1)の繰入限度超過額¥30,000について損金算入が認められるため，第2期の決算にあたり，一時差異を解消した。これと同時に，南北商店の売掛金に対して貸倒引当金¥140,000を繰り入れる。ただし，税法上，損金算入限度額は¥100,000であったため，超過額¥40,000は損金不算入となった。

	借　　　　　方	貸　　　　　方
(1)		
(2)		

2 次の一連の取引について，税効果会計を適用した場合の仕訳を示しなさい。ただし，法定実効税率は30％とする。

(1) 第1期の決算にあたり，期首に¥800,000で取得した備品について，残存価額を零（0）耐用年数を5年として定額法で減価償却をおこなう。ただし，税法上の法定耐用年数は8年であった。

(2) 第2期の決算にあたり，(1)の備品の減価償却費を第1期と同様に計上する。

	借　　　　　方	貸　　　　　方
(1)		
(2)		

3　長崎商事株式会社の総勘定元帳勘定残高(一部)および決算整理事項は，次のとおりであった。よって，決算整理仕訳を示し，報告式の損益計算書（一部）を完成しなさい。また，貸借対照表に表示する繰延税金負債の額を答えなさい。

　　ただし，　i　会社計算規則によること。
　　　　　　　ii　会計期間は令和○１年４月１日から令和○２年３月31日までとする。
　　　　　　　iii　その他有価証券の評価差額はすべて純資産の部に計上する。
　　　　　　　iv　税効果会計を適用し，法定実効税率は30％とする。

元帳勘定残高（一部）

電子記録債権	¥2,300,000	売掛金	¥4,700,000	貸倒引当金	¥30,000
備品	560,000	備品減価償却累計額	112,000	その他有価証券	2,040,000
繰延税金資産	12,600				

決算整理事項

　a．貸倒見積高
　　　　電子記録債権と売掛金の期末残高に対し，それぞれ３％と見積もり，貸倒引当金を設定する。ただし，税法上，損金算入限度額は¥100,000であったため，超過額は損金不算入となった。

　b．備品減価償却高
　　　　取得原価は¥560,000　残存価額は零（0）　耐用年数は５年とし，定額法による。ただし，税法上の法定耐用年数は８年であった。

　c．有価証券評価高
　　　　保有する株式は次のとおりである。

	銘　　柄	株　数	１株の帳簿価額	１株の時価
その他有価証券	佐賀産業株式会社	1,500株	¥1,360	¥1,580

決算整理仕訳

	借　　　方	貸　　　方
a	貸倒引当金繰入　180,000 繰延税金資産　24,000	貸倒引当金　180,000 法人税等調整額　24,000
b	減価償却費　112,000 繰延税金資産　12,600	備品減価償却累計額　112,000 法人税等調整額　12,600
c	その他有価証券　330,000	繰延税金負債　99,000 その他有価証券評価差額金　231,000

損　益　計　算　書

長崎商事株式会社　　　　　令和○１年４月１日から令和○２年３月31日まで　　　　　（単位：円）

　　　　　　　　　　　　　　　　　　　　⋮

税引前当期純利益		3,050,000
法人税，住民税及び事業税	951,600	
法人税等調整額	△(36,600)	(915,000)
当期純利益		(2,135,000)

貸借対照表に表示する繰延税金負債の額　¥ 49,800

検定問題　　　　　　　　　　　　　　　　　　　　　　　解答p.93

1　次の取引の仕訳を示しなさい。

　　決算において，次の資料により備品の減価償却費を計上した。なお，間接法により記帳し，法定実効税率を30%とした税効果会計を適用している。

資　　料

取得・使用開始日	○1年4月1日	決算日	○2年3月31日
取得原価	¥900,000	耐用年数	3年（税法上の耐用年数5年）
残存価額	零 (0)	償却方法	定額法

借　　　　　　方		貸　　　　　　方	

2　北海道商事株式会社の総勘定元帳勘定残高（一部）および決算整理事項は，次のとおりであった。よって，決算整理仕訳を示し，報告式の貸借対照表（一部）および報告式の損益計算書（一部）を完成しなさい。

　　ただし，i　会社計算規則によること。

　　　　　　ii　会計期間は令和○4年4月1日から令和○5年3月31日までとする。

　　　　　　iii　税効果は考慮しないものとする。

　　　　　　iv　決算整理後の税引前当期純利益は¥1,702,510であった。

元帳勘定残高（一部）

　　仮払法人税等　¥　285,500

決算整理事項

　　a．法人税，住民税及び事業税額　　¥544,200

決算整理仕訳

	借　　　　　　方		貸　　　　　　方	
a				

貸　借　対　照　表

北海道商事株式会社　　　　　　　　令和○5年3月31日　　　　　　　　（単位：円）

⋮

負　債　の　部

Ⅰ　流　動　負　債

⋮

　　5．未　払　法　人　税　等　　　　　　（　　　　　　　）

損　益　計　算　書

北海道商事株式会社　　　令和○4年4月1日から令和○5年3月31日まで　　　（単位：円）

⋮

税　引　前　当　期　純　利　益	1,702,510
法人税，住民税及び事業税	（　　　　　　　）
当　期　純　利　益	（　　　　　　　）

第15章　外貨建取引

学習の要点 ●●●

1．外貨建取引の意義

　外貨建取引とは，取引価額が外国通貨で表示されている取引をいう。企業の活動が国際化すると，外貨建取引も増えてくる。しかし，会計帳簿や財務諸表は円貨で作成するため，外貨による取引を日本円に置き換える必要がある。外貨建てでおこなわれた取引を円貨に表示し直すことを**換算**という。

2．外貨建取引の会計処理

①取引発生時の処理

　外貨建取引は，原則として，取引発生時の為替相場（HR：ヒストリカル・レート）による円換算額で記録する。

　　例1　外国にある取引先から商品 $1,000を掛けで仕入れた。なお，仕入時の為替相場は $ 1 あたり ¥100であった。

　　（借）仕　　　　　入　100,000　　　（貸）買　　掛　　金　100,000
　　※ $1,000 × ¥100（HR）＝ ¥100,000

②決済時の処理

　外貨建売掛金・外貨建買掛金などの**外貨建金銭債権債務**の決済にともなって生じた換算差額は，原則として**為替差損益勘定**で処理する。

　　例2　例1の買掛金を小切手を振り出して支払った。なお，決済時の為替相場は $ 1 あたり ¥102であった。

　　（借）買　　掛　　金　100,000　　　（貸）当　座　預　金　102,000
　　　　　為　替　差　損　益　　2,000
　　※買掛金 ¥100,000 − 支払額（ $1,000 × ¥102 ）＝為替差損△ ¥2,000

③決算時の処理

　決算日に企業が保有している外国通貨や外貨建金銭債権債務は，決算時の為替相場（CR：カレント・レート）により円換算する。これによって生じた換算差額は，原則として**為替差損益勘定**で処理する。

　　例3　決算にあたり，外国通貨 $2,000（帳簿価額 ¥200,000）を決算時の為替相場に換算する。なお，決算時の為替相場は $ 1 あたり ¥105であった。

　　（借）現　　　　　金　10,000　　　（貸）為　替　差　損　益　10,000
　　※ $2,000 × ¥105（CR）＝ ¥210,000
　　　換算額 ¥210,000 − 帳簿価額 ¥200,000 ＝為替差益 ¥10,000

3．為替差損益の表示

　為替差損益を損益計算書に表示するさいは，借方残高であれば**為替差損**（営業外費用），貸方残高であれば**為替差益**（営業外収益）と表示する。

4．為替予約

　為替変動によって為替差損をこうむるリスクを回避するために，将来の為替相場を契約によって事前に決定することがある。これを**為替予約**という。為替予約の処理には独立処理（原則）と振当処理（容認）があるが，本書では**振当処理**（の中の簡便法）を取り扱う。

①取引発生前・取引時に為替予約を付した場合

　外貨建取引の発生前や取引時に為替予約契約を締結した場合は，為替予約相場（FR：フォ

ワード・レート）で換算し，その後の為替差損益を計上しない。

例4　外国にある取引先から商品 $ 1,000を掛けで仕入れると同時に，買掛金に対して為替予約を $ / あたり ¥103でおこなった。なお，仕入時の為替相場は $ / あたり ¥100であった。

（借）仕　　　　　　入　103,000　　（貸）買　　掛　　金　103,000

※ $ 1,000 × ¥103（FR）＝ ¥103,000

例5　例4の買掛金を小切手を振り出して支払った。なお，決済時の為替相場は $ / あたり ¥105であった。

（借）買　　掛　　金　103,000　　（貸）当　座　預　金　103,000

②取引発生後に為替予約を付した場合

外貨建取引の発生後に為替予約契約を締結した場合は，為替予約時に外貨建金銭債権債務を為替予約相場で円換算し直し，取引時の為替相場による円換算額との差額は当期の為替差損益として処理する（簡便法）。

例6　外国にある取引先に商品を $ 1,500で掛け販売した。なお，販売時の為替相場は $ / あたり ¥104であった。

（借）売　　掛　　金　156,000　　（貸）売　　　　　　上　156,000

※ $ 1,500 × ¥104（HR）＝ ¥156,000

例7　例6の売掛金に対して為替予約を $ / あたり ¥106でおこなった。

（借）売　　掛　　金　3,000　　（貸）為　替　差　損　益　3,000

※ $ 1,500 × ¥106（FR）＝ ¥159,000

　　為替予約時 ¥159,000 － 取引時 ¥156,000 ＝ 為替差益 ¥3,000

例8　例6・例7の売掛金が決済され，当座預金口座に入金された。なお，決済時の為替相場は $ / あたり ¥105であった。

（借）当　座　預　金　159,000　　（貸）売　　掛　　金　159,000

基本問題

解答p.94

1　次の各文の □□□□ のなかにあてはまるもっとも適当な語を下記の語群のなかから選び，その番号を記入しなさい。

(1)　取引価額が外国通貨で表示されている取引を ［ ア ］ という。また，外貨による取引を円貨に表示し直すことを ［ イ ］ という。

(2)　［ ウ ］ 取引によって生じた外貨建売掛金や，［ エ ］ 取引によって生じた外貨建買掛金など，契約上の債権・債務額が外国通貨で表示されているものを ［ オ ］ という。

(3)　為替差損益を損益計算書に表示するさいは，借方残高であれば ［ カ ］，貸方残高であれば ［ キ ］ と表示する。

(4)　為替変動によって為替差損をこうむるリスクを回避するために，将来の為替相場を契約によって事前に決定することがある。これを ［ ク ］ という。

語群

1．外貨建金銭債権債務　　2．換算　　　　　　3．為替予約　　　4．為替差損
5．輸出　　　　　　　　　6．外貨建取引　　　7．輸入　　　　　8．為替差益

(1)		(2)			(3)		(4)
ア	イ	ウ	エ	オ	カ	キ	ク

2　次の一連の取引の仕訳を示しなさい。

(1)　外国にある取引先から商品＄20,000を掛けで仕入れた。なお，仕入時の為替相場は＄／あたり¥110であった。

(2)　(1)の買掛金を小切手を振り出して支払った。なお，決済時の為替相場は＄／あたり¥108であった。

	借　　　　　　方	貸　　　　　　方
(1)		
(2)		

3　次の一連の取引の仕訳を示しなさい。

(1)　外国にある取引先に商品を＄35,000で掛け販売した。なお，販売時の為替相場は＄／あたり¥103であった。

(2)　(1)の売掛金が決済され，当座預金口座に入金された。なお，決済時の為替相場は＄／あたり¥105であった。

	借　　　　　　方	貸　　　　　　方
(1)		
(2)		

4　次の一連の取引の仕訳を示しなさい。

(1)　外国にある取引先から商品＄28,000を掛けで仕入れた。なお，仕入時の為替相場は＄／あたり¥102であった。

(2)　(1)の買掛金を小切手を振り出して支払った。なお，決済時の為替相場は＄／あたり¥105であった。

	借　　　　　　方	貸　　　　　　方
(1)		
(2)		

5　次の一連の取引の仕訳を示しなさい。

(1)　外国にある取引先に商品を＄33,000で掛け販売した。なお，販売時の為替相場は＄／あたり¥107であった。

(2)　(1)の売掛金が決済され，当座預金口座に入金された。なお，決済時の為替相場は＄／あたり¥105であった。

	借　　　　　　方	貸　　　　　　方
(1)		
(2)		

6 次の一連の取引の仕訳を示しなさい。
 (1) 外国にある取引先から商品 $18,000 を掛けで仕入れた。なお，仕入時の為替相場は $ / あたり ¥106 であった。
 (2) (1)の買掛金について，本日決算にあたり，決算日の為替相場に円換算し直す。なお，決算日の為替相場は $ / あたり ¥108 であった。

	借 方	貸 方
(1)		
(2)		

7 次の一連の取引の仕訳を示しなさい。
 (1) 外国にある取引先に商品を $40,000 で掛け販売した。なお，販売時の為替相場は $ / あたり ¥104 であった。
 (2) (1)の売掛金について，本日決算にあたり，決算日の為替相場に円換算し直す。なお，決算日の為替相場は $ / あたり ¥102 であった。

	借 方	貸 方
(1)		
(2)		

8 次の一連の取引の仕訳を示しなさい。
 (1) 外国にある取引先から商品 $24,000 を掛けで仕入れた。なお，仕入時の為替相場は $ / あたり ¥109 であった。
 (2) (1)の買掛金について，本日決算にあたり，決算日の為替相場に円換算し直す。なお，決算日の為替相場は $ / あたり ¥106 であった。

	借 方	貸 方
(1)		
(2)		

9 次の一連の取引の仕訳を示しなさい。
 (1) 外国にある取引先に商品を $44,000 で掛け販売した。なお，販売時の為替相場は $ / あたり ¥108 であった。
 (2) (1)の売掛金について，本日決算にあたり，決算日の為替相場に円換算し直す。なお，決算日の為替相場は $ / あたり ¥110 であった。

	借 方	貸 方
(1)		
(2)		

⑩　次の取引の仕訳を示しなさい。

　　決算にあたり，外国通貨 $15,000（帳簿価額¥1,590,000）を決算時の為替相場に換算する。なお，決算時の為替相場は $1 あたり¥109であった。

	借　　　　方	貸　　　　方

⑪　次の取引の仕訳を示しなさい。

　　決算にあたり，外国通貨 $22,000（帳簿価額¥2,420,000）を決算時の為替相場に換算する。なお，決算時の為替相場は $1 あたり¥108であった。

	借　　　　方	貸　　　　方

⑫　次の一連の取引の仕訳を示しなさい。なお，為替予約の会計処理は振当処理を採用している。また，仕訳をおこなう必要のないものについては「仕訳なし」と記入すること。

(1)　外国にある取引先から商品 $22,000を掛けで仕入れると同時に，買掛金に対して為替予約を $1 あたり¥106でおこなった。なお，仕入時の為替相場は $1 あたり¥104であった。

(2)　本日決算をむかえた。なお，決算日の為替相場は $1 あたり¥107であった。

(3)　(1)の買掛金を小切手を振り出して支払った。なお，決済時の為替相場は $1 あたり¥108であった。

	借　　　　方	貸　　　　方
(1)		
(2)		
(3)		

⑬　次の一連の取引の仕訳を示しなさい。なお，為替予約の会計処理は振当処理を採用している。また，仕訳をおこなう必要のないものについては「仕訳なし」と記入すること。

(1)　外国にある取引先に商品を $40,000で掛け販売すると同時に，売掛金に対して為替予約を $1 あたり¥103でおこなった。なお，販売時の為替相場は $1 あたり¥104であった。

(2)　本日決算をむかえた。なお，決算日の為替相場は $1 あたり¥102であった。

(3)　(1)の売掛金が決済され，当座預金口座に入金された。なお，決済時の為替相場は $1 あたり¥101であった。

	借　　　　方	貸　　　　方
(1)		
(2)		
(3)		

14 次の一連の取引の仕訳を示しなさい。なお，為替予約の会計処理は振当処理を採用しており，為替予約により生じた差額はすべて当期の費用として処理すること。また，仕訳をおこなう必要のないものについては「仕訳なし」と記入すること。

(1) 外国にある取引先から商品 $31,000 を掛けで仕入れた。なお，仕入時の為替相場は $ / あたり ¥101 であった。

(2) (1)の買掛金に対して為替予約を $ / あたり ¥103 でおこなった。

(3) 本日決算をむかえた。なお，決算日の為替相場は $ / あたり ¥105 であった。

(4) (1)・(2)の買掛金を小切手を振り出して支払った。なお，決済時の為替相場は $ / あたり ¥106 であった。

	借　　　　　方	貸　　　　　方
(1)		
(2)		
(3)		
(4)		

15 次の一連の取引の仕訳を示しなさい。なお，為替予約の会計処理は振当処理を採用しており，為替予約により生じた差額はすべて当期の費用として処理すること。また，仕訳をおこなう必要のないものについては「仕訳なし」と記入すること。

(1) 外国にある取引先に商品を $42,000 で掛け販売した。なお，販売時の為替相場は $ / あたり ¥109 であった。

(2) (1)の売掛金に対して為替予約を $ / あたり ¥107 でおこなった。

(3) 本日決算をむかえた。なお，決算日の為替相場は $ / あたり ¥106 であった。

(4) (1)・(2)の売掛金が決済され，当座預金口座に入金された。なお，決済時の為替相場は $ / あたり ¥104 であった。

	借　　　　　方	貸　　　　　方
(1)		
(2)		
(3)		
(4)		

16 次の文の｛　　　｝のなかから正しい語を選び，その番号を記入しなさい。また，次の文の □ のなかにあてはまる金額を答えなさい。

為替差損益勘定の借方合計金額が ¥92,000　貸方合計金額が ¥78,000 である場合，損益計算書の(a)｛ 1．営業外収益　　　2．営業外費用 ｝の区分に(b)｛ 1．為替差益　　　2．為替差損 ｝として ¥ □ア を記入する。

(a)	(b)	ア
		¥

応用問題

解答p.98

1　次の一連の取引の仕訳を示しなさい。
(1)　外国にある取引先から商品 $20,000 を仕入れる契約をおこない，前払金として $1,000 を現金で支払った。なお，前払金支払時の為替相場は $ 1 あたり ¥103であった。
(2)　(1)の商品 $20,000 を仕入れ，代金は(1)の前払金 $1,000 を差し引き，残額は掛けとした。なお，仕入時の為替相場は $ 1 あたり ¥105であった。

	借　　　　　方	貸　　　　　方
(1)		
(2)		

【ヒント】
前払金は支払時の為替相場によって換算し，その後は換算替えをおこなわないよ。

2　次の一連の取引の仕訳を示しなさい。
(1)　外国にある取引先に商品を $45,000 で販売する契約をおこない，前受金として $5,000 を現金で受け取った。なお，前受金受取時の為替相場は $ 1 あたり ¥110であった。
(2)　(1)の商品を $45,000 で販売し，代金は(1)の前受金 $5,000 を差し引き，残額は掛けとした。なお，販売時の為替相場は $ 1 あたり ¥108であった。

	借　　　　　方	貸　　　　　方
(1)		
(2)		

【ヒント】
前受金は受取時の為替相場によって換算し，その後は換算替えをおこなわないよ。

3　次の福岡商事株式会社（決算年1回　3月31日）の一連の取引の仕訳を示し，決算日の貸借対照表に記載する売掛金および買掛金の額を求めなさい。また，決算日の損益計算書には為替差益・為替差損のどちらが表示されるか，正しい方に○印を付けたうえで，その金額を求めなさい。
　2月8日　外国にある取引先A社から商品 $17,000 を掛けで仕入れた。なお，仕入時の為替相場は $ 1 あたり ¥107であった。
　3月12日　外国にある取引先B社に商品を $29,000 で掛け販売した。なお，販売時の為替相場は $ 1 あたり ¥106であった。
　3月31日　本日決算をむかえた。なお，決算日の為替相場は $ 1 あたり ¥105であった。

	借　　　　方	貸　　　　方
2 / 8		
3 /12		
3 /31		

貸借対照表に記載する売掛金の額	¥	
貸借対照表に記載する買掛金の額	¥	
損益計算書には ｛為替差益・為替差損｝	¥	が表示される。

検定問題

解答p.99

1 北海道商事株式会社の総勘定元帳勘定残高（一部）および決算整理事項は，次のとおりであった。よって，決算整理仕訳をおこない，報告式の損益計算書（一部）を完成しなさい。

　　ただし， i 　会社計算規則によること。

　　　　　　ii 　会計期間は令和○４年４月１日から令和○５年３月31日までとする。

元帳勘定残高（一部）

　　売 掛 金 ¥ 5,120,000　　買 掛 金 ¥ 3,300,000

決算整理事項

　a．外貨建取引の円換算

　　　当社が保有している外貨建取引による売掛金および買掛金は，取引日の為替レートで円換算しており，為替予約はおこなっていない。

	取引額	取引日の為替レート	決算日の為替レート
売 　　掛 　　金	20,000ドル	／ドル108円	／ドル112円
買 　　掛 　　金	30,000ドル	／ドル110円	／ドル112円

決算整理仕訳

	借　　　　方	貸　　　　方
a		

損 　益 　計 　算 　書

北海道商事株式会社 　　　令和○４年４月１日から令和○５年３月31日まで 　　　　　（単位：円）

　　　　　　　　　　　　　　　　　　　　⋮

Ⅳ （　　　　　　　　　）

　　　　　　　　　　　　　　　　　　　　⋮

　　4.（　　　　　　　　　　　）　　　　　　　　　（　　　　　　　　　）

Ⅲ 財務諸表の作成

第1章　資産・負債・純資産に関する財務諸表

学習の要点 ●●●

1．貸借対照表の概要

　貸借対照表は，一定時点における企業の**財政状態**を明らかにすることができる一覧表であり，資金の運用形態をあらわす資産と，資金の調達源泉をあらわす負債・純資産によって構成されている。

2．貸借対照表の表示形式

勘定式	借方に資産を，貸方に負債および純資産を記載する形式。
報告式	資産・負債・純資産の項目を上から順に記載する形式。

3．貸借対照表の項目

　貸借対照表に資産・負債・純資産を記載するとき，それぞれを総額で記載し，資産の項目と負債または純資産の項目を相殺して，その差額だけを示してはならない（例：貸付金の金額と借入金の金額を相殺してはならない）。これを**総額主義の原則**という。

　貸借対照表を作成する場合は，資産・負債・純資産の分類をさらに適当な項目に細分して記載しなければならない。そのさい，総勘定元帳の勘定科目をそのまま記載する必要はなく，明瞭性を保つうえで適当に分類・整理して示す必要がある（例：貸付金を短期貸付金と長期貸付金の2つに分けて表示する）。

　なお，貸借対照表には，一定の会計処理の基準や方法にしたがってすべての資産・負債・純資産を記載しなければならないが，**重要性の原則**により，重要性の乏しいものについては本来の厳密な方法ではなく，ほかの簡便な方法によることができる（例：重要性の乏しい消耗品は，期末に未使用分があっても費用から資産に振替をおこなわない）。

4．貸借対照表の配列

流動性配列法	流動的なものから固定的なものへと順次配列する方法。一般の企業で用いられる。
固定性配列法	固定的なものから流動的なものへと順次配列する方法。固定資産を多く必要とする企業（電力会社など）で用いられる。

5．貸借対照表の作成方法

棚卸法	一定時点に企業が保有するすべての資産・負債について実地棚卸をおこない，その結果にもとづいて貸借対照表を作成する方法。
誘導法	会計帳簿の継続的な記録による資産・負債の残高にもとづいて貸借対照表を作成する方法。継続的な経営を前提にした期間損益計算の立場から，企業の決算貸借対照表は誘導法を基礎として作成されなければならない。

6．会社計算規則による報告式の貸借対照表の例

貸 借 対 照 表

A商事株式会社　　令和○2年3月31日　　（単位：千円）　　　　　【作成上のポイント】

資 産 の 部

Ⅰ 流 動 資 産
1．現 金 預 金　　　　　　　　　　500　　←── ●現金と当座預金およびその他諸預金の合計額を「現金預金」として表示する。
2．受 取 手 形　　　　　100
　　　貸 倒 引 当 金　　△2　　98
3．電 子 記 録 債 権　　　300
　　　貸 倒 引 当 金　　△6　　294　←── ●売掛金とクレジット売掛金はまとめて「売掛金」として表示する。
4．売 　 掛 　 金　　　　500　　←──
　　　貸 倒 引 当 金　　△10　　490
5．有 価 証 券　　　　　　　270　　←── ●売買目的有価証券および1年以内に満期到来の投資有価証券は「有価証券」として表示する。
6．商 　 　 　 品　　　　　　　80　　←──
7．短 期 貸 付 金　　　　　　100
8．前 払 費 用　　　　　　　　8
　　　流 動 資 産 合 計　　　　1,840　　　　●期末商品棚卸高（棚卸減耗損や商品評価損があればそれを控除した後の価額）を「商品」として表示する。

Ⅱ 固 定 資 産
(1) 有形固定資産
1．建 　 　 　 物　　　　400
　　　減 価 償 却 累 計 額　△160　　240　　●前払保険料・前払地代・前払家賃・前払利息などの費用の繰延べの勘定をまとめて「前払費用」として表示する。
2．備 　 　 　 品　　　　240
　　　減 価 償 却 累 計 額　△80　　160
3．土 　 　 　 地　　　　　　　500
4．リ ー ス 資 産　　　　100
　　　減 価 償 却 累 計 額　△40　　60
5．建 設 仮 勘 定　　　　　　110
　　　有 形 固 定 資 産 合 計　　1,070　　←── ●固定資産は区分ごとに合計額を表示する。
(2) 無形固定資産
1．特 　 許 　 権　　　　　　　70
2．の 　 れ 　 ん　　　　　　　30
3．ソ フ ト ウ ェ ア　　　　120
　　　無 形 固 定 資 産 合 計　　220
(3) 投資その他の資産　　　　　　　　　　　●1年を超えて満期到来の満期保有目的債券やその他有価証券は「投資有価証券」として表示する。
1．投 資 有 価 証 券　　　　　88　　←──
2．関 係 会 社 株 式　　　　150　　←── ●子会社株式や関連会社株式は「関係会社株式」として表示する。
3．長 期 貸 付 金　　　　　　200
4．長 期 前 払 費 用　　　　　16
5．繰 延 税 金 資 産　　　　　6　　←── ●繰延税金資産と繰延税金負債は，例外的に相殺して純額で表示する。
　　　投資その他の資産合計　　460
　　　固 定 資 産 合 計　　　　1,750
　　　資 　 産 　 合 　 計　　　3,590

負 債 の 部

Ⅰ 流 動 負 債
1．支 払 手 形　　　　　　　　50　　　　　●手形借入金や当座借越の金額は「短期借入金」に含めて表示する。
2．電 子 記 録 債 務　　　　　140
3．買 　 掛 　 金　　　　　　220　　　　　●1年以内に期限到来のリース債務は，流動負債の区分に表示する。
4．短 期 借 入 金　　　　　　60　　←──
5．リ ー ス 債 務　　　　　　20　　←──
6．未 払 費 用　　　　　　　　20　　←── ●未払給料・未払地代・未払家賃・未払利息などの費用の見越しの勘定をまとめて「未払費用」として表示する。
7．未 払 法 人 税 等　　　　　350
8．修 繕 引 当 金　　　　　　50
　　　流 動 負 債 合 計　　　　910

Ⅱ 固 定 負 債
1．長 期 借 入 金　　　　　　200
2．リ ー ス 債 務　　　　　　40　　←── ●1年を超えて期限到来のリース債務は，固定負債の区分に表示する。
3．退 職 給 付 引 当 金　　　180
　　　固 定 負 債 合 計　　　　420
　　　負 　 債 　 合 　 計　　　1,330

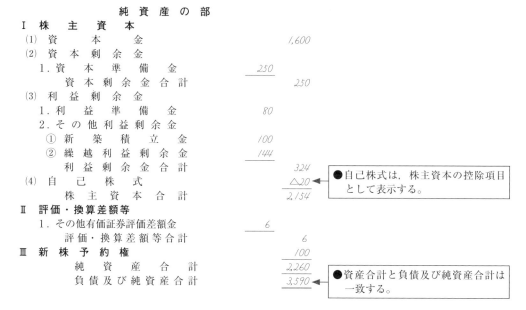

純 資 産 の 部

```
Ⅰ 株 主 資 本
 (1) 資　本　金                                1,600
 (2) 資 本 剰 余 金
    1. 資 本 準 備 金                  250
       資 本 剰 余 金 合 計              250
 (3) 利 益 剰 余 金
    1. 利 益 準 備 金                   80
    2. そ の 他 利 益 剰 余 金
      ① 新 築 積 立 金               100
      ② 繰 越 利 益 剰 余 金          144
         利 益 剰 余 金 合 計            324
 (4) 自 己 株 式                              △20   ●自己株式は，株主資本の控除項目
       株 主 資 本 合 計                 2,154       として表示する。
Ⅱ 評価・換算差額等
    1. その他有価証券評価差額金            6
       評 価 ・ 換 算 差 額 等 合 計        6
Ⅲ 新 株 予 約 権                            100
       純 資 産 合 計                    2,260   ●資産合計と負債及び純資産合計は
       負 債 及 び 純 資 産 合 計        3,590       一致する。
```

7. 貸借対照表の注記

　企業の財政状態を利害関係者に正しく知らせるために，重要な会計方針や後発事象などのほか，貸借対照表の記載内容や内訳に関する補足説明をすることが必要である。この補足説明を**注記**といい，これを一括して記載した計算書類を**（個別）注記表**という。

8. 株主資本等変動計算書の概要

　株式会社が，決算において作成しなければならない財務諸表（計算書類）には，貸借対照表・損益計算書のほかに**株主資本等変動計算書**などがある。この株主資本等変動計算書は，貸借対照表の純資産の部で表示される各項目の期末残高について，その期首残高が期中にどのように変動して期末残高に至ったかを明らかにする財務諸表（計算書類）である。

9. 会社計算規則による株主資本等変動計算書の例

株 主 資 本 等 変 動 計 算 書

A商事株式会社　　令和○1年4月1日から令和○2年3月31日まで　　（単位：千円）

	株 主 資 本								
		資本剰余金		利 益 剰 余 金					
	資本金	資本準備金	資本剰余金合計	利益準備金	その他利益剰余金		利益剰余金合計	自己株式	株主資本合計
					新築積立金	繰越利益剰余金			
当 期 首 残 高	1,400	150	150	74	90	89	253	—	1,803
当 期 変 動 額									
新 株 の 発 行	200	100	100						300
剰 余 金 の 配 当				6		△66	△60		△60
新築積立金の積立					10	△10	—		—
当 期 純 利 益						131	131		131
自 己 株 式 の 取 得								△20	△20
株主資本以外（純額）									
当 期 変 動 額 合 計	200	100	100	6	10	55	71	△20	351
当 期 末 残 高	1,600	250	250	80	100	144	324	△20	2,154

下段へ続く

上段より続く

| | 評価・換算差額等 | | 新　株予約権 | 純資産合　計 |
	その他有価証券評　価差額金	評　価・換　算差額等合　計		
当 期 首 残 高	—	—	—	1,803
当 期 変 動 額				
新 株 の 発 行				300
剰 余 金 の 配 当				△60
新築積立金の積立				—
当 期 純 利 益				131
自己株式の取得				△20
株主資本以外(純額)	6	6	100	106
当 期 変 動 額 合 計	6	6	100	457
当 期 末 残 高	6	6	100	2,260

株主資本等変動計算書の当期末残高の金額が，貸借対照表の純資産の部と対応していることを確認しよう。

基本問題

解答p.100

1 次の各文の _____ のなかにあてはまるもっとも適当な語を次の語群のなかから選び，その番号を記入しなさい。なお，同一の用語を重複して用いてもよい。

(1) 貸借対照表は，一定時点における企業の ［ア］ を明らかにすることができる一覧表であり，資金の ［イ］ をあらわす資産と，資金の ［ウ］ をあらわす負債・純資産によって構成されている。

(2) 貸借対照表の表示形式には，借方に資産を，貸方に負債および純資産を記載する ［エ］ と，資産・負債・純資産の項目を上から順に記載する ［オ］ がある。

(3) 貸借対照表に資産・負債・純資産を記載するとき，資産の項目と負債または純資産の項目を相殺して，その差額だけを示してはならない。これを ［カ］ の原則という。

(4) 貸借対照表には，一定の会計処理の基準や方法にしたがってすべての資産・負債・純資産を記載しなければならないが， ［キ］ の原則により，重要性の乏しいものについては本来の厳密な方法ではなく，ほかの簡便な方法によることができる。

(5) 貸借対照表の配列には，流動的なものから固定的なものへと順次配列する ［ク］ と，固定的なものから流動的なものへと順次配列する ［ケ］ があるが，一般の企業ではふつう ［コ］ が用いられる。

語群
1. 重要性　　　　2. 勘定式　　　　3. 調達源泉　　　4. 純額主義
5. 固定性配列法　6. 総額主義　　　7. 運用形態　　　8. 経営成績
9. 報告式　　　　10. 明瞭性　　　　11. 財政状態　　　12. 流動性配列法

(1)			(2)	
ア	イ	ウ	エ	オ

(3)	(4)	(5)		
カ	キ	ク	ケ	コ

2　次の各文の　□□□　のなかにあてはまるもっとも適当な語を次の語群のなかから選び，その番号を記入しなさい。なお，同一の用語を重複して用いてもよい。

(1)　貸借対照表の作成方法には，一定時点に企業が保有するすべての資産・負債について実地棚卸をおこない，その結果にもとづいて貸借対照表を作成する　ア　と，会計帳簿の継続的な記録による資産・負債の残高にもとづいて貸借対照表を作成する　イ　があるが，継続的な経営を前提にした期間損益計算の立場から，企業の決算貸借対照表は　ウ　を基礎として作成されなければならない。

(2)　企業の財政状態を利害関係者に正しく知らせるために，重要な会計方針や後発事象などのほか，貸借対照表の記載内容や内訳に関する補足説明をすることが必要である。この補足説明を　エ　といい，これを一括して記載した計算書類を　オ　という。

(3)　株主資本等変動計算書は，貸借対照表の　カ　の部で表示される各項目の期末残高について，その期首残高が期中にどのように変動して期末残高に至ったかを明らかにする財務諸表である。

語群
1．資産　　　2．(個別) 注記表　　3．報告式　　4．誘導法
5．勘定式　　6．附属明細書　　　7．棚卸法　　8．純資産
9．注記　　 10．負債

(1)			(2)		(3)
ア	イ	ウ	エ	オ	カ

3　次の貸借対照表の空欄にあてはまる適当な表示区分を次の語群のなかから選び，その番号を記入しなさい。ただし，会社計算規則によること。なお，流動性配列法によって配列しているものとする。

貸　借　対　照　表

資産の部	負債の部
Ⅰ　(　　　　)	Ⅰ　(　　　　)
Ⅱ　(　　　　)	Ⅱ　(　　　　)
(1)　(　　　　)	**純資産の部**
(2)　(　　　　)	Ⅰ　(　　　　)
(3)　(　　　　)	(1)　(　　　　)
Ⅲ　**繰延資産**	(2)　(　　　　)
	(3)　(　　　　)
	(4)　(　　　　)
	Ⅱ　(　　　　)
	Ⅲ　**株式引受権**
	Ⅳ　(　　　　)

語群
1．資本剰余金　　　2．流動負債　　　3．評価・換算差額等　　4．自己株式
5．流動資産　　　　6．有形固定資産　7．投資その他の資産　　8．利益剰余金
9．無形固定資産　 10．株主資本　　 11．固定資産　　　　　 12．新株予約権
13．資本金　　　 14．固定負債

4　次の資料によって，山口商事株式会社の当期末（決算日：令和○2年3月31日）の株主資本等変動計算書を完成しなさい。ただし，会社計算規則によること。

資　　料

i　前期末の貸借対照表（純資産の部）

貸 借 対 照 表

山口商事株式会社　　　　　　令和○1年3月31日　　　　　　（単位：千円）

⋮

純 資 産 の 部

I　**株 主 資 本**
(1)　資　　本　　金　　　　　　　　　　　　　　　　　　20,000
(2)　資 本 剰 余 金
　　1. 資 本 準 備 金　　　　　　　　　2,000
　　　　資 本 剰 余 金 合 計　　　　　　　　　　　　　2,000
(3)　利 益 剰 余 金
　　1. 利 益 準 備 金　　　　　　　　　840
　　2. そ の 他 利 益 剰 余 金
　　　①　新 築 積 立 金　　　　　　　720
　　　②　繰 越 利 益 剰 余 金　　　　1,140
　　　　利 益 剰 余 金 合 計　　　　　　　　　　　　　2,700
　　　　　純 資 産 合 計　　　　　　　　　　　　　　24,700

ii　純資産の変動に関する情報
1. 剰余金の配当額　　　　　　600千円（繰越利益剰余金を原資とする）
2. 利益準備金の積立額　　　　60千円
3. 新築積立金の積立額　　　　360千円
4. 当期純利益　　　　　　　1,240千円

株 主 資 本 等 変 動 計 算 書

山口商事株式会社　　　　令和○1年4月1日から令和○2年3月31日まで　　　　（単位：千円）

	株 主 資 本							純 資 産 合 計
	資本金	資本剰余金			利 益 剰 余 金			
		資本準備金	資本剰余金合計	利益準備金	その他利益剰余金		利益剰余金合計	
					新築積立金	繰越利益剰余金		
当 期 首 残 高	20,000	2,000	2,000	840	720	1,140	2,700	24,700
当 期 変 動 額								
剰 余 金 の 配 当								
新 築 積 立 金 の 積 立								
当 期 純 利 益								
当 期 変 動 額 合 計								
当 期 末 残 高								

5 埼玉商事株式会社の総勘定元帳勘定残高と付記事項および決算整理事項によって，報告式の貸借対照表を完成しなさい。

　　ただし， i 　会社計算規則によること。

　　　　　　 ii 　会計期間は令和○3年1月1日から令和○3年12月31日までとする。

　　　　　　 iii 　その他有価証券の評価差額はすべて純資産の部に計上する。

　　　　　　 iv 　税効果は考慮しないものとする。

元帳勘定残高

現　　　　　金	¥ 706,140	当 座 預 金	¥ 1,232,400	受 取 手 形	¥ 2,283,000
売 掛 金	2,231,000	クレジット売掛金	586,000	貸 倒 引 当 金	25,900
売買目的有価証券	1,040,000	繰 越 商 品	2,580,800	仮払法人税等	627,000
備　　　　品	800,000	備品減価償却累計額	288,000	建 設 仮 勘 定	5,710,000
の れ ん	160,000	その他有価証券	1,000,000	子 会 社 株 式	1,020,000
支 払 手 形	734,000	買 掛 金	2,100,000	短 期 借 入 金	400,000
長 期 借 入 金	1,000,000	退職給付引当金	160,000	資 本 金	12,000,000
資 本 準 備 金	500,000	利 益 準 備 金	20,000	別 途 積 立 金	40,000
繰越利益剰余金	63,000	新 株 予 約 権	500,000	売　　　　上	38,572,430
受 取 配 当 金	142,000	仕　　　　入	32,563,810	給　　　　料	2,635,020
発 送 費	209,760	広 告 料	346,400	支 払 家 賃	400,000
保 険 料	288,000	消 耗 品 費	13,430	雑　　　　費	92,570
支 払 利 息	20,000				

付 記 事 項

① 　支払手形¥734,000のなかに，短期の借り入れのために振り出した約束手形¥162,000が含まれている。

決算整理事項

　a ．期 末 商 品 棚 卸 高　　　¥3,275,400

　b ．貸 倒 見 積 高　　　売上債権の期末残高に対し，それぞれ1％と見積もり，貸倒引当金を設定する。

　c ．有 価 証 券 評 価 高　　　保有する株式は次のとおりである。

	銘　　柄	株　数	1株の帳簿価額	1株の時価
売買目的有価証券	群馬商事株式会社	200株	¥5,200	¥6,000
その他有価証券	神奈川産業株式会社	1,000株	¥1,000	¥1,050

　d ．備 品 減 価 償 却 高　　　定率法により，毎期の償却率を20％とする。

　e ．の れ ん 償 却 高　　　¥　40,000

　f ．保 険 料 前 払 高　　　保険料勘定の¥288,000は，令和○3年5月1日から3年分の保険料として支払ったものであり，前払高を次期に繰り延べる。

　g ．広 告 料 未 払 高　　　広告料2か月分¥73,200が未払いである。

　h ．退職給付引当金繰入額　　　¥　226,000

　i ．法人税，住民税及び事業税額　　　¥　1,429,000

貸 借 対 照 表

埼玉商事株式会社　　　　　　　令和○ 3 年12月31日　　　　　　　　（単位：円）

資 産 の 部

Ⅰ　流 動 資 産
　　1.　（　　　　　　　　　　）
　　2.　受　取　手　形　　　　（　　　　　　　）　　（　　　　　　）
　　　　　　貸 倒 引 当 金　△（　　　　　　　）　　（　　　　　　）
　　3.　売　掛　　金　　　　　（　　　　　　　）
　　　　　　貸 倒 引 当 金　△（　　　　　　　）　　（　　　　　　）
　　4.　（　　　　　　　　　　）　　　　　　　　　　（　　　　　　）
　　5.　（　　　　　　　　　　）　　　　　　　　　　（　　　　　　）
　　6.　（　　　　　　　　　　）　　　　　　　　　　（　　　　　　）
　　　　　　流 動 資 産 合 計　　　　　　　　　　　　　　　（　　　　　　）
Ⅱ　固 定 資 産
　(1)　有 形 固 定 資 産
　　1.　備　　　　　　品　　　（　　　　　　　）
　　　　　　減 価 償 却 累 計 額　△（　　　　　　　）　（　　　　　　）
　　2.　（　　　　　　　　　　）　　　　　　　　　　（　　　　　　）
　　　　　　有 形 固 定 資 産 合 計　　　　　　　　　（　　　　　　）
　(2)　無 形 固 定 資 産
　　1.　（　　　　　　　　　　）　　　　　　　　　　（　　　　　　）
　　　　　　無 形 固 定 資 産 合 計　　　　　　　　　（　　　　　　）
　(3)　投 資 そ の 他 の 資 産
　　1.　（　　　　　　　　　　）　　　　　　　　　　（　　　　　　）
　　2.　（　　　　　　　　　　）　　　　　　　　　　（　　　　　　）
　　3.　（　　　　　　　　　　）　　　　　　　　　　（　　　　　　）
　　　　　　投 資 そ の 他 の 資 産 合 計　　　　　　（　　　　　　）
　　　　　　固 定 資 産 合 計　　　　　　　　　　　　　　　（　　　　　　）
　　　　　　資 産 合 計　　　　　　　　　　　　　　　　　　（　　　　　　）

負 債 の 部

Ⅰ　流 動 負 債
　　1.　支　払　手　形　　　　　　　　　　　　　　　（　　　　　　）
　　2.　買　掛　　金　　　　　　　　　　　　　　　　（　　　　　　）
　　3.　（　　　　　　　　　　）　　　　　　　　　　（　　　　　　）
　　4.　（　　　　　　　　　　）　　　　　　　　　　（　　　　　　）
　　5.　（　　　　　　　　　　）　　　　　　　　　　（　　　　　　）
　　　　　　流 動 負 債 合 計　　　　　　　　　　　　　　　（　　　　　　）
Ⅱ　固 定 負 債
　　1.　長　期　借　入　金　　　　　　　　　　　　　（　　　　　　）
　　2.　退 職 給 付 引 当 金　　　　　　　　　　　　（　　　　　　）
　　　　　　固 定 負 債 合 計　　　　　　　　　　　　　　　（　　　　　　）
　　　　　　負 債 合 計　　　　　　　　　　　　　　　　　　（　　　　　　）

純 資 産 の 部

Ⅰ　株 主 資 本
　(1)　資　本　　金　　　　　　　　　　　　　　　　（　　　　　　）
　(2)　資 本 剰 余 金
　　1.　（　　　　　　　　　　）　　　　　　　　　　（　　　　　　）
　　　　　　資 本 剰 余 金 合 計　　　　　　　　　　（　　　　　　）
　(3)　利 益 剰 余 金
　　1.　（　　　　　　　　　　）　　　　　　　　　　（　　　　　　）
　　2.　（　　　　　　　　　　）
　　　　①　別　途　積　立　金　　　　　　　　　　　（　　　　　　）
　　　　②　繰 越 利 益 剰 余 金　　　　　　　　　　（　　　　　　）
　　　　　　利 益 剰 余 金 合 計　　　　　　　　　　（　　　　　　）
　　　　　　株 主 資 本 合 計　　　　　　　　　　　　　　　（　　　　　　）
Ⅱ　評価・換算差額等
　　1.　（　　　　　　　　　　）　　　　　　　　　　（　　　　　　）
　　　　　　評価・換算差額等合計　　　　　　　　　　　　　（　　　　　　）
Ⅲ　新 株 予 約 権　　　　　　　　　　　　　　　　　　　　（　　　　　　）
　　　　　　純 資 産 合 計　　　　　　　　　　　　　　　　（　　　　　　）
　　　　　　負 債 及 び 純 資 産 合 計　　　　　　　　　　（　　　　　　）

6　高知商事株式会社の総勘定元帳勘定残高と付記事項および決算整理事項によって，報告式の貸借対照表を完成しなさい。

　　ただし，ⅰ　会社計算規則によること。
　　　　　　ⅱ　会計期間は令和○4年4月1日から令和○5年3月31日までとする。

元帳勘定残高

現　　　　　金	¥ 1,504,350	当 座 預 金	¥ 3,482,410	電 子 記 録 債 権	¥ 2,534,000
売　　掛　　金	3,699,000	貸 倒 引 当 金	31,700	売買目的有価証券	1,470,000
繰 越 商 品	3,652,000	仮払法人税等	649,000	備　　　　　品	2,000,000
備品減価償却累計額	500,000	リ ー ス 資 産	620,000	リース資産減価償却累計額	248,000
土　　　　　地	8,270,000	特　許　権	200,000	関 連 会 社 株 式	3,200,000
電 子 記 録 債 務	2,350,040	買　掛　金	1,991,230	短 期 借 入 金	400,000
長 期 借 入 金	2,500,000	退職給付引当金	681,000	リ ー ス 債 務	248,000
資　　本　　金	16,000,000	資 本 準 備 金	1,800,000	利 益 準 備 金	1,120,000
別 途 積 立 金	360,000	繰越利益剰余金	302,000	自 己 株 式	200,000
売　　　　　上	62,186,870	受 取 配 当 金	238,000	仕　　　　　入	51,343,820
給　　　　　料	5,934,750	支 払 家 賃	1,344,000	保　　険　　料	488,000
租 税 公 課	158,300	雑　　　　費	146,210	支 払 利 息	61,000

付 記 事 項

　①　リース債務 ¥248,000 は令和○7年3月31日までリース契約をしている営業用自動車に対するものであり，決算日の翌日から1年以内に支払期限が到来する部分は流動負債として表示する。

決算整理事項

　a. 期 末 商 品 棚 卸 高　　帳簿棚卸数量　1,800個　　原　　価　@¥2,300
　　　　　　　　　　　　　　　実地棚卸数量　1,680個　　正味売却価額　@¥2,250
　　　　　　　　　　　　　　　ただし，棚卸減耗損および商品評価損は売上原価の内訳項目とする。

　b. 貸 倒 見 積 高　　　　売上債権の期末残高に対し，それぞれ1％と見積もり，貸倒引当金を設定する。

　c. 有 価 証 券 評 価 高　　売買目的で保有する次の株式について，時価によって評価する。
　　　　　　　　　　　　　　　愛媛産業株式会社　300株
　　　　　　　　　　　　　　　　帳簿価額　1株 ¥4,900　　時価　1株　¥4,800

　d. 減 価 償 却 高　　　　備　　品：定率法により，毎期の償却率を25％とする。
　　　　　　　　　　　　　　リース資産：見積現金購入価額 ¥620,000　残存価額は零（0）
　　　　　　　　　　　　　　　　　　　　耐用年数は5年（リース期間）とし，定額法により計算している。

　e. 特 許 権 償 却 高　　　¥　40,000

　f. 保 険 料 前 払 高　　　保険料のうち ¥360,000 は，令和○4年11月1日からの1年分を支払ったものであり，前払高を次期に繰り延べる。

　g. 利 息 未 払 高　　　　¥　10,000

　h. 退職給付引当金繰入額　¥　435,000

　i. 法人税，住民税及び事業税額　¥ 1,407,000

貸 借 対 照 表

高知商事株式会社　　　　　　　　令和○5年3月31日　　　　　　　　（単位：円）

資 産 の 部

Ⅰ　流 動 資 産
- 1.（　　　　　　　　）　　　　　　　　　　　　　　（　　　　　　）
- 2.　電 子 記 録 債 権　　　　　（　　　　　　）
  - 貸 倒 引 当 金　　△（　　　　　　）　　（　　　　　　）
- 3.　売　　掛　　金　　　　　　（　　　　　　）
  - 貸 倒 引 当 金　　△（　　　　　　）　　（　　　　　　）
- 4.（　　　　　　　　）　　　　　　　　　　　　　　（　　　　　　）
- 5.（　　　　　　　　）　　　　　　　　　　　　　　（　　　　　　）
- 6.（　　　　　　　　）　　　　　　　　　　　　　　（　　　　　　）
- 　　流 動 資 産 合 計　　　　　　　　　　　　　　　　　（　　　　　　）

Ⅱ　固 定 資 産
- （1）有 形 固 定 資 産
  - 1.　備　　　　品　　　　　　　（　　　　　　）
    - 減 価 償 却 累 計 額　△（　　　　　　）　　（　　　　　　）
  - 2.（　　　　　　　　）　　　　　　　　　　　　　　（　　　　　　）
  - 3.　リ ー ス 資 産　　　　　（　　　　　　）
    - 減 価 償 却 累 計 額　△（　　　　　　）　　（　　　　　　）
  - 有 形 固 定 資 産 合 計　　　　　　　　　　　（　　　　　　）
- （2）無 形 固 定 資 産
  - 1.（　　　　　　　　）　　　　　　　　　　　　　　（　　　　　　）
  - 無 形 固 定 資 産 合 計　　　　　　　　　　　（　　　　　　）
- （3）投 資 そ の 他 の 資 産
  - 1.（　　　　　　　　）　　　　　　　　　　　　　　（　　　　　　）
  - 投 資 そ の 他 の 資 産 合 計　　　　　　　　　（　　　　　　）
  - 固 定 資 産 合 計　　　　　　　　　　　　　　　　　（　　　　　　）
  - 資 産 合 計　　　　　　　　　　　　　　　　　　　　（　　　　　　）

負 債 の 部

Ⅰ　流 動 負 債
- 1.　電 子 記 録 債 務　　　　　　　　　　　　　　　（　　　　　　）
- 2.　買　　掛　　金　　　　　　　　　　　　　　　　（　　　　　　）
- 3.（　　　　　　　　）　　　　　　　　　　　　　　（　　　　　　）
- 4.（　　　　　　　　）　　　　　　　　　　　　　　（　　　　　　）
- 5.（　　　　　　　　）　　　　　　　　　　　　　　（　　　　　　）
- 6.（　　　　　　　　）　　　　　　　　　　　　　　（　　　　　　）
- 　　流 動 負 債 合 計　　　　　　　　　　　　　　　　　（　　　　　　）

Ⅱ　固 定 負 債
- 1.　長 期 借 入 金　　　　　　　　　　　　　　　　（　　　　　　）
- 2.（　　　　　　　　）　　　　　　　　　　　　　　（　　　　　　）
- 3.　退 職 給 付 引 当 金　　　　　　　　　　　　　（　　　　　　）
  - 固 定 負 債 合 計　　　　　　　　　　　　　　　　　（　　　　　　）
  - 負 債 合 計　　　　　　　　　　　　　　　　　　　　（　　　　　　）

純 資 産 の 部

Ⅰ　株 主 資 本
- （1）資　　本　　金　　　　　　　　　　　　　　　　（　　　　　　）
- （2）資 本 剰 余 金
  - 1.（　　　　　　　　）　　　　　　　　　　　　　　（　　　　　　）
  - 資 本 剰 余 金 合 計　　　　　　　　　　　　　　　（　　　　　　）
- （3）利 益 剰 余 金
  - 1.（　　　　　　　　）　　　　　　　　　　　　　　（　　　　　　）
  - 2.（　　　　　　　　）
    - ①　別 途 積 立 金　　　　　　　　　　　　　（　　　　　　）
    - ②　繰 越 利 益 剰 余 金　　　　　　　　　　（　　　　　　）
  - 利 益 剰 余 金 合 計　　　　　　　　　　　　　　　（　　　　　　）
- （4）自 己 株 式　　　　　　　　　　　　　　　△（　　　　　　）
  - 株 主 資 本 合 計　　　　　　　　　　　　　　　　（　　　　　　）
  - 純 資 産 合 計　　　　　　　　　　　　　　　　　　（　　　　　　）
  - 負 債 及 び 純 資 産 合 計　　　　　　　　　　　（　　　　　　）

7 島根商事株式会社の総勘定元帳勘定残高と付記事項および決算整理事項によって，報告式の貸借対照表を完成しなさい。

ただし，ⅰ　会社計算規則によること。
　　　　ⅱ　会計期間は令和○1年4月1日から令和○2年3月31日までとする。

元帳勘定残高

現　　　金	¥973,390	当座預金	¥2,419,280	電子記録債権	¥2,320,000
売　掛　金	3,280,000	貸倒引当金	15,230	売買目的有価証券	1,650,000
繰越商品	1,784,600	仮払法人税等	773,400	機械装置	2,000,000
機械装置減価償却累計額	875,000	土　地	8,000,000	ソフトウェア	375,000
満期保有目的債券	1,928,000	子会社株式	4,800,000	電子記録債務	686,370
買　掛　金	2,220,000	長期借入金	2,000,000	退職給付引当金	3,836,600
資　本　金	12,000,000	資本準備金	790,000	利益準備金	180,000
別途積立金	168,000	繰越利益剰余金	323,200	売　上	32,974,860
受取配当金	23,000	有価証券利息	18,000	固定資産売却益	157,000
仕　入	17,492,340	給　料	5,894,560	広　告　料	328,100
発　送　費	296,930	支払家賃	984,000	通　信　費	161,300
消耗品費	24,040	保　険　料	452,000	租税公課	94,990
雑　費	52,830	支払利息	16,000	電子記録債権売却損	27,000
固定資産除却損	139,500				

付記事項

① 所有する満期保有目的の債券について，期限の到来した利札¥18,000が記入もれになっていた。

決算整理事項

a．期末商品棚卸高　帳簿棚卸数量 2,700個　原価 @¥650
　　　　　　　　　　実地棚卸数量 2,600個　正味売却価額 @¥630
　　　　　　　ただし，棚卸減耗損および商品評価損は売上原価の内訳項目とする。

b．外貨建取引の円換算　当社が保有している外貨建取引による売掛金および買掛金は，取引日の為替レートで円換算しており，為替予約はおこなっていない。

	取引額	取引日の為替レート	決算日の為替レート
売　掛　金	10,000ドル	1ドル110円	1ドル132円
買　掛　金	20,000ドル	1ドル111円	1ドル132円

c．貸倒見積高　売上債権の期末残高に対し，それぞれ1%と見積もり，貸倒引当金を設定する。

d．有価証券評価高　保有する株式および債券は次のとおりである。なお，子会社株式は時価が著しく下落し，回復の見込みがない。

売買目的有価証券	広島産業株式会社 300株 時価 1株 ¥3,700
	岡山通信株式会社 200株 時価 1株 ¥2,800
満期保有目的債券	償却原価法（定額法）によって¥1,937,000に評価する。なお，満期日は令和○9年3月31日である。
子会社株式	西北商事株式会社 800株 時価 1株 ¥2,200

e．機械装置減価償却高　取得原価¥2,000,000 毎期の償却率を25%とし，定率法により計算している。

f．ソフトウェア償却高　¥75,000

g．保険料前払高　保険料のうち¥312,000は，令和○1年12月1日から2年分の保険料として支払ったものであり，前払高を次期に繰り延べる。

h．利息未払高　¥16,000

i．退職給付引当金繰入額　¥423,000

j．法人税，住民税及び事業税額　¥1,694,000

貸　借　対　照　表

島根商事株式会社　　　令和○ 2 年 3 月31日　　　　　　　　（単位：円）

資　産　の　部

I　流　動　資　産
　　1. (　　　　　　　　　　)　　　　　　　　　　　　　　　(　　　　　　　)
　　2.　電 子 記 録 債 権　　　　(　　　　　　)
　　　　　貸 倒 引 当 金　　△ (　　　　　　)　　(　　　　　　)
　　3.　売　　　掛　　　金　　　　(　　　　　　)
　　　　　貸 倒 引 当 金　　△ (　　　　　　)　　(　　　　　　)
　　4. (　　　　　　　　　　)　　　　　　　　　　　　　　　(　　　　　　)
　　5. (　　　　　　　　　　)　　　　　　　　　　　　　　　(　　　　　　)
　　6. (　　　　　　　　　　)　　　　　　　　　　　　　　　(　　　　　　)
　　　　　流 動 資 産 合 計　　　　　　　　　　　　　　　　　　　　(　　　　　　)
II　固　定　資　産
　(1)　有 形 固 定 資 産
　　1.　機　械　装　置　　　　　(　　　　　　)
　　　　　減 価 償 却 累 計 額　△ (　　　　　　)　　(　　　　　　)
　　2. (　　　　　　　　　　)　　　　　　　　　　　　　　　(　　　　　　)
　　　　　有 形 固 定 資 産 合 計　　　　　　　　　　　　　　(　　　　　　)
　(2)　無 形 固 定 資 産
　　1. (　　　　　　　　　　)　　　　　　　　　　　　　　　(　　　　　　)
　　　　　無 形 固 定 資 産 合 計　　　　　　　　　　　　　　(　　　　　　)
　(3)　投 資 そ の 他 の 資 産
　　1. (　　　　　　　　　　)　　　　　　　　　　　　　　　(　　　　　　)
　　2. (　　　　　　　　　　)　　　　　　　　　　　　　　　(　　　　　　)
　　3. (　　　　　　　　　　)　　　　　　　　　　　　　　　(　　　　　　)
　　　　　投 資 そ の 他 の 資 産 合 計　　　　　　　　　　　(　　　　　　)
　　　　　固 定 資 産 合 計　　　　　　　　　　　　　　　　　　　　(　　　　　　)
　　　　　資　産　合　計　　　　　　　　　　　　　　　　　　　　　(　　　　　　)

負　債　の　部

I　流　動　負　債
　　1.　電 子 記 録 債 務　　　　　　　　　　　　　　　　　(　　　　　　)
　　2.　買　　　掛　　　金　　　　　　　　　　　　　　　　　(　　　　　　)
　　3. (　　　　　　　　　　)　　　　　　　　　　　　　　　(　　　　　　)
　　4. (　　　　　　　　　　)　　　　　　　　　　　　　　　(　　　　　　)
　　　　　流 動 負 債 合 計　　　　　　　　　　　　　　　　　　　　(　　　　　　)
II　固　定　負　債
　　1.　長 期 借 入 金　　　　　　　　　　　　　　　　　　　(　　　　　　)
　　2.　退 職 給 付 引 当 金　　　　　　　　　　　　　　　　(　　　　　　)
　　　　　固 定 負 債 合 計　　　　　　　　　　　　　　　　　　　　(　　　　　　)
　　　　　負　債　合　計　　　　　　　　　　　　　　　　　　　　　(　　　　　　)

純　資　産　の　部

I　株　主　資　本
　(1)　資　　　本　　　金　　　　　　　　　　　　　　　　　　　　(　　　　　　)
　(2)　資　本　剰　余　金
　　1. (　　　　　　　　　　)　　　　　　　　　　　　　　　(　　　　　　)
　　　　　資 本 剰 余 金 合 計　　　　　　　　　　　　　　　　　　(　　　　　　)
　(3)　利　益　剰　余　金
　　1. (　　　　　　　　　　)　　　　　　　　　　　　　　　(　　　　　　)
　　2. (　　　　　　　　　　)
　　　①　別 途 積 立 金　　　　　　　　　　　　　　　　　(　　　　　　)
　　　②　繰 越 利 益 剰 余 金　　　　　　　　　　　　　　　(　　　　　　)
　　　　　利 益 剰 余 金 合 計　　　　　　　　　　　　　　　　　　(　　　　　　)
　　　　　株 主 資 本 合 計　　　　　　　　　　　　　　　　　　　　(　　　　　　)
　　　　　純　資　産　合　計　　　　　　　　　　　　　　　　　　　(　　　　　　)
　　　　　負 債 及 び 純 資 産 合 計　　　　　　　　　　　　　　　(　　　　　　)

応用問題

解答p.108

1 　静岡商事株式会社の総勘定元帳勘定残高と付記事項および決算整理事項によって，報告式の貸借対照表を完成しなさい。

ただし，ⅰ　会社計算規則によること。

　　　　ⅱ　会計期間は令和○5年4月1日から令和○6年3月31日までとする。

　　　　ⅲ　その他有価証券の評価差額はすべて純資産の部に計上する。

　　　　ⅳ　税効果会計を適用し，法定実効税率は30％とする。

元帳勘定残高

現　　　　　金	¥ 1,561,790	当 座 預 金	¥ 4,208,970	電 子 記 録 債 権	¥ 1,888,000
売 　掛 　金	3,212,000	貸 倒 引 当 金	18,000	売買目的有価証券	3,700,000
繰 越 商 品	2,319,100	仮 　払 　金	4,747,300	備　　　　品	2,000,000
備品減価償却累計額	250,000	土　　　　地	8,950,000	その他有価証券	2,240,000
長 期 貸 付 金	800,000	繰 延 税 金 資 産	15,000	電 子 記 録 債 務	1,176,300
買 　掛 　金	2,349,160	退 職 給 付 引 当 金	2,672,400	資 　本 　金	20,000,000
資 本 準 備 金	1,500,000	利 益 準 備 金	1,000,000	別 途 積 立 金	381,000
繰 越 利 益 剰 余 金	534,000	売　　　　上	44,790,310	受 取 配 当 金	42,400
受 取 利 息	16,000	固 定 資 産 売 却 益	174,000	仕　　　　入	27,380,950
給　　　　料	9,763,380	広 　告 　料	456,500	発 　送 　費	392,400
通 　信 　費	324,800	消 耗 品 費	47,100	保 　険 　料	480,000
租 税 公 課	189,700	雑　　　　費	105,280	電子記録債権売却損	43,000
固 定 資 産 除 却 損	78,300				

付記事項

①　仮払金 ¥4,747,300 の内訳は，次のとおりであった。

　㋐　来年度完成予定の本社事務所に対する建設代金の一部　¥4,120,000

　㋑　法人税，住民税および事業税の中間納付額　　　　　　¥ 627,300

決算整理事項

a．期末商品棚卸高　　帳簿棚卸数量　3,800個　　原　　　価　@¥700

　　　　　　　　　　　実地棚卸数量　3,750個　　正味売却価額　@¥680

　　　　　　　　　　　ただし，棚卸減耗損および商品評価損は売上原価の内訳項目とする。

b．貸 倒 見 積 高　　売上債権の期末残高に対し，それぞれ3％と見積もり，貸倒引当金を設定する。ただし，税法上，損金算入限度額は¥100,000であったため，超過額は損金不算入となった。

c．有 価 証 券 評 価 高　　保有する株式は次のとおりである。

	銘　　　　柄	株　数	1株の帳簿価額	1 株 の 時 価
売買目的有価証券	長野商事株式会社	500株	¥4,600	¥4,800
	南東物産株式会社	400株	¥3,500	¥3,400
その他有価証券	北西産業株式会社	800株	¥2,800	¥2,920

d．備 品 減 価 償 却 高　　取得原価は¥2,000,000　残存価額は零（0）　耐用年数は8年とし，定額法による。ただし，税法上の法定耐用年数は10年であった。

e．保 険 料 前 払 高　　保険料のうち¥216,000は，令和○5年8月1日から1年分の保険料として支払ったものであり，前払高を次期に繰り延べる。

f．給 料 未 払 高　　¥ 231,700

g．退職給付引当金繰入額　　¥ 398,500

h．法人税，住民税及び事業税額　　¥1,558,200

貸　借　対　照　表

静岡商事株式会社　　　　　　　令和○6年3月31日　　　　　　　（単位：円）

資　産　の　部

Ⅰ　流　動　資　産
　　1.（　　　　　　　　　　）　　　　　　　　　　　　　　　（　　　　　　　）
　　2.　電　子　記　録　債　権　　　（　　　　　　　）
　　　　　　貸　倒　引　当　金　　△（　　　　　　　）　　（　　　　　　　）
　　3.　売　　　　掛　　　　金　　　（　　　　　　　）
　　　　　　貸　倒　引　当　金　　△（　　　　　　　）　　（　　　　　　　）
　　4.（　　　　　　　　　　）　　　　　　　　　　　　　　　（　　　　　　　）
　　5.（　　　　　　　　　　）　　　　　　　　　　　　　　　（　　　　　　　）
　　6.（　　　　　　　　　　）　　　　　　　　　　　　　　　（　　　　　　　）
　　　　　　流　動　資　産　合　計　　　　　　　　　　　　　　　　　　（　　　　　　　　　）
Ⅱ　固　定　資　産
　(1)　有　形　固　定　資　産
　　1.　備　　　　　　　　品　　　（　　　　　　　）
　　　　　　減　価　償　却　累　計　額　△（　　　　　　　）　　（　　　　　　　）
　　2.（　　　　　　　　　　）　　　　　　　　　　　　　　　（　　　　　　　）
　　3.（　　　　　　　　　　）　　　　　　　　　　　　　　　（　　　　　　　）
　　　　　　有　形　固　定　資　産　合　計　　　　　　　　　　（　　　　　　　）
　(2)　投　資　そ　の　他　の　資　産
　　1.（　　　　　　　　　　）　　　　　　　　　　　　　　　（　　　　　　　）
　　2.（　　　　　　　　　　）　　　　　　　　　　　　　　　（　　　　　　　）
　　3.（　　　　　　　　　　）　　　　　　　　　　　　　　　（　　　　　　　）
　　　　　　投　資　そ　の　他　の　資　産　合　計　　　　　　（　　　　　　　）
　　　　　　固　定　資　産　合　計　　　　　　　　　　　　　　　　　　（　　　　　　　　　）
　　　　　　　資　　産　　合　　計　　　　　　　　　　　　　　　　　　（　　　　　　　　　）

負　債　の　部

Ⅰ　流　動　負　債
　　1.　電　子　記　録　債　務　　　　　　　　　　　　　　　（　　　　　　　）
　　2.　買　　　　掛　　　　金　　　　　　　　　　　　　　　（　　　　　　　）
　　3.（　　　　　　　　　　）　　　　　　　　　　　　　　　（　　　　　　　）
　　4.（　　　　　　　　　　）　　　　　　　　　　　　　　　（　　　　　　　）
　　　　　　流　動　負　債　合　計　　　　　　　　　　　　　　　　　　（　　　　　　　　　）
Ⅱ　固　定　負　債
　　1.　退　職　給　付　引　当　金　　　　　　　　　　　　　（　　　　　　　）
　　　　　　固　定　負　債　合　計　　　　　　　　　　　　　　　　　　（　　　　　　　　　）
　　　　　　　負　　債　　合　　計　　　　　　　　　　　　　　　　　　（　　　　　　　　　）

純　資　産　の　部

Ⅰ　株　主　資　本
　(1)　資　　　本　　　金　　　　　　　　　　　　　　　　　　　　　（　　　　　　　　　）
　(2)　資　本　剰　余　金
　　1.（　　　　　　　　　　）　　　　　　　　　　　　　　（　　　　　　　）
　　　　　　資　本　剰　余　金　合　計　　　　　　　　　　　　　　　（　　　　　　　　　）
　(3)　利　益　剰　余　金
　　1.（　　　　　　　　　　）　　　　　　　　　　　　　　（　　　　　　　）
　　2.（　　　　　　　　　　）
　　　①　　別　途　積　立　金　　　　　　　　　　　　　　（　　　　　　　）
　　　②　　繰　越　利　益　剰　余　金　　　　　　　　　　（　　　　　　　）
　　　　　　利　益　剰　余　金　合　計　　　　　　　　　　　　　　　（　　　　　　　　　）
　　　　　　株　主　資　本　合　計　　　　　　　　　　　　　　　　　（　　　　　　　　　）
Ⅱ　評価・換算差額等
　　1.（　　　　　　　　　　）　　　　　　　　　　　　　　（　　　　　　　）
　　　　　　評価・換算差額等合計　　　　　　　　　　　　　　　　　（　　　　　　　　　）
　　　　　　　純　　資　　産　　合　　計　　　　　　　　　　　　　　（　　　　　　　　　）
　　　　　　　負　債　及　び　純　資　産　合　計　　　　　　　　　　（　　　　　　　　　）

検定問題

解答p.111

1 神奈川産業株式会社の純資産の部に関する事項と総勘定元帳勘定残高および決算整理事項によって，
(1) 報告式の貸借対照表を完成しなさい。
(2) 株主資本等変動計算書を完成しなさい。 （第91回一部修正）

ただし，ⅰ　会社計算規則によること。
ⅱ　会計期間は令和○１年４月１日から令和○２年３月31日までとする。
ⅲ　その他有価証券の評価差額はすべて純資産の部に計上する。
ⅳ　税効果は考慮しないものとする。

純資産の部に関する事項

令和○１年６月25日　　定時株主総会において，次のとおり繰越利益剰余金を配当および処分することを決議した。

利益準備金　会社法による額　　　配当金　¥3,600,000
別途積立金　¥30,000

元帳勘定残高

現　　　　　金	¥612,000	当　座　預　金	¥4,126,000	受　取　手　形	¥3,700,000
売　　掛　　金	4,300,000	貸　倒　引　当　金	15,000	売買目的有価証券	1,650,000
繰　越　商　品	937,000	仮払法人税等	760,000	建　　　　　物	8,500,000
建物減価償却累計額	1,020,000	備　　　　　品	2,500,000	備品減価償却累計額	900,000
土　　　　　地	9,084,000	その他有価証券	1,500,000	支　払　手　形	2,870,000
買　　掛　　金	3,476,000	当　座　借　越	698,000	手　形　借　入　金	500,000
短　期　借　入　金	800,000	長　期　借　入　金	3,200,000	退職給付引当金	1,067,000
資　　本　　金	12,000,000	資　本　準　備　金	1,500,000	利　益　準　備　金	860,000
別　途　積　立　金	1,272,000	繰越利益剰余金	473,000	売　　　　　上	63,105,000
受　取　地　代	480,000	受　取　配　当　金	45,000	固定資産売却益	106,000
仕　　　　　入	43,765,000	給　　　　　料	8,040,000	発　　送　　費	874,000
広　　告　　料	1,563,000	通　　信　　費	954,000	消　耗　品　費	307,000
保　　険　　料	540,000	租　税　公　課	273,000	雑　　　　　費	198,000
支　払　利　息	64,000	固定資産除却損	140,000		

決算整理事項

a. 期末商品棚卸高

	帳簿棚卸数量	実地棚卸数量	原　　　価	正味売却価額
A品	1,200個	1,200個	@¥520	@¥500
B品	1,000個	900個	@¥300	@¥450

ただし，棚卸減耗損（棚卸減耗費）および商品評価損は売上原価の内訳項目とする。

b. 貸 倒 見 積 高　　受取手形と売掛金の期末残高に対し，それぞれ１％と見積もり，貸倒引当金を設定する。

c. 有 価 証 券 評 価 高　　保有する株式は次のとおりである。
売買目的有価証券：
埼玉産業株式会社　300株　　時価　１株　¥6,000
その他有価証券：
関東製菓株式会社　500株　　時価　１株　¥3,200

d. 減 価 償 却 高　　建物：取得原価¥8,500,000　残存価額は零（0）　耐用年数は50年とし，定額法により計算している。
備品：取得原価¥2,500,000　毎期の償却率を20％とし，定率法により計算している。

e. 保 険 料 前 払 高　　保険料のうち¥420,000は，令和○１年７月１日から１年分の保険料として支払ったものであり，前払高を次期に繰り延べる。

f. 利 息 未 払 高　　¥8,000

g. 退職給付引当金繰入額　　¥793,000

h. 法人税, 住民税及び事業税額　　¥1,755,000

(1)

貸　借　対　照　表

神奈川産業株式会社　　　　　　　　令和○2年3月31日　　　　　　　　（単位：円）

資　産　の　部

Ⅰ　流　動　資　産
- 1. (　　　　　　　　　)　　　　　　　　　　　　　　（　　　　　）
- 2. 受　取　手　形　　　　　（　　　　　）
-       貸　倒　引　当　金　　△（　　　　　）　　（　　　　　）
- 3. 売　　掛　　金　　　　　（　　　　　）
-       貸　倒　引　当　金　　△（　　　　　）　　（　　　　　）
- 4. (　　　　　　　　　)　　　　　　　　　　　　　　（　　　　　）
- 5. (　　　　　　　　　)　　　　　　　　　　　　　　（　　　　　）
- 6. (　　　　　　　　　)　　　　　　　　　　　　　　（　　　　　）
-       流　動　資　産　合　計　　　　　　　　　　　　　　　　（　　　　　）

Ⅱ　固　定　資　産
- (1) 有　形　固　定　資　産
  - 1. 建　　　　物　　　　　（　　　　　）
  -       減　価　償　却　累　計　額　△（　　　　　）　　（　　　　　）
  - 2. 備　　　　品　　　　　（　　　　　）
  -       減　価　償　却　累　計　額　△（　　　　　）　　（　　　　　）
  - 3. (　　　　　　　　　)　　　　　　　　　　　　（　　　　　）
  -       有　形　固　定　資　産　合　計　　　　　　（　　　　　）
- (2) 投　資　そ　の　他　の　資　産
  - 1. (　　　　　　　　　)　　　　　　　　　　　　（　　　　　）
  -       投資その他の資産合計　　　　　　　　　　（　　　　　）
  -       固　定　資　産　合　計　　　　　　　　　　　　　　（　　　　　）
  -       資　産　合　計　　　　　　　　　　　　　　　　　　（　　　　　）

負　債　の　部

Ⅰ　流　動　負　債
- 1. 支　払　手　形　　　　　　　　　　　　　　（　　　　　）
- 2. 買　　掛　　金　　　　　　　　　　　　　　（　　　　　）
- 3. (　　　　　　　　　)　　　　　　　　　　　（　　　　　）
- 4. (　　　　　　　　　)　　　　　　　　　　　（　　　　　）
- 5. (　　　　　　　　　)　　　　　　　　　　　（　　　　　）
-       流　動　負　債　合　計　　　　　　　　　　　　　　（　　　　　）

Ⅱ　固　定　負　債
- 1. 長　期　借　入　金　　　　　　　　　　　　（　　　　　）
- 2. 退　職　給　付　引　当　金　　　　　　　　（　　　　　）
-       固　定　負　債　合　計　　　　　　　　　　　　　　（　　　　　）
-       負　債　合　計　　　　　　　　　　　　　　　　　　（　　　　　）

純　資　産　の　部

Ⅰ　株　主　資　本
- (1) 資　　本　　金　　　　　　　　　　　　　　　　　　（　　　　　）
- (2) 資　本　剰　余　金
  - 1. (　　　　　　　　　)　　　　　　　　　　　（　　　　　）
  -       資　本　剰　余　金　合　計　　　　　　　　　　　　（　　　　　）
- (3) 利　益　剰　余　金
  - 1. (　　　　　　　　　)　　　　　　　　　　　（　　　　　）
  - 2. (　　　　　　　　　)
    - ① 別　途　積　立　金　　　　　　　　　　（　　　　　）
    - ② 繰　越　利　益　剰　余　金　　　　　　（　　　　　）
  -       利　益　剰　余　金　合　計　　　　　　　　　　　　（　　　　　）
  -       株　主　資　本　合　計　　　　　　　　　　　　　　（　　　　　）

Ⅱ　評価・換算差額等
- 1. (　　　　　　　　　)　　　　　　　　　　　（　　　　　）
-       評価・換算差額等合計　　　　　　　　　　　　　　　（　　　　　）
-       純　資　産　合　計　　　　　　　　　　　　　　　　　（　　　　　）
-       負　債　及　び　純　資　産　合　計　　　　　　　　　（　　　　　）

(2)

株主資本等変動計算書

神奈川産業株式会社　　令和○1年4月1日から令和○2年3月31日まで　　　　（単位：千円）

	株主資本								株主資本合計
		資本剰余金		利益剰余金					
	資本金	資本準備金	資本剰余金合計	利益準備金	その他利益剰余金		利益剰余金合計		
					別途積立金	繰越利益剰余金			
当期首残高	12,000	1,500	1,500	500	1,242	4,463	6,205	19,705	
当期変動額									
剰余金の配当				(　　　)		(　　　)	△3,600	△3,600	
別途積立金の積立					30	△30	—	—	
当期純利益						(　　　)	(　　　)	(　　　)	
株主資本以外(純額)									
当期変動額合計	—	—	—	(　　　)	(　　　)	(　　　)	(　　　)	(　　　)	
当期末残高	12,000	1,500	1,500	860	1,272	(　　　)	(　　　)	(　　　)	

下段へ続く

上段より続く

| | 評価・換算差額等 | | 純資産合計 |
	その他有価証券評価差額金	評価・換算差額等合計	
当期首残高	—	—	19,705
当期変動額			
剰余金の配当			△3,600
別途積立金の積立			—
当期純利益			(　　　)
株主資本以外(純額)	(　　　)	(　　　)	(　　　)
当期変動額合計	(　　　)	(　　　)	(　　　)
当期末残高	(　　　)	(　　　)	20,300

決算の問題で株主資本等変動計算書が出題されることもあるので，しっかりと対策しておこう！

第２章　収益・費用に関する財務諸表

学習の要点 ●●●

1．損益計算書の概要

損益計算書は，一定期間に発生したすべての収益とこれに対応する費用を記録し，企業の**経営成績**を明らかにする報告書である。

2．損益計算の方法

企業会計は企業の経営成績を明らかにするために，継続して営まれる経営活動を一定の会計期間に区切り，損益を計算する。これを**期間損益計算**という。この損益計算の方法には，財産法と損益法がある。

財産法	期首資本と期末資本を比較して，その増加額を**当期純利益**とし，減少額を**当期純損失**とする計算方法。
損益法	損益の発生原因にもとづき，１会計期間に生じた収益総額と費用総額を比較して，収益総額が費用総額を超える金額を**当期純利益**，費用総額が収益総額を超える金額を**当期純損失**とする計算方法。

3．損益計算書の表示形式

勘定式	借方に費用を，貸方に収益を記載し，その差額を当期純損益として示す形式。
報告式	一定の配列順序にしたがって収益および費用を上から順に記載し，それを加減して当期純損益を示す形式。

4．損益計算書の区分*

営業損益計算	売上高から売上原価を差し引いて**売上総利益**を算定し，そこから**販売費及び一般管理費**を差し引いて**営業利益**を算定するまでの計算。 売上高－売上原価＝売上総利益 売上総利益－販売費及び一般管理費＝営業利益
経常損益計算	営業利益に**営業外収益**を加算し，**営業外費用**を減算して**経常利益**を算定するまでの計算。 営業利益＋営業外収益－営業外費用＝経常利益
純損益計算	経常利益に**特別利益**を加算し，**特別損失**を減算して**税引前当期純利益**を算定し，そこから法人税等を差し引いて税引後の**当期純利益**を算定するまでの計算。 経常利益＋特別利益－特別損失＝税引前当期純利益 税引前当期純利益－法人税等＝当期純利益

＊計算結果はすべて利益が出たものとして示しているが，損失が生じる場合もある。

5．損益計算書の項目

損益計算書に収益・費用を記載するとき，それぞれを総額で記載し，収益の項目と費用の項目を相殺して，その差額だけを示してはならない（**例**：受取利息の金額と支払利息の金額を相殺してはならない）。これを**総額主義の原則**という。

6．会社計算規則による報告式の損益計算書の例

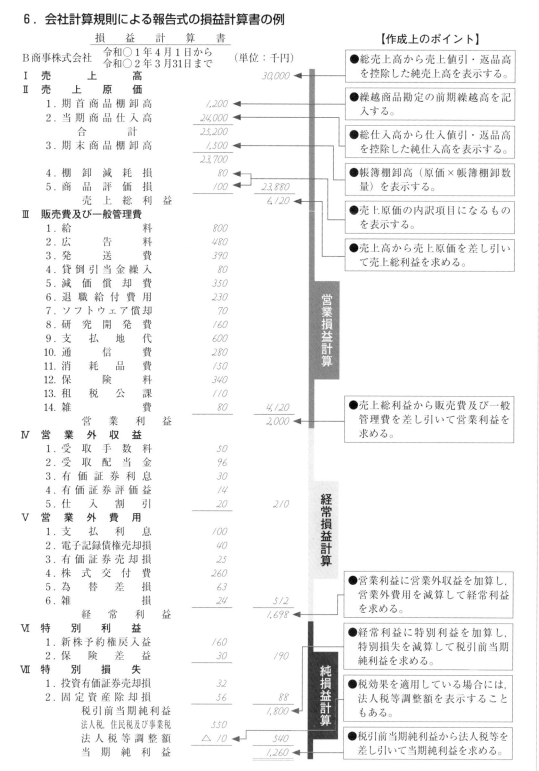

7．損益計算書の注記

　損益計算書においても，関係会社（子会社や関連会社など）との営業取引による取引高の総額や，営業取引以外の取引による取引高の総額を注記しなければならない。

基本問題

解答p.114

1 次の各文の _____ のなかにあてはまるもっとも適当な語を次の語群のなかから選び，その番号を記入しなさい。

(1) 損益計算書は，一定期間に発生したすべての ［ ア ］ とこれに対応する ［ イ ］ を記録し，企業の ［ ウ ］ を明らかにする報告書である。

(2) 企業会計は企業の ［ ウ ］ を明らかにするために，継続して営まれる経営活動を一定の会計期間に区切り，損益を計算する。これを ［ エ ］ という。

(3) 損益計算の方法には，期首資本と期末資本を比較して当期純損益を計算する ［ オ ］ と，損益の発生原因にもとづき，1会計期間に生じた収益総額と費用総額を比較して当期純損益を計算する ［ カ ］ がある。

(4) 損益計算書の表示形式には，借方に費用を，貸方に収益を記載し，その差額を当期純損益として示す ［ キ ］ と，一定の配列順序にしたがって収益および費用を上から順に記載し，それを加減して当期純損益を示す ［ ク ］ がある。

(5) 損益計算書の区分には，大きく ［ ケ ］・［ コ ］・［ サ ］ の3つがある。

(6) 損益計算書に収益・費用を記載するとき，収益の項目と費用の項目を相殺して，その差額だけを示してはならない。これを ［ シ ］ の原則という。

(7) 損益計算書においても，関係会社との営業取引による取引高の総額や，営業取引以外の取引による取引高の総額を ［ ス ］ しなければならない。

語群

1．経営成績	2．営業損益計算	3．総額主義	4．特別損益計算
5．純損益計算	6．棚卸法	7．注記	8．損益法
9．重要性	10．財政状態	11．報告式	12．誘導法
13．財産法	14．純額主義	15．費用	16．経常損益計算
17．期間損益計算	18．勘定式	19．相殺	20．収益

(1)			(2)	(3)	
ア	イ	ウ	エ	オ	カ

(4)			(5)		(6)	(7)
キ	ク	ケ	コ	サ	シ	ス

2 次の資料から，損益計算書におけるそれぞれの利益を計算しなさい。なお，法人税等調整額はないものとする。

売 上 高	¥51,170,000	売 上 原 価	¥42,850,000
販売費及び一般管理費	5,390,000	営 業 外 収 益	649,000
営 業 外 費 用	588,000	特 別 利 益	329,000
特 別 損 失	946,000	法人税，住民税及び事業税	865,000

売 上 総 利 益 ¥		営 業 利 益 ¥	
経 常 利 益 ¥		税引前当期純利益 ¥	
当 期 純 利 益 ¥			

3 次の各項目は，次のどの区分に属するか。それぞれの区分にあてはまる項目の番号を記入しなさい。

1．有価証券利息	2．雑費	3．役務原価	4．支払利息
5．工事原価	6．為替差損	7．研究開発費	8．固定資産除却損
9．退職給付費用	10．創立費	11．災害損失	12．保険差益
13．電子記録債権売却損	14．役務収益	15．受取配当金	16．雑損
17．役員賞与引当金繰入	18．開発費	19．開業費	20．ソフトウェア償却
21．新株予約権戻入益	22．仕入割引	23．仕入	24．子会社株式評価損
25．有価証券評価損	26．売上	27．支払リース料	28．保証債務取崩益
29．投資有価証券売却益	30．工事収益	31．賞与	32．固定資産売却益
33．有価証券売却益	34．支払手数料（自己株式を取得したさいに計上）		

営 業 収 益	
営 業 費 用	
営 業 外 収 益	
営 業 外 費 用	
特 別 利 益	
特 別 損 失	

4 大阪商事株式会社の総勘定元帳勘定残高（一部）と付記事項および決算整理事項によって，必要な仕訳を示し，損益計算書に記載する項目（科目）と金額を記入しなさい。

ただし，会計期間は令和○1年4月1日から令和○2年3月31日までとする。

元帳勘定残高（一部）

売 掛 金	¥8,500,000	貸 倒 引 当 金	¥52,000	貸 付 金	¥1,000,000
子 会 社 株 式	1,200,000	仮 受 金	90,000	売 上	13,500,000
受 取 利 息	45,000	雑 益	30,000	固定資産売却益	90,000
保 険 料	128,000	雑 費	37,000	雑 損	89,000
固定資産除却損	240,000				

付 記 事 項

① 雑益¥30,000は，買掛金を期日前に支払ったときの割引額である。

② 仮受金¥90,000は，得意先和歌山商店からの売掛金の回収分であった。

決算整理事項

a．貸 倒 見 積 高　売掛金残高の1％と見積もり，貸倒引当金を設定する。

b．子会社株式評価高　子会社の財政状態が悪化したため，¥500,000（実質価額）に評価替えをおこなう。

c．保 険 料 前 払 高　保険料のうち¥84,000は令和○1年7月1日に契約した1年分の火災保険に対するもので，前払分を繰り延べる。

d．利 息 未 収 高　貸付金¥1,000,000について，3か月分の利息未収高を計上する。なお，利率は年6％である。

付記事項の仕訳

	借　　　　　方	貸　　　　　方
①		
②		

決算整理仕訳

	借　　　　　方	貸　　　　　方
a		
b		
c		
d		

区　分	項　目（科　目）	金　　　額
営 業 収 益	売　　上　　高	￥（　　　　　　　　　　）
営 業 費 用	（　　　　　　　　　）	￥（　　　　　　　　　　）
	（　　　　　　　　　）	￥（　　　　　　　　　　）
	（　　　　　　　　　）	￥（　　　　　　　　　　）
営 業 外 収 益	（　　　　　　　　　）	￥（　　　　　　　　　　）
	（　　　　　　　　　）	￥（　　　　　　　　　　）
営 業 外 費 用	（　　　　　　　　　）	￥（　　　　　　　　　　）
特 別 利 益	（　　　　　　　　　）	￥（　　　　　　　　　　）
特 別 損 失	（　　　　　　　　　）	￥（　　　　　　　　　　）
	（　　　　　　　　　）	￥（　　　　　　　　　　）

5　次の計算式の　　　　　のなかにあてはまるもっとも適当な語を次の語群のなかから選び，その番号を記入しなさい。

(1)　売上原価＝期首商品棚卸高＋　ア　－期末商品棚卸高

(2)　営業費用＝売上原価＋　イ　

(3)　営業利益＝　ウ　－営業費用

(4)　経常利益＝営業利益＋営業外収益－　エ　

(5)　税引前当期純利益＝経常利益＋　オ　－特別損失

語群

1．営業外費用　　　2．当期商品仕入高　　　3．営業外収益　　　4．特別利益

5．営業収益　　　6．営業費用　　　7．販売費及び一般管理費

(1)	(2)	(3)	(4)	(5)
ア	イ	ウ	エ	オ

6 宮崎物産株式会社の総勘定元帳勘定残高および決算整理事項によって，報告式の損益計算書を完成しなさい。

ただし，ⅰ 会社計算規則によること。

ⅱ 会計期間は令和○2年1月1日から令和○2年12月31日までとする。

ⅲ 税効果は考慮しないものとする。

元帳勘定残高

現 金	¥1,683,260	当 座 預 金	¥5,135,890	電 子 記 録 債 権	¥4,239,100
売 掛 金	4,137,300	クレジット売掛金	823,600	貸 倒 引 当 金	52,280
売買目的有価証券	1,800,000	繰 越 商 品	4,493,800	仮 払 法 人 税 等	319,400
備 品	800,000	備品減価償却累計額	350,000	特 許 権	300,000
電 子 記 録 債 務	3,203,600	買 掛 金	2,669,220	長 期 借 入 金	1,000,000
退職給付引当金	1,319,200	資 本 金	10,000,000	資 本 準 備 金	1,000,000
利 益 準 備 金	500,000	別 途 積 立 金	342,000	繰越利益剰余金	381,000
売 上	48,653,090	受 取 配 当 金	83,000	有価証券売却益	56,000
仕 入 割 引	72,000	固定資産売却益	60,000	仕 入	39,108,880
給 料	4,271,500	発 送 費	932,400	広 告 料	385,100
支 払 家 賃	240,000	支 払 リ ー ス 料	100,000	研 究 開 発 費	210,000
保 険 料	104,000	水 道 光 熱 費	247,200	雑 費	85,960
支 払 利 息	89,000	電子記録債権売却損	52,000	固定資産除却損	183,000

決算整理事項

a. 期末商品棚卸高 　帳簿棚卸数量 5,200個　原　価 @¥900

実地棚卸数量 5,000個　正味売却価額 @¥870

ただし，棚卸減耗損は営業外費用とする。また，商品評価損は売上原価の内訳項目とする。

b. 貸 倒 見 積 高 　売上債権の期末残高に対し，それぞれ1％と見積もり，貸倒引当金を設定する。

c. 有 価 証 券 評 価 高 　売買目的で保有する次の株式について，時価によって評価する。

沖縄商事株式会社　300株

帳簿価額　1株 ¥6,000　　時価　1株 ¥5,900

d. 備 品 減 価 償 却 高 　定率法により，毎期の償却率を25％とする。

e. 特 許 権 償 却 高 　¥50,000

f. 保 険 料 前 払 高 　保険料勘定のうち¥48,000は，令和○2年7月1日から1年分の保険料として支払ったものであり，前払高を次期に繰り延べる。

g. リ ー ス 料 未 払 高 　¥20,000

h. 退職給付引当金繰入額 　¥239,900

i. 法人税，住民税及び事業税額 　¥777,300

損　益　計　算　書

宮崎物産株式会社　　　　令和〇２年１月１日から令和〇２年12月31日まで　　　　　　（単位：円）

Ⅰ　売　　上　　高　　　　　　　　　　　　　　　　　　（　　　　　　　）
Ⅱ　売　　上　　原　　価
　　1．期　首　商　品　棚　卸　高　　　　（　　　　　　　）
　　2．当　期　商　品　仕　入　高　　　　（　　　　　　　）
　　　　　　　　合　　　　計　　　　　　　（　　　　　　　）
　　3．期　末　商　品　棚　卸　高　　　　（　　　　　　　）
　　　　　　　　　　　　　　　　　　　　　（　　　　　　　）
　　4．（　　　　　　　　　　）　　　　　（　　　　　　　）　　　（　　　　　　　）
　　　　　　売　上　総　利　益　　　　　　　　　　　　　　　　　（　　　　　　　）
Ⅲ　販売費及び一般管理費
　　1．給　　　　　　　　　料　　　　　　（　　　　　　　）
　　2．発　　　送　　　費　　　　　　　　（　　　　　　　）
　　3．広　　　告　　　料　　　　　　　　（　　　　　　　）
　　4．（　　　　　　　　　　）　　　　　（　　　　　　　）
　　5．（　　　　　　　　　　）　　　　　（　　　　　　　）
　　6．（　　　　　　　　　　）　　　　　（　　　　　　　）
　　7．（　　　　　　　　　　）　　　　　（　　　　　　　）
　　8．（　　　　　　　　　　）　　　　　（　　　　　　　）
　　9．（　　　　　　　　　　）　　　　　（　　　　　　　）
　　10．（　　　　　　　　　　）　　　　（　　　　　　　）
　　11．（　　　　　　　　　　）　　　　（　　　　　　　）
　　12．（　　　　　　　　　　）　　　　（　　　　　　　）
　　13．（　　　　　　　　　　）　　　　（　　　　　　　）　　　（　　　　　　　）
　　　　　　営　　業　　利　　益　　　　　　　　　　　　　　　　（　　　　　　　）
Ⅳ　営　業　外　収　益
　　1．（　　　　　　　　　　）　　　　　（　　　　　　　）
　　2．（　　　　　　　　　　）　　　　　（　　　　　　　）
　　3．（　　　　　　　　　　）　　　　　（　　　　　　　）　　　（　　　　　　　）
Ⅴ　営　業　外　費　用
　　1．（　　　　　　　　　　）　　　　　（　　　　　　　）
　　2．（　　　　　　　　　　）　　　　　（　　　　　　　）
　　3．（　　　　　　　　　　）　　　　　（　　　　　　　）
　　4．（　　　　　　　　　　）　　　　　（　　　　　　　）　　　（　　　　　　　）
　　　　　　経　　常　　利　　益　　　　　　　　　　　　　　　　（　　　　　　　）
Ⅵ　特　　別　　利　　益
　　1．（　　　　　　　　　　）　　　　　（　　　　　　　）　　　（　　　　　　　）
Ⅶ　特　　別　　損　　失
　　1．（　　　　　　　　　　）　　　　　（　　　　　　　）　　　（　　　　　　　）
　　　　　税　引　前　当　期　純　利　益　　　　　　　　　　　　（　　　　　　　）
　　　　　法人税，住民税及び事業税　　　　　　　　　　　　　　（　　　　　　　）
　　　　　当　　期　　純　　利　　益　　　　　　　　　　　　　　（　　　　　　　）

7 富山商事株式会社の総勘定元帳勘定残高と付記事項および決算整理事項によって，報告式の損益計算書を完成しなさい。

　　ただし，ⅰ　会社計算規則によること。

　　　　　　ⅱ　会計期間は令和○3年4月1日から令和○4年3月31日までとする。

　　　　　　ⅲ　税効果は考慮しないものとする。

元帳勘定残高

現　　　　　金	¥2,756,140	当　座　預　金	¥4,728,060	電子記録債権	¥3,050,000
売　　掛　　金	4,580,000	貸倒引当金	36,790	売買目的有価証券	1,680,000
繰　越　商　品	3,454,900	仮払法人税等	382,700	備　　　　品	1,350,000
備品減価償却累計額	300,000	建設仮勘定	2,100,000	特　　許　　権	245,000
関連会社株式	3,900,000	電子記録債務	1,358,000	買　　掛　　金	3,550,100
長期借入金	2,000,000	退職給付引当金	790,000	資　　本　　金	12,000,000
資本準備金	1,100,000	その他資本剰余金	830,000	利益準備金	450,000
新築積立金	3,000,000	繰越利益剰余金	128,100	売　　　　上	43,741,000
受取手数料	18,800	仕　入　割　引	31,000	投資有価証券売却益	229,500
仕　　　　入	36,185,040	給　　　　料	2,476,710	発　　送　　費	619,340
広　　告　　料	349,200	支　払　家　賃	810,000	保　　険　　料	136,000
雑　　　　費	204,000	支　払　利　息	60,000	電子記録債権売却損	116,200
災　害　損　失	380,000				

付　記　事　項

①　当期中に備品の現状を維持するために修理をおこない，現金¥150,000を支出したとき，次のように仕訳していたので修正する。

　　　　　（借）備　　　　品　　150,000　　（貸）現　　　　金　　150,000

決算整理事項

　a．期末商品棚卸高　　帳簿棚卸数量　720個　　原　　　価　@¥5,000

　　　　　　　　　　　　実地棚卸数量　710個　　正味売却価額　@¥4,800

　　　　　　　　　　　　ただし，棚卸減耗損と商品評価損は売上原価の内訳項目とする。

　b．外貨建取引の円換算　当社が保有している外貨建取引による売掛金および買掛金は，取引日の為替レートで円換算しており，為替予約はおこなっていない。

	取引額	取引日の為替レート	決算日の為替レート
売　　掛　　金	25,000ドル	1ドル113円	1ドル105円
買　　掛　　金	20,000ドル	1ドル110円	1ドル105円

　c．貸倒見積高　　　　売上債権の期末残高に対し，それぞれ1％と見積もり，貸倒引当金を設定する。

　d．有価証券評価高　　売買目的で保有する次の株式について，時価によって評価する。

　　　　　　　　　　　　新潟産業株式会社　300株

　　　　　　　　　　　　　帳簿価額　1株　¥5,600　　時価　1株　¥5,400

　e．備品減価償却高　　定率法により，毎期の償却率を25％とする。

　f．特許権償却高　　　¥35,000

　g．家賃前払高　　　　支払家賃勘定のうち¥360,000は，令和○4年1月1日から6か月分を支払ったものであり，前払高を次期に繰り延べる。

　h．退職給付引当金繰入額　¥294,800

　i．法人税, 住民税及び事業税額　¥809,900

損　益　計　算　書

富山商事株式会社　　　　令和○3年4月1日から令和○4年3月31日まで　　　　　　　（単位：円）

Ⅰ　売　　上　　高　　　　　　　　　　　　　　　　　　　　　　　　　（　　　　　　　）

Ⅱ　売　上　原　価

　1.　期　首　商　品　棚　卸　高　　　　　（　　　　　　　）

　2.　当　期　商　品　仕　入　高　　　　　（　　　　　　　）

　　　　　　　　合　　　　　計　　　　　　（　　　　　　　）

　3.　期　末　商　品　棚　卸　高　　　　　（　　　　　　　）

　　　　　　　　　　　　　　　　　　　　　（　　　　　　　）

　4.　（　　　　　　　　　）　　　　　　　（　　　　　　　）

　5.　（　　　　　　　　　）　　　　　　　（　　　　　　　）　　（　　　　　　　　　）

　　　　　　　売　上　総　利　益　　　　　　　　　　　　　　　　（　　　　　　　　　）

Ⅲ　販売費及び一般管理費

　1.　給　　　　　　　　料　　　　　　　　（　　　　　　　）

　2.　発　　　送　　　費　　　　　　　　　（　　　　　　　）

　3.　広　　　告　　　料　　　　　　　　　（　　　　　　　）

　4.　（　　　　　　　　　）　　　　　　　（　　　　　　　）

　5.　（　　　　　　　　　）　　　　　　　（　　　　　　　）

　6.　（　　　　　　　　　）　　　　　　　（　　　　　　　）

　7.　（　　　　　　　　　）　　　　　　　（　　　　　　　）

　8.　（　　　　　　　　　）　　　　　　　（　　　　　　　）

　9.　（　　　　　　　　　）　　　　　　　（　　　　　　　）

　10.　（　　　　　　　　　）　　　　　　（　　　　　　　）

　11.　（　　　　　　　　　）　　　　　　（　　　　　　　）　　（　　　　　　　　　）

　　　　　　　営　業　利　益　　　　　　　　　　　　　　　　　（　　　　　　　　　）

Ⅳ　営　業　外　収　益

　1.　（　　　　　　　　　）　　　　　　　（　　　　　　　）

　2.　（　　　　　　　　　）　　　　　　　（　　　　　　　）　　（　　　　　　　　　）

Ⅴ　営　業　外　費　用

　1.　（　　　　　　　　　）　　　　　　　（　　　　　　　）

　2.　（　　　　　　　　　）　　　　　　　（　　　　　　　）

　3.　（　　　　　　　　　）　　　　　　　（　　　　　　　）

　4.　（　　　　　　　　　）　　　　　　　（　　　　　　　）　　（　　　　　　　　　）

　　　　　　　経　常　利　益　　　　　　　　　　　　　　　　　（　　　　　　　　　）

Ⅵ　特　別　利　益

　1.　（　　　　　　　　　）　　　　　　　（　　　　　　　）　　（　　　　　　　　　）

Ⅶ　特　別　損　失

　1.　（　　　　　　　　　）　　　　　　　（　　　　　　　）　　（　　　　　　　　　）

　　　　　税　引　前　当　期　純　利　益　　　　　　　　　　　（　　　　　　　　　）

　　　　　法人税，住民税及び事業税　　　　　　　　　　　　　（　　　　　　　　　）

　　　　　当　期　純　利　益　　　　　　　　　　　　　　　　　（　　　　　　　　　）

8　山形商事株式会社の総勘定元帳勘定残高と付記事項および決算整理事項によって，報告式の損益計算書を完成しなさい。

　　　ただし，ⅰ　会社計算規則によること。
　　　　　　　ⅱ　会計期間は令和○1年4月1日から令和○2年3月31日までとする。
　　　　　　　ⅲ　税効果は考慮しないものとする。

元帳勘定残高

現　　　　　金	¥1,726,530	当 座 預 金	¥3,721,480	受 取 手 形	¥1,135,000
電 子 記 録 債 権	3,617,000	売　 掛　 金	4,348,000	貸 倒 引 当 金	174,920
売買目的有価証券	3,470,000	繰 越 商 品	4,998,800	仮 払 法 人 税 等	411,500
建　　　　　物	8,000,000	建物減価償却累計額	2,016,000	備　　　　　品	500,000
備品減価償却累計額	244,000	子 会 社 株 式	8,160,000	支 払 手 形	718,300
電 子 記 録 債 務	2,881,500	買　 掛　 金	3,159,200	長 期 借 入 金	2,000,000
退 職 給 付 引 当 金	547,400	資　　　　　本　　　　　金	20,000,000	資 本 準 備 金	900,000
利 益 準 備 金	530,000	別 途 積 立 金	235,000	繰 越 利 益 剰 余 金	362,300
自 己 株 式	400,000	売　　　　　上	59,699,920	有 価 証 券 利 息	270,000
雑　　　　　益	5,480	新株予約権戻入益	200,000	仕　　　　　入	44,903,160
給　　　　　料	4,795,010	発 送 費	235,600	広 告 料	485,940
支 払 家 賃	1,680,000	保 険 料	662,000	租 税 公 課	73,700
雑　　　　　費	23,800	支 払 利 息	110,000	手 形 売 却 損	281,300
有 価 証 券 売 却 損	56,200	固 定 資 産 売 却 損	149,000		

付 記 事 項

①　売掛金のうち¥120,000は南北商店に対する前期末のものであり，同店はすでに倒産しているので，貸し倒れとして処理する。

②　配当金領収証¥39,000を受け取っていたが，未処理であった。

決算整理事項

　a．期 末 商 品 棚 卸 高　　帳簿棚卸数量　680個　　原　　　価　@¥7,500
　　　　　　　　　　　　　　　実地棚卸数量　670個　　正味売却価額　@¥7,300
　　　　　　　　　　　　　　　ただし，棚卸減耗損は営業外費用とする。また，商品評価損は売上原価の内訳項目とする。

　b．貸 倒 見 積 高　　　　売上債権の期末残高に対し，それぞれ1％と見積もり，貸倒引当金を設定する。

　c．売買目的有価証券評価高　売買目的で保有する次の株式について，時価によって評価する。
　　　　　　　　　　　　　　青森商事株式会社　200株
　　　　　　　　　　　　　　　帳簿価額　1株　¥7,900　　時価　1株　¥8,100
　　　　　　　　　　　　　　秋田商事株式会社　300株
　　　　　　　　　　　　　　　帳簿価額　1株　¥6,300　　時価　1株　¥6,400

　d．減 価 償 却 高　　　　建物：定額法により，残存価額は取得原価の10％　耐用年数は50年とする。
　　　　　　　　　　　　　　備品：定率法により，毎期の償却率を20％とする。

　e．子 会 社 株 式 評 価 高　子会社である南北物産株式会社は財政状態が著しく悪化し，回復の見込みがないため，時価に評価替えをおこなう。
　　　　　　　　　　　　　　南北物産株式会社　1,200株
　　　　　　　　　　　　　　　帳簿価額　1株　¥6,800　　時価　1株　¥2,900

　f．保 険 料 前 払 高　　　保険料勘定のうち¥576,000は，令和○1年12月1日から3年分の保険料として支払ったものであり，前払高を次期に繰り延べる。

　g．退職給付引当金繰入額　¥335,400

　h．法人税，住民税及び事業税額　¥946,300

損 益 計 算 書

山形商事株式会社　　　令和○１年４月１日から令和○２年３月31日まで　　　　（単位：円）

I　売　　上　　高　　　　　　　　　　　　　　　　　　　（　　　　　　）
II　売　　上　　原　　価
　1．期　首　商　品　棚　卸　高　　（　　　　　　）
　2．当　期　商　品　仕　入　高　　（　　　　　　）
　　　　　　合　　　　　計　　　　　（　　　　　　）
　3．期　末　商　品　棚　卸　高　　（　　　　　　）
　　　　　　　　　　　　　　　　　　（　　　　　　）
　4．（　　　　　　　　　　）　　　（　　　　　　）　（　　　　　　）
　　　　　売　上　総　利　益　　　　　　　　　　　　　（　　　　　　）
III　販売費及び一般管理費
　1．給　　　　　　　　料　　　　　（　　　　　　）
　2．発　　　送　　　費　　　　　　（　　　　　　）
　3．広　　　告　　　料　　　　　　（　　　　　　）
　4．（　　　　　　　　　　）　　　（　　　　　　）
　5．（　　　　　　　　　　）　　　（　　　　　　）
　6．（　　　　　　　　　　）　　　（　　　　　　）
　7．（　　　　　　　　　　）　　　（　　　　　　）
　8．（　　　　　　　　　　）　　　（　　　　　　）
　9．（　　　　　　　　　　）　　　（　　　　　　）
　10．（　　　　　　　　　　）　　　（　　　　　　）　（　　　　　　）
　　　　　営　業　利　益　　　　　　　　　　　　　　　（　　　　　　）
IV　営　業　外　収　益
　1．（　　　　　　　　　　）　　　（　　　　　　）
　2．（　　　　　　　　　　）　　　（　　　　　　）
　3．（　　　　　　　　　　）　　　（　　　　　　）
　4．（　　　　　　　　　　）　　　（　　　　　　）　（　　　　　　）
V　営　業　外　費　用
　1．（　　　　　　　　　　）　　　（　　　　　　）
　2．（　　　　　　　　　　）　　　（　　　　　　）
　3．（　　　　　　　　　　）　　　（　　　　　　）
　4．（　　　　　　　　　　）　　　（　　　　　　）　（　　　　　　）
　　　　　経　常　利　益　　　　　　　　　　　　　　　（　　　　　　）
VI　特　別　利　益
　1．（　　　　　　　　　　）　　　（　　　　　　）　（　　　　　　）
VII　特　別　損　失
　1．（　　　　　　　　　　）　　　（　　　　　　）
　2．（　　　　　　　　　　）　　　（　　　　　　）　（　　　　　　）
　　　　　税　引　前　当　期　純　利　益　　　　　　　（　　　　　　）
　　　　　法人税，住民税及び事業税　　　　　　　　　（　　　　　　）
　　　　　当　期　純　利　益　　　　　　　　　　　　　（　　　　　　）

応用問題

解答p.122

1 東京商事株式会社の総勘定元帳勘定残高と付記事項および決算整理事項によって，報告式の貸借対照表を完成しなさい。

ただし，ⅰ　会社計算規則によること。

　　　　ⅱ　会計期間は令和○2年4月1日から令和○3年3月31日までとする。

　　　　ⅲ　その他有価証券の評価差額はすべて純資産の部に計上する。

　　　　ⅳ　税効果会計を適用し，法定実効税率は30％とする。

元帳勘定残高

現　　　　　金	¥ 1,365,540	当 座 預 金	¥ 3,083,570	電子記録債権	¥ 4,548,000
売　掛　金	3,182,000	貸倒引当金	19,900	売買目的有価証券	2,640,000
繰 越 商 品	4,775,800	仮払法人税等	804,300	備　　　品	3,600,000
備品減価償却累計額	720,000	土　　　地	8,000,000	の　れ　ん	180,000
その他有価証券	1,900,000	繰延税金資産	81,000	電子記録債務	2,131,700
買　掛　金	2,254,120	長期借入金	2,500,000	退職給付引当金	923,500
資　本　金	15,000,000	資本準備金	2,000,000	利益準備金	306,000
別途積立金	118,000	繰越利益剰余金	359,300	売　　　上	74,963,270
受取手数料	63,000	有価証券利息	52,000	固定資産売却益	110,000
仕　　　入	55,297,680	給　　　料	7,546,660	発　送　費	828,930
広　告　料	1,302,430	通　信　費	478,190	消　耗　品　費	884,180
保　険　料	471,220	租 税 公 課	154,370	雑　　　費	81,650
支 払 利 息	78,000	有価証券売却損	184,000	雑　　　損	53,270

付 記 事 項

① 発送費のうち¥60,000は，商品を仕入れたさいの引取運賃であることが判明した。

決算整理事項

　a．期末商品棚卸高　　帳簿棚卸数量　800個　　原　　　価　@¥6,000

　　　　　　　　　　　実地棚卸数量　780個　　正味売却価額　@¥5,600

　　　　　　　　　　　ただし，棚卸減耗損および商品評価損は売上原価の内訳項目とする。

　b．貸 倒 見 積 高　　売上債権の期末残高に対し，それぞれ2％と見積もり，貸倒引当金を設定する。ただし，税法上，損金算入限度額は¥100,000であったため，超過額は損金不算入となった。

　c．有 価 証 券 評 価 高　　保有する株式は次のとおりである。

	銘　　　　柄	株　　数	1株の帳簿価額	1 株 の 時 価
売買目的有価証券	千葉物産株式会社	400株	¥6,600	¥6,530
その他有価証券	南東商事株式会社	500株	¥3,800	¥3,960

　d．備 価 減 価 償 却 高　　取得原価は¥3,600,000　残存価額は零（0）　耐用年数は5年とし，定額法による。ただし，税法上の法定耐用年数は8年であった。

　e．のれん償却高　　¥　9,000

　f．保 険 料 前 払 高　　保険料のうち¥228,000は，令和○2年6月1日から1年分の保険料として支払ったものであり，前払高を次期に繰り延べる。

　g．給 料 未 払 高　　¥ 263,150

　h．退職給付引当金繰入額　　¥ 839,240

　i．法人税，住民税及び事業税額　　¥ 1,730,550

損　益　計　算　書

東京商事株式会社　　　令和○ 2 年 4 月 1 日から令和○ 3 年 3 月31日まで　　　　　（単位：円）

I　売　　上　　高　　　　　　　　　　　　　　　　　（　　　　　　　　）
II　売　上　原　価
　1．期 首 商 品 棚 卸 高　　　　　（　　　　　　　）
　2．当 期 商 品 仕 入 高　　　　　（　　　　　　　）
　　　　　　合　　　　計　　　　　（　　　　　　　）
　3．期 末 商 品 棚 卸 高　　　　　（　　　　　　　）
　　　　　　　　　　　　　　　　　（　　　　　　　）
　4．（　　　　　　　　）　　　　　（　　　　　　　）
　5．（　　　　　　　　）　　　　　（　　　　　　　）　　（　　　　　　　　）
　　　　　売　上　総　利　益　　　　　　　　　　　　　（　　　　　　　　）
III　販売費及び一般管理費
　1．給　　　　　　　料　　　　　（　　　　　　　）
　2．発　　送　　費　　　　　　　（　　　　　　　）
　3．広　　告　　料　　　　　　　（　　　　　　　）
　4．（　　　　　　　　）　　　　　（　　　　　　　）
　5．（　　　　　　　　）　　　　　（　　　　　　　）
　6．（　　　　　　　　）　　　　　（　　　　　　　）
　7．（　　　　　　　　）　　　　　（　　　　　　　）
　8．（　　　　　　　　）　　　　　（　　　　　　　）
　9．（　　　　　　　　）　　　　　（　　　　　　　）
　10．（　　　　　　　　）　　　　　（　　　　　　　）
　11．（　　　　　　　　）　　　　　（　　　　　　　）
　12．（　　　　　　　　）　　　　　（　　　　　　　）　　（　　　　　　　　）
　　　　　営　業　利　益　　　　　　　　　　　　　　　（　　　　　　　　）
IV　営　業　外　収　益
　1．（　　　　　　　　）　　　　　（　　　　　　　）
　2．（　　　　　　　　）　　　　　（　　　　　　　）　　（　　　　　　　　）
V　営　業　外　費　用
　1．（　　　　　　　　）　　　　　（　　　　　　　）
　2．（　　　　　　　　）　　　　　（　　　　　　　）
　3．（　　　　　　　　）　　　　　（　　　　　　　）
　4．（　　　　　　　　）　　　　　（　　　　　　　）　　（　　　　　　　　）
　　　　　経　常　利　益　　　　　　　　　　　　　　　（　　　　　　　　）
VI　特　別　利　益
　1．（　　　　　　　　）　　　　　（　　　　　　　）　　（　　　　　　　　）
　　　　　税 引 前 当 期 純 利 益　　　　　　　　　　　（　　　　　　　　）
　　　　　法人税, 住民税及び事業税　　　（　　　　　　　）
　　　　　法 人 税 等 調 整 額　△（　　　　　　　）　　（　　　　　　　　）
　　　　　当　期　純　利　益　　　　　　　　　　　　　（　　　　　　　　）

検定問題

解答p.124

1　北海道商事株式会社の総勘定元帳勘定残高と付記事項および決算整理事項は，次のとおりであった。よって，報告式の損益計算書を完成しなさい。

ただし，ⅰ　会社計算規則によること。
　　　　ⅱ　会計期間は令和○4年4月1日から令和○5年3月31日までとする。
　　　　ⅲ　その他有価証券の評価差額はすべて純資産の部に計上する。
　　　　ⅳ　税効果は考慮しないものとする。

元帳勘定残高

現　　　　　金	¥2,647,410	当 座 預 金	¥4,564,180	受 取 手 形	¥3,100,000
売　　掛　　金	5,120,000	貸 倒 引 当 金	24,100	売買目的有価証券	2,180,000
繰 越 商 品	3,615,600	仮払法人税等	285,500	建　　　　物	9,500,000
建物減価償却累計額	3,249,000	土　　　　地	4,450,000	リ ー ス 資 産	500,000
リース資産減価償却累計額	100,000	その他有価証券	1,980,000	支 払 手 形	1,285,700
買　　掛　　金	3,300,000	長 期 借 入 金	1,700,000	退職給付引当金	6,120,330
リ ー ス 債 務	300,000	資　　本　　金	16,000,000	資 本 準 備 金	1,650,000
利 益 準 備 金	900,000	別 途 積 立 金	560,000	繰越利益剰余金	745,500
売　　　　　上	34,025,640	受 取 家 賃	156,000	受 取 配 当 金	60,000
固定資産売却益	179,000	仕　　　　入	18,637,960	給　　　　料	9,648,920
発　　送　　費	987,550	広 告 料	760,000	通 信 費	538,400
消 耗 品 費	82,450	保 険 料	1,218,000	租 税 公 課	216,360
雑　　　　　費	176,940	支 払 利 息	54,000	手 形 売 却 損	92,000

付　記　事　項

①　リース債務¥300,000は令和○8年3月31日までリース契約をしているコピー機に対するものであり，決算日の翌日から1年以内の部分は流動負債として表示する。

決算整理事項

a．期 末 商 品 棚 卸 高　　帳簿棚卸数量　3,840個　　原　　　　価　@¥850
　　　　　　　　　　　　　　実地棚卸数量　3,800個　　正味売却価額　@¥830
　　　　　　　　　　　　　　ただし，棚卸減耗損および商品評価損は売上原価の内訳項目とする。

b．外貨建取引の円換算　　当社が保有している外貨建取引による売掛金および買掛金は，取引日の為替レートで円換算しており，為替予約はおこなっていない。

	取引額	取引日の為替レート	決算日の為替レート
売　　掛　　金	20,000ドル	1ドル108円	1ドル112円
買　　掛　　金	30,000ドル	1ドル110円	1ドル112円

c．貸 倒 見 積 高　　売上債権の期末残高に対し，それぞれ1％と見積もり，貸倒引当金を設定する。

d．有 価 証 券 評 価 高　　保有する株式は次のとおりである。

	銘　　　　柄	株　　数	1株の帳簿価額	1株の時価
売買目的有価証券	奈良商事株式会社	400株	¥3,800	¥4,200
	南北物産株式会社	300株	¥2,200	¥1,900
その他有価証券	東西産業株式会社	1,000株	¥1,980	¥2,020

e．減 価 償 却 高　　建　　物：取得原価¥9,500,000　残存価額は取得原価の10%　耐用年数は50年とし，定額法により計算している。
　　　　　　　　　　　　リース資産：見積現金購入価額¥500,000　残存価額は零（0）　耐用年数は5年（リース期間）とし，定額法により計算している。

f．保 険 料 前 払 高　　保険料のうち¥1,008,000は，令和○4年11月1日から3年分の保険料として支払ったものであり，前払高を次期に繰り延べる。

g．利 息 未 払 高　　¥21,250

h．退職給付引当金繰入額　　¥450,800

i．法人税，住民税及び事業税額　　¥544,200

損　益　計　算　書

北海道商事株式会社　　令和○4年4月1日から令和○5年3月31日まで　　　　（単位：円）

I　売　　上　　高　　　　　　　　　　　　　　　　（　　　　　　　　）
II　売　上　原　価
　1．期首商品棚卸高　　　　　　　　　3,615,600
　2．当期商品仕入高　　　　　　　　18,637,960
　　　　　　合　　　　計　　　　　　22,253,560
　3．期末商品棚卸高　　（　　　　　　　　）
　　　　　　　　　　　　　（　　　　　　　　）
　4．（　　　　　　　　）　（　　　　　　　　）
　5．商品評価損　　　　　（　　　　　　　　）　（　　　　　　　　）
　　　　　　売上総利益　　　　　　　　　　　　（　　　　　　　　）
III　販売費及び一般管理費
　1．給　　　　　　料　　　　　　　　9,648,920
　2．発　　送　　費　　　　　　　　　987,550
　3．広　　告　　料　　　（　　　　　　　　）
　4．（　　　　　　　　）　（　　　　　　　　）
　5．（　　　　　　　　）　（　　　　　　　　）
　6．（　　　　　　　　）　（　　　　　　　　）
　7．通　　信　　費　　　（　　　　　　　　）
　8．消　耗　品　費　　　（　　　　　　　　）
　9．保　　険　　料　　　（　　　　　　　　）
　10．租　税　公　課　　　（　　　　　　　　）
　11．（　　　　　　　　）　（　　　　　　　　）　（　　　　　　　　）
　　　　　　営　業　利　益　　　　　　　　　　（　　　　　　　　）
IV　営　業　外　収　益
　1．受　取　家　賃　　　　　　　　　156,000
　2．受　取　配　当　金　　　　　　　60,000
　3．（　　　　　　　　）　（　　　　　　　　）
　4．（　　　　　　　　）　（　　　　　　　　）　（　　　　　　　　）
V　営　業　外　費　用
　1．（　　　　　　　　）　（　　　　　　　　）
　2．手　形　売　却　損　　　　　　　92,000　　（　　　　　　　　）
　　　　　　経　常　利　益　　　　　　　　　　（　　　　　　　　）
VI　特　別　利　益
　1．固定資産売却益　　　　　　　　　179,000　　　　　179,000
　　　　　税引前当期純利益　　　　　　　　　　　（　　　　　　　　）
　　　　　法人税，住民税及び事業税　　　　　　　（　　　　　　　　）
　　　　　当　期　純　利　益　　　　　　　　　　（　　　　　　　　）

Ⅳ 財務諸表分析の基礎

第1章 財務諸表分析の方法

学習の要点 ●●●

1．財務諸表分析の目的

　財務諸表分析は，企業の財政状態の健全性や経営成績の収益性のよしあしを判断したり，経営方針を決定したりするためにおこなわれる。

種類	分析する主体	目的	内容
内部分析	経営者など	経営管理	経営管理・経営活動を合理的におこなうために必要な資料を提供する分析。
外部分析	金融機関・債権者など	信用分析	企業の支払能力などを判断するためにおこなう分析。
	投資家・株主など	投資分析	企業の収益性や安全性などを判断するためにおこなう分析。

2．財務諸表分析のおもな方法

関係比率法	財務諸表上のある項目の金額と，それに関係の深い項目の金額の比率などによって分析する方法。	静態比率	貸借対照表の各項目間の比率で，財政状態の判断基準となる。
		動態比率	損益計算書の各項目間の比率や，損益計算書の項目と貸借対照表の項目の比率で，経営成績の判断基準となる。
実数法	連続する2期以上の財務諸表の項目の金額を比較する方法。	比較貸借対照表	2期以上の貸借対照表の各項目の金額を比較して，その増減変化の原因を分析する方法。
		比較損益計算書	2期以上の損益計算書の各項目の金額を比較して，その増減変化の原因を分析する方法。

3．関係比率法による分析

(1)静態分析に用いるおもな財務指標（静態比率）

支払能力をみる静態比率	流動比率 $= \dfrac{流動資産}{流動負債} \times 100(\%)$	企業の短期の支払能力を示す比率で，一般に200％以上が望ましい。
	当座比率 $= \dfrac{当座資産}{流動負債} \times 100(\%)$	企業の即座の支払能力を示す比率で，一般に100％以上が望ましい。
安全性をみる静態比率	自己資本比率 $= \dfrac{自己資本^*}{総資本} \times 100(\%)$	総資本に対する自己資本の割合を示す比率で，この比率が高いほど企業の経営は安定している。
	固定比率 $= \dfrac{固定資産}{自己資本^*} \times 100(\%)$	自己資本に対する固定資産の割合を示す比率で，100％以下が望ましい。
	負債比率 $= \dfrac{負債}{自己資本^*} \times 100(\%)$	自己資本に対する負債の割合を示す比率で，この比率が低いほど企業の経営は安定している。

＊自己資本＝株主資本＋評価・換算差額等
　株式引受権や新株予約権は自己資本に含めないことに注意する。

(2)動態分析に用いるおもな財務指標（動態比率）

収益性をみる動態比率	売上高純利益率 ＝ $\dfrac{当期純利益}{売上高} \times 100(\%)$	売上高に対する当期純利益の割合を示す比率で，この比率が高いほど収益性が高い。
	売上高総利益率 ＝ $\dfrac{売上総利益}{売上高} \times 100(\%)$	売上高に対する売上総利益の割合を示す比率で，この比率が高いほど利幅が大きく，収益性が高い。
	売上原価率 ＝ $\dfrac{売上原価}{売上高} \times 100(\%)$	売上高に対する売上原価の割合を示す比率で，この比率が低いほど利幅が大きく，収益性が高い。
	商品回転率 ＝ $\dfrac{売上原価}{（期首商品棚卸高＋期末商品棚卸高）\div 2}$	この比率が高いほど販売効率がよい。なお，365日÷商品回転率で商品の平均在庫日数が計算できる。
	受取勘定回転率 ＝ $\dfrac{売上高}{受取勘定}$	この比率が高いほど売上債権の回収状況がよい。なお，365日÷受取勘定回転率で売上債権の平均回収日数が計算できる。
	固定資産回転率 ＝ $\dfrac{売上高}{固定資産}$	この比率が高いほど固定資産が効率的に活用されていることを示す。
	自己資本回転率 ＝ $\dfrac{売上高}{自己資本}$	この比率が高いほど自己資本が効率的に活用されていることを示す。
	総資本回転率 ＝ $\dfrac{売上高}{総資本}$	この比率が高いほど総資本が効率的に活用されていることを示す。
	自己資本利益率 ＝ $\dfrac{当期純利益}{自己資本} \times 100(\%)$	自己資本に対する当期純利益の割合を示す比率で，この比率が高いほど自己資本の収益性が高い。
	総資本利益率 ＝ $\dfrac{当期純利益}{総資本} \times 100(\%)$	総資本に対する当期純利益の割合を示す比率で，この比率が高いほど総資本の収益性が高い。
成長性をみる動態比率	売上高成長率 ＝ $\dfrac{当期売上高－前期売上高}{前期売上高} \times 100(\%)$	当期の売上高が前期に対してどれだけ伸びたかを判断する比率で，売上高が伸びている場合は，市場やその占有率などが拡大していると判断できる。
	経常利益成長率 ＝ $\dfrac{当期経常利益－前期経常利益}{前期経常利益} \times 100(\%)$	当期の経常利益が前期に対してどれだけ伸びたかを判断する比率で，一般に経常利益成長率が売上高成長率を上回っている企業は，順調に成長をしていると判断できる。
	総資本増加率 ＝ $\dfrac{当期総資本－前期総資本}{前期総資本} \times 100(\%)$	当期の総資本が前期に対してどれだけ増加したかを判断する比率で，一般に総資本増加率が売上高成長率を下回っている企業は，バランスのとれた成長をしていると判断できる。

4．連結財務諸表の意義

　企業は，経営の多角化や国際化などに対応するために，事業や地域ごとに子会社などをつくって**企業集団**を形成し，集団として複数の事業を多くの国や地域で展開する形態をとることが多い。企業が集団化している場合，単独の企業の財務諸表（**個別財務諸表**）だけでは利害関係者が誤った判断をする可能性があるため，企業集団全体の財政状態や経営成績などを示した**連結財務諸表**を作成することが必要となる。

5．連結の範囲

　企業集団においてほかの企業を支配している企業を**親会社**といい，親会社に支配されている企業を**子会社**という。「ほかの企業を支配している」とは，ほかの企業の意思決定機関（株主総会など）を支配していることをいい，具体的には次の基準によって判断する。

- ●ほかの企業の議決権のある株式の過半数を保有している場合。
- ●ほかの企業の議決権のある株式の過半数を保有していない場合でも，高い比率（40％以上50％以下）で議決権のある株式を保有しており，かつ，その企業の意思決定機関を支配している一定の事実（過半数の取締役を派遣しているなど）が認められる場合。
- ●親会社と子会社でほかの企業を実質的に支配している場合。
- ●子会社だけでほかの企業を実質的に支配している場合。

　連結財務諸表の作成にあたり，原則として，親会社はすべての子会社を連結の範囲に含めなければならない。

6．連結財務諸表の種類

　連結財務諸表の種類には次のようなものがある。

連 結 貸 借 対 照 表	企業集団の一定時点における財政状態をあらわす財務諸表。
連 結 損 益 計 算 書	企業集団の一定期間における経営成績をあらわす財務諸表。
連 結 包 括 利 益 計 算 書	企業集団の一定期間における資本取引を除いた純資産の変動をあらわす財務諸表。
連結株主資本等変動計算書	企業集団の一定期間における純資産の増減額をあらわす財務諸表。
連結キャッシュ・フロー計算書	企業集団の一定期間におけるキャッシュ・フローをあらわす財務諸表。
連 結 附 属 明 細 表	連結財務諸表の内容を補足するために重要事項の明細を示す書類。

基本問題

解答p.127

1　次の各文の　□□□□　のなかにあてはまるもっとも適当な語を次の語群のなかから選び，その番号を記入しなさい。なお，同一の用語を重複して用いてもよい。

(1)　財務諸表分析のうち，財務諸表上のある項目の金額と，それに関係の深い項目の金額の比率などによって分析する方法を　ア　という。一方で，連続する2期以上の財務諸表の項目の金額を比較する方法を　イ　という。

(2)　ウ　は企業の財政状態を判断するために用いられ，貸借対照表の各項目間の比率で示される。一方で，エ　は企業の経営成績を判断するために用いられ，損益計算書の各項目間の比率や，損益計算書の項目と貸借対照表の項目の比率で示される。

(3)　流動比率は企業の　オ　の支払能力を示す比率で，一般に　カ　以上が望ましい。

(4)　負債比率は　キ　に対する負債の割合を示す比率で，この比率が　ク　ほど企業の経営は安定している。

(5)　売上高総利益率は売上高に対する　ケ　の割合を示す比率で，この比率が　コ　ほど利幅が大きく，収益性が高い。

(6)　365日÷受取勘定回転率で　サ　が計算できる。

語群
1．100%　　　　2．総資本　　　　3．当期純利益　　　4．短期
5．静態比率　　　6．長期　　　　7．関係比率法　　　8．200%
9．低い　　　　10．売上総利益　　11．自己資本　　　12．動態比率
13．実数法　　　14．高い　　　　15．売上債権の平均回収日数
16．商品の平均在庫日数

(1)		(2)		(3)	
ア	イ	ウ	エ	オ	カ

(4)		(5)		(6)
キ	ク	ケ	コ	サ

2　次の各文の　□□□　のなかにあてはまるもっとも適当な語を次の語群のなかから選び，その番号を記入しなさい。

(1)　企業は，経営の多角化や国際化などに対応するために，事業や地域ごとに子会社などをつくって　ア　を形成し，集団として複数の事業を多くの国や地域で展開する形態をとることが多い。この場合，　イ　だけでは利害関係者が誤った判断をする可能性があるため，企業集団全体の財政状態や経営成績などを示した　ウ　を作成することが必要となる。

(2)　ア　においてほかの企業を支配している企業を　エ　といい，　エ　に支配されている企業を　オ　という。「ほかの企業を支配している」とは，ほかの企業の　カ　（株主総会など）を支配していることをいう。

(3)　ウ　の種類には，企業集団の一定時点における財政状態をあらわす　キ　や，企業集団の一定期間における経営成績をあらわす　ク　などがある。

語群
1．親会社　　　　　2．連結損益計算書　　3．企業集団　　　4．個別財務諸表
5．連結財務諸表　　6．連結貸借対照表　　7．子会社　　　　8．意思決定機関

(1)			(2)			(3)	
ア	イ	ウ	エ	オ	カ	キ	ク

3　次の資料から，商品回転率を求めなさい。ただし，商品有高の平均と売上原価を用いること。なお，棚卸減耗損と商品評価損は発生していない。

資　　料
i　当期売上高　　　¥12,510,000　　ii　当期商品仕入高　　¥9,465,000
iii　期首商品棚卸高　　960,000　　iv　期末商品棚卸高　　1,020,000

商品回転率	回

4　岡山商店の貸借対照表および当期商品売買に関する資料から，次の各比率を求めなさい。ただし，パーセントで示すものはパーセントの小数第1位未満を，回数で示すものは小数第1位未満を四捨五入すること。また，商品回転率は商品有高の平均と売上原価を，受取勘定回転率は受取勘定の期末残高をそれぞれ用いて計算すること。なお，棚卸減耗損と商品評価損は発生していない。

貸　借　対　照　表

岡山商店　　　　令和○年12月31日　　　　（単位：円）

現　金　預　金	780,000	電子記録債務	964,000
電 子 記 録 債 権	1,300,000	買　　掛　　金	1,300,000
売　　掛　　金	1,796,000	未　　払　　金	320,000
商　　　　品	2,584,000	長 期 借 入 金	2,000,000
建　　　　物	3,300,000	資　　本　　金	5,860,000
備　　　　品	1,434,000	当 期 純 利 益	1,350,000
投 資 有 価 証 券	600,000		
	11,794,000		11,794,000

当期商品売買に関する資料

ⅰ	期首商品棚卸高	¥	2,316,000
ⅱ	売　　上　　高		34,056,000
ⅲ	仕　　入　　高		29,668,000

(1)	流　動　比　率	%	(2)	当　座　比　率	%
(3)	自 己 資 本 比 率	%	(4)	固　定　比　率	%
(5)	負　債　比　率	%	(6)	売 上 高 純 利 益 率	%
(7)	売 上 高 総 利 益 率	%	(8)	売 上 原 価 率	%
(9)	商　品　回　転　率	回	(10)	受 取 勘 定 回 転 率	回
(11)	固 定 資 産 回 転 率	回	(12)	自 己 資 本 回 転 率	回
(13)	総 資 本 回 転 率	回	(14)	自 己 資 本 利 益 率	%
(15)	総 資 本 利 益 率	%			

5　次の4つの会社の資料から，
① 短期の支払能力がもっとも高い会社名を答えなさい。
② 自己資本比率による安全性がもっとも高い会社名を答えなさい。
③ 負債比率が2番目に良好な会社名を答えなさい。

	A社	B社	C社	D社
流 動 資 産	¥　18,000,000	¥　50,400,000	¥　45,540,000	¥　46,800,000
流 動 負 債	20,000,000	24,000,000	22,000,000	26,000,000
固 定 負 債	5,640,000	35,160,000	51,068,000	4,728,000
総 資 本	100,000,000	102,000,000	120,000,000	92,000,000

①	社	②	社	③	社

6　石川商事株式会社の第7期の損益計算書および資料より，次の金額を求めなさい。なお，損益計算書の空欄を適宜推定して解答すること。

(1)売　　上　　高　　(2)当期商品仕入高　　(3)営　業　費　用
(4)営　業　利　益　　(5)経　常　利　益　　(6)当期純利益

損　益　計　算　書

石川商事株式会社　　　　令和○2年1月1日から令和○2年12月31日まで　　　（単位：円）

Ⅰ　売　　上　　高		（　　　　　　　）	
Ⅱ　売　上　原　価			
1.　期首商品棚卸高	5,872,000		
2.　当期商品仕入高	（　　　　　　　）		
合　　　計	（　　　　　　　）		
3.　期末商品棚卸高	（　　　　　　　）	56,160,000	
（　　　　　　　）		（　　　　　　　）	
Ⅲ　販売費及び一般管理費		12,300,000	
（　　　　　　　）		（　　　　　　　）	
Ⅳ　営　業　外　収　益		447,000	
Ⅴ　営　業　外　費　用		159,000	
（　　　　　　　）		（　　　　　　　）	
Ⅵ　特　別　利　益		76,000	
Ⅶ　特　別　損　失		84,000	
税引前当期純利益		3,820,000	
（　　　　　　　）		（　　　　　　　）	
（　　　　　　　）		（　　　　　　　）	

資　　料

ⅰ　期末商品棚卸高　　￥5,360,000

ⅱ　売上高総利益率は22.0％である。

ⅲ　法人税，住民税及び事業税額は税引前当期純利益の40％である。ただし，税効果は考慮しないものとする。

(1)	売　　上　　高	￥
(2)	当期商品仕入高	￥
(3)	営　業　費　用	￥
(4)	営　業　利　益	￥
(5)	経　常　利　益	￥
(6)	当　期　純　利　益	￥

応用問題

解答p.129

1 高知商事株式会社の貸借対照表および資料によって,

(1) 次の金額を求めなさい。
　　①流動資産　　②当座資産　　③有形固定資産　　④投資その他の資産
　　⑤流動負債　　⑥固定負債　　⑦自己資本　　⑧利益剰余金

(2) 次の比率を求めなさい（パーセントの小数第1位未満を四捨五入すること）。
　　①流動比率　　②当座比率　　③自己資本比率　　④固定比率
　　⑤負債比率　　⑥自己資本利益率　　⑦総資本利益率
　　ただし，自己資本は株主資本と評価・換算差額等を合計した金額とする。

貸 借 対 照 表

高知商事株式会社　　　　　　　令和○4年12月31日　　　　　　　（単位：円）

現 金 預 金		825,000	電 子 記 録 債 務		2,200,000
電 子 記 録 債 権	2,000,000		買 掛 金		2,470,000
貸 倒 引 当 金	△ 20,000	1,980,000	未 払 法 人 税 等		580,000
売 掛 金	3,000,000		退 職 給 付 引 当 金		2,150,000
貸 倒 引 当 金	△ 30,000	2,970,000	資 本 金		10,000,000
商 品		4,830,000	資 本 準 備 金		1,000,000
備 品	4,000,000		利 益 準 備 金		200,000
減 価 償 却 累 計 額	△ 800,000	3,200,000	別 途 積 立 金		200,000
長 期 貸 付 金		2,000,000	繰 越 利 益 剰 余 金		1,000,000
投 資 有 価 証 券		4,195,000	その他有価証券評価差額金		20,000
			新 株 予 約 権		180,000
		20,000,000			20,000,000

資 料

　上記の貸借対照表における繰越利益剰余金のうち，当期純利益は¥819,000であった。

(1)

①	流 動 資 産	¥		②	当 座 資 産	¥	
③	有 形 固 定 資 産	¥		④	投資その他の資産	¥	
⑤	流 動 負 債	¥		⑥	固 定 負 債	¥	
⑦	自 己 資 本	¥		⑧	利 益 剰 余 金	¥	

(2)

①	流 動 比 率	%	②	当 座 比 率		%
③	自 己 資 本 比 率	%	④	固 定 比 率		%
⑤	負 債 比 率	%	⑥	自 己 資 本 利 益 率		%
⑦	総 資 本 利 益 率	%				

2　広島産業株式会社（決算年1回）の貸借対照表および損益計算書から，次の各比率を求めなさい。ただし，パーセントで示すものはパーセントの小数第1位未満を，回数で示すものは小数第1位未満を四捨五入すること。また，商品回転率は商品有高の平均と売上原価を，受取勘定回転率は受取勘定の期末残高をそれぞれ用いて計算すること。なお，棚卸減耗損と商品評価損は発生していない。

貸　借　対　照　表

広島産業株式会社　　　　　　　　令和○2年3月31日　　　　　　　　（単位：円）

現　金　預　金	750,000	支　払　手　形	836,000
受　取　手　形	1,483,000	買　　掛　　金	1,850,000
売　　掛　　金	1,140,000	未　払　法　人　税　等	300,000
商　　　　　品	824,000	長　期　借　入　金	1,500,000
建　　　　　物	4,400,000	資　　本　　金	5,000,000
備　　　　　品	1,200,000	利　益　準　備　金	630,000
の　　れ　　ん	970,000	繰　越　利　益　剰　余　金	1,451,000
投　資　有　価　証　券	800,000		
	11,567,000		11,567,000

損　益　計　算　書

広島産業株式会社　　　令和○1年4月1日から令和○2年3月31日まで　　　（単位：円）

費　　用	金　　額	収　　益	金　　額
期　首　商　品　棚　卸　高	1,300,000	売　　上　　高	38,000,000
当　期　商　品　仕　入　高	28,400,000	期　末　商　品　棚　卸　高	824,000
売　上　総　利　益	9,124,000		
	38,824,000		38,824,000
販売費及び一般管理費	5,780,000	売　上　総　利　益	9,124,000
営　業　外　費　用	2,212,000	営　業　外　収　益	360,000
法人税，住民税及び事業税	600,000		
当　期　純　利　益	892,000		
	9,484,000		9,484,000

(1)	流　動　比　率	%	(2)	当　座　比　率	%
(3)	自　己　資　本　比　率	%	(4)	固　定　比　率	%
(5)	負　債　比　率	%	(6)	売　上　高　純　利　益　率	%
(7)	売　上　高　総　利　益　率	%	(8)	売　上　原　価　率	%
(9)	商　品　回　転　率	回	(10)	受　取　勘　定　回　転　率	回
(11)	固　定　資　産　回　転　率	回	(12)	自　己　資　本　回　転　率	回
(13)	総　資　本　回　転　率	回	(14)	自　己　資　本　利　益　率	%
(15)	総　資　本　利　益　率	%			

検定問題

解答p.131

1　次の文の 　　　 のなかにあてはまるもっとも適当な語を次の語群のなかから選び，その番号を記入しなさい。

　財務諸表分析は，株主や債権者の立場からおこなう ┌ ア ┐ と，経営者の立場からおこなうものとに分類することができる。また，財務諸表分析の方法には，財務諸表の金額によって財務比率を求めて分析する方法と，財務諸表の金額を用いて分析する方法があり，後者を ┌ イ ┐ という。

(第85回)

語群

1．比率法（比率分析）　　2．内部分析　　3．外部分析　　4．実数法（実数分析）

ア	イ

2　A社の下記の資料によって，

①　（　ア　）から（　キ　）に入る金額または比率を求めなさい。

②　次の各文の 　　　 のなかに入る比率または日数を求めなさい。また，｜　　　　｜のなかから，いずれか適当な語を選び，その番号を記入しなさい。 (第94回一部修正)

　収益性を調べるため，売上高経常利益率を計算すると，第17期は8.8％であり，第18期は ┌ ク ┐ ％である。このことから，第18期の業績は第17期よりケ｜1．良く　　2．悪く｜なっていることがわかる。

　また，商品の販売効率を判断するため，商品回転率を商品有高の平均と売上原価を用いて計算し，商品平均在庫日数を求めると第17期は ┌ コ ┐ 日であり，第18期は25.0日である。このことから判断すると，第18期の販売効率は第17期よりサ｜1．良く　　2．悪く｜なっていることがわかる。

資　　料

ⅰ　第18期における純資産の部に関する事項

　　6月25日　株主総会において，次のとおり繰越利益剰余金を配当および処分することを決議した。

　　　　　利益準備金　会社法による額　　　配当金　1,400千円

　　　　　新築積立金　80千円

ⅱ　株主資本等変動計算書

(第18期) 株主資本等変動計算書

A社　　　　　　　　令和3年4月1日から令和4年3月31日まで　　　　　（単位：千円）

	資本金	資本剰余金		利益剰余金					純資産合計
		資本準備金	資本剰余金合計	利益準備金	その他利益剰余金		利益剰余金合計		
					新築積立金	繰越利益剰余金			
当 期 首 残 高	6,000	600	600	800	520	2,080	3,400		10,000
当 期 変 動 額									
剰 余 金 の 配 当				(　　)		(　　)	(　　)		(　　)
新築積立金の積立					(　　)	△ 80	—		—
当 期 純 利 益						(　　)	(　　)		(　　)
当期変動額合計	—	—	—	(　　)	(　　)	(　イ　)	(　　)		(　　)
当 期 末 残 高	6,000	600	600	(　ア　)	(　　)	(　　)	(　　)		11,000

iii　損益計算書

（第17期）　　損 益 計 算 書	
A社　令和2年4月1日から令和3年3月31日まで	
（単位：千円）	
Ⅰ　売　　　　上　　　　高	24,000
Ⅱ　売　　上　　原　　価	15,600
売　上　総　利　益	8,400
Ⅲ　販売費及び一般管理費	6,000
営　業　利　益	2,400
Ⅳ　営　業　外　費　用	288
経　常　利　益	2,112
Ⅴ　特　別　損　失	52
税引前当期純利益	2,060
法人税，住民税及び事業税	620
当　期　純　利　益	1,440

（第18期）　　損 益 計 算 書	
A社　令和3年4月1日から令和4年3月31日まで	
（単位：千円）	
Ⅰ　売　　　　上　　　　高	30,000
Ⅱ　売　　上　　原　　価	19,710
売　上　総　利　益	10,290
Ⅲ　販売費及び一般管理費	（　ウ　）
営　業　利　益	（　　）
Ⅳ　営　業　外　費　用	150
経　常　利　益	3,450
Ⅴ　特　別　損　失	20
税引前当期純利益	（　　）
法人税，住民税及び事業税	1,030
当　期　純　利　益	（　　）

iv　財務比率

	第17期	第18期
売上原価率	（　エ　）　％	65.7　　％
売上高純利益率	6.0　　％	（　オ　）　％
売上高成長率	20.0　　％	（　カ　）　％
受取勘定回転率	9.6　　回	（　キ　）　回

※期首と期末の平均値による。

v　売上債権および商品の金額　（単位：千円）

	第17期首	第17期末	第18期末
売上債権（受取勘定）	3,000	2,000	4,000
商品	1,730	1,390	1,310

vi　第16期の売上高　　20,000千円

①

ア	イ	ウ
千円	千円	千円

エ	オ	カ	キ
％	％	％	回

②

ク	ケ	コ	サ
％		日	

財務諸表分析の問題で株主資本等変動計算書が出題されることもあるんだ！

3　A社とB社の下記の資料によって，　　　　　　　　　　　　　　　（第93回一部修正）

①　次の文の　　　　のなかに入る適当な比率を求めなさい。

【安全性の分析】

　短期的な支払能力を調べるために，流動比率を計算すると，A社は　ア　%であり，B社は180%である。さらに当座比率を計算すると，A社は80%であり，B社は　イ　%である。また，長期的な支払能力を調べるために，自己資本比率を計算すると，A社は　ウ　%で，B社は60%である。

【収益性の分析】

　収益性を調べるために，期末の数値と当期純利益を用いて各比率を計算する。まず，総資本利益率を計算すると，A社は6%であり，B社は　エ　%である。さらに，総資本利益率を売上高純利益率と総資本回転率に分解し，売上高純利益率を計算すると，A社は3%であり，B社は　オ　%である。また，総資本回転率を計算すると，A社は2回であり，B社は　カ　回である。

【成長性の分析】

　成長性を調べるために，売上高成長率（増収率）を計算すると，A社は　キ　%であり，B社は25%である。

②　B社の貸借対照表の商品（ク）の金額を求めなさい。

③　上記①と②により判明したことを説明している文を次のなかから1つ選び，その番号を記入しなさい。

　1．企業規模が大きいのはA社で，安全性，収益性，成長性が高いのはB社である。

　2．企業規模が大きく，成長性が高いのはA社で，安全性と収益性が高いのはB社である。

　3．企業規模が大きく，収益性が高いのはA社で，安全性と成長性が高いのはB社である。

資　料

ⅰ　損益計算書に関する金額（単位：千円）

	前　期	当　期			
	売　上　高	期首商品棚卸高	売　上　高	売　上　原　価	当期純利益
A社	150,000	19,000	180,000	126,000	5,400
B社	33,600	2,700	42,000	25,200	1,680

ⅱ　当期の商品回転率

　　　A社　6回　　　B社　9回

　　　商品回転率の計算は，商品有高の平均と売上原価を用いている。なお，棚卸減耗損と商品評価損は発生していない。

ⅲ　当期の貸借対照表

貸　借　対　照　表

A社　　令和3年3月31日　　（単位：千円）

資　産	金　額	負債・純資産	金　額
現　金　預　金	4,200	支　払　手　形	4,300
受　取　手　形	5,600	買　掛　金	26,500
売　掛　金	9,400	短　期　借　入　金	8,000
有　価　証　券	12,800	未　払　法　人　税　等	1,200
商　品	23,000	長　期　借　入　金	19,800
短　期　貸　付　金	1,000	退　職　給　付　引　当　金	3,200
備　品	2,300	資　本　金	11,000
建　物	13,700	資　本　剰　余　金	6,400
土　地	15,000	利　益　剰　余　金	9,600
投　資　有　価　証　券	3,000		
	90,000		90,000

貸　借　対　照　表

B社　　令和3年3月31日　　（単位：千円）

資　産	金　額	負債・純資産	金　額
現　金　預　金	1,300	支　払　手　形	1,400
受　取　手　形	600	買　掛　金	2,700
売　掛　金	2,400	短　期　借　入　金	600
有　価　証　券	1,700	未　払　法　人　税　等	300
商　品	（ク）	退　職　給　付　引　当　金	600
短　期　貸　付　金	（　　）	資　本　金	4,200
備　品	700	資　本　剰　余　金	1,400
建　物	1,500	利　益　剰　余　金	2,800
土　地	2,800		
	14,000		14,000

①

ア	イ	ウ
％	％	％

エ	オ	カ	キ
％	％	回	％

②

	千円

③

4 同業他社のA社，B社，C社の次の資料によって，株主から投資された資金を効率的に運用し，収益性がもっとも高い会社を選び，その会社の自己資本利益率を答えなさい。 （第86回）

	A　社	B　社	C　社
総　資　本	¥　9,000,000	¥　16,000,000	¥　14,500,000
他　人　資　本	4,800,000	6,200,000	8,200,000
経　常　利　益	2,310,000	3,430,000	2,520,000
当　期　純　利　益	924,000	1,764,000	1,260,000

収益性がもっとも高い会社	自己資本利益率
社	％

5 次の文の 　　　 のなかにあてはまるもっとも適当な語を次の語群のなかから選び，その番号を記入しなさい。

　企業集団を構成する複数の企業の財政状態と経営成績を，総合的に報告する目的で企業集団に属する複数の企業を1つの会計主体とみなし， ア を作成することが求められている。これは，企業集団のなかで，ほかの企業の意思決定機関を支配している イ が作成する。 （第83回）

語群
1．連結財務諸表　　2．親会社　　3．個別財務諸表　　4．子会社

ア	イ

連結財務諸表の作成

第1章　連結財務諸表の基礎

学習の要点 ●●●

1．連結財務諸表とは

　企業は，経営の多角化や国際化などに対応するために，事業や地域ごとに子会社などをつくって**企業集団**を形成し，集団として複数の事業を多くの国や地域で展開する形態をとることが多い。

　この場合，集団内の各企業は法的に独立しているので，それぞれが独自の財務諸表（**個別財務諸表**）を作成する。しかし，これらの企業は経済的にはひとつの集団として存在しているので，個別財務諸表だけではなく，経済的に結びついた企業集団全体の財務諸表が必要となる。これが**連結財務諸表**である。なお，企業集団においてほかの企業を支配している企業を**親会社**といい，親会社に支配されている企業を**子会社**という（本書では，親会社を「P社」，子会社を「S社」と表現する）。

2．支配獲得日における連結貸借対照表の作成

　連結財務諸表は，親会社および子会社の個別財務諸表の金額を基礎として次の手順で親会社が作成する。連結財務諸表は，親会社が子会社を支配すると認められた時点（**支配獲得日**）から作成するが，この時点では連結貸借対照表のみを作成する。

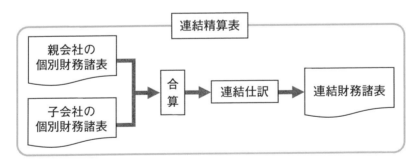

3．子会社の資産および負債の時価評価

　連結貸借対照表の作成にあたり，支配獲得日において，親会社は子会社の資産および負債を時価で評価しなければならない。資産および負債の時価による評価額と個別貸借対照表上の金額（帳簿価額）との差額は，**評価差額**（純資産）で処理する。

例1　S社の土地の帳簿価額￥*120*　時価￥*150*の場合[1]

（借）土　　　　　地　　　*30*　　（貸）評　価　差　額　　　*30*

*1　この編では，税効果会計は考慮しないものとする。

4．投資と資本の相殺消去

　親会社と子会社の個別貸借対照表を単純に合算してしまうと，親会社の投資（子会社株式）と子会社の資本が二重に計上されてしまう。そこで，連結貸借対照表を作成する場合には，支配獲得日における親会社の投資と重複する子会社の資本（株主資本および評価差額*²）を相殺消去しなければならない。

　＊2　相殺する子会社の資本には評価・換算差額等もあるが，本書では取り扱わない。

　例2　P社がS社発行株式の100％を¥100で取得し，S社の資本が資本金¥80と資本剰余金¥20のみの場合

　　（借）資　本　金　　80　　（貸）子会社株式　　100
　　　　　資本剰余金　　20

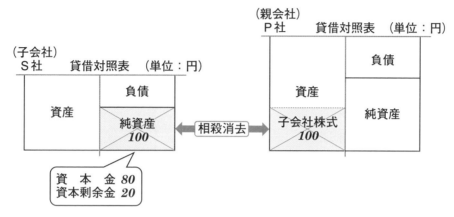

5．投資消去差額の処理

　すでに存在する企業の株式を市場から購入して子会社にした場合は，親会社の投資と子会社の資本は一致しないことが多い。その場合，親会社の投資と子会社の資本を相殺消去したときに差額が生じることになる。親会社の投資が子会社の資本より大きい場合は，その差額をのれん（無形固定資産）で処理する。

　例3　P社がS社発行株式の100％を¥110で取得し，S社の資本が資本金¥80と資本剰余金¥20のみの場合

　　（借）資　本　金　　80　　（貸）子会社株式　　110
　　　　　資本剰余金　　20
　　　　　の　れ　ん　　10

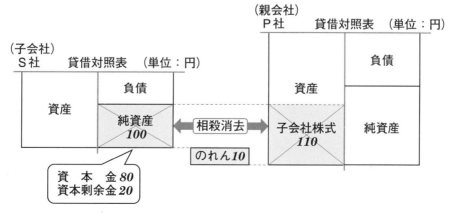

６．非支配株主持分

　子会社の発行している株式を親会社以外も保有している場合，子会社を支配している親会社以外の株主を**非支配株主**という。

　この場合，連結仕訳において親会社の投資と相殺消去するのは，子会社の資本のうち親会社の持分に相当する部分となる。子会社の資本のうち親会社の持分に相当しない部分は**非支配株主持分**（純資産）に振り替える。

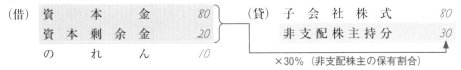

　例4　Ｐ社がＳ社発行株式の70％を￥80で取得し，Ｓ社の資本が資本金￥80と資本剰余金￥20のみの場合

(借)	資　本　金	80	(貸)	子 会 社 株 式	80
	資 本 剰 余 金	20		非 支 配 株 主 持 分	30
	の　れ　ん	10			

×30%（非支配株主の保有割合）

※（資本金￥80＋資本剰余金￥20）×非支配株主の保有割合30％＝非支配株主持分￥30

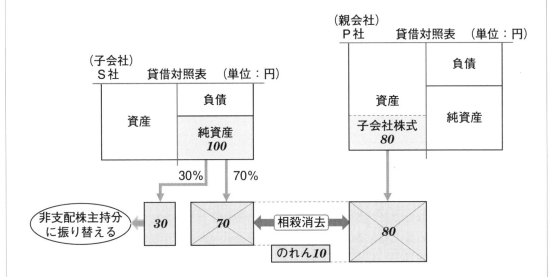

　例4のＳ社の資本のうち，親会社に帰属する部分と，非支配株主に帰属する部分を示すと以下のようになる。

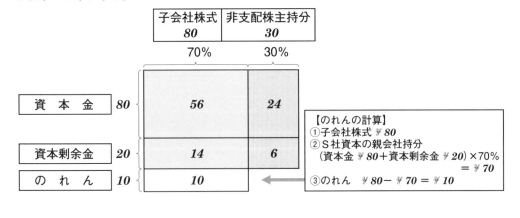

		子会社株式 80	非支配株主持分 30
		70%	30%
資　本　金	80	56	24
資本剰余金	20	14	6
の　れ　ん	10	10	

【のれんの計算】
①子会社株式　￥80
②Ｓ社資本の親会社持分
　（資本金￥80＋資本剰余金￥20）×70％
　　　　　　　　　　　　　＝￥70
③のれん　￥80－￥70＝￥10

基本問題

解答p.134

1 次の各文の ⬚ のなかにあてはまるもっとも適当な語を下記の語群のなかから選び，その番号を記入しなさい。

(1) 連結財務諸表は，親会社および子会社の個別財務諸表の金額を基礎として ⬚ ア ⬚ が作成する。連結財務諸表は，親会社が子会社を支配すると認められた時点（支配獲得日）から作成するが，この時点では ⬚ イ ⬚ のみを作成する。

(2) ⬚ イ ⬚ を作成する場合には，支配獲得日における親会社の ⬚ ウ ⬚ と重複する子会社の ⬚ エ ⬚ を相殺消去しなければならない。

(3) 親会社の ⬚ ウ ⬚ が子会社の ⬚ エ ⬚ より大きい場合は，その差額を ⬚ オ ⬚ で処理する。

(4) 子会社の発行している株式を親会社以外も保有している場合，子会社を支配している親会社以外の株主を ⬚ カ ⬚ という。

語群
1．非支配株主　　2．連結貸借対照表　　3．資本　　4．のれん
5．親会社　　　　6．連結損益計算書　　7．子会社　　8．投資

(1)		(2)		(3)	(4)
ア	イ	ウ	エ	オ	カ

2 P社は￥2,000,000を出資（100％出資）し，子会社としてS社を設立した。なお，S社設立時のP社およびS社の個別貸借対照表は次のとおりである（S社の資産の帳簿価額は時価と等しい）。

よって，(1) 投資と資本の相殺消去の仕訳を示しなさい。
(2) 連結貸借対照表を作成しなさい。

P社　　　　　貸　借　対　照　表　（単位：円）

現 金 預 金	4,000,000	買　　掛　　金	2,000,000
売　掛　金	3,200,000	資　　本　　金	5,000,000
商　　品	800,000	資 本 剰 余 金	2,500,000
子会社株式	2,000,000	利 益 剰 余 金	500,000
	10,000,000		10,000,000

S社　　　　　貸　借　対　照　表　（単位：円）

現 金 預 金	2,000,000	資　　本　　金	1,500,000
		資 本 剰 余 金	500,000
	2,000,000		2,000,000

(1) 投資と資本の相殺消去の仕訳

借　　　　　方	貸　　　　　方

(2)

P社　　　　　　　連　結　貸　借　対　照　表　　　　（単位：円）

現 金 預 金	(　　　　)	買　　掛　　金	(　　　　)
売　掛　金	(　　　　)	資　　本　　金	(　　　　)
商　　品	(　　　　)	資 本 剰 余 金	(　　　　)
		利 益 剰 余 金	(　　　　)
	(　　　　)		(　　　　)

3　P社はS社の発行する株式の90％を￥5,000,000で取得し，S社を子会社とした。なお，支配獲得日におけるP社およびS社の個別貸借対照表は次のとおりであり，同日におけるS社の土地の時価は￥2,710,000で，それ以外の資産・負債の帳簿価額は時価と等しかった。

　　よって，⑴　S社の評価替えの仕訳を示しなさい。
　　　　　　⑵　投資と資本の相殺消去の仕訳を示しなさい。
　　　　　　⑶　連結貸借対照表を作成しなさい。

P社	貸　借　対　照　表	（単位：円）
現 金 預 金　4,000,000	買　掛　金　5,100,000	
売　掛　金　5,300,000	資　本　金　18,000,000	
商　　　品　3,100,000	資本剰余金　2,000,000	
土　　　地　8,000,000	利益剰余金　300,000	
子会社株式　5,000,000		
25,400,000	25,400,000	

S社	貸　借　対　照　表	（単位：円）
現 金 預 金　1,300,000	買　掛　金　1,420,000	
売　掛　金　1,800,000	資　本　金　4,000,000	
商　　　品　700,000	資本剰余金　500,000	
土　　　地　2,420,000	利益剰余金　300,000	
6,220,000	6,220,000	

⑴　S社の評価替えの仕訳

借　　　　方	貸　　　　方

⑵　投資と資本の相殺消去の仕訳

借　　　　方	貸　　　　方

⑶

P社	連　結　貸　借　対　照　表	（単位：円）
現　金　預　金　（　　　　　　）	買　　掛　　金　（　　　　　　）	
売　　掛　　金　（　　　　　　）	資　　本　　金　（　　　　　　）	
商　　　　　品　（　　　　　　）	資　本　剰　余　金　（　　　　　　）	
土　　　　　地　（　　　　　　）	利　益　剰　余　金　（　　　　　　）	
（　　　　　　）（　　　　　　）	（　　　　　　）（　　　　　　）	
（　　　　　　）	（　　　　　　）	

4　P社はS社の発行する株式の90%を*10,000*千円で取得し，S社を子会社とした。なお，支配獲得日におけるP社およびS社の個別貸借対照表は次のとおりであり，同日におけるS社の土地の時価は*5,420*千円で，それ以外の資産・負債の帳簿価額は時価と等しかった。

　　よって，(1)　S社の評価替えの仕訳を示しなさい。
　　　　　(2)　投資と資本の相殺消去の仕訳を示しなさい。
　　　　　(3)　連結貸借対照表を作成しなさい。

P社	貸　借　対　照　表	(単位：千円)			
現　金　預　金	8,000	買　　掛　　金		10,200
売　　掛　　金	10,600	資　　本　　金		36,000
商　　　　品	6,200	資　本　剰　余　金		4,000
土　　　　地	16,000	利　益　剰　余　金		600
子会社株式	10,000			
	50,800			50,800

S社	貸　借　対　照　表	(単位：千円)			
現　金　預　金	2,600	買　　掛　　金		2,840
売　　掛　　金	3,600	資　　本　　金		8,000
商　　　　品	1,400	資　本　剰　余　金		1,000
土　　　　地	4,840	利　益　剰　余　金		600
	12,440			12,440

(1)　S社の評価替えの仕訳（単位：千円）

借　　　　方	貸　　　　方

(2)　投資と資本の相殺消去の仕訳（単位：千円）

借　　　　方	貸　　　　方

(3)

P社	連　結　貸　借　対　照　表	(単位：千円)		
現　金　預　金	(　　　　)	買　　掛　　金	(　　　　)
売　　掛　　金	(　　　　)	資　　本　　金	(　　　　)
商　　　　品	(　　　　)	資　本　剰　余　金	(　　　　)
土　　　　地	(　　　　)	利　益　剰　余　金	(　　　　)
(　　　　)	(　　　　)	(　　　　)	(　　　　)
	(　　　　)		(　　　　)

第2章　連結財務諸表の作成

学習の要点 ●●●

1．連結第1年度末の連結財務諸表の作成

　支配獲得日には，連結財務諸表のうち連結貸借対照表のみを作成した。しかし，支配獲得日後の連結決算日にはすべての連結財務諸表を作成する。

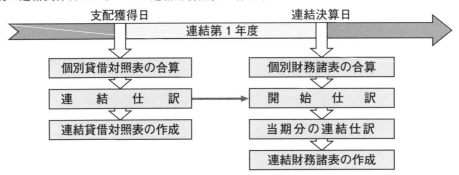

2．連結財務諸表の関係

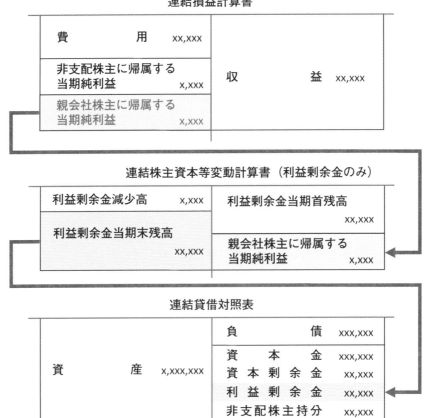

※連結株主資本等変動計算書を示すと次のようになる。

連結損益計算書から

連結株主資本等変動計算書

| | 株　主　資　本 | | | 非支配株主 |
	資本金	資本剰余金	利益剰余金	持　　分
当　期　首　残　高	xxx,xxx	xx,xxx	xx,xxx	xx,xxx
当　期　変　動　額				
剰　余　金　の　配　当			△ x,xxx	△ xxx
親会社株主に帰属する当期純利益			x,xxx	
非支配株主に帰属する当期純利益				x,xxx
当　期　変　動　額　合　計			xxx	x,xxx
当　期　末　残　高	xxx,xxx	xx,xxx	xx,xxx	xx,xxx

連結貸借対照表へ

3．開始仕訳

　連結財務諸表は親会社と子会社の個別財務諸表をもとに作成する。この個別財務諸表には，過去におこなった連結仕訳はまったく反映されていない。したがって，連結決算では，支配獲得日以降におこなった連結仕訳を再度おこなわなければならない。これを**開始仕訳**という。

開始仕訳の例（投資と資本の相殺消去）

（借）　資　　本　　金	xxx	（貸）　子　会　社　株　式	xxx
資　本　剰　余　金	xxx	非 支 配 株 主 持 分	xxx
利益剰余金当期首残高	xxx		
の　　れ　　ん	xxx		

4．当期分の連結仕訳

①　のれんの償却

　支配獲得日の連結仕訳において，のれんが生じた場合には，原則として20年以内に，定額法などの合理的な方法により償却しなければならない。のれんを償却するさいの借方には，**のれん償却**（販売費及び一般管理費）を使用する。

（借）　の　れ　ん　償　却	xxx	（貸）　の　　れ　　ん	xxx

②　子会社の当期純利益の配分

　子会社の計上した当期純利益は，株式の保有割合によって親会社と非支配株主に按分する。連結上，親会社と子会社の個別損益計算書を合算するので，当期純利益も合計される。したがって，連結仕訳において非支配株主への配分額を当期純利益から減額して非支配株主持分に振り替えなければならない。そのさいの借方は，**非支配株主に帰属する当期純利益**を使用する。

（借）　非 支 配 株 主 に 帰 属 する 当 期 純 利 益	xxx	（貸）　非 支 配 株 主 持 分	xxx

> **非支配株主への利益配分額**
> ＝ 子会社の当期純利益 × 非支配株主の株式保有割合

③　子会社の配当金の修正

ａ．子会社から親会社への配当

　子会社が親会社に対して支払った配当金は，連結上，企業集団内の単なる資金の移動にすぎないことになる。したがって，親会社が計上した受取配当金と子会社が計上した配当金（**剰余金の配当***）を相殺消去しなければならない。

＊連結株主資本等変動計算書上で利益剰余金を減少させる表示科目。

（借）受 取 配 当 金　　xxx　　（貸）剰 余 金 の 配 当　　xxx

ｂ．子会社から非支配株主への配当

　子会社が非支配株主に対して配当金を支払った場合，非支配株主に配当した金額だけ非支配株主持分を減額しなければならない。これは，配当により子会社の資本が減少するので，子会社の資本の配分額である非支配株主持分も減少することになるからである。

（借）非 支 配 株 主 持 分　　xxx　　（貸）剰 余 金 の 配 当　　xxx

基本問題

解答p.137

１　次の各文の ☐ のなかにあてはまるもっとも適当な語を下記の語群のなかから選び，その番号を記入しなさい。

(1)　個別財務諸表には，過去におこなった連結仕訳はまったく反映されていないため，連結決算では，支配獲得日以降におこなった連結仕訳を再度おこなわなければならない。これを ｜ ア ｜ という。

(2)　支配獲得日の連結仕訳において，のれんが生じた場合には，原則として ｜ イ ｜ 年以内に，定額法などの合理的な方法により償却しなければならない。

(3)　子会社の計上した当期純利益は，株式の保有割合によって親会社と ｜ ウ ｜ に按分する。

(4)　子会社が親会社に対して支払った配当金は，連結上，企業集団内の単なる資金の移動にすぎないため，親会社が計上した受取配当金と子会社が計上した配当金を ｜ エ ｜ しなければならない。

語群

| 1．相殺消去 | 2．非支配株主 | 3．子会社 | 4．開始仕訳 |
| 5．30 | 6．再振替仕訳 | 7．20 | 8．二重計上 |

(1)	(2)	(3)	(4)
ア	イ	ウ	エ

２　次の資料により，令和○２年３月31日（連結決算日）における連結仕訳を示しなさい。

資　　料

ⅰ　令和○２年３月31日における個別財務諸表

損 益 計 算 書

令和○１年４月１日から

P社　　　　令和○２年３月31日まで（単位：千円）

売 上 原 価	13,400	売 上 高	17,500
給 料	2,810	受取配当金	210
当期純利益	1,500		
	17,710		17,710

損 益 計 算 書

令和○１年４月１日から

S社　　　　令和○２年３月31日まで（単位：千円）

売 上 原 価	4,850	売 上 高	6,500
給 料	1,150		
当期純利益	500		
	6,500		6,500

株 主 資 本 等 変 動 計 算 書
令和○1年4月1日から令和○2年3月31日まで　　（単位：千円）

	資　本　金		利益剰余金	
	P社	S社	P社	S社
当期首残高	5,000	3,000	1,200	800
当期変動額　剰余金の配当			△800	△300
当期純利益			1,500	500
当期末残高	5,000	3,000	1,900	1,000

貸 借 対 照 表
P社　　　令和○2年3月31日　（単位：千円）

諸　資　産	5,900	諸　負　債	4,800
土　　　地	2,000	資　本　金	5,000
子会社株式	3,800	利益剰余金	1,900
	11,700		11,700

貸 借 対 照 表
S社　　　令和○2年3月31日　（単位：千円）

諸　資　産	4,200	諸　負　債	1,800
土　　　地	1,600	資　本　金	3,000
		利益剰余金	1,000
	5,800		5,800

ⅱ　P社は，令和○1年3月31日にS社の発行する株式の70％を3,800千円で取得し支配した。なお，取得日におけるS社の土地の帳簿価額は1,600千円，時価は1,800千円であり，当期中に土地の売買取引はなかった。また，他の資産および負債の時価は帳簿価額に等しかった。

ⅲ　のれんは償却期間を20年間とし，定額法により償却する。

ⅳ　P社とS社相互間の債権・債務の取引や資産の売買はなかった。

① 開始仕訳（単位：千円）

借　　　　　方	貸　　　　　方

② のれんの償却（単位：千円）

借　　　　　方	貸　　　　　方

③ 子会社の当期純利益の配分（単位：千円）

借　　　　　方	貸　　　　　方

④ 配当金の修正（単位：千円）

借　　　　　方	貸　　　　　方

3　次の資料により，令和○4年3月31日（連結決算日）における連結損益計算書・連結株主資本等変動計算書・連結貸借対照表の（　ア　）から（　エ　）にあてはまる金額を答えなさい。

（第94回一部修正）

連結損益計算書

P社　　　　　　　　　　令和○3年4月1日から令和○4年3月31日まで　　　　　（単位：千円）

売　上　原　価	141,300	売　　上　　高	183,600
給　　　　料	34,750	受　取　利　息	（　　　　　）
支　払　利　息	350		
の　れ　ん　償　却	（　　　　　）		
当　期　純　利　益	（　ア　）		
	（　　　　　）		（　　　　　）
非支配株主に帰属する当期純利益	（　　　　　）	当　期　純　利　益	（　　　　　）
親会社株主に帰属する当期純利益	（　　　　　）		
	（　　　　　）		（　　　　　）

連結株主資本等変動計算書

P社　　　　　　　　　　令和○3年4月1日から令和○4年3月31日まで　　　　　（単位：千円）

	株　主　資　本		非支配株主持分
	資　本　金	利益剰余金	
当期首残高	68,000	16,900	（　　　　）
当期変動額　剰余金の配当		△2,500	
親会社株主に帰属する当期純利益		（　イ　）	
株主資本以外の項目の当期変動額(純額)			（　　　　）
当期末残高	68,000	（　　　　）	（　　　　）

連結貸借対照表

P社　　　　　　　　　　　　　令和○4年3月31日　　　　　　　　　　（単位：千円）

諸　　資　　産	95,200	諸　　負　　債	24,000
土　　　　地	（　ウ　）	資　　本　　金	（　　　　　）
の　　れ　　ん	（　　　　　）	利　益　剰　余　金	（　　　　　）
		非　支　配　株　主　持　分	（　エ　）
	（　　　　　）		（　　　　　）

資　料

i　令和○4年3月31日における個別財務諸表

損益計算書

令和○3年4月1日から
P社　令和○4年3月31日まで（単位：千円）

売上原価	100,800	売上高	127,600
給料	22,280	受取利息	600
支払利息	320	受取配当金	800
当期純利益	5,600		
	129,000		129,000

損益計算書

令和○3年4月1日から
S社　令和○4年3月31日まで（単位：千円）

売上原価	40,500	売上高	56,000
給料	12,470		
支払利息	30		
当期純利益	3,000		
	56,000		56,000

株主資本等変動計算書

令和○3年4月1日から令和○4年3月31日まで　　　（単位：千円）

		資　本　金		利益剰余金	
		P社	S社	P社	S社
当期首残高		68,000	12,400	16,900	3,600
当期変動額	剰余金の配当			△2,500	△1,000
	当期純利益			5,600	3,000
当期末残高		68,000	12,400	20,000	5,600

貸借対照表

P社　令和○4年3月31日　（単位：千円）

諸資産	77,000	諸負債	16,000
土地	11,000	資本金	68,000
子会社株式	16,000	利益剰余金	20,000
	104,000		104,000

貸借対照表

S社　令和○4年3月31日　（単位：千円）

諸資産	18,200	諸負債	8,000
土地	7,800	資本金	12,400
		利益剰余金	5,600
	26,000		26,000

ii　P社は，令和○3年3月31日にS社の発行する株式の80％を16,000千円で取得し支配した。なお，取得日におけるS社の土地の帳簿価額は7,800千円，時価は9,800千円であり，当期中に土地の売買取引はなかった。また，他の資産および負債の時価は帳簿価額に等しかった。

iii　のれんは償却期間を20年間とし，定額法により償却する。

iv　P社とS社相互間の債権・債務の取引や資産の売買はなかった。

ア		千円	イ		千円
ウ		千円	エ		千円

検定問題

解答p.141

1　次の資料により，令和○ 4 年 3 月31日（連結決算日）における連結損益計算書・連結株主資本等変動計算書・連結貸借対照表の（　ア　）から（　エ　）にあてはまる金額を答えなさい。

（第95回一部修正）

連結損益計算書

P社　　　　　　　　令和○ 3 年 4 月 1 日から令和○ 4 年 3 月31日まで　　　　（単位：千円）

売　上　原　価	32,400	売　　上　　高	47,500
給　　　　　料	8,500		
の　れ　ん　償　却	（　　　　　）		
当　期　純　利　益	（　　　　　）		
	47,500		47,500
非支配株主に帰属する当期純利益	（　　ア　　）	当　期　純　利　益	（　　　　　）
親会社株主に帰属する当期純利益	（　　　　　）		
	（　　　　　）		（　　　　　）

連結株主資本等変動計算書

P社　　　　　　　　令和○ 3 年 4 月 1 日から令和○ 4 年 3 月31日まで　　　　（単位：千円）

	株　　主　　資　　本		非支配株主持分
	資　本　金	利益剰余金	
当期首残高	24,000	4,000	（　　イ　　）
当期変動額　剰余金の配当		△2,000	
親会社株主に帰属する当期純利益		（　　　　）	
株主資本以外の項目の当期変動額(純額)			（　　　　）
当期末残高	24,000	（　　　　）	（　　　　）

連結貸借対照表

P社　　　　　　　　　　　　令和○ 4 年 3 月31日　　　　　　　　　　（単位：千円）

諸　　資　　産	45,000	諸　　負　　債	18,500
土　　　　　地	（　　　　　）	資　　本　　金	（　　　　　）
の　　れ　　ん	（　　ウ　　）	利　益　剰　余　金	（　　エ　　）
		非　支　配　株　主　持　分	（　　　　　）
	（　　　　　）		（　　　　　）

資　　料

i　令和○ 4 年 3 月31日における個別財務諸表

損 益 計 算 書

P 社　令和○ 3 年 4 月 1 日から　令和○ 4 年 3 月31日まで（単位：千円）

売 上 原 価	23,400	売 上 高	34,500
給 料	7,000	受取配当金	900
当期純利益	5,000		
	35,400		35,400

損 益 計 算 書

S 社　令和○ 3 年 4 月 1 日から　令和○ 4 年 3 月31日まで（単位：千円）

売 上 原 価	9,000	売 上 高	13,000
給 料	1,500		
当期純利益	2,500		
	13,000		13,000

株 主 資 本 等 変 動 計 算 書

令和○ 3 年 4 月 1 日から令和○ 4 年 3 月31日まで　　　　　　（単位：千円）

		資 本 金		利 益 剰 余 金	
		P 社	S 社	P 社	S 社
当期首残高		24,000	5,000	4,000	2,000
当期変動額	剰余金の配当			△ 2,000	△ 1,500
	当 期 純 利 益			5,000	2,500
当期末残高		24,000	5,000	7,000	3,000

貸 借 対 照 表

P 社　令和○ 4 年 3 月31日　（単位：千円）

諸 資 産	30,000	諸 負 債	10,000
土 地	5,000	資 本 金	24,000
子会社株式	6,000	利益剰余金	7,000
	41,000		41,000

貸 借 対 照 表

S 社　令和○ 4 年 3 月31日　（単位：千円）

諸 資 産	15,000	諸 負 債	8,500
土 地	1,500	資 本 金	5,000
		利益剰余金	3,000
	16,500		16,500

ii　P 社は，令和○ 3 年 3 月31日に S 社の発行する株式の60％を6,000千円で取得し支配した。なお，取得日における S 社の土地の帳簿価額は1,500千円，時価は2,000千円であり，当期中に土地の売買取引はなかった。また，他の資産および負債の時価は帳簿価額に等しかった。

iii　のれんは償却期間を10年間とし，定額法により償却する。

iv　P 社と S 社相互間の債権・債務の取引や資産の売買はなかった。

ア		千円	イ		千円
ウ		千円	エ		千円

2 次の資料により，令和○ 5 年 3 月31日（連結決算日）における連結損益計算書・連結株主資本等変動計算書・連結貸借対照表の（　ア　）から（　エ　）にあてはまる金額を答えなさい。

（第96回一部修正）

連結損益計算書

P 社　　　　　　　令和○ 4 年 4 月 1 日から令和○ 5 年 3 月31日まで　　　　（単位：千円）

売 上 原 価	55,100	売 上 高	72,800
給 料	13,940	受 取 利 息	200
（　　　　　）	（　　　　　）		
（　　　　　）	（　　　　　）		
当 期 純 利 益	（　　　　　）		
	（　　　　　）	（　　　　　）
非支配株主に帰属する当期純利益	450	当 期 純 利 益	（　　　　　）
親会社株主に帰属する当期純利益	（　ア　）		
	（　　　　　）	（　　　　　）

連結株主資本等変動計算書

P 社　　　　　　　令和○ 4 年 4 月 1 日から令和○ 5 年 3 月31日まで　　　　（単位：千円）

	株 主 資 本		非支配株主持分
	資 本 金	利益剰余金	
当期首残高	（　イ　）	（　　　　　）	（　　　　　）
当期変動額　剰余金の配当		△ 1,400	
親会社株主に帰属する当期純利益		（　　　　　）	
株主資本以外の項目の当期変動額(純額)			（　ウ　）
当期末残高	（　　　　　）	（　　　　　）	（　　　　　）

連結貸借対照表

P 社　　　　　　　　　　令和○ 5 年 3 月31日　　　　　　　　　（単位：千円）

諸 資 産	49,100	諸 負 債	（　　　　　）
土 地	（　　　　　）	資 本 金	（　　　　　）
（　　　　　）	（　エ　）	利 益 剰 余 金	（　　　　　）
		非 支 配 株 主 持 分	（　　　　　）
	（　　　　　）		（　　　　　）

資　料

　i　令和○5年3月31日における個別財務諸表

損　益　計　算　書

P社　令和○4年4月1日から令和○5年3月31日まで（単位：千円）

売 上 原 価	34,700	売 上 高	46,000
給　　　料	8,900	受取配当金	490
支 払 利 息	190		
当期純利益	2,700		
	46,490		46,490

損　益　計　算　書

S社　令和○4年4月1日から令和○5年3月31日まで（単位：千円）

売 上 原 価	20,400	売 上 高	26,800
給　　　料	5,040	受 取 利 息	200
支 払 利 息	60		
当期純利益	1,500		
	27,000		27,000

株 主 資 本 等 変 動 計 算 書

令和○4年4月1日から令和○5年3月31日まで　　　（単位：千円）

| | | 資 本 金 | | 利 益 剰 余 金 | |
		P社	S社	P社	S社
当期首残高		16,000	6,000	5,700	2,800
当期変動額	剰余金の配当			△1,400	△700
	当 期 純 利 益			2,700	1,500
当期末残高		16,000	6,000	7,000	3,600

貸　借　対　照　表

P社　令和○5年3月31日　（単位：千円）

諸 資 産	32,300	諸 負 債	25,000
土　　　地	8,500	資 本 金	16,000
子会社株式	7,200	利益剰余金	7,000
	48,000		48,000

貸　借　対　照　表

S社　令和○5年3月31日　（単位：千円）

諸 資 産	16,800	諸 負 債	9,000
土　　　地	1,800	資 本 金	6,000
		利益剰余金	3,600
	18,600		18,600

　ii　P社は，令和○4年3月31日にS社の発行する株式の70％を7,200千円で取得し支配した。
　　　なお，取得日におけるS社の土地の帳簿価額は1,800千円，時価は2,000千円であり，当期中に
　　　土地の売買取引はなかった。また，他の資産および負債の時価は帳簿価額に等しかった。
　iii　のれんは償却期間を20年間とし，定額法により償却する。
　iv　P社とS社相互間の債権・債務の取引や資産の売買はなかった。

ア		千円	イ		千円
ウ		千円	エ		千円

Ⅵ　英文会計

第1章　会計用語の英語表記

学習の要点 ● ● ●

基礎会計用語

英　　　語	日　本　語
account form	勘定式
accountability	説明責任
Accounting Standards Board of Japan：ASBJ	企業会計基準委員会
accrual basis	発生主義
assets	資産
Balance Sheet：B/S	貸借対照表
business entity	企業実体
business tax	事業税
cash basis	現金主義
consolidated financial statements	連結財務諸表
consolidation	新設合併
corporate income tax	法人税
Corporate Social Responsibility：CSR	企業の社会的責任
Cost of Goods Sold：CGS；COGS；cost of sales	売上原価
current assets	流動資産
current liabilities	流動負債
Current Rate：CR	決算時の為替相場
current ratio	流動比率
debt ratio	負債比率
deductible temporary differences	将来減算一時差異
depreciation	減価償却
depreciation charges；depreciation expenses	減価償却費
diminishing balance method	定率法
disclosure	開示
economic resource	経済的資源
Electronic Disclosure for Investors' NETwork：EDINET	金融商品取引法に基づく有価証券報告書等の開示書類に関する電子開示システム
equity ratio	自己資本比率
expenses	費用

finance lease	ファイナンス・リース取引
financial accounting	財務会計
financial performance	経営成績（投資の成果）
financial position	財政状態（投資のポジション）
financial statement analysis	財務諸表分析
Financial Statements：F/S	財務諸表
fixed asset turnover	固定資産回転率
fixed assets	固定資産
fixed liabilities	固定負債
foreign currency transaction gain	為替差益
foreign currency transaction loss	為替差損
foreign currency transactions	外貨建取引
Forward Rate：FR	為替予約相場
going concern	継続企業の前提
goodwill	のれん
gross profit	売上総利益
gross profit margin	売上高総利益率
group of enterprises	企業集団
Historical Rate：HR	取引発生時の為替相場
income；revenue	収益
inhabitant tax	住民税
International Financial Reporting Standards：IFRS	国際財務報告基準
inventories	棚卸資産
inventory turnover	商品回転率
liabilities	負債
long-term debt	長期借入金
management accounting	管理会計
matching principle	費用収益対応の原則
merger	吸収合併
net assets	純資産
net income	純利益
net profit margin	売上高純利益率
net purchases	純仕入高
net sales	純売上高
notes	注記
one-year rule	1 年基準
operating lease	オペレーティング・リース取引
operating profit	営業利益
operating-cycle rule	営業循環基準
parent company	親会社
Profit and Loss Statement：P/L；Income Statement：I/S	損益計算書
profit before tax	税引前当期純利益

profit for the year	当期純利益
Property, Plant and Equipment：PP&E	有形固定資産
provision	引当金
purchase discount	仕入割引
quick ratio	当座比率
report form	報告式
retained earnings	利益剰余金
Return On Assets：ROA	総資本利益率
Return On Equity：ROE	自己資本利益率
sales discount	売上割引
Selling, General and Administrative expenses：SG&A	販売費及び一般管理費
separate financial statements	個別財務諸表
share capital	資本金
share premium	資本剰余金
software	ソフトウェア
stakeholder	利害関係者
Statement of Cash Flows；Cash Flow Statement：C/F	キャッシュ・フロー計算書
Statement of changes in Shareholders' equity：S/S	株主資本等変動計算書
straight-line method	定額法
subsidiary company	子会社
taxable profits	課税所得
taxable temporary differences	将来加算一時差異
temporary differences	一時差異
trade receivables	売上債権
treasury shares	自己株式
units of production method	生産高比例法

基本問題

解答p.146

1　次の会計に関する用語を英語に直したものとして，もっとも適当なものを次の語群のなかから選び，その番号を記入しなさい。

用語

　ア．流動資産　　　　　　　イ．1年基準　　　　　　　ウ．自己資本利益率

語群

　　1．return on assets　　　　2．one-year rule　　　　　3．current liabilities

　　4．operating-cycle rule　　5．current assets　　　　　6．return on equity

ア		イ		ウ	

2　次の会計に関する用語を英語に直したものとして，もっとも適当なものを次の語群のなかから選び，その番号を記入しなさい。

用語

　ア．減価償却　　　　　　　イ．営業利益　　　　　　　ウ．財務会計

語群

　1．operating profit　　　2．management accounting　　3．financial accounting

　4．depreciation　　　　　5．gross profit　　　　　　　6．provision

ア		イ		ウ	

3　次の会計に関する用語を英語に直したものとして，もっとも適当なものを次の語群のなかから選び，その番号を記入しなさい。

用語

　ア．固定負債　　　　　　　イ．発生主義　　　　　　　ウ．自己株式

語群

　1．fixed liabilities　　　2．treasury shares　　　　3．cash basis

　4．fixed assets　　　　　5．accrual basis　　　　　　6．stakeholder

ア		イ		ウ	

4　次の会計に関する用語を英語に直したものとして，もっとも適当なものを次の語群のなかから選び，その番号を記入しなさい。

用語

　ア．開示　　　　　　　　　イ．資本剰余金　　　　　　ウ．のれん

語群

　1．notes　　　　　　　　　2．retained earnings　　　3．goodwill

　4．share premium　　　　5．inventories　　　　　　　6．disclosure

ア		イ		ウ	

5　次の会計に関する用語を英語に直したものとして，もっとも適当なものを次の語群のなかから選び，その番号を記入しなさい。

用語

　ア．負債比率　　　　　　　イ．仕入割引　　　　　　　ウ．経営成績（投資の成果）

語群

　1．financial position　　2．current ratio　　　　　3．financial performance

　4．debt ratio　　　　　　5．purchase discount　　　6．sales discount

ア		イ		ウ	

Ⅶ　形式別問題

第1章　仕訳

解答p.148

1 下記の取引の仕訳を示しなさい。ただし，勘定科目は，次のなかから適当なものを使用すること。

現　　　　　金	当 座 預 金	売 　掛　 金	クレジット売掛金
売買目的有価証券	満期保有目的債券	未 払 配 当 金	利 益 準 備 金
別 途 積 立 金	繰越利益剰余金	自 己 株 式	売 　　　　上
有 価 証 券 利 息	有価証券売却益	支 払 手 数 料	有価証券売却損

a．売買目的で保有している額面￥24,000,000（帳簿価額￥23,520,000）の社債のうち，その3分の1を額面￥100につき￥99.50で売却し，代金は端数利息￥48,000とともに小切手で受け取った。

b．帯広商事株式会社は，自社が発行している株式のうち240株を1株につき￥58,000で取得し，小切手を振り出して支払った。

c．決算にあたり，満期保有目的で当期首に発行と同時に買い入れた次の社債について，半年分の利息を小切手で受け取り，同時に評価替えをおこなった。ただし，額面金額と取得金額との差額については，償却原価法（定額法）によって評価する。

　発行条件

　　社債額面　￥20,000,000　　取得価額　額面￥100につき￥98.40

　　償還期限　　10年　　利　　率　年3％　　利払い　年2回

d．東南百貨店は，商品を￥450,000で，クレジットカード払いの条件で売り渡した。なお，クレジットカード発行会社に対する手数料（販売代金の2％）を計上した。

e．札幌産業株式会社は，株主総会において，繰越利益剰余金を次のとおり配当および処分することを決議した。なお，当社の純資産は，資本金￥68,000,000　資本準備金￥14,000,000　利益準備金￥2,600,000　繰越利益剰余金￥7,288,000（貸方残高）である。

　　利益準備金　会社法による額　　配当金　￥5,100,000　　別途積立金　￥170,000

	借　　　　　方	貸　　　　　方
a		
b		
c		
d		
e		

2　下記の取引の仕訳を示しなさい。ただし，勘定科目は，次のなかから適当なものを使用すること。

当　座　預　金	売　　掛　　金	売買目的有価証券	建　　　　　物
備　　　　　品	鉱　　業　　権	の　　れ　　ん	買　　掛　　金
借　　入　　金	資　　本　　金	資　本　準　備　金	その他資本剰余金
繰越利益剰余金	有価証券利息	修　　繕　　費	鉱　業　権　償　却

a．売買目的で額面￥12,000,000の社債を額面￥100につき￥98.50で買い入れ，代金は買入手数料￥32,000および端数利息￥18,000とともに小切手を振り出して支払った。

b．高崎商事株式会社は建物の改良および修繕をおこない，その代金￥9,300,000を小切手を振り出して支払った。ただし，代金のうち￥7,000,000は建物の使用可能期間を延長させる支出と認められ，資本的支出とした。

c．長岡鉱業株式会社は，決算にあたり，生産高比例法を用いて鉱業権を償却した。なお，この鉱業権は￥140,000,000で取得し，当期に60万トンの採掘量があった。ただし，この鉱区の推定埋蔵量は800万トンであり，鉱業権の残存価額は零（0）である。

d．上越商事株式会社は，次の財政状態にある株式会社南北商会を吸収合併することになり，同社の株主に対して，新たに株式400株（1株あたりの時価￥120,000）を交付した。ただし，この合併により，上越商事株式会社において増加する資本金の額は￥40,000,000　資本準備金の額は￥5,000,000である。なお，株式会社南北商会の貸借対照表に示されている資産および負債の時価は帳簿価額に等しいものとする。

株式会社南北商会	貸　借　対　照　表		（単位：円）
売　　掛　　金	12,000,000	買　　掛　　金	9,400,000
建　　　　　物	34,200,000	借　　入　　金	6,800,000
備　　　　　品	10,000,000	資　　本　　金	40,000,000
	56,200,000		56,200,000

e．東西産業株式会社は，株主総会の決議によって，資本金￥2,400,000を減少して，その他資本剰余金を同額増加させたうえで，繰越利益剰余金勘定の借方残高￥2,400,000をてん補した。

	借　　　　　方	貸　　　　　方
a		
b		
c		
d		
e		

3　下記の取引の仕訳を示しなさい。ただし，勘定科目は，次のなかから適当なものを使用すること。

現　　　　　　金	当 座 預 金	電 子 記 録 債 権	売買目的有価証券
備　　　　　品	備品減価償却累計額	買　　掛　　金	有 価 証 券 利 息
仕 入 割 引	有 価 証 券 売 却 益	固 定 資 産 売 却 益	仕　　　　　　入
電子記録債権売却損	有 価 証 券 売 却 損	固 定 資 産 売 却 損	為 替 差 損 益

a．電子記録債権 ¥560,000 を取引銀行で割り引くために電子債権記録機関に譲渡記録の請求をおこない，割引料を差し引かれた手取金 ¥548,800 が当社の当座預金口座に振り込まれた。

b．売買目的で保有している額面 ¥10,000,000（帳簿価額 ¥9,860,000）の社債のうち，その2分の1を額面 ¥100 につき ¥98.80 で売却し，代金は端数利息 ¥36,000 とともに小切手で受け取った。

c．宮城株式会社は，かねて米国の取引先から商品 $12,000 を掛けにより仕入れていたが，本日，買掛金の決済をおこない，小切手を振り出して支払った。なお，仕入時の為替相場は $1 あたり ¥135 であり，決済時の為替相場は $1 あたり ¥140 であった。

d．弘前商事株式会社（決算年1回）は，第9期初頭に備品を ¥5,000,000 で買い入れ，この代金はこれまで使用してきた備品を ¥1,600,000 で引き取らせ，新しい備品の代金との差額は小切手を振り出して支払った。ただし，この古い備品は第6期初頭に ¥4,000,000 で買い入れたもので，残存価額を零（0）耐用年数を8年とする定額法によって毎期の減価償却費を計算し，間接法で記帳してきた。

e．福岡商店に対する買掛金を期日前に支払ったときに，¥51,000 の割引を受けたが，誤って仕入値引を受けたように処理していたので，本日，これを訂正した。

	借　　　　　方	貸　　　　　方
a		
b		
c		
d		
e		

4 下記の取引の仕訳を示しなさい。ただし，勘定科目は，次のなかから適当なものを使用すること。

現　　　　　　金	当 座 預 金	不 渡 手 形	売　　掛　　金
建　　　　　　物	備　　　　　品	建 設 仮 勘 定	の　　れ　　ん
買　　掛　　金	保 証 債 務	その他資本剰余金	新 築 積 立 金
繰越利益剰余金	自 己 株 式	保証債務取崩益	役 務 原 価

a．かねて，商品代金として広島商店に裏書譲渡していた東西商店振り出しの約束手形が期日に不渡りとなり，広島商店から償還請求を受けた。よって手形金額¥900,000および償還請求の諸費用¥12,000をともに小切手を振り出して支払い，同時に東西商店に支払請求をおこなった。なお，この手形を裏書譲渡したさいに，保証債務を¥9,000計上している。

b．松山建設株式会社に建築を依頼していた店舗用建物が完成し，引き渡しを受けたので，建築代金¥24,000,000のうち，すでに支払ってある¥14,000,000を差し引いて，残額は小切手を振り出して支払った。なお，取締役会の決議により新築積立金¥24,000,000を取り崩した。

c．旅行業を営む南北観光株式会社は，国内旅行のツアーを実施し，サービスの提供にともなう費用¥290,000を現金で支払った。

d．島根商事株式会社は，次の財政状態にある南西株式会社を取得し，代金は小切手を振り出して支払った。ただし，南西株式会社の平均利益額は¥1,300,000　同種企業の平均利益率を5％として収益還元価値を求め，その金額を取得対価とした。なお，南西株式会社の貸借対照表に示されている資産および負債の時価は帳簿価額に等しいものとする。

南西株式会社	貸　借　対　照　表		（単位：円）
売　　掛　　金	5,600,000	買　　掛　　金	3,400,000
建　　　　　物	17,400,000	資　　本　　金	24,000,000
備　　　　　品	5,100,000	繰越利益余剰金	700,000
	28,100,000		28,100,000

e．福山商事株式会社は，自己株式（1株の帳簿価額¥160,000）のうち，50株を1株につき¥184,000で処分し，受け取った代金は当座預金とした。

	借　　　　　　方	貸　　　　　　方
a		
b		
c		
d		
e		

5 下記の取引の仕訳を示しなさい。ただし，勘定科目は，次のなかから適当なものを使用すること。

当 座 預 金	定 期 預 金	受 取 手 形	仕 掛 品
備　　　　　品	備品減価償却累計額	未 払 金	保 証 債 務
退職給付引当金	その他資本剰余金	自 己 株 式	仕　　　　　入
給　　　　　料	旅　　　　　費	保 証 債 務 費 用	固 定 資 産 売 却 損

a．埼玉商店から商品￥790,000を仕入れ，代金のうち￥600,000は得意先千葉商店振り出し，当店あての約束手形を裏書譲渡し，残額は小切手を振り出して支払った。なお，保証債務の時価は手形額面金額の１％とする。

b．従業員東西太郎が退職し，退職一時金￥5,000,000を定期預金から支払った。ただし，退職給付引当金勘定の残高が￥35,000,000ある。

c．青森デザイン株式会社は，かねて従業員の給料￥350,000と旅費￥80,000を現金で支払っていたが，本日，このうち給料￥120,000と旅費￥30,000は受注したイラスト制作に直接費やされたものであることが判明したので，仕掛品勘定に振り替えた。

d．福島工業株式会社（決算年１回）は，第13期初頭に備品を￥4,400,000で買い入れ，この代金はこれまで使用してきた備品を￥1,600,000で引き取らせ，新しい備品の代金との差額は翌月末に支払うことにした。ただし，この古い備品は第10期初頭に￥4,000,000で買い入れたもので，定率法により毎期の償却率を20％として減価償却費を計算し，間接法で記帳してきた。

e．富山商事株式会社は，保有する自己株式（１株の帳簿価額￥30,000）400株を消却した。

	借　　　　方	貸　　　　方
a		
b		
c		
d		
e		

6　下記の取引の仕訳を示しなさい。ただし，勘定科目は，次のなかから適当なものを使用すること。

当　座　預　金	売　　掛　　金	備　　　　　品	備品減価償却累計額
ソ フ ト ウ ェ ア	ソフトウェア仮勘定	繰 延 税 金 資 産	退 職 給 付 引 当 金
資　　本　　金	自　己　株　式	新 株 予 約 権	売　　　　　上
給　　　　料	減 価 償 却 費	為 替 差 損 益	法 人 税 等 調 整 額

a．かねて制作を依頼していた自社利用目的のソフトウェアが完成し，引き渡しを受けたので，契約代金¥7,700,000のうち，すでに支払ってある金額を差し引いて，残額¥2,500,000は小切手を振り出して支払った。

b．沖縄商事株式会社は，新株予約権を¥2,000,000（行使価格¥10,000,000）で発行し，払込金額は当座預金とした。

c．長崎商事株式会社は，かねて新株予約権を¥3,000,000（行使価格¥15,000,000）で発行していたが，本日，そのうち75%について権利行使がなされ，行使価格は当座預金口座に振り込まれた。ただし，払込金額の全額を資本金とする。

d．決算にあたり，当期首に¥600,000で取得した備品の減価償却費を計上した。ただし，残存価額を零（0）　耐用年数を4年とした定額法により減価償却費を計算し，間接法により記帳している。なお，法定実効税率を30%とした税効果会計を適用しており，税法上の減価償却費の損金算入限度額は¥120,000であった。

e．佐賀商事株式会社は，かねて米国の得意先に商品を$14,000で掛け販売していたが，決算にあたり決算日の為替相場で円換算した。なお，販売時の為替相場は$1あたり¥134で，決算日の為替相場は$1あたり¥138であった。

f．大分商事株式会社は，自社の発行済株式のうち10,000株を¥700で取得し，代金は小切手を振り出して支払った。

	借　　　　方	貸　　　　方
a		
b		
c		
d		
e		
f		

7　下記の取引の仕訳を示しなさい。ただし，勘定科目は，次のなかから適当なものを使用すること。

現　　　　　金	当　座　預　金	電 子 記 録 債 権	売　　掛　　金
貸 倒 引 当 金	売買目的有価証券	繰 延 税 金 資 産	電 子 記 録 債 務
買　　掛　　金	リ ー ス 債 務	売　　　　　上	有 価 証 券 利 息
有 価 証 券 売 却 益	貸 倒 引 当 金 繰 入	支　払　利　息	法 人 税 等 調 整 額

a．広島商店は，令和○1年4月1日（期首）に，備品のリース契約（ファイナンス・リース取引）を次の資料の条件で締結した。令和○2年3月31日に第1回目のリース料を現金で支払った。なお，利息相当額の処理は利子抜き法（利息相当額を控除する方法）により，リース期間中の各期に定額で配分する。

　資　　　料

　　　年間リース料　¥120,000（毎年3月末払い）　　見積現金購入価額　¥570,000
　　　リ ー ス 期 間　　5年

b．得意先岡山商店に対する売掛金について，同店から期日の10日前に当店の当座預金口座に¥637,000の振り込みがあった。なお，岡山商店とは売掛金を期日の一週間以前に受け取る場合，2%の割引をおこなう旨の契約を締結している。ただし，売上割引の処理については，代金回収時に売上勘定から直接減額する方法によること。

c．兵庫商店に対する買掛金¥620,000の支払いとして，大阪商店に対する電子記録債権¥400,000を譲渡することを決定し，残額については取引銀行を通じて電子記録債務の発生記録の請求をおこなった。

d．決算にあたり，売掛金の期末残高¥800,000に対して貸倒引当金を¥8,000繰り入れた。ただし，税法上の損金算入限度額は¥6,000であった。このとき法定実効税率を30%として税効果会計を適用した。

e．売買目的で保有している京都建設株式会社の社債　額面¥3,500,000のうち¥2,000,000を額面¥100につき¥98.40で売却し，代金は端数利息¥8,000とともに小切手で受け取り，ただちに当座預金とした。ただし，この額面¥3,500,000の社債は，当期に額面¥100につき¥97.50で買い入れたものであり，同時に買入手数料¥7,000および端数利息¥3,500を支払っている。

	借　　　　　方	貸　　　　　方
a		
b		
c		
d		
e		

8　下記の取引の仕訳を示しなさい。ただし，勘定科目は，次のなかから適当なものを使用すること。

現　　　　　金	当　座　預　金	受　取　手　形	貸　倒　引　当　金
売買目的有価証券	仕　　掛　　品	その他有価証券	保　証　債　務
繰延税金負債	その他有価証券評価差額金	役　務　収　益	有　価　証　券　利　息
保証債務取崩益	役　務　原　価	手　形　売　却　損	保　証　債　務　費　用

a．南北設計事務所は，依頼があったビルの設計が完了したので，その対価として顧客から¥230,000が当座預金口座に振り込まれた。同時に，これまで設計に関連して生じた諸費用¥150,000を仕掛品勘定から役務原価勘定に振り替えた。

b．茨城商事株式会社（決算年1回）は，決算にあたり，その他有価証券として保有している次の株式を時価によって評価した。なお，法定実効税率を30％として税効果会計を適用する。

　　　群馬商事株式会社　100株（帳簿価額　1株につき¥52,000　時価　1株につき¥58,000）

c．売買目的で栃木物産株式会社の額面¥10,000,000の社債を額面¥100につき¥98.50で買い入れ，代金は買入手数料¥38,000および端数利息¥48,000とともに小切手を振り出して支払った。

d．得意先神奈川商店から受け取っていた同店振り出しの約束手形¥1,400,000を取引銀行で割り引き，割引料を差し引かれた手取金¥1,379,000は当座預金とした。なお，保証債務の時価は手形額面金額の1％とする。

e．かねて，取引銀行で割り引いていた神奈川商店振り出しの約束手形¥1,400,000が期日に決済されたとの通知を受けた。なお，この手形を割り引いたさいに，手形額面金額の1％の保証債務を計上している。

	借　　　　　方	貸　　　　　方
a		
b		
c		
d		
e		

第2章　適語選択

解答p.152

1 次の各文の ☐☐☐☐ にあてはまるもっとも適当な語を次の語群のなかから選び，その番号を記入しなさい。

a．企業会計は，すべての取引につき ☐ア☐ の原則にしたがって，正確な会計帳簿を作成しなければならない。この原則は，網羅的，秩序的かつ明瞭に取引を記録することを求めており，この原則にしたがった記帳には ☐イ☐ がもっとも適している。

b．会計処理のさい，勘定科目の性質や金額の大小などを考慮して，影響が小さいものについては，簡便な方法を採用することができる。これは ☐ウ☐ の原則の適用によるものである。たとえば，少額の消耗品について，買入時または払出時に ☐エ☐ として処理する方法を採用することができる。

c．企業が投資家の意思決定に役立てるなどの目的で，自社に関する情報を開示することを ☐オ☐ という。会社法では，債権者や株主の保護および利害調整を目的として計算書類等の作成と報告を義務づけており，金融商品取引法では，投資家の保護をはかる目的で ☐カ☐ の開示を義務づけている。

語群
1．有価証券報告書　　2．継続性　　　3．附属明細書　　4．正規の簿記　　5．事業報告
6．費用配分　　　　　7．複式簿記　　8．費用　　　　　9．単式簿記　　　10．ディスクロージャー
11．会計法規　　　　 12．会計記録　 13．重要性　　　 14．単一性　　　 15．保守主義

a		b		c	
ア	イ	ウ	エ	オ	カ

2 次の各文の ☐☐☐☐ にあてはまるもっとも適当な語を次の語群のなかから選び，その番号を記入しなさい。

a．商品の払出単価の計算を，正当な理由なく先入先出法から移動平均法に変更することが認められないのは ☐ア☐ の原則によるものである。この原則により財務諸表の期間比較が可能になり，また ☐イ☐ の防止ができる。

b．通常の営業活動の過程にある受取手形や売掛金などの債権や商品などを ☐ウ☐ とする基準のことを ☐エ☐ という。

c．有形固定資産の減価のうち，企業経営をするうえで当然に発生する減価のことを ☐オ☐ という。これには，使用または時の経過などにともなって生じる ☐カ☐ と陳腐化や不適応化によって生じる機能的減価がある。

語群
1．明瞭性　　　　2．固定資産　　　3．物質的減価　　4．1年基準　　　5．継続性
6．流動資産　　　7．利害関係者　　8．営業循環基準　9．二重転記　　 10．経常的減価
11．注記　　　　12．偶発的減価　 13．資本的支出　 14．利益操作　　 15．収益的支出

a		b		c	
ア	イ	ウ	エ	オ	カ

3　次の各文の □□□ にあてはまるもっとも適当な語を次の語群のなかから選び，その番号を記入しなさい。

a．財務諸表を作成するにあたり，重要な会計方針を注記したり，科目の配列の順序や金額の表示方法に一定の基準を設けたりするのは ア の原則によるものである。

b．自己株式を取得するために要した費用は取得原価には含めず，損益計算書では イ として表示する。

語群

1．転記　　　　　2．売上原価　　　3．営業外費用　　4．仕訳
5．正規の簿記　　6．明瞭性　　　　7．特別損失　　　8．継続性

ア	イ

4　次の各文の □□□ にあてはまるもっとも適当な語を次の語群のなかから選び，その番号を記入しなさい。

a．損益計算書の費用および収益は，費用の項目と収益の項目を相殺して，その差額だけを表示してはならない。これを ア の原則という。

b．消耗品など少額の資産については，その買入時に全額を費用として処理することができる。これは イ の原則の適用例である。

語群

1．財務指標　　2．合併　　　　3．継続性　　　4．付随費用
5．会計記録　　6．総額主義　　7．注記　　　　8．重要性

ア	イ

5　次の各文の □□□ にあてはまるもっとも適当な語を次の語群のなかから選び，その番号を記入しなさい。

a．経営破綻の状態には至っていないが，債務の弁済に重大な問題が生じているか，または生じる可能性が高い債務者に対する債権のことを ア という。

b．有形固定資産を修繕したり改良したりするために生じた支出のうち，耐用年数を延長したり有形固定資産の価値を高めたりする支出のことを イ という。

語群

1．会計記録　　2．資本的支出　　3．会計法規　　　4．破産更生債権等
5．一般債権　　6．貸倒懸念債権　7．収益的支出　　8．アカウンタビリティ

ア	イ

6　次の各文の □□□ にあてはまるもっとも適当な語を次の語群のなかから選び，その番号を記入しなさい。

a．いったん採用した会計処理の原則や手続は，正当な理由がなければ変更してはならない。これを ア の原則という。

b．株主や債権者など，企業外部の利害関係者に対しておこなう外部報告会計のことを イ という。

語群

1．利益操作　　2．管理会計　　3．単一性　　　4．内部分析
5．継続性　　　6．財務会計　　7．正規の簿記　8．利害調整

ア	イ

7　次の各文の □□□ にあてはまるもっとも適当な語を次の語群のなかから選び，その番号を記入しなさい。

a．貸倒懸念債権に対する貸倒見積高の計算方法には，ア とキャッシュ・フロー見積法がある。

b．形式が異なる財務諸表を作成する必要がある場合であっても，それらの内容は信頼できる会計記録にもとづいて作成されたもので，実質的に同一のものでなければならない。これを イ の原則という。

語群

1．総額主義　　2．継続性　　　　3．費用配分　　4．明瞭性
5．単一性　　　6．財務内容評価法　7．貸倒実績率法　8．純額主義

ア	イ

8　次の各文の □□□ にあてはまるもっとも適当な語を次の語群のなかから選び，その番号を記入しなさい。

a．1949年に設定された ア は現在でも一般原則を中心に重要な役割を果たしている。

b．通常の営業取引で生じた電子記録債務や買掛金などの債務を流動負債とするのは，イ によるものである。

語群

1．営業循環基準　2．支払手形　3．会社法　　4．借入金
5．実現主義　　　6．IFRS　　7．1年基準　8．企業会計原則

ア	イ

9　次の各文の □□□ にあてはまるもっとも適当な語を次の語群のなかから選び，その番号を記入しなさい。

a．企業は，経営の多角化やグローバル化などに対応するために，子会社などを設立して ア を形成することがある。

b．外貨建てでおこなわれた取引を円貨に表示し直すことを イ という。

語群

1．連結損益計算書　　2．換算　　3．評価　　4．親会社

5．子会社　　　　　　6．企業集団　　7．為替差損益　　8．連結貸借対照表

ア	イ

10　次の各文の □□□ にあてはまるもっとも適当な語を次の語群のなかから選び，その番号を記入しなさい。

a．企業集団において，ほかの企業を支配している企業のことを ア という。

b．企業集団全体の財政状態や経営成績などを示した書類を総称して イ という。

語群

1．連結財務諸表　　2．子会社　　3．連結貸借対照表　　4．連結損益計算書

5．関連会社　　　　6．個別財務諸表　　7．附属明細表　　8．親会社

ア	イ

11　次の各文の □□□ にあてはまるもっとも適当な語を次の語群のなかから選び，その番号を記入しなさい。

a．特許権や鉱業権などの法律上の権利は，貸借対照表では ア に分類され，表示される。

b．株主が出資した資金のうち，資本金として計上しなかったものを イ という。

語群

1．利益準備金　　2．有形固定資産　　3．新株予約権　　4．投資その他の資産

5．無形固定資産　　6．資本剰余金　　7．棚卸資産　　8．利益剰余金

ア	イ

第3章　英文会計

解答p.152

1　次の財務会計に関する用語の英語表記を，次の語群のなかから選び，その番号を記入しなさい。

用語

ア．売上原価　　　　イ．のれん　　　　ウ．流動資産

語群

1．goodwill　　　　　2．cost of goods sold　　　3．profit for the year

4．current assets　　 5．depreciation　　　　　　6．long-term debt

ア	イ	ウ

2　次の財務会計に関する用語の英語表記を，次の語群のなかから選び，その番号を記入しなさい。

用語

ア．財政状態　　　　イ．売上総利益　　　　ウ．商品回転率

語群

1．inventory turnover　　2．share premium　　　3．gross profit

4．financial performance　5．financial position　　6．accrual basis

ア	イ	ウ

3　次の財務会計に関する用語の英語表記を，次の語群のなかから選び，その番号を記入しなさい。

用語

ア．利益剰余金　　　　イ．自己株式　　　　ウ．経営成績

語群

1．treasury shares　　　2．provision　　　　3．financial performance

4．retained earnings　　5．current ratio　　　6．notes

ア	イ	ウ

4　次の財務会計に関する用語の英語表記を，次の語群のなかから選び，その番号を記入しなさい。

用語

ア．仕入割引　　　　イ．資本剰余金　　　　ウ．財務諸表

語群

1．stakeholder　　　　2．purchase discount　　3．Return On Equity

4．trade receivables　　5．share premium　　　6．Financial Statements

ア	イ	ウ

5 次の財務会計に関する用語の英語表記を，次の語群のなかから選び，その番号を記入しなさい。

用語

ア．1年基準　　イ．吸収合併　　ウ．減価償却

語群

1．profit for the year　　2．one-year rule　　3．provision

4．stakeholder　　5．depreciation　　6．merger

ア	イ	ウ

6 次の財務会計に関する用語の英語表記を，次の語群のなかから選び，その番号を記入しなさい。

用語

ア．利害関係者　　イ．注記　　ウ．法人税

語群

1．current ratio　　2．stakeholder　　3．notes

4．corporate income tax　　5．trade receivables　　6．financial position

ア	イ	ウ

7 次の財務会計に関する用語の英語表記を，次の語群のなかから選び，その番号を記入しなさい。

用語

ア．引当金　　イ．売上債権　　ウ．棚卸資産

語群

1．trade receivables　　2．fixed assets　　3．inventories

4．net income　　5．report form　　6．provision

ア	イ	ウ

8 次の財務会計に関する用語の英語表記を，次の語群のなかから選び，その番号を記入しなさい。

用語

ア．営業利益　　イ．固定資産　　ウ．説明責任

語群

1．operating profit　　2．accountability　　3．goodwill

4．software　　5．fixed assets　　6．liabilities

ア	イ	ウ

第4章　計算・財務諸表分析

解答p.153

1　徳島建設株式会社は，当期に3年後完成の予定で兵庫工業株式会社の工場の建設を請け負った。下記の資料によって，原価回収基準により当期の工事収益を求めなさい。

資　　料

i　工事収益総額は¥400,000,000

ii　工事原価総額については，合理的に見積もることができなかった。

iii　当期に発生した工事原価は¥89,600,000である。

原価回収基準による工事収益　¥

2　次の2つの工事について，当期の工事収益を求めなさい。

①　5年後に完成する予定で当期に請け負った次の工事について，工事進行基準によって工事収益を計上する。

資　　料

i　工事収益総額は¥357,000,000であり，工事原価総額を¥285,600,000と見積もることができた。

ii　当期に発生した工事原価は¥78,540,000である。

②　当期に請け負った次の工事は次期に完成する予定である。工期がごく短い工事であったため，工事完成基準によって工事収益を計上する。

資　　料

i　工事収益総額は¥52,500,000であり，工事原価総額を¥37,800,000と見積もることができた。

ii　当期に発生した工事原価は¥13,230,000である。

①	¥	②	¥

3　下記の資料から，売価還元法によって，次の金額を求めなさい。

a．当期の期末商品棚卸高（原価）　　b．売上高　　c．前期の期末商品棚卸高の原価率

資　　料

		原　　価	売　　価
i	期首商品棚卸高	¥1,368,000	¥1,800,000
ii	当期商品仕入高	4,932,000	7,200,000
iii	期末商品棚卸高		1,620,000

a	¥
b	¥
c	％

4　愛媛商事株式会社の決算日における当座預金出納帳の残高は¥1,580,000であり，銀行が発行した当座勘定残高証明書の金額は¥2,100,000であった。そこで，不一致の原因を調査したところ，次の資料を得た。よって，

(1)　下記の資料によって，愛媛商事株式会社でおこなう必要がある仕訳を示しなさい。ただし，愛媛商事株式会社において仕訳が不要の場合には，「仕訳なし」と記入すること。なお，愛媛商事株式会社では銀行の残高と当座預金出納帳の残高を両方修正して正しい貸借対照表価額で一致させる方法を採用している。

(2)　当座預金出納帳の次月繰越高を求めなさい。

資　料

1．かねて四国商店あてに振り出していた小切手¥540,000が，銀行でまだ支払われていなかった。

2．通信費¥4,000が当座預金口座から引き落とされていたが，未記帳だった。

3．決算日に現金¥60,000を預け入れたが，営業時間外だったため銀行では翌日の入金として処理されていた。

4．買掛金の支払いのために小切手¥44,000を作成して記帳していたが，仕入先に未渡しだった。

(1)

	借　　　方	貸　　　方
1		
2		
3		
4		

(2)

当座預金出納帳の次月繰越高　¥

5　高知商事株式会社は，南北商事株式会社（発行済株式総数500株）の株式330株（1株あたりの帳簿価額¥11,000）を保有し，実質的に支配している。同社の株式は市場価格がないため，決算にあたり同社の財政状態を確認したところ次のとおりであった。よって，1株あたりの実質価額を求めなさい。また，評価替えの必要があるかどうかを判断し，該当する欄に○印を付けなさい。

貸　借　対　照　表

南北商事株式会社　　　　令和○年3月31日　　　　（単位：円）

資　産	金　額	負債及び純資産	金　額
現　金　預　金	1,630,000	買　　掛　　金	1,450,000
電子記録債権	1,000,000	長期借入金	5,000,000
建　　　物	9,800,000	資　　本　　金	5,300,000
繰延税金資産	20,000	繰越利益剰余金	700,000
	12,450,000		12,450,000

1株あたりの実質価額　¥	評価替えをする　　（　　　　　）
	評価替えをしない　（　　　　　）

6　徳島商事株式会社に関する資料によって，次の比率または金額を求めなさい。

a．売上高総利益率　　　b．法人税等調整額　　　c．売上高純利益率

資　　料

ⅰ　商品回転率

　　当期の商品回転率は3.2回であった。ただし，商品有高の平均と売上原価を用いて計算している。また，棚卸減耗損と商品評価損は発生していない。

ⅱ　売上高成長率

　　前期の売上高￥10,000,000に対して，売上高成長率は10.0％であった。

ⅲ　税効果会計

　　当期から税効果会計を適用し，貸倒引当金繰入額のうち，損金算入限度額を超えた￥10,000について，法定実効税率を30％として繰延税金資産を計上した。

ⅳ　徳島商事株式会社の当期の損益計算書

損　益　計　算　書

徳島商事株式会社　　　令和○2年4月1日から令和○3年3月31日まで　　　　（単位：円）

Ⅰ	売　　上　　高		（　　　　　　）
Ⅱ	売　上　原　価		
	1.　期首商品棚卸高	3,300,000	
	2.　当期商品仕入高	（　　　　　　）	
	合　　　計	（　　　　　　）	
	3.　期末商品棚卸高	2,200,000	（　　　　　　）
	売　上　総　利　益		（　　　　　　）
Ⅲ	販売費及び一般管理費		740,000
	営　業　利　益		1,460,000
Ⅳ	営　業　外　収　益		240,000
Ⅴ	営　業　外　費　用		700,000
	経　常　利　益		（　　　　　　）
Ⅵ	特　別　利　益		100,000
	税引前当期純利益		（　　　　　　）
	法人税，住民税及び事業税	333,000	
	法人税等調整額　△（　　　　　　）		（　　　　　　）
	当　期　純　利　益		（　　　　　　）

a		％	b	￥
c		％		

7 兵庫産業株式会社の下記の資料によって，次の各問いに答えなさい。

① 次の文の ☐ のなかに入る適当な金額または比率を記入しなさい。

第5期は，第4期と比較して売上高が増加し，当期純利益も第4期の¥ ☐ a から¥958,800 に増加した。しかし，売上高純利益率は第4期の4.8％から ☐ b ％に低下している。また，売上高経常利益率は，第4期の8.2％から第5期の ☐ c ％にやや増加していた。

また，期末の自己資本を用いて自己資本回転率を調べてみると，第4期の1.10回が，第5期には ☐ d 回に変化していた。さらに固定資産回転率は第4期の1.65回が，第5期には ☐ e 回となっている。

② 上記①により判明したことを説明している文を次のなかから1つ選び，その番号を記入しなさい。

1．第5期の売上高成長率は30％である。

2．第4期と第5期を比較すると，新規の固定資産への投資を抑制していることがわかる。

3．第4期と比較すると，第5期では特別損失が収益性に影響を与えていることがわかる。

資　料

ⅰ　比較貸借対照表に関する金額

		第4期	第5期
資産	流動資産	¥18,200,000	¥18,450,000
	固定資産	¥12,000,000	¥15,000,000
負債	流動負債	¥8,300,000	¥8,200,000
	固定負債	¥3,900,000	¥4,000,000

ⅱ　比較損益計算書

比 較 損 益 計 算 書 （単位：円）

項　　目	第4期	第5期
売　上　高	19,800,000	20,400,000
売　上　原　価	(　　　)	8,568,000
(　　　　　)	(　　　)	(　　　)
販売費及び一般管理費	9,908,000	(　　　)
営　業　利　益	1,576,000	1,652,400
営　業　外　収　益	100,000	101,600
営　業　外　費　用	52,400	40,400
経　常　利　益	(　　　)	(　　　)
特　別　利　益	20,000	20,400
特　別　損　失	59,600	(　　　)
税引前当期純利益	(　　　)	(　　　)
法　人　税　等	633,600	639,200
当　期　純　利　益	(　　　)	958,800

ⅲ　法人税等

第4期・第5期ともに法人税，住民税及び事業税額は，税引前当期純利益の40％である。

ⅳ　売上高総利益率

売上高総利益率は，第4期も第5期も同一である。

ⅴ　純資産の内訳

第4期も第5期も株主資本のみで構成されている。

①

a	¥	b	％	c	％
d	回	e	回		

②　☐

⑧ 山口商事株式会社と広島物産株式会社の下記に資料によって，

① 山口商事株式会社の次の金額と比率を求めなさい。

　　a．当期商品仕入高　　　b．売上高総利益率　　　c．売上高純利益率

② 広島物産株式会社の次の金額と比率を求めなさい。

　　a．当期商品仕入高　　　b．売上高総利益率　　　c．売上高純利益率

③ 次の文の ⬚ のなかに入る適当な比率を記入しなさい。また，｜　　　　｜のなかからいずれか適当な語を選び，その番号を記入しなさい。

　　投下された資本が効率的に運用されているかを比較するため，自己資本の期末残高と税引後の当期純利益を用いて自己資本利益率を計算してみると，山口商事株式会社の自己資本利益率が ［ ア ］ ％であるのに対して，広島物産株式会社の自己資本利益率は ［ イ ］ ％であった。したがって，株主から出資された資本については，ウ｜ 1．山口商事株式会社　　 2．広島物産株式会社 ｜のほうが効率的に運用しているといえる。

　　また，商品の販売効率をみるために，商品有高の平均と売上原価の期末残高を用いて商品回転率を計算してみると，山口商事株式会社の商品回転率が ［ エ ］ 回であるのに対して，広島物産株式会社の商品回転率は ［ オ ］ 回であった。なお，いずれの会社についても棚卸減耗損と商品評価損は発生していない。

資　　　料

ⅰ　山口商事株式会社の期末の資産総額は ¥23,200,000　期末の負債総額は ¥10,150,000であった。なお，純資産の部はすべて株主資本で構成されている。

ⅱ　広島物産株式会社の期末の資産総額は ¥13,600,000　期末の負債総額は ¥5,100,000であった。なお，純資産の部はすべて株主資本で構成されている。

ⅲ　山口商事株式会社の損益計算書

損　益　計　算　書

山口商事株式会社　　令和○2年4月1日から令和○3年3月31日まで　　　（単位：円）

Ⅰ	売　　上　　高		29,000,000
Ⅱ	売　上　原　価		
	1．期首商品棚卸高	2,740,000	
	2．当期商品仕入高	(　　　　　)	
	合　　　計	(　　　　　)	
	3．期末商品棚卸高	3,060,000	(　　　　　)
	売　上　総　利　益		(　　　　　)
Ⅲ	販売費及び一般管理費		5,220,000
	営　業　利　益		(　　　　　)
Ⅳ	営　業　外　収　益		135,000
Ⅴ	営　業　外　費　用		425,000
	経　常　利　益		(　　　　　)
Ⅵ	特　別　損　失		1,885,000
	税引前当期純利益		(　　　　　)
	法人税，住民税及び事業税		522,000
	当　期　純　利　益		783,000

iv　広島物産株式会社の損益計算書

損　益　計　算　書

広島物産株式会社　　令和○2年4月1日から令和○3年3月31日まで　　　　（単位：円）

I	売　　上　　高		(	)
II	売　上　原　価			
	1.　期首商品棚卸高	1,000,000		
	2.　当期商品仕入高	( )		
	合　　計	13,280,000		
	3.　期末商品棚卸高	( )	12,240,000	
	売　上　総　利　益		4,760,000	
III	販売費及び一般管理費		( )	
	営　業　利　益		1,870,000	
IV	営　業　外　収　益		615,000	
V	営　業　外　費　用		190,000	
	経　常　利　益		( )	
VI	特　別　損　失		170,000	
	税引前当期純利益		( )	
	法人税，住民税及び事業税		935,000	
	当　期　純　利　益		( )	

① | a | ¥ | b | % | c | % |

② | a | ¥ | b | % | c | % |

③ | ア | % | イ | % | ウ | | エ | 回 | オ | 回 |

9 埼玉商事株式会社と茨城物産株式会社の下記の資料によって，

① 埼玉商事株式会社の次の金額または比率を求めなさい。

　　a．棚卸資産合計　　b．当座比率　　c．流動比率

② 茨城物産株式会社の次の金額または比率を求めなさい。ただし，商品回転率については，商品有高の平均と売上原価を用いて計算すること。また，株主資本と評価・換算差額等の合計金額を自己資本の金額とし，棚卸減耗損と商品評価損は発生していない。

　　a．流動資産合計　　b．自己資本利益率　　c．商品回転率

③ 次の文の□□□のなかに入る適当な比率を記入しなさい。また，|　　　|のなかからいずれか適当な語を選び，その番号を記入しなさい。

　　受取勘定の回収速度をみるために，受取勘定の期末残高を用いて受取勘定回転率を計算してみると，埼玉商事株式会社は□ア□回で，茨城物産株式会社は□イ□回だった。したがって，ウ{1．埼玉商事株式会社　2．茨城物産株式会社}のほうが，回収期間が短く，回収状況が良いといえる。

資　料

i　埼玉商事株式会社の期首商品棚卸高は¥2,150,000　当期の売上高は¥41,580,000　当期商品仕入高は¥31,000,000であった。

ii　埼玉商事株式会社の当期の貸借対照表は次のとおりである。

貸　借　対　照　表

埼玉商事株式会社　　　　　　　令和○年12月31日　　　　　　　　（単位：円）

資　　産		金　額	負債及び純資産	金　額
現　金　預　金		370,000	支　払　手　形	300,000
受　取　手　形	800,000		電子記録債務	1,990,000
貸　倒　引　当　金	△8,000	792,000	買　　掛　　金	110,000
電　子　記　録　債　権	2,000,000		短　期　借　入　金	420,000
貸　倒　引　当　金	△20,000	1,980,000	未　払　費　用	10,000
売　　掛　　金	700,000		未払法人税等	420,000
貸　倒　引　当　金	△7,000	693,000	長　期　借　入　金	125,000
商　　　　品		1,905,000	退職給付引当金	3,825,000
消　耗　品		45,000	資　　本　　金	6,000,000
短　期　貸　付　金		390,000	資　本　準　備　金	450,000
建　　　　物	2,500,000		利　益　準　備　金	250,000
減価償却累計額	△375,000	2,125,000	別　途　積　立　金	190,000
投　資　有　価　証　券		6,250,000	繰越利益剰余金	460,000
		14,550,000		14,550,000

iii　茨城物産株式会社の期首商品棚卸高は¥2,998,000　当期の売上高は¥30,888,000　当期商品仕入高は¥30,964,000であった。

iv　茨城物産株式会社の税引後当期純利益は¥320,000であった。

v　茨城物産株式会社の当期の貸借対照表は次のとおりである。

貸 借 対 照 表

茨城物産株式会社　　　　令和○年12月31日　　　　（単位：円）

資　産		金　額	負債及び純資産	金　額
現 金 預 金		110,000	支 払 手 形	1,700,000
受 取 手 形	330,000		電 子 記 録 債 務	1,800,000
貸 倒 引 当 金	△33,000	297,000	買 掛 金	600,000
電 子 記 録 債 権	2,400,000		未 払 法 人 税 等	150,000
貸 倒 引 当 金	△240,000	2,160,000	長 期 借 入 金	4,000,000
売 掛 金	390,000		退 職 給 付 引 当 金	722,000
貸 倒 引 当 金	△39,000	351,000	資 本 金	6,000,000
有 価 証 券		2,267,000	資 本 準 備 金	800,000
商 品		3,162,000	利 益 準 備 金	450,000
前 払 費 用		195,000	別 途 積 立 金	250,000
備 品	3,500,000		繰 越 利 益 剰 余 金	350,000
減価償却累計額	△525,000	2,975,000	評価・換算差額等	150,000
土 地		5,455,000		
		16,972,000		16,972,000

① | a ￥ | b ％ | c ％ |

② | a ￥ | b ％ | c 回 |

③ | ア 回 | イ 回 | ウ |

10　香川商事株式会社の貸借対照表によって，下記の金額または比率を求めなさい。ただし，株主資本と評価・換算差額等の合計金額を自己資本の金額とする。

　(1)投資その他の資産合計　　(2)固定負債合計　　(3)利益剰余金合計
　(4)当座比率　　　　　　　　(5)流動比率　　　　(6)負債比率

貸 借 対 照 表

香川商事株式会社　　　　令和○年12月31日　　　　（単位：円）

資　産		金　額	負債及び純資産	金　額
現 金 預 金		2,253,000	支 払 手 形	1,375,000
受 取 手 形	1,000,000		電 子 記 録 債 務	1,490,000
貸 倒 引 当 金	△10,000	990,000	リ ー ス 債 務	300,000
電 子 記 録 債 権	2,300,000		未 払 法 人 税 等	285,000
貸 倒 引 当 金	△23,000	2,277,000	リ ー ス 債 務	2,400,000
商 品		2,242,500	退 職 給 付 引 当 金	1,350,000
リ ー ス 資 産	3,000,000		資 本 金	5,000,000
減価償却累計額	△300,000	2,700,000	資 本 準 備 金	800,000
ソ フ ト ウ ェ ア		45,000	利 益 準 備 金	270,000
投 資 有 価 証 券		1,250,000	別 途 積 立 金	605,000
関 係 会 社 株 式		2,400,000	繰 越 利 益 剰 余 金	508,000
長 期 貸 付 金		242,500	評価・換算差額等	17,000
		14,400,000		14,400,000

(1) ￥	(2) ￥	(3) ￥
(4) ％	(5) ％	(6) ％

第5章　決算

解答p.155

1　中国商事株式会社の総勘定元帳勘定残高と付記事項および決算整理事項によって,
　(1)　報告式の貸借対照表を完成しなさい。
　(2)　報告式の損益計算書を完成しなさい。
　　　ただし,　ⅰ　会社計算規則によること。
　　　　　　　ⅱ　会計期間は令和○1年4月1日から令和○2年3月31日までとする。
　　　　　　　ⅲ　その他有価証券の評価差額はすべて純資産の部に計上する。
　　　　　　　ⅳ　税効果は考慮しないものとする。

元帳勘定残高

現　　　　　金	¥　938,000	当 座 預 金	¥ 1,814,000	電 子 記 録 債 権	¥ 3,300,000
売 　掛 　金	2,900,000	貸 倒 引 当 金	18,000	売買目的有価証券	2,460,000
繰 越 商 品	4,930,000	仮 払 法 人 税 等	650,000	備　　　　品	2,800,000
備品減価償却累計額	700,000	土　　　　地	4,500,000	その他有価証券	1,300,000
子 会 社 株 式	3,340,000	長 期 貸 付 金	2,000,000	電 子 記 録 債 務	2,740,000
買 　掛 　金	3,620,000	短 期 借 入 金	500,000	長 期 借 入 金	1,200,000
退職給付引当金	1,150,000	資 　本 　金	10,000,000	資 本 準 備 金	4,000,000
利 益 準 備 金	640,000	別 途 積 立 金	230,000	繰越利益剰余金	190,000
売　　　　上	52,879,000	受 取 配 当 金	15,000	仕　　　　入	40,390,000
給　　　　料	3,190,000	発 　送 　費	954,000	広 　告 　料	637,000
支 払 家 賃	1,425,000	保 　険 　料	84,000	租 税 公 課	65,000
雑　　　　費	134,000	支 払 利 息	71,000		

付 記 事 項

　①　長期借入金¥1,200,000のうち¥900,000は決算日の翌日から6か月後に返済日が到来する借
　　入金である。

決算整理事項

　a. 期 末 商 品 棚 卸 高　　帳簿棚卸数量　1,600個　　原　　　価　@¥2,900
　　　　　　　　　　　　　　実地棚卸数量　1,550個　　正味売却価額　@¥2,800
　　　　　　　　　　　　　　ただし,棚卸減耗損は営業外費用とする。また,商品評価損は売
　　　　　　　　　　　　　　上原価の内訳項目とする。

　b. 貸 倒 見 積 高　　　　売上債権の期末残高に対し,それぞれ1%と見積もり,貸倒引当
　　　　　　　　　　　　　　金を設定する。

　c. 有 価 証 券 評 価 高　　保有する株式は次のとおりであり,時価によって評価する。

	銘柄	株数	1株の帳簿価額	1株の時価
売買目的有価証券	島根物産株式会社	300株	¥8,200	¥7,600
その他有価証券	広島商事株式会社	1,000株	¥1,300	¥1,892

　d. 備 品 減 価 償 却 高　　取得原価¥2,800,000　毎期の償却率を25%とし,定率法により計
　　　　　　　　　　　　　　算している。

　e. 家 賃 前 払 高　　　　家賃3か月分にあたる¥285,000が前払いである。

　f. 利 息 未 収 高　　　　長期貸付金は,令和○2年2月1日に貸し付けたもので,利息は
　　　　　　　　　　　　　　毎年7月末と1月末に,半年経過するごとに¥39,000を受け取るこ
　　　　　　　　　　　　　　とになっており,未収高を月割りで計上する。

　g. 退職給付引当金繰入額　　¥　230,000

　h. 法人税,住民税及び事業税額　　¥1,870,000

(1)

貸 借 対 照 表

中国商事株式会社 　　　令和○2年3月31日　　　　　　　（単位：円）

資 産 の 部

Ⅰ 流 動 資 産
　1. 現 金 預 金　　　　　　　　　　　　　　　（　　　　　）
　2. 電 子 記 録 債 権　　　　　　3,300,000
　　　　貸 倒 引 当 金　　　　△　　　33,000　　　3,267,000
　3. 売 　 掛 　 金　　　　　（　　　　　）
　　　　貸 倒 引 当 金　　　　△（　　　　　）　　（　　　　　）
　4.（　　　　　　　）　　　　　　　　　　　　（　　　　　）
　5.（　　　　　　　）　　　　　　　　　　　　（　　　　　）
　6.（　　　　　　　）　　　　　　　　　　　　（　　　　　）
　7.（　　　　　　　）　　　　　　　　　　　　（　　　　　）
　　　　流 動 資 産 合 計　　　　　　　　　　　　　　　　（　　　　　）
Ⅱ 固 定 資 産
　(1) 有 形 固 定 資 産
　　1. 備 　　 品　　　　　　　　2,800,000
　　　　減 価 償 却 累 計 額　　△（　　　　　）　　（　　　　　）
　　2. 土 　　 地　　　　　　　　4,500,000
　　　　有 形 固 定 資 産 合 計　　　　　　　　　（　　　　　）
　(2) 投 資 そ の 他 の 資 産
　　1.（　　　　　　　）　　　　　　　　　　　（　　　　　）
　　2.（　　　　　　　）　　　　　　　　　　　（　　　　　）
　　3. 長 期 貸 付 金　　　　　　　　　　　　（　　　　　）
　　　　投資その他の資産合計　　　　　　　　　（　　　　　）
　　　　固 定 資 産 合 計　　　　　　　　　　　　　　　　（　　　　　）
　　　　資 産 合 計　　　　　　　　　　　　　　　　　　　（　　　　　）

負 債 の 部

Ⅰ 流 動 負 債
　1. 電 子 記 録 債 務　　　　　　2,740,000
　2. 買 　 掛 　 金　　　　　　　　3,620,000
　3.（　　　　　　　）　　　　　　（　　　　　）
　4.（　　　　　　　）　　　　　　（　　　　　）
　　　　流 動 負 債 合 計　　　　　　　　　　　　　　　　（　　　　　）
Ⅱ 固 定 負 債
　1. 長 期 借 入 金　　　　　　　（　　　　　）
　2. 退 職 給 付 引 当 金　　　　（　　　　　）
　　　　固 定 負 債 合 計　　　　　　　　　　　　　　　　（　　　　　）
　　　　負 債 合 計　　　　　　　　　　　　　　　　　　　（　　　　　）

純 資 産 の 部

Ⅰ 株 主 資 本
　(1) 資 　 本 　 金　　　　　　　　　　　　　　　10,000,000
　(2) 資 本 剰 余 金
　　1. 資 本 準 備 金　　　　　　　4,000,000
　　　　資 本 剰 余 金 合 計　　　　　　　　　4,000,000
　(3) 利 益 剰 余 金
　　1. 利 益 準 備 金　　　　　　　640,000
　　2. そ の 他 利 益 剰 余 金
　　　① 別 途 積 立 金　　　　　　230,000
　　　② 繰 越 利 益 剰 余 金　　　（　　　　　）
　　　　利 益 剰 余 金 合 計　　　　　　　　　（　　　　　）
　　　　株 主 資 本 合 計　　　　　　　　　　（　　　　　）
Ⅱ 評 価・換 算 差 額 等
　1.（　　　　　　　）　　　　　　（　　　　　）
　　　　評価・換算差額等合計　　　　　　　　　（　　　　　）
　　　　純 資 産 合 計　　　　　　　　　　　　（　　　　　）
　　　　負 債 及 び 純 資 産 合 計　　　　　　（　　　　　）

(2)

損　益　計　算　書

中国商事株式会社　　　令和○1年4月1日から令和○2年3月31日まで　　　　　（単位：円）

Ⅰ　売　上　高　　　　　　　　　　　　　　　　　　　　　　　52,879,000

Ⅱ　売　上　原　価

　　1．期首商品棚卸高　　　　　　　4,930,000

　　2．当期商品仕入高　　　　　（　　　　　　　）

　　　　　　合　　　計　　　　（　　　　　　　）

　　3．期末商品棚卸高　　　　　（　　　　　　　）

　　　　　　　　　　　　　　　（　　　　　　　）

　　4．（　　　　　　　）　　　（　　　　　　　）　　　（　　　　　　　）

　　　　　売　上　総　利　益　　　　　　　　　　　　　　（　　　　　　　）

Ⅲ　販売費及び一般管理費

　　1．給　　　　　料　　　　　（　　　　　　　）

　　2．発　　送　　費　　　　　　954,000

　　3．広　　告　　料　　　　　（　　　　　　　）

　　4．（　　　　　　　）　　　（　　　　　　　）

　　5．（　　　　　　　）　　　（　　　　　　　）

　　6．退職給付費用　　　　　　（　　　　　　　）

　　7．支　払　家　賃　　　　　（　　　　　　　）

　　8．保　　険　　料　　　　　　84,000

　　9．租　税　公　課　　　　　　65,000

　　10．雑　　　　　費　　　　　　134,000　　　（　　　　　　　）

　　　　　営　業　利　益　　　　　　　　　　　　　　　　（　　　　　　　）

Ⅳ　営　業　外　収　益

　　1．受　取　利　息　　　　　（　　　　　　　）

　　2．受　取　配　当　金　　　　　15,000　　　（　　　　　　　）

Ⅴ　営　業　外　費　用

　　1．支　払　利　息　　　　　　71,000

　　2．有価証券評価損　　　　　（　　　　　　　）

　　3．（　　　　　　　）　　　（　　　　　　　）　　　（　　　　　　　）

　　　　　税引前当期純利益　　　　　　　　　　　　　　（　　　　　　　）

　　　　　法人税，住民税及び事業税　　　　　　　　　　（　　　　　　　）

　　　　　当　期　純　利　益　　　　　　　　　　　　　（　　　　　　　）

2 四国商事株式会社の総勘定元帳勘定残高と付記事項および決算整理事項によって,

(1) 報告式の損益計算書を完成しなさい。

(2) 報告式の貸借対照表を完成しなさい。

ただし, i 会社計算規則によること。

ii 会計期間は令和○3年1月1日から令和○3年12月31日までとする。

元帳勘定残高

現　　　　　金	¥ 839,000	当 座 預 金	¥ 3,877,000	受 取 手 形	¥ 4,600,000
売　　掛　　金	5,800,000	貸 倒 引 当 金	27,000	売買目的有価証券	3,700,000
繰 越 商 品	6,250,000	仮 払 法 人 税 等	1,080,000	備　　　品	4,600,000
備品減価償却累計額	1,650,000	土　　　　地	8,925,000	リ ー ス 資 産	800,000
リース資産減価償却累計額	160,000	ソ フ ト ウ ェ ア	600,000	満期保有目的債券	3,000,000
支 払 手 形	3,110,000	買 掛 金	4,120,000	長 期 借 入 金	4,000,000
退職給付引当金	1,360,000	リ ー ス 債 務	480,000	資　本　金	19,400,000
利 益 準 備 金	950,000	新 築 積 立 金	1,100,000	繰越利益剰余金	320,000
売　　　　上	72,300,000	受 取 配 当 金	180,000	雑　　益	62,000
固定資産売却益	70,000	仕　　　入	56,100,000	給　　料	4,580,000
発　送　費	1,373,000	広 告 料	824,000	修　繕　費	67,000
支 払 家 賃	1,020,000	保 険 料	510,000	雑　　費	346,000
支 払 利 息	128,000	手 形 売 却 損	110,000	投資有価証券売却損	160,000

付記事項

① 当期中に備品の現状を維持するために修理をおこない, 現金¥200,000を支払ったとき, 誤って次のように仕訳をしていたことが判明した。

　　　　（借）備　　　　品　200,000　　　　（貸）現　　　金　200,000

② 雑費のうち¥100,000は, 商品を仕入れたときの引取費用であることがわかった。

決算整理事項

a. 期 末 商 品 棚 卸 高　　帳簿棚卸数量　900個　　原　　価　@¥7,200

　　　　　　　　　　　　　　実地棚卸数量　880個　　正味売却価額　@¥7,000

　　　　　　　　　　　　　ただし, 棚卸減耗損は営業外費用とする。また, 商品評価損は売上原価の内訳項目とする。

b. 貸 倒 見 積 高　　売上債権の期末残高に対し, それぞれ1%と見積もり, 貸倒引当金を設定する。

c. 有 価 証 券 評 価 高　　売買目的で保有する次の株式について, 時価によって評価する。

　　　　　　　　　　　　徳島産業株式会社　500株　　時価　1株　¥7,100

d. 減 価 償 却 高　　備　　品：取得原価¥4,400,000　残存価額は零(0)　耐用年数は8年とし, 定額法により計算している。

　　　　　　　　　　　リース資産：見積現金購入価額¥800,000　残存価額は零(0)　耐用年数を5年とし, 定額法により計算している。なお, リース開始日は令和○2年1月1日であり, リース期間は5年である。

e. ソフトウェア償却高　　¥ 120,000

f. 利 息 未 払 高　　¥ 64,000

g. 保 険 料 前 払 高　　¥ 150,000

h. 退職給付引当金繰入額　　¥ 180,000

i. 法人税, 住民税及び事業税額　　¥2,300,000

(1)

損 益 計 算 書

四国商事株式会社　　令和○3年1月1日から令和○3年12月31日まで　　　　　　　（単位：円）

Ⅰ　売　上　高		72,300,000
Ⅱ　売　上　原　価		
1．期首商品棚卸高	6,250,000	
2．当期商品仕入高	（　　　　　　　）	
合　　　計	（　　　　　　　）	
3．期末商品棚卸高	（　　　　　　　）	
	（　　　　　　　）	
4．（　　　　　　　）	（　　　　　　　）	（　　　　　　　）
売 上 総 利 益		（　　　　　　　）
Ⅲ　販売費及び一般管理費		
1．給　　　　　料	4,580,000	
2．発　　送　　費	1,373,000	
3．広　　告　　料	824,000	
4．（　　　　　　　）	（　　　　　　　）	
5．（　　　　　　　）	（　　　　　　　）	
6．（　　　　　　　）	（　　　　　　　）	
7．修　　繕　　費	（　　　　　　　）	
8．支　払　家　賃	（　　　　　　　）	
9．保　　険　　料	（　　　　　　　）	
10．（　　　　　　　）	（　　　　　　　）	
11．（　　　　　　　）	（　　　　　　　）	（　　　　　　　）
営 業 利 益		（　　　　　　　）
Ⅳ　営 業 外 収 益		
1．受 取 配 当 金	180,000	
2．雑　　　　　益	62,000	（　　　　　　　）
Ⅴ　営 業 外 費 用		
1．支　払　利　息	（　　　　　　　）	
2．手 形 売 却 損	110,000	
3．（　　　　　　　）	（　　　　　　　）	
4．（　　　　　　　）	（　　　　　　　）	（　　　　　　　）
経 常 利 益		（　　　　　　　）
Ⅵ　特　別　利　益		
1．固定資産売却益	70,000	70,000
Ⅶ　特　別　損　失		
1．（　　　　　　　）	（　　　　　　　）	（　　　　　　　）
税引前当期純利益		（　　　　　　　）
法人税, 住民税及び事業税		（　　　　　　　）
当 期 純 利 益		（　　　　　　　）

(2)

貸　借　対　照　表

四国商事株式会社　　　　　　　　　　令和○3年12月31日　　　　　　　　　　（単位：円）

資　産　の　部

I　流　動　資　産
　　1．現　金　預　金　　　　　　　　　　　　　（　　　　　　　）
　　2．受　取　手　形　　　　　　　4,600,000
　　　　　　貸　倒　引　当　金　　△　　　46,000　　　4,554,000
　　3．売　　掛　　金　　　　　　（　　　　　　　）
　　　　　　貸　倒　引　当　金　　△（　　　　　　　）　（　　　　　　　）
　　4．（　　　　　　　　　）　　　　　　　　　（　　　　　　　）
　　5．（　　　　　　　　　）　　　　　　　　　（　　　　　　　）
　　6．（　　　　　　　　　）　　　　　　　　　（　　　　　　　）
　　　　　　流　動　資　産　合　計　　　　　　　　　　　　　　　（　　　　　　　）
II　固　定　資　産
　(1)　有　形　固　定　資　産
　　1．備　　　　　品　　　　　　（　　　　　　　）
　　　　　　減　価　償　却　累　計　額　　△（　　　　　　　）　（　　　　　　　）
　　2．土　　　　　　地　　　　　　　8,925,000
　　3．リ　ー　ス　資　産　　　　　（　　　　　　　）
　　　　　　減　価　償　却　累　計　額　　△（　　　　　　　）　（　　　　　　　）
　　　　　　有　形　固　定　資　産　合　計　　　　（　　　　　　　）
　(2)　無　形　固　定　資　産
　　1．（　　　　　　　　　）　　　　　　　　　（　　　　　　　）
　　　　　　無　形　固　定　資　産　合　計　　　　（　　　　　　　）
　(3)　投　資　そ　の　他　の　資　産
　　1．（　　　　　　　　　）　　　　　　　　　（　　　　　　　）
　　　　　　投資その他の資産合計　　　　　　　（　　　　　　　）
　　　　　　固　定　資　産　合　計　　　　　　　　　　　　　　　（　　　　　　　）
　　　　　　資　産　合　計　　　　　　　　　　　　　　　　　　　（　　　　　　　）

負　債　の　部

I　流　動　負　債
　　1．支　払　手　形　　　　　　　　3,110,000
　　2．買　　掛　　金　　　　　　　　4,120,000
　　3．（　　　　　　　　　）　　　　（　　　　　　　）
　　4．（　　　　　　　　　）　　　　（　　　　　　　）
　　5．（　　　　　　　　　）　　　　（　　　　　　　）
　　　　　　流　動　負　債　合　計　　　　　　　　　　　　　　　（　　　　　　　）
II　固　定　負　債
　　1．長　期　借　入　金　　　　　　4,000,000
　　2．（　　　　　　　　　）　　　　（　　　　　　　）
　　3．（　　　　　　　　　）　　　　（　　　　　　　）
　　　　　　固　定　負　債　合　計　　　　　　　　　　　　　　　（　　　　　　　）
　　　　　　負　債　合　計　　　　　　　　　　　　　　　　　　　（　　　　　　　）

純　資　産　の　部

I　株　主　資　本
　(1)　資　　本　　金　　　　　　　　　　　　　　　19,400,000
　(2)　利　益　剰　余　金
　　1．利　益　準　備　金　　　　　　950,000
　　2．その他利益剰余金
　　　①　新　築　積　立　金　　　　1,100,000
　　　②（　　　　　　　　　）　　（　　　　　　　）
　　　　　　利　益　剰　余　金　合　計　　　　　　　　　　　　　（　　　　　　　）
　　　　　　株　主　資　本　合　計　　　　　　　　　　　　　　　（　　　　　　　）
　　　　　　純　資　産　合　計　　　　　　　　　　　　　　　　　（　　　　　　　）
　　　　　　負債及び純資産合計　　　　　　　　　　　　　　　　（　　　　　　　）

第6章　連結会計

解答p.159

1　次の資料により，令和○2年3月31日（連結決算日）における連結損益計算書・連結株主資本等変動計算書・連結貸借対照表の（　ア　）から（　エ　）にあてはまる金額を答えなさい。

連結損益計算書

P社　　　　　　　　令和○1年4月1日から令和○2年3月31日まで　　　　（単位：千円）

売　上　原　価	747,600	売　　　上　　　高	943,200
給　　　　　　料	190,400		
の　れ　ん　償　却	（　　　　　）		
当　期　純　利　益	（　　　　　）		
	943,200		943,200
非支配株主に帰属する当期純利益	（　ア　）	当　期　純　利　益	（　　　　　）
親会社株主に帰属する当期純利益	（　　　　　）		
	（　　　　　）		（　　　　　）

連結株主資本等変動計算書

P社　　　　　　　　令和○1年4月1日から令和○2年3月31日まで　　　　（単位：千円）

	株　主　資　本		非支配株主持分
	資　本　金	利益剰余金	
当期首残高	150,000	50,000	（　イ　）
当期変動額　剰余金の配当		△2,000	
親会社株主に帰属する当期純利益		（　　　）	
株主資本以外の項目の当期変動額(純額)			（　　　）
当期末残高	150,000	（　　　）	（　　　）

連結貸借対照表

P社　　　　　　　　　　令和○2年3月31日　　　　　　　　　（単位：千円）

諸　　資　　産	275,400	諸　　負　　債	136,400
土　　　　　地	（　　　　）	資　　本　　金	（　　　　）
の　　れ　　ん	（　ウ　）	利　益　剰　余　金	（　エ　）
		非　支　配　株　主　持　分	（　　　　）
	（　　　　）		（　　　　）

資　料
　i　令和○2年3月31日における個別財務諸表

損　益　計　算　書

P社　令和○1年4月1日から
令和○2年3月31日まで（単位：千円）

売 上 原 価	587,000	売 上 高	693,200
給　　料	103,000	受取配当金	800
当期純利益	4,000		
	694,000		694,000

損　益　計　算　書

S社　令和○1年4月1日から
令和○2年3月31日まで（単位：千円）

売 上 原 価	160,600	売 上 高	250,000
給　　料	87,400		
当期純利益	2,000		
	250,000		250,000

株 主 資 本 等 変 動 計 算 書

令和○1年4月1日から令和○2年3月31日まで　（単位：千円）

		資　本　金		利 益 剰 余 金	
		P社	S社	P社	S社
当期首残高		150,000	30,000	50,000	6,000
当期変動額	剰余金の配当			△2,000	△1,000
	当 期 純 利 益			4,000	2,000
当期末残高		150,000	30,000	52,000	7,000

貸 借 対 照 表

P社　令和○2年3月31日　（単位：千円）

諸 資 産	175,400	諸 負 債	55,400
土　　地	50,000	資 本 金	150,000
子会社株式	32,000	利益剰余金	52,000
	257,400		257,400

貸 借 対 照 表

S社　令和○2年3月31日　（単位：千円）

諸 資 産	100,000	諸 負 債	81,000
土　　地	18,000	資 本 金	30,000
		利益剰余金	7,000
	118,000		118,000

　ii　P社は，令和○1年3月31日にS社の発行する株式の80％を32,000千円で取得し支配した。なお，取得日におけるS社の土地の帳簿価額は18,000千円，時価は19,000千円であり，当期中に土地の売買取引はなかった。また，他の資産および負債の時価は帳簿価額に等しかった。

　iii　のれんは償却期間を20年間とし，定額法により償却する。

　iv　P社とS社相互間の債権・債務の取引や資産の売買はなかった。

ア		千円	イ		千円
ウ		千円	エ		千円

2　次の資料により，令和○7年3月31日（連結決算日）における連結損益計算書・連結株主資本等変動計算書・連結貸借対照表の（　ア　）から（　エ　）にあてはまる金額を答えなさい。

連結損益計算書

P社　　　　　　　令和○6年4月1日から令和○7年3月31日まで　　　（単位：千円）

売　上　原　価	256,620		売　　上　　高	394,600
給　　　　料	126,500		受　取　利　息	300
（　　　　　）	（　　　　　）			
（　　　　　）	（　　　　　）			
当　期　純　利　益	（　　　　　）			
	（　　　　　）			（　　　　　）
非支配株主に帰属する当期純利益	1,500		当　期　純　利　益	（　　　　　）
親会社株主に帰属する当期純利益	（　　ア　　）			
	（　　　　　）			（　　　　　）

連結株主資本等変動計算書

P社　　　　　　　令和○6年4月1日から令和○7年3月31日まで　　　（単位：千円）

	株　　主　　資　　本		非支配株主持分
	資　本　金	利益剰余金	
当期首残高	（　　イ　　）	（　　　　　）	（　　　　　）
当期変動額　剰余金の配当		△4,000	
親会社株主に帰属する当期純利益		（　　　　　）	
株主資本以外の項目の当期変動額(純額)			（　　ウ　　）
当期末残高	（　　　　　）	（　　　　　）	（　　　　　）

連結貸借対照表

P社　　　　　　　　　　令和○7年3月31日　　　　　　　　（単位：千円）

諸　　資　　産	282,900	諸　　負　　債	（　　　　　）
土　　　　地	（　　　　　）	資　　本　　金	（　　　　　）
（　　　　　）	（　　　　　）	利　益　剰　余　金	（　　エ　　）
		非　支　配　株　主　持　分	（　　　　　）
	（　　　　　）		（　　　　　）

資　料

i　令和○7年3月31日における個別財務諸表

損 益 計 算 書

P社　令和○6年4月1日から
令和○7年3月31日まで（単位：千円）

売 上 原 価	192,700	売 上 高	283,300
給 料	84,500	受 取 配 当 金	2,100
支 払 利 息	1,200		
当 期 純 利 益	7,000		
	285,400		285,400

損 益 計 算 書

S社　令和○6年4月1日から
令和○7年3月31日まで（単位：千円）

売 上 原 価	63,920	売 上 高	111,300
給 料	42,000	受 取 利 息	300
支 払 利 息	680		
当 期 純 利 益	5,000		
	111,600		111,600

株 主 資 本 等 変 動 計 算 書

令和○6年4月1日から令和○7年3月31日まで　　（単位：千円）

		資 本 金		利 益 剰 余 金	
		P社	S社	P社	S社
当期首残高		130,000	42,000	50,000	12,000
当期変動額	剰余金の配当			△4,000	△3,000
	当 期 純 利 益			7,000	5,000
当期末残高		130,000	42,000	53,000	14,000

貸 借 対 照 表

P社　令和○7年3月31日　（単位：千円）

諸 資 産	173,000	諸 負 債	84,000
土 地	53,000	資 本 金	130,000
子会社株式	41,000	利益剰余金	53,000
	267,000		267,000

貸 借 対 照 表

S社　令和○7年3月31日　（単位：千円）

諸 資 産	109,900	諸 負 債	72,900
土 地	19,000	資 本 金	42,000
		利益剰余金	14,000
	128,900		128,900

ii　P社は，令和○6年3月31日にS社の発行する株式の70%を41,000千円で取得し支配した。なお，取得日におけるS社の土地の帳簿価額は19,000千円，時価は22,000千円であり，当期中に土地の売買取引はなかった。また，他の資産および負債の時価は帳簿価額に等しかった。

iii　のれんは償却期間を10年間とし，定額法により償却する。

iv　P社とS社相互間の債権・債務の取引や資産の売買はなかった。

ア		千円	イ		千円
ウ		千円	エ		千円

●執筆
　　遠藤　耕二（東京都立第一商業高等学校指導教諭）
　　深田　芳史（東京都立葛飾商業高等学校主任教諭）
●執筆協力
　　検定簿記問題研究会

全商簿記実務検定対策問題集

合格ガイド

1級会計

15訂版　解答編

とうほう

I 会計の基礎

第1章　財務会計の概要

■基本問題 (p.6)

1

(1)		(2)	(3)		(4)	
ア	イ	ウ	エ	オ	カ	キ
13	9	14	7	5	15	6

(5)				(6)	(7)		(8)
ク	ケ	コ	サ	シ	ス	セ	ソ
16	1	12	4	2	3	8	11

2

(1)		(2)	(3)	(4)	
ア	イ	ウ	エ	オ	カ
2	5	6	3	7	10

(5)			(6)		
(a)	(b)	(c)	(d)	(e)	(f)
1	1	2	2	2	1

解説

この問題における財務諸表の構成要素の定義は，企業会計基準委員会によって公表された討議資料「財務会計の概念フレームワーク」に示された定義にしたがっている。

3

(1)	(2)	(3)	(4)	(5)
×	○	×	×	○

解説

(3)　討議資料「財務会計の概念フレームワーク」によれば，企業の不確実な成果の予測は投資家の自己責任でおこなわれるべきであり，経営者が負うべき責任は基本的には事実の開示である。

(4)　企業は利益を追求するだけでなく，さまざまな利害関係者との調和をはかりながら経営活動を営み，社会全体に与える影響に責任をもち，あらゆる利害関係者からの要求に対して，適正な意思決定をしていかなければならない。これを企業の社会的責任という。

4

	(1)		(2)		(3)
ア	イ	ウ	エ	オ	カ
8	1	14	7	12	13

	(4)		(5)		(6)		(7)
キ	ク	ケ	コ	サ	シ	ス	セ
4	9	16	3	5	15	6	11

＊(1)イウは順不同

5

	(1)		(2)		(3)	
ア	イ	ウ	エ	オ	カ	キ
6	19	11	17	13	7	14

	(4)		(5)		(6)
ク	ケ	コ	サ	シ	ス
20	3	10	16	15	2

	(7)			(8)	
セ	ソ	タ	チ	ツ	テ
5	18	4	11	1	17

＊(1)アイ，(3)カキは順不同

■応用問題（p.10）

1

会社法	1，2，4，5	金融商品取引法	1，2，3，4，6

2

(1)	(2)	(3)	(4)	(5)
×	○	×	○	○
(6)	(7)	(8)	(9)	(10)
○	×	○	×	○

解説

(1) 保守主義の原則ではなく，継続性の原則についての記述である。

(3) 単一性の原則によれば，財務諸表の形式が異なる場合でもその内容は同一でなければならない。

(7) 正規の簿記の原則ではなく，真実性の原則についての記述である。

(9) 真実性の原則ではなく，重要性の原則についての記述である。

3

(1)		(2)	
(a)	(b)	(c)	(d)
○	企業実体	負債	○
(3)		(4)	
(e)	(f)	(g)	(h)
○	成果	金融商品取引法	附属明細表
(5)		(6)	
(i)	(j)	(k)	(l)
企業会計原則	真実性	正規の簿記	○
(7)		(8)	
(m)	(n)	(o)	(p)
○	継続性	会計記録	単一性

＊(1)の(b)の「企業実体」は「会計単位」でもよい

■検定問題（p.12）

1

(1)		(2)		(3)		(4)	
ア	イ	ウ	エ	オ	カ	キ	ク
1	11	15	8	9	3	13	6
(5)		(6)		(7)			
ケ	コ	サ	シ	ス	セ		
16	10	7	4	10	1		

2

(1)		(2)		(3)		(4)	
ア	イ	ウ	エ	オ	カ	キ	ク
9	8	5	15	18	3	1	19
(5)		(6)		(7)			
ケ	コ	サ	シ	ス	セ		
6	17	11	16	7	12		

Ⅱ 会計処理

第1章 資産の分類と評価

■基本問題 (p.16)

1

(1)		(2)		(3)	
ア	イ	ウ	エ	オ	カ
2	12	6	1	7	10
(4)		(5)		(6)		(7)
キ	ク	ケ	コ	サ	シ
5	11	4	3	8	3

＊(3)オカは順不同

2

時　価	原価基準	時価基準
¥20,000の場合	¥　　20,000	¥　　20,000
¥23,000の場合	¥　　20,000	¥　　23,000
¥18,000の場合	¥　　20,000	¥　　18,000

3

	区分	項目
流動資産	当 座 資 産	9, 10, 20, 23, 28
	棚 卸 資 産	4, 5, 12, 22, 27
	その他の流動資産	6, 13, 16, 18, 25
固定資産	有 形 固 定 資 産	8, 11, 14, 21, 26
	無 形 固 定 資 産	1, 3, 17, 24, 29
	投資その他の資産	2, 7, 15, 19, 30

4

(1)			(2)			(3)	
(a)	(b)	(c)	(d)	(e)	(f)	(g)	(h)
2	1	1	1	2	2	1	2

5

1

❶

(1)	(2)	(3)	(4)
(a)	(b)	(c)	(d)
投資その他の資産	棚卸資産	当座資産	○
(5)	(6)	(7)	(8)
(e)	(f)	(g)	(h)
その他の流動資産	○	有形固定資産	○
(9)	(10)	(11)	(12)
(i)	(j)	(k)	(l)
有形固定資産	棚卸資産	○	無形固定資産
(13)	(14)	(15)	(16)
(m)	(n)	(o)	(p)
○	固定資産	投資その他の資産	その他の流動資産

❷

(a)	(b)	(c)	(d)	(e)	(f)	(g)	(h)
1	2	1	1	2	2	1	2

❸

(1)	(2)	(3)	(4)	(5)
○	×	○	×	×

解説

　資産を過小に評価したり，費用を過大に計上したりすると，利益が過小になり，秘密積立金が発生する。一方で，資産を過大に評価したり，費用を過小に計上したりすると，利益が過大になり，資本のくいつぶしが発生する。(4)のように，計上しなければならない未払費用を計上しなければ，費用が過小になって利益が過大になるので，資本のくいつぶしが発生する。

❶

(1)		(2)	
ア	イ	ウ	エ
5	4	5	4

■基本問題 (p.22)

1

(1)				(2)
ア	イ	ウ	エ	オ
1	6	8	2	4

＊(1)アイウは順不同

2

	借　　　方		貸　　　方	
(1)	現　　　　　金	312,000	売　　掛　　金	312,000
(2)	現　　　　　金	34,000	受　取　配　当　金	25,000
			有　価　証　券　利　息	9,000
(3)	給　　　　　料	876,000	所　得　税　預　り　金	84,000
			普　　通　　預　　金	792,000

3

	借　　　方		貸　　　方	
(1)	支　払　手　形	106,000	当　座　預　金	106,000
(2)	当　座　預　金	73,000	売　　掛　　金	73,000
(3)	仕　訳　な　し			
(4)	水　道　光　熱　費	900	当　座　預　金	900
当座預金出納帳の次月繰越高		¥　430,100		

解説

　本問について，銀行勘定調整表（両者区分調整法）を作成すると以下のようになる。なお，決算日は 3 月31日である
と仮定している。

銀　行　勘　定　調　整　表
令和〇年 3 月31日

		当　座　勘　定 残　高　証　明　書	当　座　預　金 出　納　帳　残　高
3 月31日現在残高		¥　　478,100	¥　　464,000
（加算）	売掛金回収未記帳		73,000
計		¥　　478,100	¥　　537,000
（減算）	手形決済未記帳		106,000
	未取付小切手	48,000	
	電気代誤記入		900
調整残高		¥　　430,100	¥　　430,100

1

企業側で仕訳が必要なもの	1，3，4，6

2

銀 行 勘 定 調 整 表
令和○年3月31日

		当 座 勘 定 残 高 証 明 書	当 座 預 金 出 納 帳 残 高
3月31日現在残高		¥　　2,692,000	¥　　2,156,600
（加算）	〔 取立手形未記帳 〕		（　　372,000 ）
	〔 時間外預け入れ 〕	（　　120,000 ）	
	計	¥（　2,812,000 ）	¥（　2,528,600 ）
（減算）	〔 水道料金未記帳 〕		（　　10,600 ）
	〔 未取付小切手 〕	（　　294,000 ）	
調整残高		¥（　2,518,000 ）	¥（　2,518,000 ）

解説

参考として本問における資料の仕訳を示すと，以下のようになる。

	借　　　　　方		貸　　　　　方	
1	当 座 預 金	372,000	受 取 手 形	372,000
2	水 道 光 熱 費	10,600	当 座 預 金	10,600
3	仕 訳 な し			
4	仕 訳 な し			

1

		借　　　　　方		貸　　　　　方	
(1)		現　　　　　金	20,000	有 価 証 券 利 息	20,000
(2)		現　　　　　金	96,000	受 取 配 当 金	96,000
(3)	（ア）	仕 訳 な し			
	（イ）	当 座 預 金	80,000	買 掛 金	80,000
	（ウ）	当 座 預 金	200,000	受 取 手 形	200,000

本問の(3)について, 銀行勘定調整表（両者区分調整法）を作成すると以下のようになる。

銀行勘定調整表
令和○年3月31日

	当 座 勘 定 残 高 証 明 書	当 座 預 金 出 納 帳 残 高
3月31日現在残高	¥ 1,720,000	¥ 1,300,000
（加算）　未 渡 小 切 手		80,000
取 立 手 形 未 記 帳		200,000
計	¥ 1,720,000	¥ 1,580,000
（減算）　未 取 付 小 切 手	140,000	
調整残高	¥ 1,580,000	¥ 1,580,000

2

銀 行 勘 定 調 整 表
令和5年3月31日

		当座預金出納帳残高		¥	790,000
（加算）〔 未 取 付 小 切 手 〕	(270,000)				
〔 未 渡 小 切 手 〕	(22,000)		(		292,000)
計				¥ (	1,082,000)
（減算）〔 通 信 費 未 記 帳 〕	(2,000)				
〔 時 間 外 預 け 入 れ 〕	(30,000)		(		32,000)
当座勘定残高証明書				¥	1,050,000

当座預金出納帳の次月繰越高	¥	810,000

参考として本問における資料の仕訳を示すと, 以下のようになる。また本問について, 銀行勘定調整表（両者区分調整法）を作成すると以下のようになる。

	借　　　　　　方		貸　　　　　　方	
1	仕　訳　な　し			
2	通　　信　　費	2,000	当　座　預　金	2,000
3	仕　訳　な　し			
4	当　座　預　金	22,000	買　　掛　　金	22,000

銀 行 勘 定 調 整 表
令和5年3月31日

	当 座 勘 定 残 高 証 明 書	当 座 預 金 出 納 帳 残 高
3月31日現在残高	¥ 1,050,000	¥ 790,000
（加算）　時 間 外 預 け 入 れ	30,000	
未 渡 小 切 手		22,000
計	¥ 1,080,000	¥ 812,000
（減算）　未 取 付 小 切 手	270,000	
通 信 費 未 記 帳		2,000
調整残高	¥ 810,000	¥ 810,000

	¥	970,000

解説

参考として本問における資料の仕訳を示すと，以下のようになる。また本問について，銀行勘定調整表（両者区分調整法）を作成すると以下のようになる。なお，決算日は3月31日であると仮定している。

		借	方		貸	方	
i	当 座 預 金		200,000	買 掛 金			200,000
ii	仕 訳 な し						
	当 座 預 金		270,000	買 掛 金			270,000
iii	通 信 費		10,000	当 座 預 金			10,000

銀 行 勘 定 調 整 表

令和○年3月31日

	当 座 勘 定 残 高 証 明 書	当 座 預 金 出 納 帳 残 高
3月31日現在残高	¥ 1,220,000	¥ 510,000
（加算） 未 渡 小 切 手		200,000
買 掛 金 誤 記 入		270,000
計	¥ 1,220,000	¥ 980,000
（減算） 未 取 付 小 切 手	250,000	
電 話 代 未 記 帳		10,000
調整残高	¥ 970,000	¥ 970,000

❹

当座預金出納帳の次月繰越高	¥	570,000

解説

参考として本問における資料の仕訳を示すと，以下のようになる。また本問について，銀行勘定調整表（両者区分調整法）を作成すると以下のようになる。なお，決算日は3月31日であると仮定している。

		借	方		貸	方	
i	水 道 光 熱 費		50,000	当 座 預 金			50,000
ii	仕 訳 な し						
iii	当 座 預 金		100,000	買 掛 金			100,000

銀 行 勘 定 調 整 表

令和○年3月31日

	当 座 勘 定 残 高 証 明 書	当 座 預 金 出 納 帳 残 高
3月31日現在残高	¥ 720,000	¥ 520,000
（加算） 未 渡 小 切 手		100,000
計	¥ 720,000	¥ 620,000
（減算） 電 気 代 未 記 帳		50,000
未 取 付 小 切 手	150,000	
調整残高	¥ 570,000	¥ 570,000

5

当座預金出納帳の次月繰越高	¥	**1,680,000**

解説

参考として本問における資料の仕訳を示すと，以下のようになる。また本問について，銀行勘定調整表（両者区分調整法）を作成すると以下のようになる。なお，決算日は3月31日であると仮定している。

	借	方		貸	方	
ⅰ	仕 訳 な し					
ⅱ	当 座 預 金	120,000	買	掛	金	120,000
ⅲ	雑	費	3,000	当 座 預 金		3,000
ⅳ	仕 訳 な し					

銀 行 勘 定 調 整 表
令和○年3月31日

		当 座 勘 定 残 高 証 明 書	当 座 預 金 出 納 帳 残 高
3月31日現在残高		¥　　　1,873,000	¥　　　1,563,000
（加算）	未 渡 小 切 手		120,000
	時 間 外 預 け 入 れ	87,000	
計		¥　　　1,960,000	¥　　　1,683,000
（減算）	未 取 付 小 切 手	280,000	
	新 聞 代 未 記 帳		3,000
調整残高		¥　　　1,680,000	¥　　　1,680,000

第3章　売上債権

■基本問題 (p.28)

1

	(1)		(2)			(3)	
ア	イ	ウ	エ	オ	カ	キ	
1	14	5	4	13	16	9	

	(4)		(5)	(6)	(7)	(8)
ク	ケ	コ	サ	シ	ス	セ
6	7	12	7	15	2	8

2

決算整理仕訳

	借 方		貸 方	
a	貸 倒 引 当 金 繰 入	73,000	貸 倒 引 当 金	73,000

貸 借 対 照 表

北海道商事株式会社　　　　　令和○年3月31日　　　　　　　（単位：円）

資 産 の 部

I　流 動 資 産

⋮

2. 受 取 手 形	（	850,000 ）		
貸 倒 引 当 金	△（	17,000 ）	（	833,000 ）
3. 電 子 記 録 債 権	（	2,300,000 ）		
貸 倒 引 当 金	△（	46,000 ）	（	2,254,000 ）
4. 売 掛 金	（	4,200,000 ）		
貸 倒 引 当 金	△（	84,000 ）	（	4,116,000 ）

解説

受取手形 ¥850,000 + 電子記録債権 ¥2,300,000 + 売掛金 ¥3,610,000 + クレジット売掛金 ¥590,000 = 売上債権 ¥7,350,000

売上債権 ¥7,350,000 × 貸倒実績率 2% = 貸倒見積高 ¥147,000

貸倒見積高 ¥147,000 − 貸倒引当金 ¥74,000 = 貸倒引当金繰入額 ¥73,000

なお，貸借対照表には，売掛金とクレジット売掛金をまとめて表示する。

売掛金 ¥3,610,000 + クレジット売掛金 ¥590,000 = 売掛金の貸借対照表価額 ¥4,200,000

3

(1)	¥ 88,000	(2)	¥ 360,000

解説

(1)（売掛金 ¥290,000 − 担保処分見込額 ¥70,000）× 貸倒見積率40% = 貸倒見積高 ¥88,000

(2)（受取手形 ¥170,000 + 売掛金 ¥250,000）− 担保処分見込額 ¥60,000 = 貸倒見積高 ¥360,000

4

	借 方		貸 方	
(1)	前 受 金	150,000	売 上	1,460,000
	売 掛 金	1,310,000		
(2)	電 子 記 録 債 権	1,310,000	売 掛 金	1,310,000
(3)	買 掛 金	390,000	電 子 記 録 債 権	390,000
(4)	当 座 預 金	495,000	電 子 記 録 債 権	500,000
	電 子 記 録 債 権 売 却 損	5,000		
(5)	当 座 預 金	420,000	電 子 記 録 債 権	420,000

5

	借　　　方		貸　　　方	
(1)	仕　　　　　　　入	657,000	買　　掛　　金	650,000
			現　　　　　金	7,000
(2)	買　　掛　　金	650,000	電 子 記 録 債 務	650,000
(3)	電 子 記 録 債 務	650,000	当 座 預 金	650,000

6

	借　　　方		貸　　　方	
(1)	クレジット売掛金	223,100	売　　　　上	230,000
	支 払 手 数 料	6,900		
(2)	当 座 預 金	223,100	クレジット売掛金	223,100

(1)売上代金 ¥230,000 × 手数料率３％ = 支払手数料 ¥6,900

　売上代金 ¥230,000 − 支払手数料 ¥6,900 = クレジット売掛金 ¥223,100

■応用問題（p.31）

1

	借　　　方		貸　　　方	
12/10	貸 倒 引 当 金	70,000	売　　掛　　金	70,000
18	買　　掛　　金	190,000	電 子 記 録 債 権	190,000
20	仮　　受　　金	420,000	売　　掛　　金	420,000
25	貸 倒 損 失	250,000	受 取 手 形	250,000
31	貸 倒 引 当 金 繰 入	44,000	貸 倒 引 当 金	44,000

総 勘 定 元 帳

受 取 手 形

4,730,000			3,980,000
		12/25	250,000

電 子 記 録 債 権

6,130,000			4,670,000
		12/18	190,000

売 掛 金

7,970,000			5,550,000
		12/10	70,000
		20	420,000

貸 倒 引 当 金

12/10	70,000		100,000
		12/31	44,000

貸倒引当金繰入額を算定するために，まずは各勘定の残高を計算する。

受取手形　　　借方￥4,730,000 − 貸方（￥3,980,000 +￥250,000）＝借方残高￥500,000

電子記録債権　借方￥6,130,000 − 貸方（￥4,670,000 +￥190,000）＝借方残高￥1,270,000

売掛金　　　　借方￥7,970,000 − 貸方（￥5,550,000 +￥70,000 +￥420,000）＝借方残高￥1,930,000

貸倒引当金　　貸方￥100,000 − 借方￥70,000 ＝貸方残高￥30,000

これらの数値をもとに，貸倒引当金繰入額を算定する。

受取手形￥500,000 +電子記録債権￥1,270,000 +売掛金￥1,930,000 ＝売上債権￥3,700,000

売上債権￥3,700,000 ×貸倒実績率2％＝貸倒見積高￥74,000

貸倒見積高￥74,000 −貸倒引当金￥30,000 ＝貸倒引当金繰入額￥44,000

2

	借 方		貸 方	
3 / 7	当 座 預 金	882,000	電 子 記 録 債 権	900,000
	電子記録債権売却損	18,000		
12	電 子 記 録 債 権	1,400,000	売 掛 金	1,400,000
31	当 座 預 金	1,300,000	電 子 記 録 債 権	1,300,000
〃	貸 倒 引 当 金 繰 入	32,000	貸 倒 引 当 金	32,000

総 勘 定 元 帳

電子記録債権

	11,840,000			7,970,000
3 /12	1,400,000	3 / 7	900,000
		31	1,300,000

売 掛 金

	14,530,000			10,600,000
		3 /12	1,400,000

貸 倒 引 当 金

	150,000		230,000
		3 /31	32,000

貸 借 対 照 表

鳥取物産株式会社　　　　令和○2年3月31日　　　　　　　　（単位：円）

資 産 の 部

I 流 動 資 産

　　　　　　　　　　　　　　　　：

2. 電 子 記 録 債 権　　　　（　　　3,070,000 ）

　　　貸 倒 引 当 金　　△（　　　　61,400 ）　　（　　3,008,600 ）

3. 売 　 掛 　 金　　　　（　　　2,530,000 ）

　　　貸 倒 引 当 金　　△（　　　　50,600 ）　　（　　2,479,400 ）

貸倒引当金繰入額を算定するために，まずは各勘定の残高を計算する。

電子記録債権　借方（￥11,840,000 +￥1,400,000）−貸方（￥7,970,000 +￥900,000 +￥1,300,000）＝借方残高￥3,070,000

売掛金　　　　借方￥14,530,000 −貸方（￥10,600,000 +￥1,400,000）＝借方残高￥2,530,000

貸倒引当金　　貸方 ¥230,000 − 借方 ¥150,000 = 貸方残高 ¥80,000

これらの数値をもとに，貸倒引当金繰入額を算定する。

電子記録債権 ¥3,070,000 + 売掛金 ¥2,530,000 = 売上債権 ¥5,600,000

売上債権 ¥5,600,000 × 貸倒実績率 2 % = 貸倒見積高 ¥112,000

貸倒見積高 ¥112,000 − 貸倒引当金 ¥80,000 = 貸倒引当金繰入額 ¥32,000

■検定問題 (p.33)

1

付記事項の仕訳

	借　　　　方		貸　　　　方	
①	当　座　預　金	300,000	売　　掛　　金	300,000

決算整理仕訳

	借　　　　方		貸　　　　方	
a	貸 倒 引 当 金 繰 入	23,000	貸　倒　引　当　金	23,000

貸　借　対　照　表

兵庫商事株式会社　　　　　　　　　令和 4 年 3 月 31 日　　　　　　　　（単位：円）

資　産　の　部

Ⅰ　流　動　資　産

　　　　　　　　　　　　　　　　　　　⋮

2．受　取　手　形　　　　　　　　1,100,000

　　　　貸　倒　引　当　金　　△（　　11,000　）　　（　　1,089,000　）

3．売　　掛　　金　　　　（　　2,700,000　）

　　　　貸　倒　引　当　金　　△（　　27,000　）　　（　　2,673,000　）

解説

受取手形 ¥1,100,000 + 売掛金（¥3,000,000 − ¥300,000）= 売上債権 ¥3,800,000

売上債権 ¥3,800,000 × 貸倒実績率 1 % = 貸倒見積高 ¥38,000

貸倒見積高 ¥38,000 − 貸倒引当金 ¥15,000 = 貸倒引当金繰入額 ¥23,000

2

	借　　　　方		貸　　　　方	
(1)	当　座　預　金 電 子 記 録 債 権 売 却 損	470,400 9,600	電　子　記　録　債　権	480,000
(2)	ク レ ジ ッ ト 売 掛 金 支　払　手　数　料	312,000 13,000	売　　　　　上	325,000

解説

(2)販売代金 ¥325,000 × 手数料率 4 % = 支払手数料 ¥13,000

　　販売代金 ¥325,000 − 支払手数料 ¥13,000 = クレジット売掛金 ¥312,000

■基本問題 （p.36）

1

(1)				(2)		
ア	イ	ウ	エ	オ	カ	キ
10	4	13	8	7	11	6

(2)			(3)			
ク	ケ	コ	サ	シ	ス	セ
3	14	5	12	1	11	2

(3)			(4)		
ソ	タ	チ	ツ	テ	ト
3	9	11	6	8	15

2

(1)	(2)		(3)		
ア	イ	ウ	エ	オ	カ
1	3	10	6	12	8

(4)		(5)	
キ	ク	ケ	コ
2	4	11	7

3

	借　　　　方		貸　　　　方	
(1)	売 買 目 的 有 価 証 券 有 価 証 券 利 息	68,110,000 140,000	営 業 外 支 払 手 形	68,250,000
(2)	当 座 預 金	280,000	有 価 証 券 利 息	280,000
(3)	現　　　　　　金	29,430,000	売 買 目 的 有 価 証 券 有 価 証 券 売 却 益 有 価 証 券 利 息	29,190,000 210,000 30,000
(4)	現　　　　　　金 有 価 証 券 売 却 損	19,060,000 460,000	売 買 目 的 有 価 証 券 有 価 証 券 利 息	19,460,000 60,000

解説

(1)社債の額面総額 ¥70,000,000×（¥97 ／ ¥100）＋買入手数料 ¥210,000 = 社債の取得価額 ¥68,110,000

　社債の取得価額 ¥68,110,000 ＋端数利息 ¥140,000 = 支払額 ¥68,250,000

(3)社債の取得価額 ¥68,110,000×（¥30,000,000 ／ ¥70,000,000）＝売却した社債の帳簿価額 ¥29,190,000

　売却した社債の額面金額 ¥30,000,000×（¥98 ／ ¥100）＝社債の売却価額 ¥29,400,000

　社債の売却価額 ¥29,400,000 －売却した社債の帳簿価額 ¥29,190,000 ＝有価証券売却益 ¥210,000

　社債の売却価額 ¥29,400,000 ＋端数利息 ¥30,000 ＝受取額 ¥29,430,000

(4)社債の取得価額 ¥68,110,000×（¥20,000,000 ／ ¥70,000,000）＝売却した社債の帳簿価額 ¥19,460,000

売却した社債の額面金額￥20,000,000×（￥95／￥100）＝社債の売却価額￥19,000,000

社債の売却価額￥19,000,000－売却した社債の帳簿価額￥19,460,000＝有価証券売却損△￥460,000

社債の売却価額￥19,000,000＋端数利息￥60,000＝受取額￥19,060,000

4

	借　　方		貸　　方	
(1)	売 買 目 的 有 価 証 券	2,940,000	営 業 外 支 払 手 形	2,967,000
	有 価 証 券 利 息	27,000		
(2)	現　　　　金	4,467,000	売 買 目 的 有 価 証 券	4,428,000
			有 価 証 券 売 却 益	18,000
			有 価 証 券 利 息	21,000
(3)	当 座 預 金	14,780,000	売 買 目 的 有 価 証 券	14,895,000
	有 価 証 券 売 却 損	150,000	有 価 証 券 利 息	35,000

解説

(1)社債の額面総額￥3,000,000×（￥96.50／￥100）＋買入手数料￥45,000＝社債の取得価額￥2,940,000

　　社債の取得価額￥2,940,000＋端数利息￥27,000＝支払額￥2,967,000

(2)社債の額面総額￥6,000,000×（￥97.90／￥100）＋買入手数料￥30,000＝社債の取得価額￥5,904,000

　　社債の取得価額￥5,904,000×（￥4,500,000／￥6,000,000）＝売却した社債の帳簿価額￥4,428,000

　　売却した社債の額面金額￥4,500,000×（￥98.80／￥100）＝社債の売却価額￥4,446,000

　　社債の売却価額￥4,446,000－売却した社債の帳簿価額￥4,428,000＝有価証券売却益￥18,000

　　社債の売却価額￥4,446,000＋端数利息￥21,000＝受取額￥4,467,000

(3)社債の額面総額￥20,000,000×（￥98.80／￥100）＋買入手数料￥100,000＝社債の取得価額￥19,860,000

　　社債の取得価額￥19,860,000×（￥15,000,000／￥20,000,000）＝売却した社債の帳簿価額￥14,895,000

　　売却した社債の額面金額￥15,000,000×（￥98.30／￥100）＝社債の売却価額￥14,745,000

　　社債の売却価額￥14,745,000－売却した社債の帳簿価額￥14,895,000＝有価証券売却損△￥150,000

　　社債の売却価額￥14,745,000＋端数利息￥35,000＝受取額￥14,780,000

5

	借　　方		貸　　方	
(1)	満 期 保 有 目 的 債 券	8,820,000	当 座 預 金	8,835,000
	有 価 証 券 利 息	15,000		
(2)	関 連 会 社 株 式	14,070,000	営 業 外 支 払 手 形	14,070,000
(3)	そ の 他 有 価 証 券	4,824,000	営 業 外 支 払 手 形	4,824,000
(4)	子 会 社 株 式	32,160,000	当 座 預 金	32,160,000

解説

(1)社債の額面総額￥9,000,000×（￥97.50／￥100）＋買入手数料￥45,000＝社債の取得価額￥8,820,000

　　社債の取得価額￥8,820,000＋端数利息￥15,000＝支払額￥8,835,000

(2)株式の購入代価￥14,000,000＋買入手数料￥70,000＝株式の帳簿価額￥14,070,000

(3)株式の購入代価￥4,800,000＋買入手数料￥24,000＝株式の帳簿価額￥4,824,000

(4)株式の購入代価￥32,000,000＋買入手数料￥160,000＝株式の帳簿価額￥32,160,000

6

	借 方		貸 方	
(1)	売 買 目 的 有 価 証 券	150,000	有 価 証 券 評 価 益	150,000
(2)	そ の 他 有 価 証 券	260,000	その他有価証券評価差額金	260,000
(3)	仕 訳 な し			
(4)	その他有価証券評価差額金	272,000	そ の 他 有 価 証 券	272,000
(5)	仕 訳 な し			
(6)	有 価 証 券 評 価 損	120,000	売 買 目 的 有 価 証 券	120,000

解説

(1) (時価@¥3,000－帳簿価額@¥2,500) ×株数300株＝有価証券評価益¥150,000

(2) (時価@¥27,200－帳簿価額@¥24,600) ×株数100株＝その他有価証券評価差額金¥260,000

(3) 子会社株式は原則として取得原価で評価するため，時価に振り替える必要はない。

(4) (時価@¥5,680－帳簿価額@¥7,040) ×株数200株＝その他有価証券評価差額金△¥272,000

(5) 関連会社株式は原則として取得原価で評価するため，時価に振り替える必要はない。

(6) (時価@¥6,900－帳簿価額@¥7,300) ×株数300株＝有価証券評価損△¥120,000

7

	借 方		貸 方	
(1)	満 期 保 有 目 的 債 券	11,700,000	当 座 預 金	11,700,000
(2)	現 金	78,000	有 価 証 券 利 息	78,000
(3)	現 金	78,000	有 価 証 券 利 息	78,000
	満 期 保 有 目 的 債 券	60,000	有 価 証 券 利 息	60,000
令和○2年3月31日時点での満期保有目的債券の帳簿価額 ¥		11,760,000		

解説

(1)社債の額面総額¥12,000,000× (¥97.50／¥100) ＝社債の取得価額¥11,700,000

(2)社債の額面総額¥12,000,000×年利率1.3%× (6か月／12か月) ＝半年分の利息¥78,000

(3)社債の額面総額¥12,000,000×年利率1.3%× (6か月／12か月) ＝半年分の利息¥78,000

社債の額面総額¥12,000,000－社債の取得価額¥11,700,000＝5年間の調整差額¥300,000

5年間の調整差額¥300,000÷5年＝1年間の調整差額¥60,000

また，令和○2年3月31日時点での満期保有目的債券の帳簿価額は次のように算定する。

評価前の社債の帳簿価額¥11,700,000＋1年間の調整差額¥60,000＝評価後の社債の帳簿価額¥11,760,000

8

	借　　　方		貸　　　方	
(1)	関 連 会 社 株 式 評 価 損	2,240,000	関 連 会 社 株 式	2,240,000
(2)	子 会 社 株 式 評 価 損	7,280,000	子 会 社 株 式	7,280,000
(3)	子 会 社 株 式 評 価 損	9,520,000	子 会 社 株 式	9,520,000

解説

(1) （時価@￥2,200 －帳簿価額@￥7,800） ×株数400株＝関連会社株式評価損△￥2,240,000

(2) （時価@￥6,300 －帳簿価額@￥15,400） ×株数800株＝子会社株式評価損△￥7,280,000

(3) 資産総額￥27,500,000 －負債総額￥19,500,000 ＝純資産額￥8,000,000

　　純資産額￥8,000,000 ÷発行済株式総数1,000株＝1株あたりの実質価額@￥8,000

　　（実質価額@￥8,000 －帳簿価額@￥21,600） ×持株数700株＝子会社株式評価損△￥9,520,000

■応用問題（p.40）

1

付記事項の仕訳

	借　　　方		貸　　　方	
①	売 買 目 的 有 価 証 券	8,000	支 払 手 数 料	8,000

決算整理仕訳

	借　　　方		貸　　　方	
a	売 買 目 的 有 価 証 券	40,000	有 価 証 券 評 価 益	40,000
	満 期 保 有 目 的 債 券	56,000	有 価 証 券 利 息	56,000
	そ の 他 有 価 証 券	90,000	その他有価証券評価差額金	90,000
	子 会 社 株 式 評 価 損	4,320,000	子 会 社 株 式	4,320,000

貸　借　対　照　表

富山物産株式会社　　　　　　令和○2年3月31日　　　　　　　（単位：円）

資　産　の　部

Ⅰ　流　動　資　産

　　4.（ 有 　価 　証 　券 ）　　　　　　　　　（　2,680,000 ）

Ⅱ　固　定　資　産

（3）　投資その他の資産

　　1.（ 投 資 有 価 証 券 ）　　　　　　　（　9,516,000 ）

　　2.（ 関 係 会 社 株 式 ）　　　　　　　（　2,610,000 ）

純　資　産　の　部

Ⅱ　評価・換算差額等

　　1.（ その他有価証券評価差額金 ）　　　　（　90,000 ）

　　　　　評価・換算差額等合計　　　　　　　　　　　　　　　（　90,000 ）

19

損 益 計 算 書

富山物産株式会社 令和○１年４月１日から令和○２年３月31日まで （単位：円）

⋮

Ⅳ 営 業 外 収 益

⋮

2.（ 有 価 証 券 利 息 ）　　　　　　　　（ *176,000* ）
3.（ 有 価 証 券 評 価 益 ）　　　　　　（ *40,000* ）

⋮

Ⅶ 特 別 損 失

1.（ 関 係 会 社 株 式 評 価 損 ）　　　　（ *4,320,000* ）

解説

売買目的有価証券：まず，付記事項①を処理する。株式を買い入れたときの手数料は株式の取得価額に含めるため，支払手数料勘定から売買目的有価証券勘定に振り替える仕訳をおこなう。これにより，修正後の帳簿価額は¥2,632,000 ＋¥8,000 ＝¥2,640,000となる。これを，新潟産業株式会社の時価（＠¥7,000×200株）＋岩手通信株式会社の時価（＠¥3,200×400株）＝¥2,680,000に評価替えすると，時価¥2,680,000－帳簿価額¥2,640,000 ＝有価証券評価益¥40,000が算定できる。

満期保有目的債券：評価後¥7,776,000－評価前¥7,720,000 ＝有価証券利息¥56,000

その他有価証券　：時価（＠¥5,800×300株）－帳簿価額¥1,650,000 ＝その他有価証券評価差額金¥90,000

子会社株式　　　：時価（＠¥2,900×900株）－帳簿価額¥6,930,000 ＝子会社株式評価損△¥4,320,000

なお，貸借対照表および損益計算書への表示方法は次のようになる。

<有価証券の表示方法>
- 売買目的有価証券は，貸借対照表・資産の部の「流動資産」の区分に「有価証券」と表示する。
- 満期保有目的債券とその他有価証券は，貸借対照表・資産の部の「投資その他の資産」の区分に「投資有価証券」と表示する。
- 子会社株式と関連会社株式は，貸借対照表・資産の部の「投資その他の資産」の区分に「関係会社株式」と表示する。

<評価差額の表示方法>
- その他有価証券評価差額金は，貸借対照表・純資産の部の「評価・換算差額等」の区分に表示する。
- 有価証券利息と有価証券評価益は，損益計算書の「営業外収益」の区分に表示する。
- 有価証券評価損は，損益計算書の「営業外費用」の区分に表示する。
- 子会社株式評価損と関連会社株式評価損は，損益計算書の「特別損失」の区分に「関係会社株式評価損」と表示する。

2

1株あたりの実質価額　¥ **25,600**	評価替えをする（　　　　）
	評価替えをしない（　○　）

解説

資産総額¥24,900,000－負債総額¥12,100,000 ＝純資産額¥12,800,000

純資産額¥12,800,000÷発行済株式総数500株＝1株あたりの実質価額＠¥25,600

帳簿価額¥7,500,000÷持株数300株＝1株あたりの帳簿価額＠¥25,000

1株あたりの帳簿価額＠¥25,000よりも1株あたりの実質価額＠¥25,600の方が大きいので，財政状態に問題があるとは言えず，評価替えをおこなう必要はない。

1

	借　　　　　　方		貸　　　　　　方	
(1)	当　座　預　金	3,928,100	売 買 目 的 有 価 証 券	3,908,000
			有 価 証 券 売 却 益	3,600
			有 価 証 券 利 息	16,500
(2)	満 期 保 有 目 的 債 券	7,736,000	当　座　預　金	7,756,000
	有 価 証 券 利 息	20,000		
(3)	子 会 社 株 式 評 価 損	10,400,000	子 会 社 株 式	10,400,000
(4)	満 期 保 有 目 的 債 券	64,000	有 価 証 券 利 息	64,000
(5)	そ の 他 有 価 証 券	105,000	その他有価証券評価差額金	105,000
(6)	売 買 目 的 有 価 証 券	6,927,000	当　座　預　金	6,948,000
	有 価 証 券 利 息	21,000		
(7)	当　座　預　金	5,988,000	売 買 目 的 有 価 証 券	5,856,000
	有 価 証 券 売 却 損	6,000	有 価 証 券 利 息	138,000

解説

(1)社債の額面総額 ¥7,000,000 ×（¥97.50 ／ ¥100）＋買入手数料 ¥14,000 ＝社債の取得価額 ¥6,839,000

社債の取得価額 ¥6,839,000 ×（¥4,000,000 ／ ¥7,000,000）＝売却した社債の帳簿価額 ¥3,908,000

売却した社債の額面金額 ¥4,000,000 ×（¥97.79 ／ ¥100）＝社債の売却価額 ¥3,911,600

社債の売却価額 ¥3,911,600 －売却した社債の帳簿価額 ¥3,908,000 ＝有価証券売却益 ¥3,600

社債の売却価額 ¥3,911,600 －端数利息 ¥16,500 ＝受取額 ¥3,928,100

(2)社債の額面総額 ¥8,000,000 ×（¥96.50 ／ ¥100）＋買入手数料 ¥16,000 ＝社債の取得価額 ¥7,736,000

社債の取得価額 ¥7,736,000 ＋端数利息 ¥20,000 ＝支払額 ¥7,756,000

(3)資産総額 ¥69,000,000 －負債総額 ¥57,000,000 ＝純資産額 ¥12,000,000

純資産額 ¥12,000,000 ÷発行済株式総数600株＝1株あたりの実質価額@ ¥20,000

帳簿価額 ¥18,400,000 ÷持株数400株＝1株あたりの帳簿価額@ ¥46,000

（実質価額@ ¥20,000 －帳簿価額@ ¥46,000）×持株数400株＝子会社株式評価損△ ¥10,400,000

(4)社債の額面総額 ¥80,000,000 ×（¥99.20 ／ ¥100）＝社債の取得価額 ¥79,360,000

社債の額面総額 ¥80,000,000 －社債の取得価額 ¥79,360,000 ＝10年間の調整差額 ¥640,000

10年間の調整差額 ¥640,000 ÷10年＝1年間の調整差額 ¥64,000

(5)（時価@ ¥960 －帳簿価額@ ¥890）×株数1,500株＝その他有価証券評価差額金 ¥105,000

(6)社債の額面総額 ¥7,000,000 ×（¥98.70 ／ ¥100）＋買入手数料 ¥18,000 ＝社債の取得価額 ¥6,927,000

社債の取得価額 ¥6,927,000 ＋端数利息 ¥21,000 ＝支払額 ¥6,948,000

(7)社債の額面総額 ¥10,000,000 ×（¥97.40 ／ ¥100）＋買入手数料 ¥20,000 ＝社債の取得価額 ¥9,760,000

社債の取得価額 ¥9,760,000 ×（¥6,000,000 ／ ¥10,000,000）＝売却した社債の帳簿価額 ¥5,856,000

売却した社債の額面金額 ¥6,000,000 ×（¥97.50 ／ ¥100）＝社債の売却価額 ¥5,850,000

社債の売却価額 ¥5,850,000 －売却した社債の帳簿価額 ¥5,856,000 ＝有価証券売却損△ ¥6,000

社債の売却価額 ¥5,850,000 ＋端数利息 ¥138,000 ＝受取額 ¥5,988,000

❷

決算整理仕訳

	借　　　　　　方		貸　　　　　　方	
a	売 買 目 的 有 価 証 券	70,000	有 価 証 券 評 価 益	70,000
	そ の 他 有 価 証 券	40,000	その他有価証券評価差額金	40,000

貸　借　対　照　表

北海道商事株式会社　　　　　　令和○5年3月31日　　　　　　　　　　　（単位：円）

資　産　の　部

Ⅰ　流　動　資　産

⋮

　　4.(有　　価　　証　　券)　　　　　　(　2,250,000)

⋮

Ⅱ　固　定　資　産

⋮

⑵　投資その他の資産

　　1.(投　資　有　価　証　券)　　　　　　(　2,020,000)

⋮

純　資　産　の　部

⋮

Ⅱ　評価・換算差額等

　　1.(その他有価証券評価差額金)　　　　　(　　40,000)

　　　　評価・換算差額等合計　　　　　　　　　　　　　　　(　　40,000)

損　益　計　算　書

北海道商事株式会社　　令和○4年4月1日から令和○5年3月31日まで　　（単位：円）

⋮

Ⅳ　営　業　外　収　益

⋮

　　3.(有　価　証　券　評　価　益)　　　　　(　　70,000)

解説

売買目的有価証券：各銘柄について，それぞれ評価損益を求める。

　奈良商事株式会社　（時価@￥4,200－帳簿価額@￥3,800）×株数400株＝有価証券評価益￥160,000

　南北物産株式会社　（時価@￥1,900－帳簿価額@￥2,200）×株数300株＝有価証券評価損△￥90,000

　これらを合計した，有価証券評価益￥160,000＋有価証券評価損△￥90,000＝有価証券評価益￥70,000を計上する。

その他有価証券：（時価@￥2,020－帳簿価額@￥1,980）×株数1,000株＝その他有価証券評価差額金￥40,000

■基本問題 (p.46)

1

(1)			(2)		(3)	
ア	イ	ウ	エ	オ	カ	キ
15	5	20	6	1	11	8

(4)				(5)	
ク	ケ	コ	サ	シ	ス
19	4	17	7	9	16

(6)		(7)	
セ	ソ	タ	チ
3	14	18	12

2

借　　　　方		貸　　　　方	
仕　　　　　　　入	2,100,000	繰　越　商　品	2,100,000
繰　越　商　品	1,350,000	仕　　　　　　　入	1,350,000
棚　卸　減　耗　損	90,000	繰　越　商　品	90,000
商　品　評　価　損	42,000	繰　越　商　品	42,000

繰　越　商　品

1/1	前 期 繰 越	2,100,000	12/31	仕　　入	(2,100,000)
12/31	仕　　入	(1,350,000)	〃	棚卸減耗損	(90,000)
			〃	商品評価損	(42,000)
			〃	（ 次 期 繰 越 ）	(1,218,000)
		(3,450,000)			(3,450,000)

解説

原価@¥900×帳簿棚卸数量1,500個＝期末商品棚卸高 ¥1,350,000

原価@¥900×(帳簿棚卸数量1,500個－実地棚卸数量1,400個)＝棚卸減耗損 ¥90,000

(原価@¥900－正味売却価額@¥870)×実地棚卸数量1,400個＝商品評価損 ¥42,000

期末商品棚卸高 ¥1,350,000－棚卸減耗損 ¥90,000－商品評価損 ¥42,000＝貸借対照表の「商品」 ¥1,218,000

3

計　算　式	期末商品棚卸高（原価）
$\dfrac{¥730,000 + ¥2,540,000}{¥940,000 + ¥3,420,000}=0.75$ ¥800,000×0.75＝¥600,000	¥　　　　600,000

4

(1)

商　品　有　高　帳

（先入先出法）　　　　　　　　　　　　（品名）A 品　　　　　　　　　　　（単位：個）

令和〇年		摘　要	受　入			払　出			残　高		
			数量	単価	金　額	数量	単価	金　額	数量	単価	金　額
9	1	前 月 繰 越	100	210	21,000				100	210	21,000
	8	仕 入 れ	650	180	117,000				100	210	21,000
									650	180	117,000
	17	売 上 げ				100	210	21,000			
						400	180	72,000	250	180	45,000
	20	仕 入 れ	250	200	50,000				250	180	45,000
									250	200	50,000
	25	売 上 げ				250	180	45,000			
						50	200	10,000	200	200	40,000
	30	次 月 繰 越				200	200	40,000			
			1,000		188,000	1,000		188,000			
10	1	前 月 繰 越	200	200	40,000				200	200	40,000

売上原価 ¥ 148,000	期末商品棚卸高 ¥ 40,000	売上総利益 ¥ 92,000

(2)

商 品 有 高 帳

(移動平均法)　　　　　　　　　　　（品名）A 品　　　　　　　　　　　　　（単位：個）

令和○年		摘 要	受 入			払 出			残 高		
			数量	単価	金 額	数量	単価	金 額	数量	単価	金 額
9	1	前 月 繰 越	100	210	21,000				100	210	21,000
	8	仕 入 れ	650	180	117,000				750	184	138,000
	17	売 上 げ				500	184	92,000	250	184	46,000
	20	仕 入 れ	250	200	50,000				500	192	96,000
	25	売 上 げ				300	192	57,600	200	192	38,400
	30	次 月 繰 越				200	192	38,400			
			1,000		188,000	1,000		188,000			
10	1	前 月 繰 越	200	192	38,400				200	192	38,400

売上原価　¥　149,600	期末商品棚卸高　¥　38,400	売上総利益　¥　90,400

(3)

商 品 有 高 帳

(総平均法)　　　　　　　　　　　（品名）A 品　　　　　　　　　　　　　（単位：個）

令和○年		摘 要	受 入			払 出			残 高		
			数量	単価	金 額	数量	単価	金 額	数量	単価	金 額
9	1	前 月 繰 越	100	210	21,000				100	210	21,000
	8	仕 入 れ	650	180	117,000				750		
	17	売 上 げ				500	188	94,000	250		
	20	仕 入 れ	250	200	50,000				500		
	25	売 上 げ				300	188	56,400	200	188	37,600
	30	次 月 繰 越				200	188	37,600			
			1,000		188,000	1,000		188,000			
10	1	前 月 繰 越	200	188	37,600				200	188	37,600

売上原価　¥　150,400	期末商品棚卸高　¥　37,600	売上総利益　¥　89,600

解説

(1)先入先出法

9/17払出 （¥21,000 + ¥72,000）+ 9/25払出 （¥45,000 + ¥10,000）= 売上原価 ¥148,000

期末商品棚卸高は， 9/30 時点の商品の金額 ¥40,000 となる。

9/17売上げ （@ ¥300×500個）+ 9/25売上げ （@ ¥300×300個）= 売上高 ¥240,000

売上高 ¥240,000 − 売上原価 ¥148,000 = 売上総利益 ¥92,000

(2)移動平均法

（ 9/1残高 ¥21,000 + 9/8仕入れ ¥117,000）÷（ 9/1残高 100個 + 9/8仕入れ 650個）= 9/8払出単価 @ ¥184

（ 9/17残高 ¥46,000 + 9/20仕入れ ¥50,000）÷（ 9/17残高 250個 + 9/20仕入れ 250個）= 9/20払出単価 @ ¥192

9/17払出 ¥92,000 + 9/25払出 ¥57,600 = 売上原価 ¥149,600

期末商品棚卸高は， 9/30 時点の商品の金額 ¥38,400 となる。

9 /17売上げ (@¥300×500個) + 9 /25売上げ (@¥300×300個) = 売上高¥240,000

売上高¥240,000 − 売上原価¥149,600 = 売上総利益¥90,400

(3)総平均法

(9 / 1繰越 ¥21,000 + 9 / 8仕入れ ¥117,000 + 9 /20仕入れ ¥50,000)

÷ (9 / 1繰越 100個 + 9 / 8仕入れ 650個 + 9 /20仕入れ 250個) = 9 月中の払出単価 @¥188

9 /17払出 ¥94,000 + 9 /25払出 ¥56,400 = 売上原価¥150,400

期末商品棚卸高は、 9 /30 時点の商品の金額¥37,600となる。

9 /17売上げ (@¥300×500個) + 9 /25売上げ (@¥300×300個) = 売上高¥240,000

売上高¥240,000 − 売上原価¥150,400 = 売上総利益¥89,600

5

棚卸減耗損	商品評価損	売上原価	売上総利益
¥ 10,000	¥ 20,400	¥ 5,170,400	¥ 2,329,600

解説

原価@¥500×帳簿棚卸数量700個 = 期末商品棚卸高¥350,000

原価@¥500×(帳簿棚卸数量700個 − 実地棚卸数量680個) = 棚卸減耗損¥10,000

(原価@¥500 − 正味売却価額@¥470)×実地棚卸数量680個 = 商品評価損¥20,400

期首商品棚卸高¥300,000 + 当期商品仕入高¥5,200,000 − 期末商品棚卸高¥350,000 + 商品評価損¥20,400

= 売上原価¥5,170,400

当期売上高¥7,500,000 − 売上原価¥5,170,400 = 売上総利益¥2,329,600

6

		借 方		貸 方	
(1)	前 払 金	60,000	当 座 預 金	60,000
(2)	手 形 貸 付 金	1,000,000	現 金	1,000,000
(3)	未 収 金	3,860,000	売買目的有価証券 有 価 証 券 売 却 益	3,780,000 80,000
(4)	未 収 手 数 料	20,000	受 取 手 数 料	20,000
(5)	前 払 家 賃	38,000	支 払 家 賃	38,000

＊(3)の借方の「未収金」は「未収入金」でもよい

解説

(3)売却価額@¥19,300×株数200株 = 未収金¥3,860,000

帳簿価額@¥18,900×株数200株 = 売買目的有価証券¥3,780,000

売却価額¥3,860,000 − 帳簿価額¥3,780,000 = 有価証券売却益¥80,000

❶

(1)			(2)		(3)
ア	イ	ウ	エ	オ	カ
6	7	7	6	11	9

	(4)			(5)	
キ	ク	ケ	コ	サ	
2	10	3	1	5	

❷

	先入先出法	移動平均法	総平均法
売　上　原　価	¥ 738,000	¥ 736,000	¥ 736,400
期末商品棚卸高	¥ 51,000	¥ 53,000	¥ 52,600
売　上　総　利　益	¥ 203,000	¥ 205,000	¥ 204,600

解説

本問について，商品有高帳を作成すると以下のようになる。

商 品 有 高 帳

（先入先出法）　　　　　　　　（品名）○○○　　　　　　　　（単位：個）

令和○年		摘　要	受　入			払　出			残　高		
			数量	単価	金　額	数量	単価	金　額	数量	単価	金　額
5	1	前月繰越	600	500	300,000				600	500	300,000
	8	売　上　げ				400	500	200,000	200	500	100,000
	12	仕　入　れ	500	570	285,000				200	500	100,000
									500	570	285,000
	16	売　上　げ				200	500	100,000			
						100	570	57,000	400	570	228,000
	22	仕　入　れ	400	510	204,000				400	570	228,000
									400	510	204,000
	28	売　上　げ				400	570	228,000			
						300	510	153,000	100	510	51,000
	31	次 月 繰 越				100	510	51,000			
			1,500		789,000	1,500		789,000			
6	1	前 月 繰 越	100	510	51,000				100	510	51,000

5/8払出 ¥200,000 ＋ 5/16払出 （¥100,000 ＋ ¥57,000）＋ 5/28払出 （¥228,000 ＋ ¥153,000）＝売上原価¥738,000

期末商品棚卸高は，5/31 時点の商品の金額¥51,000となる。

5/8売上げ （@¥660×400個）＋ 5/16売上げ （@¥670×300個）＋ 5/28売上げ （@¥680×700個）＝売上高¥941,000

売上高¥941,000 － 売上原価¥738,000 ＝ 売上総利益¥203,000

商 品 有 高 帳

（移動平均法）　　　　　　　（品名）○○○　　　　　　　　　　　　（単位：個）

令和〇年		摘　要	受　入			払　出			残　高		
			数量	単価	金　額	数量	単価	金　額	数量	単価	金　額
5	1	前月繰越	600	500	300,000				600	500	300,000
	8	売上げ				400	500	200,000	200	500	100,000
	12	仕入れ	500	570	285,000				700	550	385,000
	16	売上げ				300	550	165,000	400	550	220,000
	22	仕入れ	400	510	204,000				800	530	424,000
	28	売上げ				700	530	371,000	100	530	53,000
	31	**次月繰越**				**100**	**530**	**53,000**			
			1,500		789,000	1,500		789,000			
6	1	前月繰越	100	530	53,000				100	530	53,000

（ 5/8残高 ¥100,000 ＋ 5/12仕入れ ¥285,000 ）÷（ 5/8残高 200個 ＋ 5/12仕入れ 500個 ）＝ 5/8払出単価 ＠¥550

（ 5/16残高 ¥220,000 ＋ 5/22仕入れ ¥204,000 ）÷（ 5/16残高 400個 ＋ 5/22仕入れ 400個 ）＝ 5/22払出単価 ＠¥530

5/8払出 ¥200,000 ＋ 5/16払出 ¥165,000 ＋ 5/28払出 ¥371,000 ＝売上原価 ¥736,000

期末商品棚卸高は， 5/31 時点の商品の金額 ¥53,000 となる。

5/8売上げ （＠¥660×400個）＋ 5/16売上げ （＠¥670×300個）＋ 5/28売上げ （＠¥680×700個）＝売上高 ¥941,000

売上高 ¥941,000 －売上原価 ¥736,000 ＝売上総利益 ¥205,000

商 品 有 高 帳

（総平均法）　　　　　　　（品名）○○○　　　　　　　　　　　　（単位：個）

令和〇年		摘　要	受　入			払　出			残　高		
			数量	単価	金　額	数量	単価	金　額	数量	単価	金　額
5	1	前月繰越	600	500	300,000				600	500	300,000
	8	売上げ				400	526	210,400	200		
	12	仕入れ	500	570	285,000				700		
	16	売上げ				300	526	157,800	400		
	22	仕入れ	400	510	204,000				800		
	28	売上げ				700	526	368,200	100	526	52,600
	31	**次月繰越**				**100**	**526**	**52,600**			
			1,500		789,000	1,500		789,000			
6	1	前月繰越	100	526	52,600				100	526	52,600

（ 5/1繰越 ¥300,000 ＋ 5/12仕入れ ¥285,000 ＋ 5/22仕入れ ¥204,000 ）

÷（ 5/1繰越 600個 ＋ 5/12仕入れ 500個 ＋ 5/22仕入れ 400個 ）＝ 5月中の払出単価 ＠¥526

5/8払出 ¥210,400 ＋ 5/16払出 ¥157,800 ＋ 5/28払出 ¥368,200 ＝売上原価 ¥736,400

期末商品棚卸高は， 5/31 時点の商品の金額 ¥52,600 となる。

5/8売上げ （＠¥660×400個）＋ 5/16売上げ （＠¥670×300個）＋ 5/28売上げ （＠¥680×700個）＝売上高 ¥941,000

売上高 ¥941,000 －売上原価 ¥736,400 ＝売上総利益 ¥204,600

3

	借　　　　方		貸　　　　方	
(1)	仕　　　　　　　入	1,260,000	繰　越　商　品	1,260,000
	繰　越　商　品	1,440,000	仕　　　　　　　入	1,440,000
	棚　卸　減　耗　損	90,000	繰　越　商　品	90,000
	商　品　評　価　損	30,000	繰　越　商　品	30,000
	仕　　　　　　　入	45,000	棚　卸　減　耗　損	45,000
	仕　　　　　　　入	30,000	商　品　評　価　損	30,000

(2)

損　益　計　算　書

栃木商事株式会社　　　　　令和○年1月1日から令和○年12月31日まで　　　　　（単位：円）

Ⅰ　売　上　高　　　　　　　　　　　　　　　　　　　　　　　　　（　17,750,000　）
Ⅱ　売　上　原　価
　　1．期首商品棚卸高　　　　　　　　　　　　（　1,260,000　）
　　2．当期商品仕入高　　　　　　　　　　　　（　13,950,000　）
　　　　　合　　　計　　　　　　　　　　　　　（　15,210,000　）
　　3．（　期末商品棚卸高　）　　　　　　　　（　1,440,000　）
　　　　　　　　　　　　　　　　　　　　　　　（　13,770,000　）
　　4．棚　卸　減　耗　損　　　　　　　　　　（　45,000　）
　　5．（　商　品　評　価　損　）　　　　　　（　30,000　）　　　（　13,845,000　）
　　　　　売　上　総　利　益　　　　　　　　　　　　　　　　　　（　3,905,000　）
　　　　　　　　　　　　　　　　　　　　　　⋮
Ⅴ　営　業　外　費　用
　　　　　　　　　　　　　　　　　　　　　　⋮
　　3．（　棚　卸　減　耗　損　）　　　　　　（　45,000　）

(3)

貸　借　対　照　表

栃木商事株式会社　　　　　　　令和○年12月31日　　　　　　　　（単位：円）

資　産　の　部

Ⅰ　流　動　資　産
　　　　　　　　　　　　　　　　　　　　　　⋮
　　5．（　商　　　　品　）　　　　　　　　　（　1,320,000　）

解説

原価@¥4,500×帳簿棚卸数量320個＝期末商品棚卸高 ¥1,440,000

原価@¥4,500×（帳簿棚卸数量320個－実地棚卸数量300個）＝棚卸減耗損（全体）¥90,000

帳簿棚卸数量320個と実地棚卸数量300個の差である20個のうち，原価性のあるものは10個なので，

棚卸減耗損（全体）¥90,000×（10個／20個）＝棚卸減耗損（原価性あり）¥45,000

棚卸減耗損（全体）¥90,000－棚卸減耗損（原価性あり）¥45,000＝棚卸減耗損（原価性なし）¥45,000

（原価@¥4,500－正味売却価額@¥4,400）×実地棚卸数量300個＝商品評価損 ¥30,000

期末商品棚卸高 ¥1,440,000－棚卸減耗損（全体）¥90,000－商品評価損 ¥30,000＝貸借対照表の「商品」¥1,320,000

期首商品棚卸高 ¥1,260,000＋当期商品仕入高（¥14,045,000－¥95,000）－期末商品棚卸高 ¥1,440,000

     ＋棚卸減耗損（原価性あり）¥45,000＋商品評価損 ¥30,000＝売上原価 ¥13,845,000

当期売上高（¥17,835,000－¥85,000）－売上原価 ¥13,845,000＝売上総利益 ¥3,905,000

4

(1)決算整理仕訳

借	方		貸	方	
仕 入		500,000	繰 越 商 品		500,000
繰 越 商 品		750,000	仕 入		750,000
棚 卸 減 耗 損		25,000	繰 越 商 品		25,000
商 品 評 価 損		43,500	繰 越 商 品		43,500
仕 入		15,000	棚 卸 減 耗 損		15,000
仕 入		43,500	商 品 評 価 損		43,500

決算振替仕訳

借	方		貸	方	
売 上		5,200,000	損 益		5,200,000
損 益		3,318,500	仕 入		3,308,500
			棚 卸 減 耗 損		10,000

(2)

繰 越 商 品

1/1	前期繰越	500,000	12/31	仕 入	500,000
12/31	仕 入	750,000	〃	棚卸減耗損	25,000
			〃	商品評価損	43,500
			〃	次期繰越	681,500
		1,250,000			1,250,000

売 上

12/31	損 益	5,200,000		5,200,000

仕 入

		3,500,000	12/31	繰越商品	750,000
12/31	繰越商品	500,000	〃	損 益	3,308,500
〃	棚卸減耗損	15,000			
〃	商品評価損	43,500			
		4,058,500			4,058,500

棚 卸 減 耗 損

12/31	繰越商品	25,000	12/31	仕 入	15,000
			〃	損 益	10,000
		25,000			25,000

商 品 評 価 損

12/31	繰越商品	43,500	12/31	仕 入	43,500

損 益

12/31	仕 入	3,308,500	12/31	売 上	5,200,000
〃	棚卸減耗損	10,000			

(3)

損 益 計 算 書

千葉商事株式会社　　令和〇年1月1日から令和〇年12月31日まで　　　　　（単位：円）

I　売　上　高　　　　　　　　　　　　　　　　　　　　　　（　　　5,200,000　）
II　売　上　原　価
　　1．期首商品棚卸高　　　　　　　　　　（　　　500,000　）
　　2．当期商品仕入高　　　　　　　　　　（　　3,500,000　）
　　　　　　合　　　計　　　　　　　　　　（　　4,000,000　）
　　3．（ 期末商品棚卸高 ）　　　　　　　（　　　750,000　）
　　　　　　　　　　　　　　　　　　　　　（　　3,250,000　）
　　4．棚　卸　減　耗　損　　　　　　　　（　　　 15,000　）
　　5．（ 商 品 評 価 損 ）　　　　　　　（　　　 43,500　）　（　　3,308,500　）
　　　　　　売 上 総 利 益　　　　　　　　　　　　　　　　　（　　1,891,500　）
　　　　　　　　　　　　　　　　　　　⋮
V　営　業　外　費　用
　　　　　　　　　　　　　　　　　　　⋮
　　3．（ 棚 卸 減 耗 損 ）　　　　　　　（　　　 10,000　）

(4)

貸 借 対 照 表

千葉商事株式会社　　　　　　令和〇年12月31日　　　　　　　　　（単位：円）

資　産　の　部

I　流　動　資　産
　　　　　　　　　　　　　　　　　　　⋮
　　5．（ 商　　　　品 ）　　　　　　　（　　　681,500　）

解説

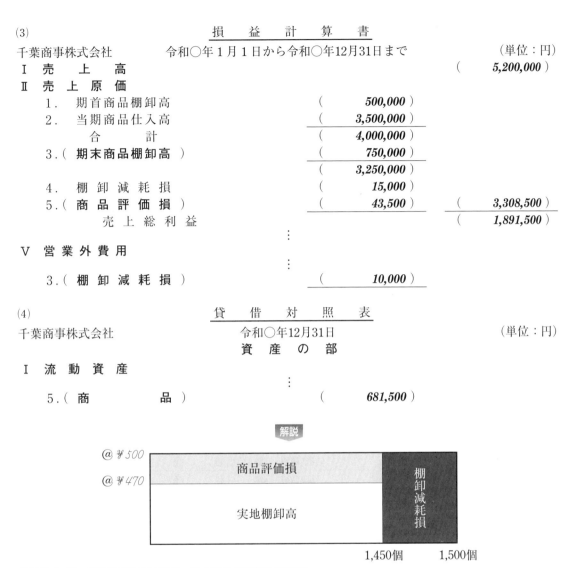

原価@¥500×帳簿棚卸数量1,500個＝期末商品棚卸高¥750,000

原価@¥500×（帳簿棚卸数量1,500個－実地棚卸数量1,450個）＝棚卸減耗損（全体）¥25,000

　帳簿棚卸数量1,500個と実地棚卸数量1,450個の差である50個のうち，原価性のあるものは30個なので，

　棚卸減耗損（全体）¥25,000×（30個／50個）＝棚卸減耗損（原価性あり）¥15,000

　棚卸減耗損（全体）¥25,000－棚卸減耗損（原価性あり）¥15,000＝棚卸減耗損（原価性なし）¥10,000

（原価@¥500－正味売却価額@¥470）×実地棚卸数量1,450個＝商品評価損¥43,500

期末商品棚卸高¥750,000－棚卸減耗損（全体）¥25,000－商品評価損¥43,500＝貸借対照表の「商品」¥681,500

期首商品棚卸高¥500,000＋当期商品仕入高¥3,500,000－期末商品棚卸高¥750,000

　　　　　　　　　＋棚卸減耗損（原価性あり）¥15,000＋商品評価損¥43,500＝売上原価¥3,308,500

当期売上高¥5,200,000－売上原価¥3,308,500＝売上総利益¥1,891,500

5

原価率	期末商品棚卸高（原価）
0.7（70%）	¥　294,000

解説

原価（¥310,000 ＋ ¥2,070,000）÷ 売価（¥460,000 ＋ ¥2,940,000）＝ 原価率0.7

期末商品棚卸高（売価）¥420,000 × 原価率0.7 ＝ 期末商品棚卸高（原価）¥294,000

6

(1)原価率	(2)期末商品棚卸高（原価）	(3)売上総利益
0.8（80%）	¥　160,000	¥　335,000

解説

原価（¥250,000 ＋ ¥1,250,000）÷ 売価（¥375,000 ＋ ¥1,500,000）＝ 原価率0.8

期末商品棚卸高（売価）¥200,000 × 原価率0.8 ＝ 期末商品棚卸高（原価）¥160,000

期首商品棚卸高（原価）¥250,000 ＋ 当期商品仕入高（原価）¥1,250,000 － 期末商品棚卸高（原価）¥160,000

= 売上原価 ¥1,340,000

当期売上高 ¥1,675,000 － 売上原価 ¥1,340,000 ＝ 売上総利益 ¥335,000

7

(1)決算整理仕訳

借　　　方		貸　　　方	
仕　　　　　入	690,000	繰　越　商　品	690,000
繰　越　商　品	640,000	仕　　　　　入	640,000
棚　卸　減　耗　損	30,000	繰　越　商　品	30,000
商　品　評　価　損	53,000	繰　越　商　品	53,000
仕　　　　　入	30,000	棚　卸　減　耗　損	30,000
仕　　　　　入	53,000	商　品　評　価　損	53,000

決算振替仕訳

借　　　方		貸　　　方	
売　　　　　上	10,600,000	損　　　　　益	10,600,000
損　　　　　益	8,103,000	仕　　　　　入	8,103,000

(2)

損 益 計 算 書

岡山物産株式会社　　　令和○年1月1日から令和○年12月31日まで　　　　　（単位：円）

Ⅰ　売　上　高　　　　　　　　　　　　　　　　　　　　　　　　（　10,600,000　）
Ⅱ　売　上　原　価
　　1．期首商品棚卸高　　　　　　　　　（　　690,000　）
　　2．当期商品仕入高　　　　　　　　　（　7,970,000　）
　　　　　合　　　　計　　　　　　　　　（　8,660,000　）
　　3．（ 期末商品棚卸高 ）　　　　　　（　　640,000　）
　　　　　　　　　　　　　　　　　　　　（　8,020,000　）
　　4．（ 棚 卸 減 耗 損 ）　　　　　　　（　　 30,000　）
　　5．商　品　評　価　損　　　　　　　（　　 53,000　）　　　　（　8,103,000　）
　　　　　売　上　総　利　益　　　　　　　　　　　　　　　　　　（　2,497,000　）

貸 借 対 照 表

岡山物産株式会社　　　　　令和○年12月31日　　　　　　　　　　　（単位：円）

資　産　の　部

Ⅰ　流　動　資　産
　　　　　　　　　　　　　　　　⋮
　　5．（ 商　　　　　品 ）　　　　　　　　　　　（　　557,000　）

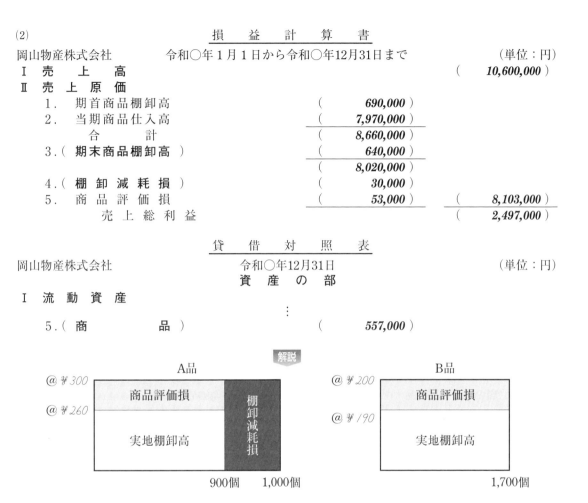

解説

A品　　　　　　　　　　　　　　　　　　　　B品

@¥300　商品評価損　　棚　　　　　@¥200　　商品評価損
@¥260　　　　　　　　卸
　　　　　　　　　　　減　　　　　@¥190
　　　　　　　　　　　耗
　　　　実地棚卸高　　損　　　　　　　　　　実地棚卸高

　　　　　　900個　　1,000個　　　　　　　　　　　　　1,700個

A品 （原価@¥300×帳簿棚卸数量1,000個）+B品 （原価@¥200×帳簿棚卸数量1,700個）＝期末商品棚卸高¥640,000

A品 原価@¥300×（帳簿棚卸数量1,000個−実地棚卸数量900個）＝棚卸減耗損¥30,000

A品 （原価@¥300−正味売却価額@¥260）×実地棚卸数量900個＝A品 商品評価損¥36,000

B品 （原価@¥200−正味売却価額@¥190）×実地棚卸数量1,700個＝B品 商品評価損¥17,000

A品 商品評価損¥36,000 +B品 商品評価損¥17,000＝商品評価損¥53,000

期末商品棚卸高¥640,000−棚卸減耗損¥30,000−商品評価損¥53,000＝貸借対照表の「商品」¥557,000

期首商品棚卸高¥690,000+当期商品仕入高 （¥8,000,000−¥30,000）−期末商品棚卸高¥640,000

　　　　　　　　　+棚卸減耗損¥30,000+商品評価損¥53,000＝売上原価¥8,103,000

当期売上高 （¥10,720,000−¥70,000−¥50,000）−売上原価¥8,103,000＝売上総利益¥2,497,000

8　(1)

	繰　越　商　品						棚　卸　減　耗　損			
1/1	前 期 繰 越	3,800,000	12/31	仕　　　入	3,800,000	12/31	繰 越 商 品	76,000	12/31 仕　　　入	19,000
12/31	仕　　　入	4,130,000	〃	棚 卸 減 耗 損	76,000				〃　損　　　益	57,000
			〃	商 品 評 価 損	58,000			76,000		76,000
			〃	次 期 繰 越	3,996,000		商　品　評　価　損			
		7,930,000			7,930,000	12/31	繰 越 商 品	58,000	12/31 仕　　　入	58,000

(2)

損　益　計　算　書

山梨商事株式会社　　　　令和○年1月1日から令和○年12月31日まで　　　　　　　（単位：円）

Ⅰ　売　上　高　　　　　　　　　　　　　　　　　　　　　　　（　**34,600,000**　）
Ⅱ　売　上　原　価
　　1.　期首商品棚卸高　　　　　　　　　　　（　**3,800,000**　）
　　2.　当期商品仕入高　　　　　　　　　　　（　**25,400,000**　）
　　　　　合　　　計　　　　　　　　　　　　（　**29,200,000**　）
　　3.（　**期末商品棚卸高**　）　　　　　　　（　**4,130,000**　）
　　　　　　　　　　　　　　　　　　　　　　（　**25,070,000**　）
　　4.　棚　卸　減　耗　損　　　　　　　　　（　**19,000**　）
　　5.（　**商　品　評　価　損**　）　　　　　（　**58,000**　）　　　　（　**25,147,000**　）
　　　　　売　上　総　利　益　　　　　　　　　　　　　　　　　（　**9,453,000**　）
　　　　　　　　　　　　　　　　　　　　　　⋮
Ⅴ　営　業　外　費　用
　　　　　　　　　　　　　　　　　　　　　　⋮
　　3.（　**棚　卸　減　耗　損**　）　　　　　（　**57,000**　）

貸　借　対　照　表

山梨商事株式会社　　　　　　令和○年12月31日　　　　　　　　　　　　　　　　（単位：円）
資　産　の　部

Ⅰ　流　動　資　産
　　　　　　　　　　　　　　　　　　　　　　⋮
　　5.（　商　　　　　品　　）　　　　　　　　　　　　　　　　（　**3,996,000**　）

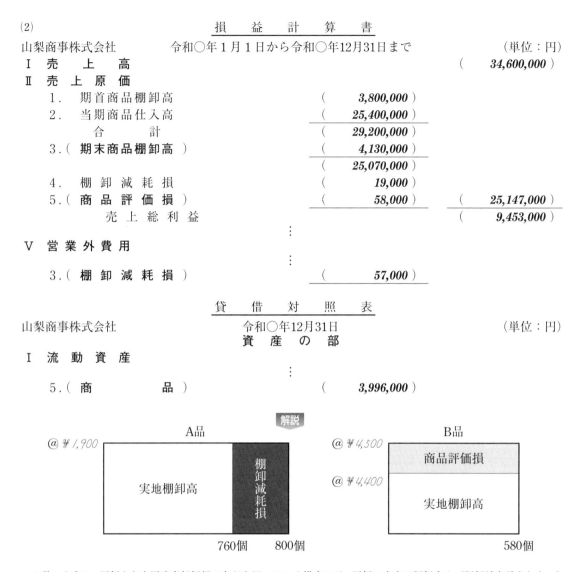

　A品のように，原価よりも正味売却価額の方が上回っている場合には，原価のままで評価する（評価益を計上しない）ことに注意する。

A品（原価@¥1,900×帳簿棚卸数量800個）＋B品（原価@¥4,500×帳簿棚卸数量580個）

　　　　　　　　　　　　　　　　　　　　　　　　　　　　＝期末商品棚卸高¥4,130,000

A品　原価@¥1,900×（帳簿棚卸数量800個−実地棚卸数量760個）＝棚卸減耗損（全体）¥76,000

　帳簿棚卸数量800個と実地棚卸数量760個の差である40個のうち，原価性のあるものは10個なので，

　棚卸減耗損（全体）¥76,000×（10個／40個）＝棚卸減耗損（原価性あり）¥19,000

　棚卸減耗損（全体）¥76,000−棚卸減耗損（原価性あり）¥19,000＝棚卸減耗損（原価性なし）¥57,000

B品（原価@¥4,500−正味売却価額@¥4,400）×実地棚卸数量580個＝商品評価損¥58,000

期末商品棚卸高¥4,130,000−棚卸減耗損（全体）¥76,000−商品評価損¥58,000＝貸借対照表の「商品」¥3,996,000

期首商品棚卸高¥3,800,000＋当期商品仕入高（¥25,540,000−¥140,000）−期末商品棚卸高¥4,130,000

　　　　　　　＋棚卸減耗損（原価性あり）¥19,000＋商品評価損¥58,000＝売上原価¥25,147,000

当期売上高（¥34,870,000−¥270,000）−売上原価¥25,147,000＝売上総利益¥9,453,000

1

ア	イ	ウ
3	6	1

2

損 益 計 算 書

北海道商事株式会社　　　令和○４年４月１日から令和○５年３月31日まで　　　　　（単位：円）

Ⅰ　売　上　高			（　**34,025,640**）
Ⅱ　売 上 原 価			
１．　期首商品棚卸高		3,615,600	
２．　当期商品仕入高		18,637,960	
合　　　計		22,253,560	
３．　期末商品棚卸高		（　**3,264,000**）	
		（　**18,989,560**）	
４．（棚 卸 減 耗 損）		（　**34,000**）	
５．　商 品 評 価 損		（　**76,000**）	（　**19,099,560**）
売 上 総 利 益			（　**14,926,080**）

貸 借 対 照 表

北海道商事株式会社　　　　　　令和○５年３月31日　　　　　　　（単位：円）

資　産　の　部

Ⅰ　流 動 資 産

　　　　　　　　　　　　　　　⋮

　　５．（商　　　　　品）　　　　　（　**3,154,000**）

解説

@¥850

@¥830

商品評価損

実地棚卸高

棚卸減耗損

3,800個　　　3,840個

原価@¥850×帳簿棚卸数量3,840個＝期末商品棚卸高¥3,264,000

原価@¥850×（帳簿棚卸数量3,840個－実地棚卸数量3,800個）＝棚卸減耗損¥34,000

（原価@¥850－正味売却価額@¥830）×実地棚卸数量3,800個＝商品評価損¥76,000

期末商品棚卸高¥3,264,000－棚卸減耗損¥34,000－商品評価損¥76,000＝貸借対照表の「商品」¥3,154,000

期首商品棚卸高¥3,615,600＋当期商品仕入高¥18,637,960－期末商品棚卸高¥3,264,000

　　　　　　　　　　＋棚卸減耗損¥34,000＋商品評価損¥76,000＝売上原価¥19,099,560

当期売上高¥34,025,640－売上原価¥19,099,560＝売上総利益¥14,926,080

❸

(1)

損 益 計 算 書

兵庫商事株式会社　　　　　令和３年４月１日から令和４年３月31日まで　　　　　（単位：円）

Ⅰ 売 上 高			68,985,000
Ⅱ 売 上 原 価			
1．期首商品棚卸高		2,989,000	
2．当期商品仕入高		（　50,274,000　）	
合　　　計		（　53,263,000　）	
3．期末商品棚卸高		（　2,575,000　）	
		（　50,688,000　）	
4．（ 棚 卸 減 耗 損 ）		（　178,000　）	
5．（ 商 品 評 価 損 ）		（　112,000　）	（　50,978,000　）
売 上 総 利 益			（　18,007,000　）

(2)

貸 借 対 照 表

兵庫商事株式会社　　　　　　　　令和４年３月31日　　　　　　　　　　（単位：円）

資 産 の 部

Ⅰ 流 動 資 産

　　　　　　　　　　　　　　　　　　⋮

　5．（ 商　　　品 ）　　　　　　　　　　（　2,285,000　）

解説

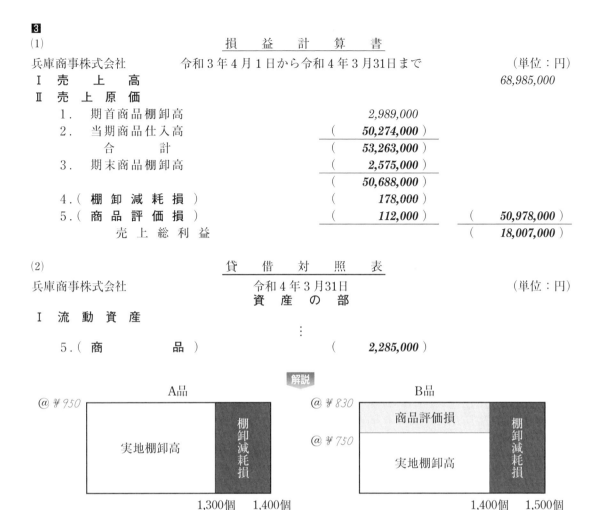

　A品のように，原価よりも正味売却価額の方が上回っている場合には，原価のままで評価する（評価益を計上しない）ことに注意する。

A品 （原価@¥950×帳簿棚卸数量1,400個）＋ B品 （原価@¥830×帳簿棚卸数量1,500個）

　　　　　　　　　　　　　　　　　　　　　　＝期末商品棚卸高 ¥2,575,000

A品 原価@¥950×（帳簿棚卸数量1,400個－実地棚卸数量1,300個）＝ A品 棚卸減耗損 ¥95,000

B品 原価@¥830×（帳簿棚卸数量1,500個－実地棚卸数量1,400個）＝ B品 棚卸減耗損 ¥83,000

A品 棚卸減耗損 ¥95,000 ＋ B品 棚卸減耗損 ¥83,000 ＝棚卸減耗損 ¥178,000

B品 （原価@¥830－正味売却価額@¥750）×実地棚卸数量1,400個＝商品評価損 ¥112,000

期末商品棚卸高 ¥2,575,000 －棚卸減耗損 ¥78,000 －商品評価損 ¥112,000 ＝貸借対照表の「商品」¥2,285,000

期首商品棚卸高 ¥2,989,000 ＋当期商品仕入高 ¥50,274,000 －期末商品棚卸高 ¥2,575,000

　　　　　　　　　　　　　　＋棚卸減耗損 ¥78,000 ＋商品評価損 ¥112,000 ＝売上原価 ¥50,978,000

当期売上高 ¥68,985,000 －売上原価 ¥50,978,000 ＝売上総利益 ¥18,007,000

4

ア	前 期 の 期 末 商 品 棚 卸 高 の 原 価 率			68		%
イ	当 期 の 期 末 商 品 棚 卸 高 (原 価)	¥	**495,000**			

解説

ア　前期の期末商品棚卸高の原価率

　前期の期末商品棚卸高の原価率は，期首商品棚卸高の原価と売価を用いて算定する。

　期首商品棚卸高（原価）¥612,000÷期首商品棚卸高（売価）¥900,000＝前期の期末商品棚卸高の原価率0.68

イ　当期の期末商品棚卸高（原価）

　原価（¥612,000＋¥7,308,000）÷売価（¥900,000＋¥11,100,000）＝原価率0.66

　期末商品棚卸高（売価）¥750,000×原価率0.66＝当期の期末商品棚卸高（原価）¥495,000

■基本問題（p.61）

1

(1)		(2)		(3)		(4)	
ア	イ	ウ	エ	オ	カ	キ	ク
4	9	2	6	3	10	7	12

2

(1)	(2)	(3)	(4)
機械装置	土地	車両運搬具	構築物
(5)	(6)	(7)	
建設仮勘定	建物	備品	

＊(7)の「備品」は「工具器具備品」でもよい

3

	借　　　　　方		貸　　　　　方	
(1)	建　設　仮　勘　定	2,000,000	営　業　外　支　払　手　形	2,000,000
(2)	土　　　　　　　地	21,940,000	当　座　預　金	21,940,000
(3)	機　械　装　置	3,530,000	当　座　預　金	1,700,000
			未　払　金	1,700,000
			現　金	130,000
(4)	建　　　　物	600,000	当　座　預　金	1,000,000
	修　繕　費	400,000		
(5)	構　築　物	4,000,000	建　設　仮　勘　定	1,500,000
			営　業　外　支　払　手　形	2,500,000
(6)	建　　　　物	1,800,000	当　座　預　金	2,500,000
	修　繕　費	700,000		
(7)	建　設　仮　勘　定	1,250,000	仮　払　金	1,250,000

解説

(2)土地の購入代価 ¥20,000,000＋登記料 ¥1,500,000＋測量費 ¥200,000＋整地費用 ¥170,000＋仲介手数料 ¥70,000
＝土地の取得原価 ¥21,940,000

(3)機械装置の購入代価 ¥3,400,000＋据付費 ¥50,000＋試運転費 ¥80,000＝機械装置の取得原価 ¥3,530,000

(4)工事費用 ¥1,000,000－資本的支出 ¥600,000＝収益的支出 ¥400,000

(5)総工事費用 ¥4,000,000－支払済 ¥1,500,000＝営業外支払手形 ¥2,500,000

(6)工事費用 ¥2,500,000－資本的支出 ¥1,800,000＝収益的支出 ¥700,000

4

方法 ＼ 期間	第1期	第2期	第3期
定額法	¥ **240,000**	¥ **240,000**	¥ **240,000**
定率法	¥ **480,000**	¥ **288,000**	¥ **172,800**

解説

定額法　(取得原価 ¥1,200,000 − 残存価額 ¥0) ÷ 耐用年数5年 = 各期の減価償却費 ¥240,000

定率法　取得原価 ¥1,200,000 × 償却率40% = 第1期の減価償却費 ¥480,000

　　　　(取得原価 ¥1,200,000 − 減価償却累計額 ¥480,000) × 償却率40% = 第2期の減価償却費 ¥288,000

　　　　第1期の減価償却費 ¥480,000 + 第2期の減価償却費 ¥288,000 = 減価償却累計額 ¥768,000

　　　　(取得原価 ¥1,200,000 − 減価償却累計額 ¥768,000) × 償却率40% = 第3期の減価償却費 ¥172,800

5

(1)
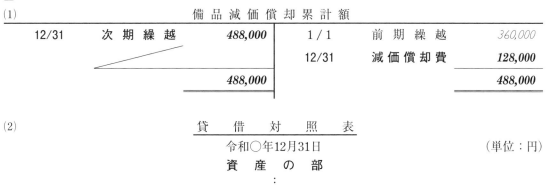

備品減価償却累計額

12/31	次期繰越	488,000	1/1	前期繰越	360,000
			12/31	減価償却費	128,000
		488,000			488,000

(2)

貸借対照表

令和○年12月31日　　　　　　　　　　（単位：円）

資　産　の　部

⋮

Ⅱ　固　定　資　産

(1) 有形固定資産

1.　備　　　　　品　　　（　**1,000,000**　）

　　（減価償却累計額）　△（　　**488,000**　）　（　　**512,000**　）

解説

(取得原価 ¥1,000,000 − 減価償却累計額 ¥360,000) × 償却率20% = 減価償却費 ¥128,000

備品減価償却累計額の前期繰越高 ¥360,000 + 当期の減価償却費 ¥128,000 = 備品減価償却累計額の次期繰越高 ¥488,000

取得原価 ¥1,000,000 − 減価償却累計額 ¥488,000 = 未償却残高 ¥512,000

6

(1)	¥ **300,000**	(2)	¥ **630,000**	(3)	¥ **1,080,000**

解説

(1)(取得原価 ¥10,000,000 − 残存価額 ¥10,000,000 × 10%) ÷ 耐用年数30年 = 減価償却費 ¥300,000

(2)(取得原価 ¥3,000,000 − 減価償却累計額 ¥900,000) × 償却率30% = 減価償却費 ¥630,000

(3)(取得原価 ¥12,000,000 − 残存価額 ¥12,000,000 × 10%) × (実際利用時間5,000時間 / 予測総利用時間50,000時間)

　　　　　　　　　　　　　　　　　　　　　　　　　　　　= 減価償却費 ¥1,080,000

7

	借　　　　　　　方		貸　　　　　　　方	
(1)	備 品 減 価 償 却 累 計 額	630,000	備　　　　　　　　品	720,000
	固 定 資 産 除 却 損	90,000		
(2)	車 両 運 搬 具	1,500,000	車 両 運 搬 具	1,200,000
	車両運搬具減価償却累計額	432,000	未 払 金	1,100,000
	固 定 資 産 売 却 損	368,000		
(3)	備　　　　　　　　品	800,000	備　　　　　　　　品	600,000
	備 品 減 価 償 却 累 計 額	375,000	当 座 預 金	720,000
	固 定 資 産 売 却 損	145,000		
(4)	減 価 償 却 費	900,000	機械装置減価償却累計額	900,000
(5)	備 品 減 価 償 却 累 計 額	540,000	備　　　　　　　　品	1,200,000
	未 収 金	700,000	固 定 資 産 売 却 益	40,000
(6)	備　　　　　　　　品	600,000	備　　　　　　　　品	500,000
	備 品 減 価 償 却 累 計 額	375,000	現 金	570,000
	固 定 資 産 売 却 損	95,000		
(7)	備　　　　　　　　品	1,000,000	備　　　　　　　　品	900,000
	備 品 減 価 償 却 累 計 額	810,000	営 業 外 支 払 手 形	900,000
			固 定 資 産 売 却 益	10,000

＊(5)の借方の「未収金」は「未収入金」でもよい

解説

(1)(取得原価 ¥720,000 −残存価額 ¥0)÷耐用年数 8 年＝ 1 年間の減価償却費 ¥90,000

　　1 年間の減価償却費 ¥90,000 ×使用年数 7 年＝減価償却累計額 ¥630,000

　　取得原価 ¥720,000 −減価償却累計額 ¥630,000 −評価額 ¥0 ＝固定資産除却損 ¥90,000

(2)旧車両の取得原価 ¥1,200,000 ×償却率20%＝第 1 期の減価償却費 ¥240,000

　　(旧車両の取得原価 ¥1,200,000 −減価償却累計額 ¥240,000)×償却率20%＝第 2 期の減価償却費 ¥192,000

　　第 1 期の減価償却費 ¥240,000 ＋第 2 期の減価償却費 ¥192,000 ＝減価償却累計額 ¥432,000

　　売却価額 ¥400,000 −(旧車両の取得原価 ¥1,200,000 −減価償却累計額 ¥432,000)＝固定資産売却損△ ¥368,000

　　新車両の取得原価 ¥1,500,000 −旧車両の売却価額 ¥400,000 ＝未払金 ¥1,100,000

(3)(旧備品の取得原価 ¥600,000 −残存価額 ¥0)÷耐用年数 8 年＝ 1 年間の減価償却費 ¥75,000

　　1 年間の減価償却費 ¥75,000 ×使用年数 5 年＝減価償却累計額 ¥375,000

　　売却価額 ¥80,000 −(旧備品の取得原価 ¥600,000 −減価償却累計額 ¥375,000)＝固定資産売却損△ ¥145,000

　　新備品の取得原価 ¥800,000 −旧備品の売却価額 ¥80,000 ＝当座預金 ¥720,000

(4)(取得原価 ¥30,000,000 −残存価額 ¥30,000,000 ×10％)×(実際利用時間3,000時間／予測総利用時間90,000時間)

　　　　　　　　　　　　　　　　　　　　　　　　　　　　　　　　　　　　＝減価償却費 ¥900,000

(5)売却価額 ¥700,000 −(取得原価 ¥1,200,000 −減価償却累計額 ¥540,000)＝固定資産売却益 ¥40,000

(6)(旧備品の取得原価 ¥500,000 −残存価額 ¥0)÷耐用年数 4 年＝ 1 年間の減価償却費 ¥125,000

　　1 年間の減価償却費 ¥125,000 ×使用年数 3 年＝減価償却累計額 ¥375,000

　　売却価額 ¥30,000 −(旧備品の取得原価 ¥500,000 −減価償却累計額 ¥375,000)＝固定資産売却損△ ¥95,000

新備品の取得原価 *¥600,000* − 旧備品の売却価額 *¥30,000* = 現金 *¥570,000*

(7)(旧備品の取得原価 *¥900,000* − 残存価額 *¥0*)÷耐用年数10年 = 1年間の減価償却費 *¥90,000*

1年間の減価償却費 *¥90,000* × 使用年数9年 = 減価償却累計額 *¥810,000*

売却価額 *¥100,000* − (旧備品の取得原価 *¥900,000* − 減価償却累計額 *¥810,000*) = 固定資産売却益 *¥10,000*

新備品の取得原価 *¥1,000,000* − 旧備品の売却価額 *¥100,000* = 営業外支払手形 *¥900,000*

8

	借　　　　　方		貸　　　　　方	
(1)	建物減価償却累計額	4,800,000	建　　　　　　物	8,000,000
	災　害　損　失	3,200,000		
(2)	建物減価償却累計額	7,200,000	建　　　　　　物	12,000,000
	未　　決　　算	4,800,000		
(3)	未　　収　　金	4,000,000	未　　決　　算	4,800,000
	災　害　損　失	800,000		
(4)	未　　収　　金	3,200,000	未　　決　　算	3,000,000
			保　険　差　益	200,000

＊(3)(4)の借方の「未収金」は「未収入金」でもよい

(1)(取得原価 *¥8,000,000* − 残存価額 *¥0*)÷耐用年数25年 = 1年間の減価償却費 *¥320,000*

1年間の減価償却費 *¥320,000* × 使用年数15年 = 減価償却累計額 *¥4,800,000*

取得原価 *¥8,000,000* − 減価償却累計額 *¥4,800,000* = 災害損失 *¥3,200,000*

(2)(取得原価 *¥12,000,000* − 残存価額 *¥0*)÷耐用年数50年 = 1年間の減価償却費 *¥240,000*

1年間の減価償却費 *¥240,000* × 使用年数30年 = 減価償却累計額 *¥7,200,000*

取得原価 *¥12,000,000* − 減価償却累計額 *¥7,200,000* = 未決算 *¥4,800,000*

(3)保険金 *¥4,000,000* − 未決算 *¥4,800,000* = 災害損失△ *¥800,000*

(4)(取得原価 *¥9,000,000* − 残存価額 *¥0*)÷耐用年数30年 = 1年間の減価償却費 *¥300,000*

1年間の減価償却費 *¥300,000* × 使用年数20年 = 減価償却累計額 *¥6,000,000*

取得原価 *¥9,000,000* − 減価償却累計額 *¥6,000,000* = 未決算 *¥3,000,000*

保険金 *¥3,200,000* − 未決算 *¥3,000,000* = 保険差益 *¥200,000*

■応用問題（p.65）

1

(1)			(2)			(3)	
ア	イ	ウ	エ	オ	カ	キ	ク
3	10	6	5	1	2	3	9

(2)資本的支出を収益的支出とした場合

資産→過小　費用→過大　利益→過小　　配当により現実の利益を隠すことになる。

収益的支出を資本的支出とした場合

資産→過大　費用→過小　利益→過大　　配当により資本をくいつぶすことになる。

❷

	借　　　　　方		貸　　　　　方	
(1)	建　　　　　　　物	20,000,000	建　設　仮　勘　定	8,000,000
			営　業　外　支　払　手　形	12,000,000
(2)	土　　　　　　　地	71,400,000	当　座　預　金	71,400,000
(3)	機　械　装　置	2,000,000	当　座　預　金	1,000,000
			未　　　払　　　金	800,000
			現　　　　　金	200,000
(4)	建　設　仮　勘　定	2,000,000	仮　　　払　　　金	2,000,000
(5)	建　　　　　　　物	300,000	修　　　繕　　　費	300,000
(6)	建　　　　　　　物	350,000	営　業　外　支　払　手　形	1,500,000
	修　　　繕　　　費	1,150,000		
(7)	機　械　装　置	10,300,000	建　設　仮　勘　定	4,000,000
			当　座　預　金	6,000,000
			現　　　　　金	300,000
(8)	車　両　運　搬　具	2,400,000	車　両　運　搬　具	1,500,000
	車両運搬具減価償却累計額	1,050,000	営　業　外　支　払　手　形	1,800,000
			固　定　資　産　売　却　益	150,000

(1)総工事費用￥20,000,000 − 支払済￥8,000,000 = 営業外支払手形￥12,000,000

(2)土地の購入代価￥70,000,000 + 付随費用￥1,400,000 = 土地の取得原価￥71,400,000

(3)機械装置の購入代価￥1,800,000 + 据付費￥200,000 = 機械装置の取得原価￥2,000,000

(5)工事費用￥900,000 ×（1／3）= 資本的支出￥300,000

(6)工事費用￥1,500,000 − 資本的支出￥350,000 = 収益的支出￥1,150,000

(7)建設代金￥10,000,000 − 支払済￥4,000,000 = 当座預金￥6,000,000

　機械装置の建設代金￥10,000,000 + 試運転費￥300,000 = 機械装置の取得原価￥10,300,000

(8)(旧車両の取得原価￥1,500,000 − 残存価額￥0)×(実際走行距離70,000km／予測総走行距離100,000km)

　　　　　　　　　　　　　　　　　　　　　　　　　　　　　　= 減価償却費￥1,050,000

　売却価額￥600,000 −(旧車両の取得原価￥1,500,000 − 減価償却累計額￥1,050,000)= 固定資産売却益￥150,000

　新車両の取得原価￥2,400,000 − 旧車両の売却価額￥600,000 = 営業外支払手形￥1,800,000

❸

	借　　　　　方		貸　　　　　方	
(1)	建　　　　　　　　物	10,000,000	当　座　預　金	13,000,000
	車　両　運　搬　具	3,000,000		
(2)	備　　　　　　　　品	600,000	営　業　外　支　払　手　形	600,000
(3)	減　価　償　却　費	1,675,000	建物減価償却累計額	400,000
			車両運搬具減価償却累計額	1,200,000
			備品減価償却累計額	75,000
(4)	車　両　運　搬　具	3,600,000	車　両　運　搬　具	3,000,000
	車両運搬具減価償却累計額	1,200,000	当　座　預　金	2,100,000
	減　価　償　却　費	240,000		
	固　定　資　産　売　却　損	60,000		
(5)	減　価　償　却　費	1,460,000	建物減価償却累計額	400,000
			車両運搬具減価償却累計額	960,000
			備品減価償却累計額	100,000
(6)	備品減価償却累計額	175,000	備　　　　　　　　品	600,000
	固　定　資　産　除　却　損	425,000		
(7)	建　　　　　　　　物	500,000	当　座　預　金	1,100,000
	修　　　繕　　　費	600,000		

解説

(3)建物　(取得原価 ¥10,000,000 − 残存価額 ¥0) ÷ 耐用年数25年 = 減価償却費 ¥400,000

　車両運搬具　取得原価 ¥3,000,000 × 償却率40% = 減価償却費 ¥1,200,000

　備品　(取得原価 ¥600,000 − 残存価額 ¥0) ÷ 耐用年数 6 年 = 1 年間の減価償却費 ¥100,000

　　　　1 年間の減価償却費 ¥100,000 × (9 か月／12か月) = 当期の減価償却費 ¥75,000

　建物の減価償却費 ¥400,000 + 車両運搬具の減価償却費 ¥1,200,000 + 備品の減価償却費 ¥75,000

　　　　　　　　　　　　　　　　　　　　　　　　　　　　　　　= 減価償却費 ¥1,675,000

(4)(旧車両の取得原価 ¥3,000,000 − 減価償却累計額 ¥1,200,000) × 償却率40% = 第 2 期の減価償却費 ¥720,000

　第 2 期の減価償却費 ¥720,000 × (4 か月／12か月) = 決算日から売却日までの減価償却費 ¥240,000

　売却価額 ¥1,500,000 − (旧車両の取得原価 ¥3,000,000 − 減価償却累計額 ¥1,200,000 − 減価償却費 ¥240,000)

　　　　　　　　　　　　　　　　　　　　　　　　　　= 固定資産売却損△ ¥60,000

　新車両の取得原価 ¥3,600,000 − 旧車両の売却価額 ¥1,500,000 = 当座預金 ¥2,100,000

(5)建物　(取得原価 ¥10,000,000 − 残存価額 ¥0) ÷ 耐用年数25年 = 減価償却費 ¥400,000

　車両運搬具　取得原価 ¥3,600,000 × 償却率40% = 1 年間の減価償却費 ¥1,440,000

　　　　　　　1 年間の減価償却費 ¥1,440,000 × (8 か月／12か月) = 当期の減価償却費 ¥960,000

　備品　(取得原価 ¥600,000 − 残存価額 ¥0) ÷ 耐用年数 6 年 = 減価償却費 ¥100,000

　建物の減価償却費 ¥400,000 + 車両運搬具の減価償却費 ¥960,000 + 備品の減価償却費 ¥100,000

　　　　　　　　　　　　　　　　　　　　　　　　　　　　　= 減価償却費 ¥1,460,000

(6)第1期の備品の減価償却費 ¥75,000 + 第2期の備品の減価償却費 ¥100,000 = 備品減価償却累計額 ¥175,000

備品の取得原価 ¥600,000 − 減価償却累計額 ¥175,000 − 評価額 ¥0 = 固定資産除却損 ¥425,000

(7)工事費用 ¥1,100,000 − 資本的支出 ¥500,000 = 収益的支出 ¥600,000

■検定問題 (p.68)

1

(1)		(2)		(3)		(4)	
ア	イ	ウ	エ	オ	カ	キ	ク
3	6	3	7	5	1	2	4

解説

(2)収益的支出を資本的支出とした場合

資産→過大　費用→過小　利益→過大　配当により資本をくいつぶすことになる。

(4)資本的支出を収益的支出とした場合

資産→過小　費用→過大　利益→過小　配当により現実の利益を隠すことになる。

2

	借　　　方		貸　　　方	
(1)	備 品 減 価 償 却 累 計 額	980,000	備　　　　　　　品	1,250,000
	固 定 資 産 除 却 損	270,000		
(2)	建　　　　　　　物	86,000,000	建 設 仮 勘 定	56,000,000
			当 座 預 金	30,000,000
(3)	備　　　　　　　品	2,200,000	備　　　　　　　品	2,000,000
	備 品 減 価 償 却 累 計 額	976,000	未　　払　　金	1,400,000
	固 定 資 産 売 却 損	224,000		
(4)	建　　　　　　　物	3,000,000	当 座 預 金	3,680,000
	修　　　繕　　　費	680,000		
(5)	構　　　築　　　物	2,500,000	建 設 仮 勘 定	1,500,000
			当 座 預 金	1,000,000

解説

(1)備品の取得原価 ¥1,250,000 × 償却率40% = 第1期の減価償却費 ¥500,000

(備品の取得原価 ¥1,250,000 − 減価償却累計額 ¥500,000)× 償却率40% = 第2期の減価償却費 ¥300,000

第1期の減価償却費 ¥500,000 + 第2期の減価償却費 ¥300,000 = 減価償却累計額 ¥800,000

(備品の取得原価 ¥1,250,000 − 減価償却累計額 ¥800,000)× 償却率40% = 第3期の減価償却費 ¥180,000

第2期までの減価償却費 ¥800,000 + 第3期の減価償却費 ¥180,000 = 減価償却累計額 ¥980,000

備品の取得原価 ¥1,250,000 − 減価償却累計額 ¥980,000 − 評価額 ¥0 = 固定資産除却損 ¥270,000

(2)建築代金 ¥86,000,000 − 当座預金 ¥30,000,000 = 支払済 ¥56,000,000

(3)旧備品の取得原価¥2,000,000×償却率20％＝第1期の減価償却費¥400,000

(旧備品の取得原価¥2,000,000－減価償却累計額¥400,000)×償却率20％＝第2期の減価償却費¥320,000

第1期の減価償却費¥400,000＋第2期の減価償却費¥320,000＝減価償却累計額¥720,000

(旧備品の取得原価¥2,000,000－減価償却累計額¥720,000)×償却率20％＝第3期の減価償却費¥256,000

第2期までの減価償却費¥720,000＋第3期の減価償却費¥256,000＝減価償却累計額¥976,000

売却価額¥800,000－(旧備品の取得原価¥2,000,000－減価償却累計額¥976,000)＝固定資産売却損△¥224,000

新備品の取得原価¥2,200,000－旧備品の売却価額¥800,000＝未払金¥1,400,000

(4)当座預金¥3,680,000－資本的支出¥3,000,000＝収益的支出¥680,000

(5)建設代金¥2,500,000－支払済¥1,500,000＝当座預金¥1,000,000

❸

貸 借 対 照 表

兵庫商事株式会社　　　　　　　　令和4年3月31日　　　　　　　　（単位：円）

資 産 の 部
⋮

Ⅱ　固 定 資 産

（1）　有 形 固 定 資 産

1．建 物		5,130,000	
減価償却累計額	△（ 855,000 ）	（ 4,275,000 ）
2．備 品		2,880,000	
減価償却累計額	△（ 1,260,000 ）	（ 1,620,000 ）
3．（ 土　地 ）		（ 7,164,000 ）
有形固定資産合計		（ 13,059,000 ）

損 益 計 算 書

兵庫商事株式会社　　　令和3年4月1日から令和4年3月31日まで　　　（単位：円）

⋮

Ⅲ　販売費及び一般管理費

⋮

5．減 価 償 却 費　　　　　　　　　　（ 711,000 ）

解説

建物　（取得原価¥5,130,000－残存価額¥0)÷耐用年数30年＝減価償却費¥171,000

　　　建物減価償却累計額の元帳勘定残高¥684,000＋減価償却費¥171,000＝建物減価償却累計額の表示額¥855,000

　　　取得原価¥5,130,000－減価償却累計額¥855,000＝未償却残高¥4,275,000

備品　（取得原価¥2,880,000－減価償却累計額¥720,000)×償却率25％＝減価償却費¥540,000

　　　備品減価償却累計額の元帳勘定残高¥720,000＋減価償却費¥540,000＝備品減価償却累計額の表示額¥1,260,000

　　　取得原価¥2,880,000－減価償却累計額¥1,260,000＝未償却残高¥1,620,000

建物¥4,275,000＋備品¥1,620,000＋土地¥7,164,000＝有形固定資産合計¥13,059,000

建物の当期の減価償却費¥171,000＋備品の当期の減価償却費¥540,000＝減価償却費の表示額¥711,000

■基本問題（p.71）

1

(1)			(2)	
ア	イ	ウ	エ	オ
7	4	10	1	2

(3)		(4)	
カ	キ	ク	ケ
1	2	8	3

2

	借　　　　方		貸　　　　方	
(1)	リ ー ス 資 産	550,000	リ ー ス 債 務	550,000
(2)	リ ー ス 債 務	137,500	現　　　　　　金	150,000
	支 払 利 息	12,500		
(3)	減 価 償 却 費	137,500	リース資産減価償却累計額	137,500

解説

(1)「利子抜き法」と指示があるため，リース資産およびリース債務の計上額は，見積現金購入価額とする。

(2)リース債務総額￥550,000÷リース期間4年＝当期のリース債務減少額￥137,500

　年間リース料￥150,000－当期のリース債務減少額￥137,500＝支払利息￥12,500

(3)(リース資産総額￥550,000－残存価額￥0)÷リース期間4年＝減価償却費￥137,500

3

	借　　　　方		貸　　　　方	
(1)	リ ー ス 資 産	400,000	リ ー ス 債 務	400,000
(2)	リ ー ス 債 務	80,000	現　　　　　　金	80,000
(3)	減 価 償 却 費	80,000	リース資産減価償却累計額	80,000

解説

(1)「利子込み法」と指示があるため，リース資産およびリース債務の計上額は，リース料総額とする。

　年間リース料￥80,000×リース期間5年＝リース料総額￥400,000

(2)リース債務総額￥400,000÷リース期間5年＝当期のリース債務減少額￥80,000

(3)(リース資産総額￥400,000－残存価額￥0)÷リース期間5年＝減価償却費￥80,000

4

	借　　　　方	貸　　　　方
(1)	仕　訳　な　し	
(2)	支払リース料　　　　　120,000	現　　　　　金　　　　　120,000

解説

(1)オペレーティング・リース取引では，リース取引を開始した時点で特に仕訳をおこなう必要はない。

■応用問題（p.73）

1

貸　借　対　照　表

高知観光株式会社　　　　　　令和○3年3月31日　　　　　　（単位：円）

資　産　の　部

:

Ⅱ　固　定　資　産

(1)　有　形　固　定　資　産

:

3．リ　ー　ス　資　産　　　（　　　540,000　）

（減価償却累計額）　△（　　　216,000　）　（　　　324,000　）

:

負　債　の　部

Ⅰ　流　動　負　債

:

3．リ　ー　ス　債　務　　　　　　　　　　　　（　　　108,000　）

:

Ⅱ　固　定　負　債

:

2．リ　ー　ス　債　務　　　　　　　　　　　　（　　　216,000　）

解説

　リース資産の元帳勘定残高と見積現金購入価額が一致していることから，利子抜き法（利息相当額を控除する方法）で処理していることを判断する。なお，当期のリース料の支払いは期中の仕訳であり，元帳勘定残高はそれを反映した金額となっているため，リース料の支払いの仕訳は不要である（本問では，そもそも年間リース料が不明である）。

(リース資産総額¥540,000－残存価額¥0)÷耐用年数5年＝減価償却費¥108,000

リース資産減価償却累計額の元帳勘定残高¥108,000＋減価償却費¥108,000

＝リース資産減価償却累計額の表示額¥216,000

取得原価¥540,000－減価償却累計額¥216,000＝未償却残高¥324,000

　また付記事項①により，リース債務の元帳勘定残高¥324,000のうち，決算日の翌日から1年以内に支払期限が到来する部分は流動負債として表示する必要がある。よって，次期のリース債務減少額は流動負債として表示しなければならない。

リース債務総額（リース資産総額と同じ）¥540,000÷リース期間（耐用年数と同じ）5年

＝次期のリース債務減少額（流動負債）¥108,000

リース債務の元帳勘定残高¥324,000－流動負債として表示する部分¥108,000＝固定負債として表示する部分¥216,000

❷

貸 借 対 照 表

熊本物産株式会社　　　　　令和○5年3月31日　　　　　　　　（単位：円）

資 産 の 部

⋮

Ⅱ　固 定 資 産

(1)　有 形 固 定 資 産

⋮

　　3．リ ー ス 資 産　　　（　　　　660,000　）

　　　（減価償却累計額）　△（　　　　330,000　）　（　　　　330,000　）

⋮

負 債 の 部

Ⅰ　流 動 負 債

⋮

　　3．リ ー ス 債 務　　　　　　　　　　　　　　　（　　　　110,000　）

⋮

Ⅱ　固 定 負 債

　　2．リ ー ス 債 務　　　　　　　　　　　　　　　（　　　　220,000　）

解説

　リース資産の元帳勘定残高と見積現金購入価額が一致していないことから，利子込み法（利息相当額を控除しない方法）で処理していることを判断する。なお，当期のリース料の支払いは期中の仕訳であり，元帳勘定残高はそれを反映した金額となっているため，リース料の支払いの仕訳は不要である。

(リース資産総額 ¥660,000 − 残存価額 ¥0) ÷ 耐用年数 6 年 = 減価償却費 ¥110,000

リース資産減価償却累計額の元帳勘定残高 ¥220,000 + 減価償却費 ¥110,000

　　　　　　　　　　　　　　　　　　= リース資産減価償却累計額の表示額 ¥330,000

取得原価 ¥660,000 − 減価償却累計額 ¥330,000 = 未償却残高 ¥330,000

　また付記事項①により，リース債務の元帳勘定残高 ¥330,000 のうち，決算日の翌日から 1 年以内に支払期限が到来する部分は流動負債として表示する必要がある。よって，次期のリース債務減少額は流動負債として表示しなければならない。

リース債務総額（リース資産総額と同じ）¥660,000 ÷ リース期間（耐用年数と同じ）6 年

　　　　　　　　　　　　　　　　　= 次期のリース債務減少額（流動負債）¥110,000

リース債務の元帳勘定残高 ¥330,000 − 流動負債として表示する部分 ¥110,000 = 固定負債として表示する部分 ¥220,000

❸

	借　　　　　方		貸　　　　　方	
(1)	仕 訳 な し			
(2)	支 払 リ ー ス 料	70,000	未 払 リ ー ス 料	70,000
(3)	未 払 リ ー ス 料	70,000	支 払 リ ー ス 料	70,000
(4)	支 払 リ ー ス 料	140,000	現　　　　　金	140,000

(2)まだリース料を支払っていない段階で決算を迎えているため，未払リース料を計上する。

年間リース料￥/40,000×（6か月／12か月）＝未払リース料￥70,000

■検定問題（p.75）

❶

貸 借 対 照 表

北海道商事株式会社　　　　令和○5年3月31日　　　　　　（単位：円）

資 産 の 部

⋮

Ⅱ 固 定 資 産

（1） 有 形 固 定 資 産

⋮

　　3．リ ー ス 資 産　　　（　　　500,000　）

　　　（ 減 価 償 却 累 計 額 ）　△（　　　200,000　）　　（　　　300,000　）

⋮

負 債 の 部

Ⅰ 流 動 負 債

⋮

　　3．リ ー ス 債 務　　　　　　　　　　　　　　（　　　100,000　）

⋮

Ⅱ 固 定 負 債

⋮

　　2．リ ー ス 債 務　　　　　　　　　　　　　　（　　　200,000　）

リース資産の元帳勘定残高と見積現金購入価額が一致していることから，利子抜き法（利息相当額を控除する方法）で処理していることを判断する。なお，当期のリース料の支払いは期中の仕訳であり，元帳勘定残高はそれを反映した金額となっているため，リース料の支払いの仕訳は不要である（本問では，そもそも年間リース料が不明である）。

（リース資産総額￥500,000－残存価額￥0）÷耐用年数5年＝減価償却費￥/00,000

リース資産減価償却累計額の元帳勘定残高￥/00,000＋減価償却費￥/00,000

　　　　　　　　　　　　　　　　　＝リース資産減価償却累計額の表示額￥200,000

取得原価￥500,000－減価償却累計額￥200,000＝未償却残高￥300,000

また付記事項①により，リース債務の元帳勘定残高￥300,000のうち，決算日の翌日から1年以内に支払期限が到来する部分は流動負債として表示する必要がある。よって，次期のリース債務減少額は流動負債として表示しなければならない。

リース債務総額（リース資産総額と同じ）￥500,000÷リース期間（耐用年数と同じ）5年

　　　　　　　　　　　　　　　　　＝次期のリース債務減少額（流動負債）￥/00,000

リース債務の元帳勘定残高￥300,000－流動負債として表示する部分￥/00,000＝固定負債として表示する部分￥200,000

■基本問題（p.78）

1

(1)		(2)		(3)			
ア	イ	ウ	エ	オ	カ	キ	ク
17	16	19	4	2	5	6	19
(4)		(5)		(6)	(7)	(8)	
ケ	コ	サ	シ	ス	セ	ソ	タ
7	15	6	19	20	3	9	14

2

	借　　　　方		貸　　　　方	
(1)	特　　　許　　　権	3,200,000	当　座　預　金 現　　　　　金	3,100,000 100,000
(2)	特　許　権　償　却	400,000	特　　　許　　　権	400,000
(3)	鉱　業　権　償　却	2,500,000	鉱　　　業　　　権	2,500,000
(4)	鉱　　　業　　　権	60,000,000	当　座　預　金	60,000,000
(5)	鉱　業　権　償　却	380,000	鉱　　　業　　　権	380,000
(6)	特　　　許　　　権	1,840,000	当　座　預　金 現　　　　　金	1,750,000 90,000
(7)	特　許　権　償　却	230,000	特　　　許　　　権	230,000

(1) 取得金額 ¥3,100,000 ＋登録料 ¥100,000 ＝取得原価 ¥3,200,000

(3) （取得原価 ¥100,000,000 －残存価額 ¥0）×（当期採掘量10万トン／推定埋蔵量400万トン）＝償却額 ¥2,500,000

(5) （取得原価 ¥8,000,000 －残存価額 ¥0）×（当期採掘量19万トン／推定埋蔵量400万トン）＝償却額 ¥380,000

(6) 取得金額 ¥1,750,000 ＋登録料 ¥90,000 ＝取得原価 ¥1,840,000

3

計　　算　　式	のれんの金額
¥2,000,000 ÷ 10% ＝ ¥20,000,000 ¥20,000,000 － ¥19,500,000 ＝ ¥500,000	¥　　　　500,000

4

計　算　式	のれんの金額
¥3,200,000 ÷ 8 ％ ＝ ¥40,000,000 *¥40,000,000 － ¥39,600,000 ＝ ¥400,000*	*¥*　　　　*400,000*

5

	借　　　　　方		貸　　　　　方	
(1)	現　金　預　金	1,200,000	買　　掛　　金	1,500,000
	電　子　記　録　債　権	700,000	借　　入　　金	800,000
	売　　掛　　金	500,000	当　座　預　金	1,250,000
	繰　越　商　品	900,000		
	備　　　　品	100,000		
	の　　れ　　ん	150,000		
(2)	の　れ　ん　償　却	7,500	の　　れ　　ん	7,500

解説

(1)神奈川商会の年平均利益額 *¥100,000* ÷同種企業の平均利益率 8 ％＝収益還元価値（取得対価）*¥1,250,000*

収益還元価値（取得対価）*¥1,250,000* －神奈川商会の純資産時価評価額 *¥1,100,000* ＝のれんの金額 *¥150,000*

6

	借　　　　　方		貸　　　　　方	
(1)	開　　発　　費	6,000,000	当　座　預　金	6,000,000
(2)	ソ　フ　ト　ウ　ェ　ア	640,000	営　業　外　支　払　手　形	640,000
(3)	ソ　フ　ト　ウ　ェ　ア　償　却	128,000	ソ　フ　ト　ウ　ェ　ア	128,000
(4)	ソ　フ　ト　ウ　ェ　ア	4,500,000	ソ　フ　ト　ウ　ェ　ア　仮　勘　定	2,400,000
			当　座　預　金	2,100,000
(5)	研　　究　　開　　発　　費	3,700,000	当　座　預　金	3,700,000
(6)	開　　発　　費	2,900,000	当　座　預　金	2,900,000
(7)	ソ　フ　ト　ウ　ェ　ア	7,100,000	ソ　フ　ト　ウ　ェ　ア　仮　勘　定	3,200,000
			当　座　預　金	3,900,000

解説

(2)購入代価 *¥580,000* ＋設定等にかかる費用 *¥60,000* ＝ソフトウェアの取得原価 *¥640,000*

(3)ソフトウェアの取得原価 *¥640,000* ÷償却期間 5 年間＝償却額 *¥128,000*

(4)契約代金 *¥4,500,000* －当座預金 *¥2,100,000* ＝支払済 *¥2,400,000*

(7)契約代金 *¥7,100,000* －支払済 *¥3,200,000* ＝当座預金 *¥3,900,000*

7

貸 借 対 照 表

沖縄物産株式会社　　　　　　　　　令和○2年3月31日　　　　　　　　　　　（単位：円）

資 産 の 部

Ⅰ　流 動 資 産

　　　　　　　　　　　　　　　　　　⋮

　　6.（ 前 払 費 用 ）　　　　　　（　　　228,000 ）

　　　　　　　　　　　　　　　　　　⋮

Ⅱ　固 定 資 産

　　　　　　　　　　　　　　　　　　⋮

　(3)　投資その他の資産

　　　1.（ 投 資 有 価 証 券 ）　　（　　　950,000 ）

　　　2.（ 関 係 会 社 株 式 ）　　（　　3,800,000 ）

　　　3.（ 長 期 前 払 費 用 ）　　（　　　190,000 ）

　　　　投資その他の資産合計　　　（　　4,940,000 ）

損 益 計 算 書

沖縄物産株式会社　　　令和○1年4月1日から令和○2年3月31日まで　　　（単位：円）

　　　　　　　　　　　　　　　　　　⋮

Ⅲ　販売費及び一般管理費

　　　　　　　　　　　　　　　　　　⋮

　　7.　保　　険　　料　　　　　　（　　　262,000 ）

解説

【決算整理仕訳】

	借　　　　　方		貸　　　　　方	
a	そ の 他 有 価 証 券	50,000	その他有価証券評価差額金	50,000
b	前 払 保 険 料 長 期 前 払 保 険 料	228,000 190,000	保　　　　険　　　　料	418,000

b. 保険料については次のように考える。

決算	1年以内 （短期）	1年超 （長期）
2か月分 ¥38,000 保険料	12か月分 ¥228,000 前払費用	10か月分 ¥190,000 長期前払費用

　保険料支払額¥456,000÷期間24か月＝1か月あたりの保険料¥19,000

　1か月あたりの保険料¥19,000×当期2か月分＝保険料¥38,000

　1か月あたりの保険料¥19,000×短期12か月分＝前払費用¥228,000

　1か月あたりの保険料¥19,000×長期10か月分＝長期前払費用¥190,000

【B/S作成】

　子会社株式¥2,500,000＋関連会社株式¥1,300,000＝関係会社株式¥3,800,000

【P/L作成】

　保険料の元帳勘定残高¥680,000－（前払費用¥228,000＋長期前払費用¥190,000）＝保険料の表示額¥262,000

1

(1)

借　　　　方			貸　　　　方		
受　取　手　形		300,000	支　払　手　形		840,000
売　　掛　　金		260,000	買　　掛　　金		920,000
繰　越　商　品		1,100,000	当　座　預　金		1,550,000
建　　　　物		1,500,000			
の　　れ　　ん		150,000			
買　　掛　　金		200,000	売　　掛　　金		200,000

(2)

貸　借　対　照　表

福井商店　　　　　　　　　　令和○年 9 月 1 日　　　　　　　　　　（単位：円）

資　　　　産		金　　　額	負債及び純資産		金　　　額
現　金　預　金		250,000	支　払　手　形		1,430,000
受　取　手　形		710,000	買　　掛　　金		1,320,000
売　　掛　　金		560,000	資　　本　　金		3,200,000
商　　　　品		1,430,000			
建　　　　物		2,500,000			
備　　　　品		350,000			
の　　れ　　ん		150,000			
		5,950,000			5,950,000

解説

(1)北東商店の年平均利益額 ¥124,000÷同種企業の平均利益率 8 ％＝収益還元価値（取得対価）¥1,550,000

　　収益還元価値（取得対価）¥1,550,000－北東商店の純資産時価評価額 ¥1,400,000＝のれんの金額 ¥150,000

(2)現金預金　福井商店 ¥1,800,000－取得対価 ¥1,550,000＝表示額 ¥250,000

　受取手形　福井商店 ¥410,000＋北東商店 ¥300,000＝表示額 ¥710,000

　売 掛 金　福井商店 ¥500,000＋北東商店 ¥260,000－相殺額 ¥200,000＝表示額 ¥560,000

　商　　品　福井商店 ¥330,000＋北東商店 ¥1,100,000＝表示額 ¥1,430,000

　建　　物　福井商店 ¥1,000,000＋北東商店 ¥1,500,000＝表示額 ¥2,500,000

　支払手形　福井商店 ¥590,000＋北東商店 ¥840,000＝表示額 ¥1,430,000

　買 掛 金　福井商店 ¥600,000＋北東商店 ¥920,000－相殺額 ¥200,000＝表示額 ¥1,320,000

❷

貸 借 対 照 表

香川観光株式会社　　　　　　　令和○年３月31日　　　　　　　　（単位：円）

資 産 の 部

Ⅰ　流　動　資　産
$\vdots$
　　7.（前　払　費　用）　　　　　　　　　（　　　　240,000）
$\vdots$
Ⅱ　固　定　資　産
　(1)　有形固定資産
　　1.　備　　　　　品　　　　　1,600,000
　　　　減価償却累計額　　△（　　　700,000）（　　　900,000）
　　2.（土　　　　　地）　　　　　　　　　（　　4,000,000）
　　　　有形固定資産合計　　　　　　　　　（　　4,900,000）
　(2)　無形固定資産
　　1.（鉱　　業　　権）　　　　　　　　　（　　5,880,000）
　　2.（ソフトウェア）　　　　　　　　　　（　　　640,000）
　　　　無形固定資産合計　　　　　　　　　（　　6,520,000）
　(3)　投資その他の資産
　　1.（投資有価証券）　　　　　　　　　　（　　1,664,000）
　　2.（関係会社株式）　　　　　　　　　　（　　2,000,000）
　　3.（長期前払費用）　　　　　　　　　　（　　　20,000）
　　　　投資その他の資産合計　　　　　　　（　　3,684,000）
　　　　固　定　資　産　合　計　　　　　　　　　　　（　15,104,000）
$\vdots$

純 資 産 の 部

$\vdots$
Ⅱ　評価・換算差額等
　　1.（その他有価証券評価差額金）　　　　（　　　40,000）
　　　　評価・換算差額等合計　　　　　　　　　　　（　　40,000）

解説

【決算整理仕訳】

	借　　　方		貸　　　方	
a	減　価　償　却　費	300,000	備品減価償却累計額	300,000
b	鉱　業　権　償　却	1,120,000	鉱　　業　　権	1,120,000
c	ソフトウェア償却	160,000	ソ フ ト ウ ェ ア	160,000
d	満 期 保 有 目 的 債 券	8,000	有 価 証 券 利 息	8,000
	そ の 他 有 価 証 券	40,000	その他有価証券評価差額金	40,000
e	前　払　保　険　料	240,000	保　　険　　料	260,000
	長 期 前 払 保 険 料	20,000		

a．（備品の帳簿価額￥1,600,000−減価償却累計額￥400,000）×償却率25％＝減価償却費￥300,000

b．（取得原価￥7,000,000−残存価額￥0）×（当期採掘量32万トン／推定埋蔵量200万トン）＝償却額￥1,120,000

c．ソフトウェアの取得原価￥800,000÷償却期間５年間＝償却額￥160,000

d．満期保有目的債券　期末評価額￥984,000−元帳勘定残高￥976,000＝増加額￥8,000

　　その他有価証券　期末評価額￥680,000−元帳勘定残高￥640,000＝増加額￥40,000

e．保険料については次ページのように考える。

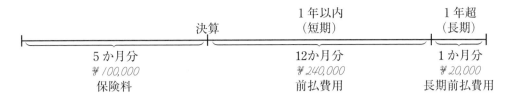

保険料支払額 ¥360,000 ÷ 期間18か月 = 1か月あたりの保険料 ¥20,000

1か月あたりの保険料 ¥20,000 × 当期 5 か月分 = 保険料 ¥100,000

1か月あたりの保険料 ¥20,000 × 短期12か月分 = 前払費用 ¥240,000

1か月あたりの保険料 ¥20,000 × 長期 1 か月分 = 長期前払費用 ¥20,000

【B/S作成】

備品の元帳勘定残高 ¥1,600,000 − 備品減価償却累計額 ¥700,000 = 備品の未償却残高 ¥900,000

備品 ¥900,000 + 土地 ¥4,000,000 = 有形固定資産合計 ¥4,900,000

鉱業権の元帳勘定残高 ¥7,000,000 − 償却額 ¥1,120,000 = 鉱業権の未償却残高 ¥5,880,000

ソフトウェアの元帳勘定残高 ¥800,000 − 償却額 ¥160,000 = ソフトウェアの未償却残高 ¥640,000

鉱業権 ¥5,880,000 + ソフトウェア ¥640,000 = 無形固定資産合計 ¥6,520,000

満期保有目的債券 ¥984,000 + その他有価証券 ¥680,000 = 投資有価証券 ¥1,664,000

投資有価証券 ¥1,664,000 + 関係会社株式 ¥2,000,000 + 長期前払費用 ¥20,000 = 投資その他の資産合計 ¥3,684,000

有形固定資産合計 ¥4,900,000 + 無形固定資産合計 ¥6,520,000 + 投資その他の資産合計 ¥3,684,000

= 固定資産合計 ¥15,104,000

■検定問題（p.84）

1

ア	イ
1	4

2

	借　　　　方		貸　　　　方	
(1)	ソ フ ト ウ ェ ア	8,800,000	ソフトウェア仮勘定	5,100,000
			当 座 預 金	3,700,000
(2)	鉱 業 権 償 却	3,740,000	鉱 業 権	3,740,000
(3)	売 掛 金	2,800,000	支 払 手 形	1,300,000
	繰 越 商 品	3,600,000	買 掛 金	1,100,000
	の れ ん	200,000	当 座 預 金	4,200,000
(4)	鉱 業 権 償 却	3,600,000	鉱 業 権	3,600,000
(5)	売 掛 金	2,600,000	買 掛 金	1,800,000
	繰 越 商 品	5,900,000	長 期 借 入 金	1,700,000
	の れ ん	400,000	当 座 預 金	5,400,000

 解説

(1)契約代金 ¥8,800,000 − 当座預金 ¥3,700,000 = 支払済 ¥5,100,000

(2)(取得原価 ¥187,000,000 − 残存価額 ¥0) × (当期採掘量17,000トン／推定埋蔵量850,000トン) = 償却額 ¥3,740,000

(3)北東商会の平均利益額 ¥252,000 ÷ 同種企業の平均利益率 6 ％ = 収益還元価値（取得対価） ¥4,200,000

収益還元価値（取得対価）¥4,200,000－北東商会の純資産時価評価額 ¥4,000,000＝のれんの金額 ¥200,000

(4)(取得原価 ¥150,000,000－残存価額 ¥0)×(当期採掘量18,000トン／推定埋蔵量750,000トン)＝償却額 ¥3,600,000

(5)東西商会の平均利益額 ¥378,000÷同種企業の平均利益率7％＝収益還元価値（取得対価）¥5,400,000

収益還元価値（取得対価）¥5,400,000－東西商会の純資産時価評価額 ¥5,000,000＝のれんの金額 ¥400,000

❸

貸借対照表に記載する鉱業権の金額 ¥	146,400,000

解説

(取得原価 ¥150,000,000－残存価額 ¥0)×(当期採掘量18,000トン／推定埋蔵量750,000トン)＝償却額 ¥3,600,000

取得原価 ¥150,000,000－償却額 ¥3,600,000＝表示額 ¥146,400,000

❹

のれんの金額 ¥	125,000

解説

南西商会の年平均利益額 ¥90,000÷同種企業の平均利益率8％＝収益還元価値（取得対価）¥1,125,000

収益還元価値（取得対価）¥1,125,000－南西商会の純資産時価評価額 ¥1,000,000＝のれんの金額 ¥125,000

❺

決算整理仕訳

	借　　　　　方		貸　　　　　方	
a	そ　の　他　有　価　証　券	40,000	その他有価証券評価差額金	40,000
b	前　払　保　険　料 長　期　前　払　保　険　料	336,000 532,000	保　　　　険　　　　料	868,000

貸　借　対　照　表

北海道商事株式会社　　　　令和○5年3月31日　　　　（単位：円）

資　産　の　部

Ⅰ　流　動　資　産

　　6.（前　払　費　用）　　　　　　　　（　　　336,000　）

Ⅱ　固　定　資　産

(2)　投資その他の資産

　　1.（投　資　有　価　証　券）　　　　　（　　　2,020,000　）
　　2.（長　期　前　払　費　用）　　　　　（　　　532,000　）
　　　　投資その他の資産合計　　　　　　（　　　2,552,000　）

純　資　産　の　部

Ⅱ　評価・換算差額等

　　1.　その他有価証券評価差額金　　　　　（　　　40,000　）
　　　　評価・換算差額等合計　　　　　　　　　　　　　　　　（　　　40,000　）

損　益　計　算　書

北海道商事株式会社　　　令和○４年４月１日から令和○５年３月31日まで　　　　　（単位：円）

$\vdots$

Ⅲ　販売費及び一般管理費

$\vdots$

　　9．保　　険　　料　　　　　　　　　　　　（　　**350,000**　）

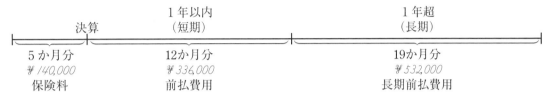

【決算整理仕訳】

ａ．（時価＠¥2,020－帳簿価額＠¥1,980）×株数1,000株＝増加額¥40,000

ｂ．保険料については次のように考える。

	1年以内 （短期）	1年超 （長期）
決算		
5か月分 ¥140,000 保険料	12か月分 ¥336,000 前払費用	19か月分 ¥532,000 長期前払費用

　　保険料支払額¥1,008,000÷期間36か月＝１か月あたりの保険料¥28,000

　　１か月あたりの保険料¥28,000×当期５か月分＝保険料¥140,000

　　１か月あたりの保険料¥28,000×短期12か月分＝前払費用¥336,000

　　１か月あたりの保険料¥28,000×長期19か月分＝長期前払費用¥532,000

【B/S作成】

　　投資有価証券（＠¥2,020×1,000株）＋長期前払費用¥532,000＝投資その他の資産合計¥2,552,000

【P/L作成】

　　保険料の元帳勘定残高¥1,218,000－（前払費用¥336,000＋長期前払費用¥532,000）＝保険料の表示額¥350,000

6

決算整理仕訳

	借　　　　　方		貸　　　　　方	
a	その他有価証券	60,000	その他有価証券評価差額金	60,000
b	特　許　権　償　却	80,000	特　　　許　　　権	80,000

貸　借　対　照　表

島根商事株式会社　　　　　　令和○２年３月31日　　　　　　　　　（単位：円）

資　産　の　部

$\vdots$

Ⅱ　固　定　資　産

$\vdots$

　(2)　無形固定資産
　　　1.（特　　　　　許　　　　　権　）　　　　　（　　480,000　）
　　　　　無　形　固　定　資　産　合　計　　　（　　480,000　）
　(3)　投資その他の資産
　　　1.（投　資　有　価　証　券　）　　　　　（　2,085,000　）
　　　　　投　資　そ　の　他　の　資　産　合　計　（　2,085,000　）

$\vdots$

純　資　産　の　部

$\vdots$

Ⅱ　評価・換算差額等
　　1.　その他有価証券評価差額金　　　　　　（　　60,000　）
　　　　　評　価　・　換　算　差　額　等　合　計　　　　　　　　　（　　60,000　）

損 益 計 算 書

島根商事株式会社　　　令和○1年4月1日から令和○2年3月31日まで　　　　（単位：円）

⋮

Ⅲ　販売費及び一般管理費

⋮

　6．特 許 権 償 却　　　　　　　　（　　　　**80,000**　）

解説

【決算整理仕訳】

　a．（時価@¥139,000×株数15株）－帳簿価額¥2,025,000＝増加額¥60,000

　b．特許権の取得原価¥640,000÷償却期間8年間＝償却額¥80,000

【B/S作成】

　特許権の元帳勘定残高¥560,000－償却額¥80,000＝特許権の未償却残高¥480,000

第9章　負債の意味・分類

■基本問題（p.90）

1

(1)		(2)		(3)	
ア	イ	ウ	エ	オ	カ
4	8	9	14	11	2
(4)		(5)		(6)	
キ	ク	ケ	コ	サ	シ
5	15	13	1	16	12
(7)		(8)		(9)	
ス	セ	ソ	タ	チ	ツ
19	18	20	7	10	3

＊(2)ウエ，(5)コサは順不同

2

流動負債	1，3，4，5，6，7，9，10，12，13，14，15，17，18
固定負債	2，8，11，16，19

3

3

4

	借　　　　　　方		貸　　　　　　方	
(1)	買　　掛　　金	880,000	電 子 記 録 債 務	880,000
(2)	備　　　　　品	500,000	当　座　預　金 未　　払　　金	250,000 250,000
(3)	給　　　　　料	390,000	未　払　給　料	390,000
(4)	受　取　地　代	150,000	前　受　地　代	150,000
(5)	給　　　　　料	380,000	所 得 税 預 り 金 社 会 保 険 料 預 り 金 現　　　　　金	20,000 30,000 330,000
(6)	支　払　手　形	300,000	手　形　借　入　金	300,000

(2)備品 ¥500,000×（1／2）＝当座預金 ¥250,000

　　備品 ¥500,000－当座預金 ¥250,000＝未払金 ¥250,000

(5)給料 ¥380,000－所得税預り金 ¥20,000－社会保険料預り金 ¥30,000＝現金 ¥330,000

(6)「短期の資金を借り入れたときに振り出した手形」は手形借入金勘定で処理する。

　　したがって，支払手形勘定で処理している ¥300,000 を手形借入金勘定に振り替えればよい。

5

	借　　　　　　方		貸　　　　　　方	
(1)	仕　　　　　入	700,000	受　　取　　手　　形 買　　掛　　金	500,000 200,000
	保 証 債 務 費 用	10,000	保　証　債　務	10,000
(2)	保　証　債　務	10,000	保 証 債 務 取 崩 益	10,000
(3)	当　座　預　金 手　形　売　却　損 保 証 債 務 費 用	390,000 10,000 8,000	受　　取　　手　　形 保　証　債　務	400,000 8,000
(4)	保　証　債　務	8,000	保 証 債 務 取 崩 益	8,000

(1)仕入代金 ¥700,000－受取手形 ¥500,000＝買掛金 ¥200,000

　　手形額面金額 ¥500,000×2％＝保証債務 ¥10,000

　　手形の裏書譲渡をおこなったときは，二次的責任である保証債務を時価で評価した金額を計上する。

(2)手形が無事に決済されたときは，手形の二次的責任が消滅するため，保証債務を取り崩す処理をおこなう。

(3)受取手形 ¥400,000－割引料 ¥10,000＝手取金 ¥390,000

　　手形額面金額 ¥400,000×2％＝保証債務 ¥8,000

　　手形の割引をおこなったときは，二次的責任である保証債務を時価で評価した金額を計上する。

(4)手形が無事に決済されたときは，手形の二次的責任が消滅するため，保証債務を取り崩す処理をおこなう。

6

	借　　　方		貸　　　方	
(1)	買　　　掛　　　金	600,000	受　　取　　手　　形	600,000
	保　証　債　務　費　用	18,000	保　　証　　債　　務	18,000
(2)	不　　渡　　手　　形	604,500	当　　座　　預　　金	603,000
			現　　　　　　　金	1,500
	保　　証　　債　　務	18,000	保　証　債　務　取　崩　益	18,000
(3)	当　　座　　預　　金	792,000	受　　取　　手　　形	800,000
	手　　形　　売　　却　　損	8,000		
	保　証　債　務　費　用	16,000	保　　証　　債　　務	16,000
(4)	不　　渡　　手　　形	803,200	当　　座　　預　　金	802,000
			現　　　　　　　金	1,200
	保　　証　　債　　務	16,000	保　証　債　務　取　崩　益	16,000

解説

(1)手形額面金額 ¥600,000 × 3 ％ ＝保証債務 ¥18,000

　手形の裏書譲渡をおこなったときは，二次的責任である保証債務を時価で評価した金額を計上する。

(2)手形額面金額 ¥600,000 ＋期日以後の利息 ¥3,000 ＝群馬商店への支払額 ¥603,000

　群馬商店への支払額 ¥603,000 ＋支払請求のための費用 ¥1,500 ＝不渡手形 ¥604,500

　支払人に代わって代金を支払ったときは，手形の二次的責任が消滅するため，保証債務を取り崩す処理をおこなう。

(3)受取手形 ¥800,000 －手取金 ¥792,000 ＝割引料 ¥8,000

　手形額面金額 ¥800,000 × 2 ％ ＝保証債務 ¥16,000

　手形の割引をおこなったときは，二次的責任である保証債務を時価で評価した金額を計上する。

(4)手形額面金額 ¥800,000 ＋期日以後の利息 ¥2,000 ＝取引銀行への支払額 ¥802,000

　取引銀行への支払額 ¥802,000 ＋支払請求のための費用 ¥1,200 ＝不渡手形 ¥803,200

　支払人に代わって代金を支払ったときは，手形の二次的責任が消滅するため，保証債務を取り崩す処理をおこなう。

7

	借　　　方		貸　　　方	
(1)	保　証　債　務　見　返	5,000,000	保　　証　　債　　務	5,000,000
(2)-1	保　　証　　債　　務	5,000,000	保　証　債　務　見　返	5,000,000
(2)-2	未　　　収　　　金	5,025,000	当　　座　　預　　金	5,025,000
	保　　証　　債　　務	5,000,000	保　証　債　務　見　返	5,000,000

＊(2)-2の借方の「未収金」は「未収入金」でもよい

解説

本問における「保証債務」は，負債勘定ではなく対照勘定であることに注意する。

(2)-2　主たる債務者に対する求償権は，未収金（または未収入金）勘定で処理する。

8

	借　　　方		貸　　　方	
(1)	修　繕　引　当　金　繰　入	150,000	修　　繕　　引　　当　　金	150,000
(2)	修　　繕　　引　　当　　金	150,000	現　　　　　　　金	163,000
	修　　　繕　　　費	13,000		

(2)修繕引当金の金額を超える部分については，修繕費勘定で処理する。

9

	借 方		貸 方	
(1)	賞 与 引 当 金 繰 入	600,000	賞 与 引 当 金	600,000
(2)	賞 与 引 当 金 賞 与	600,000 470,000	当 座 預 金	1,070,000

解説

(2)賞与引当金の金額を超える部分については，賞与勘定で処理する。

10

	借 方		貸 方	
(1)	役 員 賞 与 引 当 金 繰 入	5,200,000	役 員 賞 与 引 当 金	5,200,000
(2)	役 員 賞 与 引 当 金	5,200,000	当 座 預 金	5,200,000

11

	借 方		貸 方	
(1)	退 職 給 付 費 用	3,100,000	退 職 給 付 引 当 金	3,100,000
(2)	退 職 給 付 引 当 金	22,000,000	定 期 預 金	22,000,000

■応用問題 (p.94)

1

(1)付記事項の仕訳

	借 方		貸 方	
①	仮 受 金	680,000	売 掛 金 前 受 金	430,000 250,000
②	長 期 借 入 金	400,000	短 期 借 入 金	400,000

決算整理仕訳

	借 方		貸 方	
a	支 払 利 息	12,000	未 払 利 息	12,000
b	修 繕 引 当 金 繰 入	260,000	修 繕 引 当 金	260,000
c	退 職 給 付 費 用	470,000	退 職 給 付 引 当 金	470,000

(2)

貸　借　対　照　表

滋賀商事株式会社　　　　　　　　　　令和○年12月31日　　　　　　　　　　（単位：円）

負　債　の　部

Ⅰ　流　動　負　債

1．支　払　手　形	（ 700,000 ）	
2．電　子　記　録　債　務	（ 1,450,000 ）	
3．買　　掛　　金	（ 1,190,000 ）	
4．（短　期　借　入　金）	（ 1,680,000 ）	
5．（前　　受　　金）	（ 250,000 ）	
6．（未　払　費　用）	（ 12,000 ）	
7．未　払　法　人　税　等	520,000	
8．（修　繕　引　当　金）	（ 260,000 ）	
9．（保　証　債　務）	（ 5,000 ）	
流　動　負　債　合　計		（ 6,067,000 ）

Ⅱ　固　定　負　債

1．（長　期　借　入　金）	（ 2,000,000 ）	
2．（退　職　給　付　引　当　金）	（ 1,900,000 ）	
固　定　負　債　合　計		（ 3,900,000 ）
負　債　合　計		（ 9,967,000 ）

解説

短期借入金 ¥400,000 ＋ 当座借越 ¥380,000 ＋ 手形借入金 ¥900,000 ＝ 短期借入金の表示額 ¥1,680,000

長期借入金の元帳勘定残高 ¥2,400,000 － 短期借入金 ¥400,000 ＝ 長期借入金の表示額 ¥2,000,000

退職給付引当金の元帳勘定残高 ¥1,430,000 ＋ 退職給付引当金繰入額 ¥470,000 ＝ 退職給付引当金の表示額 ¥1,900,000

流動負債合計 ¥6,067,000 ＋ 固定負債合計 ¥3,900,000 ＝ 負債合計 ¥9,967,000

■検定問題（p.96）

1

ア	イ
2	1

2

	借　　　　方		貸　　　　方	
(1)	保　証　債　務	15,000	保　証　債　務　取　崩　益	15,000
(2)	仕　　　　　入	700,000	受　取　手　形	500,000
			支　払　手　形	200,000
	保　証　債　務　費　用	5,000	保　証　債　務	5,000
(3)	退　職　給　付　引　当　金	6,000,000	定　期　預　金	6,000,000
(4)	不　渡　手　形	1,203,000	当　座　預　金	1,203,000
	保　証　債　務	12,000	保　証　債　務　取　崩　益	12,000
(5)	当　座　預　金	591,000	受　取　手　形	600,000
	手　形　売　却　損	9,000		
	保　証　債　務　費　用	6,000	保　証　債　務	6,000

解説

(1)手形額面金額 ¥750,000 × 2％ ＝ 保証債務 ¥15,000

　手形が無事に決済されたときは，手形の二次的責任が消滅するため，保証債務を取り崩す処理をおこなう。

(2)仕入代金 ¥700,000 － 受取手形 ¥500,000 ＝ 支払手形 ¥200,000

　手形額面金額 ¥500,000 × 1％ ＝ 保証債務 ¥5,000

　手形の裏書譲渡をおこなったときは，二次的責任である保証債務を時価で評価した金額を計上する。

(4)手形額面金額 ¥1,200,000 ＋ 期日以後の利息 ¥3,000 ＝ 不渡手形 ¥1,203,000

　手形額面金額 ¥1,200,000 × 1％ ＝ 保証債務 ¥12,000

　支払人に代わって代金を支払ったときは，手形の二次的責任が消滅するため，保証債務を取り崩す処理をおこなう。

(5)受取手形 ¥600,000 － 手取金 ¥591,000 ＝ 割引料 ¥9,000

　手形額面金額 ¥600,000 × 1％ ＝ 保証債務 ¥6,000

　手形の割引をおこなったときは，二次的責任である保証債務を時価で評価した金額を計上する。

3

決算整理仕訳

	借	方		貸	方	
a	支 払 利 息	21,250	未 払 利 息			21,250
b	退 職 給 付 費 用	450,800	退 職 給 付 引 当 金			450,800

貸 借 対 照 表

北海道商事株式会社　　　　　　　令和○5年3月31日　　　　　　　　　（単位：円）

負 債 の 部

Ⅰ 流 動 負 債
1．支 払 手 形 　　　　　　　　（ **1,850,000** ）
2．買 掛 金 　　　　　　　　2,795,700
3．リ ー ス 債 務 　　　　　　　　100,000
4．未 払 費 用 　　　　　　　　（ **21,250** ）
5．未 払 法 人 税 等 　　　　　　　　258,700
　　流 動 負 債 合 計 　　　　　　　　　　　　　　（ **5,025,650** ）
Ⅱ 固 定 負 債
1．(長 期 借 入 金) 　　　　　　　　1,700,000
2．リ ー ス 債 務 　　　　　　　　200,000
3．退 職 給 付 引 当 金 　　　　　　　　（ **6,571,130** ）
　　固 定 負 債 合 計 　　　　　　　　　　　　　　（ **8,471,130** ）
　　負 債 合 計 　　　　　　　　　　　　　　（ **13,496,780** ）

損 益 計 算 書

北海道商事株式会社　　　　令和○4年4月1日から令和○5年3月31日まで　　　（単位：円）
⋮
Ⅲ **販売費及び一般管理費**
⋮
　6．退 職 給 付 費 用 　　　　　　　　（ **450,800** ）
⋮
Ⅴ **営 業 外 費 用**
1．(支 払 利 息) 　　　　　　　　（ **75,250** ）

解説

【B/S作成】

支払手形 ¥1,850,000 + 買掛金 ¥2,795,700 + リース債務 ¥100,000 + 未払費用 ¥21,250 + 未払法人税等 ¥258,700

= 流動負債合計 ¥5,025,650

退職給付引当金の元帳勘定残高 ¥6,120,330 + 退職給付引当金繰入額 ¥450,800 = 退職給付引当金の表示額 ¥6,571,130

長期借入金 ¥1,700,000 + リース債務 ¥200,000 + 退職給付引当金 ¥6,571,130 = 固定負債合計 ¥8,471,130

流動負債合計 ¥5,025,650 + 固定負債合計 ¥8,471,130 = 負債合計 ¥13,496,780

【P/L作成】

支払利息の元帳勘定残高 ¥54,000 + 未払額 ¥21,250 = 支払利息の表示額 ¥75,250

第10章 株式会社の設立・開業と株式の発行

■基本問題（p.100）

1

(1)		(2)		
ア	イ	ウ	エ	オ
5	7	4	11	2
(3)			(4)	
カ	キ	ク	ケ	コ
9	8	14	9	14

2

	借 方		貸 方	
(1)	当 座 預 金	140,000,000	資 本 金	140,000,000
(2)	当 座 預 金	120,000,000	資 本 金	120,000,000
(3)	当 座 預 金	216,000,000	資 本 金	108,000,000
			資 本 準 備 金	108,000,000
(4)	当 座 預 金	120,000,000	資 本 金	60,000,000
			資 本 準 備 金	60,000,000
(5)	当 座 預 金	240,000,000	資 本 金	180,000,000
			資 本 準 備 金	60,000,000

解説

(1)払込金額@¥7,000 × 株数20,000株 = 当座預金 ¥140,000,000

　特に指示がないため，払込金額の全額を資本金勘定で処理する（原則処理）。

(2)払込金額@¥20,000 × 株数6,000株 = 当座預金 ¥120,000,000

　特に指示がないため，払込金額の全額を資本金勘定で処理する（原則処理）。

(3)払込金額@¥90,000 × 株数2,400株 = 当座預金 ¥216,000,000

　「会社法に規定する最高限度額」とは，払込金額の2分の1であるため，

　当座預金 ¥216,000,000 × (1/2) = 資本準備金 ¥108,000,000

　当座預金 ¥216,000,000 - 資本準備金 ¥108,000,000 = 資本金 ¥108,000,000

(4) 払込金額@ ¥7,500×株数16,000株＝当座預金 ¥120,000,000

「会社法に規定する最高限度額」とは，払込金額の２分の１であるため，

当座預金 ¥120,000,000×（1／2）＝資本準備金 ¥60,000,000

当座預金 ¥120,000,000－資本準備金 ¥60,000,000＝資本金 ¥60,000,000

(5) 払込金額@ ¥60,000×株数4,000株＝当座預金 ¥240,000,000

資本金に計上しない金額@ ¥15,000×株数4,000株＝資本準備金 ¥60,000,000

当座預金 ¥240,000,000－資本準備金 ¥60,000,000＝資本金 ¥180,000,000

3

	借 方		貸 方	
(1)	株 式 交 付 費	1,900,000	当 座 預 金	1,900,000
(2)	創 立 費	3,100,000	当 座 預 金	3,100,000
(3)	開 業 費	4,000,000	当 座 預 金	4,000,000

4

	借 方		貸 方	
(1)	当 座 預 金	252,000,000	資 本 金	162,000,000
			資 本 準 備 金	90,000,000
	創 立 費	3,900,000	当 座 預 金	3,900,000
(2)	当 座 預 金	160,000,000	資 本 金	80,000,000
			資 本 準 備 金	80,000,000
	株 式 交 付 費	780,000	当 座 預 金	780,000

解説

(1) 払込金額@ ¥8,400×株数30,000株＝当座預金 ¥252,000,000

資本金に計上しない金額@ ¥3,000×株数30,000株＝資本準備金 ¥90,000,000

当座預金 ¥252,000,000－資本準備金 ¥90,000,000＝資本金 ¥162,000,000

また，会社設立時の株式発行にかかる諸費用は創立費勘定で処理する。

(2) 払込金額@ ¥80,000×株数2,000株＝当座預金 ¥160,000,000

「会社法に規定する最高限度額」とは，払込金額の２分の１であるため，

当座預金 ¥160,000,000×（1／2）＝資本準備金 ¥80,000,000

当座預金 ¥160,000,000－資本準備金 ¥80,000,000＝資本金 ¥80,000,000

また，会社設立後の株式発行にかかる諸費用は株式交付費勘定で処理する。

■応用問題（p.102）

1

	借 方		貸 方	
(1)	当 座 預 金	230,000,000	資 本 金	230,000,000
(2)	当 座 預 金	132,000,000	資 本 金	132,000,000
	株 式 交 付 費	900,000	当 座 預 金	900,000
(3)	当 座 預 金	225,000,000	資 本 金	225,000,000
	創 立 費	2,700,000	当 座 預 金	2,700,000

(1)払込金額@¥9,200×株数25,000株＝当座預金¥230,000,000

「会社法が規定する原則を適用する」とあるので，払込金額の全額を資本金勘定で処理する。

(2)払込金額@¥60,000×株数2,200株＝当座預金¥132,000,000

「会社法が規定する原則を適用する」とあるので，払込金額の全額を資本金勘定で処理する。

また，会社設立後の株式発行にかかる諸費用は株式交付費勘定で処理する。

(3)払込金額@¥7,500×株数30,000株＝当座預金¥225,000,000

「会社法が規定する原則を適用する」とあるので，払込金額の全額を資本金勘定で処理する。

また，会社設立時の株式発行にかかる諸費用は創立費勘定で処理する。

■検定問題（p.102）

1

	借　　　　　方		貸　　　　　方	
(1)	当　座　預　金	57,400,000	資　　本　　金	28,700,000
			資　本　準　備　金	28,700,000
	株　式　交　付　費	450,000	当　座　預　金	450,000
(2)	当　座　預　金	76,500,000	資　　本　　金	76,500,000
	創　　立　　費	6,200,000	当　座　預　金	6,200,000

(1)払込金額@¥700×株数82,000株＝当座預金¥57,400,000

「会社法に規定する最高限度額」とは，払込金額の2分の1であるため，

当座預金¥57,400,000×（1/2）＝資本準備金¥28,700,000

当座預金¥57,400,000－資本準備金¥28,700,000＝資本金¥28,700,000

また，会社設立後の株式発行にかかる諸費用は株式交付費勘定で処理する。

(2)払込金額@¥85,000×株数900株＝当座預金¥76,500,000

「会社法が規定する原則を適用する」とあるので，払込金額の全額を資本金勘定で処理する。

また，会社設立時の株式発行にかかる諸費用は創立費勘定で処理する。

第11章　当期純損益の計上と剰余金の配当・処分

■基本問題（p.104）

1

(1)		(2)		(3)		
ア	イ	ウ	エ	オ	カ	
13	10	5	9	2	14	
(4)			(5)			
キ	ク	ケ	コ			
15	16	6	1			

2

	借　　　方		貸　　　方	
(1)	損　　　　　　益	1,200,000	繰 越 利 益 剰 余 金	1,200,000
(2)	繰 越 利 益 剰 余 金	800,000	損　　　　　　益	800,000
(3)	損　　　　　　益	900,000	繰 越 利 益 剰 余 金	900,000

(3)繰越利益剰余金勘定の残高がいくらであっても, 当期純損益の計上の仕訳には影響しないことに注意する。

3

	借　　　方		貸　　　方	
(1)	繰 越 利 益 剰 余 金	3,610,000	利 益 準 備 金 未 払 配 当 金 別 途 積 立 金	250,000 2,500,000 860,000
(2)	繰 越 利 益 剰 余 金	4,965,000	利 益 準 備 金 未 払 配 当 金 新 築 積 立 金	315,000 3,150,000 1,500,000
(3)	繰 越 利 益 剰 余 金	4,310,000	利 益 準 備 金 未 払 配 当 金 別 途 積 立 金	310,000 3,100,000 900,000
(4)	繰 越 利 益 剰 余 金	7,100,000	利 益 準 備 金 未 払 配 当 金 新 築 積 立 金	300,000 3,800,000 3,000,000
(5)	繰 越 利 益 剰 余 金	5,900,000	利 益 準 備 金 未 払 配 当 金 配 当 平 均 積 立 金	200,000 3,500,000 2,200,000

(1)利益準備金計上額 ¥250,000＋配当金 ¥2,500,000＋別途積立金増加額 ¥860,000＝繰越利益剰余金減少額 ¥3,610,000

(2)1株あたりの配当金＠¥750×発行済株式総数4,200株＝配当金 ¥3,150,000

　　利益準備金計上額 ¥315,000＋配当金 ¥3,150,000＋新築積立金増加額 ¥1,500,000＝繰越利益剰余金減少額 ¥4,965,000

(3)資本金 ¥28,000,000×(1/4)−(資本準備金 ¥5,400,000＋利益準備金 ¥700,000)＝¥900,000……①

　　配当金 ¥3,100,000×(1/10)＝¥310,000……②

　　①＞②より, 利益準備金計上額は②の ¥310,000となる。

　　利益準備金計上額 ¥310,000＋配当金 ¥3,100,000＋別途積立金増加額 ¥900,000＝繰越利益剰余金減少額 ¥4,310,000

(4)資本金 ¥26,000,000×(1/4)−(資本準備金 ¥5,300,000＋利益準備金 ¥900,000)＝¥300,000……①

　　配当金 ¥3,800,000×(1/10)＝¥380,000……②

　　①＜②より, 利益準備金計上額は①の ¥300,000となる。

　　利益準備金計上額 ¥300,000＋配当金 ¥3,800,000＋新築積立金増加額 ¥3,000,000＝繰越利益剰余金減少額 ¥7,100,000

(5)資本金 ¥30,000,000×(1/4)−(資本準備金 ¥6,800,000＋利益準備金 ¥500,000)＝¥200,000……①

　　配当金 ¥3,500,000×(1/10)＝¥350,000……②

　　①＜②より, 利益準備金計上額は①の ¥200,000となる。

　　利益準備金計上額 ¥200,000＋配当金 ¥3,500,000＋配当平均積立金増加額 ¥2,200,000＝繰越利益剰余金減少額 ¥5,900,000

4

	借	方		貸	方	
(1)	未　払　配　当　金	2,650,000	当　座　預　金	2,650,000
(2)	別　途　積　立　金	1,440,000	繰　越　利　益　剰　余　金	1,440,000
(3)	新　築　積　立　金 別　途　積　立　金	500,000 780,000	繰　越　利　益　剰　余　金	1,280,000
(4)	利　益　準　備　金 別　途　積　立　金	720,000 930,000	繰　越　利　益　剰　余　金	1,650,000

■応用問題（p.106）

1

	借	方	貸	方	
3/31	損　　　　益	3,780,000	繰　越　利　益　剰　余　金	3,780,000	
6/25	繰　越　利　益　剰　余　金	4,520,000	利　益　準　備　金 未　払　配　当　金 別　途　積　立　金	350,000 3,500,000 670,000	
6/30	未　払　配　当　金	3,500,000	当　座　預　金	3,500,000	
3/31	損　　　　益	4,220,000	繰　越　利　益　剰　余　金	4,220,000	

解説

6/25　資本金 ¥40,000,000 ×（1／4）−（資本準備金 ¥7,500,000 ＋利益準備金 ¥840,000）＝ ¥1,660,000 ……①

配当金 ¥3,500,000 ×（1／10）＝ ¥350,000 ……②

①＞②より，利益準備金計上額は②の ¥350,000 となる。

利益準備金計上額 ¥350,000 ＋配当金 ¥3,500,000 ＋別途積立金増加額 ¥670,000 ＝繰越利益剰余金減少額 ¥4,520,000

2

	借	方	貸	方	
3/31	損　　　　益	6,830,000	繰　越　利　益　剰　余　金	6,830,000	
6/26	繰　越　利　益　剰　余　金	5,450,000	利　益　準　備　金 未　払　配　当　金 配　当　平　均　積　立　金	250,000 4,200,000 1,000,000	
6/30	未　払　配　当　金	4,200,000	当　座　預　金	4,200,000	
3/31	損　　　　益	7,120,000	繰　越　利　益　剰　余　金	7,120,000	

解説

6/26　1株あたりの配当金 @¥6,000 ×発行済株式総数700株＝配当金 ¥4,200,000

資本金 ¥35,000,000 ×（1／4）−（資本準備金 ¥7,200,000 ＋利益準備金 ¥1,300,000）＝ ¥250,000 ……①

配当金 ¥4,200,000 ×（1／10）＝ ¥420,000 ……②

①＜②より，利益準備金計上額は①の ¥250,000 となる。

利益準備金計上額 ¥250,000 ＋配当金 ¥4,200,000 ＋配当平均積立金増加額 ¥1,000,000

＝繰越利益剰余金減少額 ¥5,450,000

68

3

	借	方	貸	方
3/31	繰 越 利 益 剰 余 金	1,560,000	損　　　　　益	1,560,000
6/26	新 築 積 立 金 別 途 積 立 金	500,000 730,000	繰 越 利 益 剰 余 金	1,230,000
3/31	損　　　　　益	2,840,000	繰 越 利 益 剰 余 金	2,840,000

4

	借	方	貸	方
3/31	繰 越 利 益 剰 余 金	1,820,000	損　　　　　益	1,820,000
6/27	利 益 準 備 金 別 途 積 立 金	1,030,000 1,270,000	繰 越 利 益 剰 余 金	2,300,000
3/31	損　　　　　益	2,790,000	繰 越 利 益 剰 余 金	2,790,000

5

	借	方	貸	方
3/31	損　　　　　益	3,700,000	繰 越 利 益 剰 余 金	3,700,000
6/26	繰 越 利 益 剰 余 金	4,120,000	利 益 準 備 金 未 払 配 当 金 別 途 積 立 金	300,000 3,000,000 820,000
6/30	未 払 配 当 金	3,000,000	当 座 預 金	3,000,000
3/31	損　　　　　益	4,950,000	繰 越 利 益 剰 余 金	4,950,000

総　勘　定　元　帳

繰 越 利 益 剰 余 金

3/31	次 期 繰 越	4,810,000	（ 貸 方 残 高 ）	1,110,000
			3/31	損　　　　　益	3,700,000
		4,810,000			4,810,000
6/26	諸　　　　口	4,120,000	4/1	前 期 繰 越	4,810,000
3/31	次 期 繰 越	5,640,000	3/31	損　　　　　益	4,950,000
		9,760,000			9,760,000
			4/1	前 期 繰 越	5,640,000

損　　　　　益

	（ 総 費 用 ）	15,500,000	（ 総 収 益 ）	19,200,000
3/31	繰 越 利 益 剰 余 金	3,700,000		
		19,200,000		19,200,000
	（ 総 費 用 ）	17,800,000	（ 総 収 益 ）	22,750,000
3/31	繰 越 利 益 剰 余 金	4,950,000		
		22,750,000		22,750,000

3/31　第3期の純利益￥3,700,000＋繰越利益剰余金勘定貸方残高￥1,110,000＝次期繰越高￥4,810,000

6/26　1株あたりの配当金＠￥3,000×発行済株式総数1,000株＝配当金￥3,000,000

　　　資本金￥20,000,000×（1/4）－（資本準備金￥4,000,000＋利益準備金￥400,000）＝￥600,000……①

　　　配当金￥3,000,000×（1/10）＝￥300,000……②

　　　①＞②より，利益準備金計上額は②の￥300,000となる。

　　　利益準備金計上額￥300,000＋配当金￥3,000,000＋別途積立金増加額￥820,000＝繰越利益剰余金減少額￥4,120,000

3/31　第4期の純利益￥4,950,000＋前期繰越高￥4,810,000－繰越利益剰余金減少額￥4,120,000＝次期繰越高￥5,640,000

■検定問題（p.109）

1

ア	イ
4	2

2

	借　　　　方		貸　　　　方	
(1)	利　益　準　備　金	800,000	繰　越　利　益　剰　余　金	800,000
(2)	繰　越　利　益　剰　余　金	1,760,000	利　益　準　備　金 未　払　配　当　金 別　途　積　立　金	130,000 1,410,000 220,000
(3)	繰　越　利　益　剰　余　金	2,630,000	利　益　準　備　金 未　払　配　当　金 別　途　積　立　金	210,000 2,100,000 320,000
(4)	繰　越　利　益　剰　余　金	2,230,000	利　益　準　備　金 未　払　配　当　金 別　途　積　立　金	150,000 1,800,000 280,000

(2)資本金￥64,000,000×（1/4）－（資本準備金￥14,500,000＋利益準備金￥1,370,000）＝￥130,000……①

　　配当金￥1,410,000×（1/10）＝￥141,000……②

　　①＜②より，利益準備金計上額は①の￥130,000となる。

　　利益準備金計上額￥130,000＋配当金￥1,410,000＋別途積立金増加額￥220,000＝繰越利益剰余金減少額￥1,760,000

(3)資本金￥94,000,000×（1/4）－（資本準備金￥18,000,000＋利益準備金￥2,360,000）＝￥3,140,000……①

　　配当金￥2,100,000×（1/10）＝￥210,000……②

　　①＞②より，利益準備金計上額は②の￥210,000となる。

　　利益準備金計上額￥210,000＋配当金￥2,100,000＋別途積立金増加額￥320,000＝繰越利益剰余金減少額￥2,630,000

(4)資本金￥80,000,000×（1/4）－（資本準備金￥18,000,000＋利益準備金￥1,850,000）＝￥150,000……①

　　配当金￥1,800,000×（1/10）＝￥180,000……②

　　①＜②より，利益準備金計上額は①の￥150,000となる。

　　利益準備金計上額￥150,000＋配当金￥1,800,000＋別途積立金増加額￥280,000＝繰越利益剰余金減少額￥2,230,000

■基本問題 （p.115）

1

	(1)		(2)		(3)
ア	イ	ウ	エ	オ	カ
15	5	7	16	14	3
(4)	(5)		(6)		(7)
キ	ク	ケ	コ	サ	シ
18	4	1	6	16	9
	(8)		(9)	(10)	
ス	セ	ソ	タ	チ	
12	11	17	8	2	

2

(1)	¥	40,000,000	(2)	¥	16,000,000
(3)	¥	1,500,000	(4)	¥	13,000,000

解説

(1)総資本＝資産総額である。

(2)資産総額 ¥40,000,000 − 負債総額 ¥24,000,000 ＝ 純資産 ¥16,000,000

(3)利益準備金 ¥400,000 ＋ 任意積立金 ¥500,000 ＋ 繰越利益剰余金 ¥600,000 ＝ 利益剰余金 ¥1,500,000

(4)純資産 ¥16,000,000 −（資本剰余金 ¥1,500,000 ＋ 利益剰余金 ¥1,500,000）＝ 資本金 ¥13,000,000

3

	借　　　方		貸　　　方	
(1)	当 座 預 金	160,000,000	資 本 金	160,000,000
(2)	資 本 準 備 金	6,000,000	資 本 金	6,000,000
(3)	その他資本剰余金	4,500,000	資 本 金	4,500,000
(4)	資 本 金	3,000,000	資 本 準 備 金	3,000,000
(5)	資 本 金	5,000,000	その他資本剰余金	5,000,000
(6)	資 本 金 その他資本剰余金	2,000,000 2,000,000	その他資本剰余金 繰 越 利 益 剰 余 金	2,000,000 2,000,000
(7)	資 本 金 その他資本剰余金	9,000,000 7,700,000	その他資本剰余金 資 本 準 備 金 未 払 配 当 金	9,000,000 700,000 7,000,000

⑴払込金額@￥8,000×株数20,000株＝当座預金￥160,000,000

　特に指示がないため，払込金額の全額を資本金勘定で処理する（原則処理）。

⑹資本金勘定からいったんその他資本剰余金勘定に振り替え，その他資本剰余金勘定から繰越利益剰余金勘定に振り替えることに注意する。

⑺配当金￥7,000,000×（1/10）＝資本準備金計上額￥700,000

　資本準備金計上額￥700,000＋配当金￥7,000,000＝その他資本剰余金減少額￥7,700,000

4

	借　　　　　方		貸　　　　　方	
⑴	当　座　預　金	150,000,000	資　　本　　金 資　本　準　備　金	75,000,000 75,000,000
⑵	そ の 他 資 本 剰 余 金	3,000,000	資　本　準　備　金	3,000,000
⑶	資　本　準　備　金	2,500,000	そ の 他 資 本 剰 余 金	2,500,000
⑷	そ の 他 資 本 剰 余 金	1,600,000	繰　越　利　益　剰　余　金	1,600,000
⑸	そ の 他 資 本 剰 余 金	6,500,000	資　本　準　備　金 未　払　配　当　金	500,000 6,000,000
⑹	そ の 他 資 本 剰 余 金	8,800,000	資　本　準　備　金 未　払　配　当　金	800,000 8,000,000

解説

⑴払込金額@￥5,000×株数30,000株＝当座預金￥150,000,000

　「会社法に規定する最高限度額」とは，払込金額の2分の1であるため，

　当座預金￥150,000,000×（1/2）＝資本準備金￥75,000,000

　当座預金￥150,000,000－資本準備金￥75,000,000＝資本金￥75,000,000

⑸資本金￥10,000,000×（1/4）－（資本準備金￥1,800,000＋利益準備金￥200,000）＝￥500,000……①

　配当金￥6,000,000×（1/10）＝￥600,000……②

　①＜②より，資本準備金計上額は①の￥500,000となる。

　資本準備金計上額￥500,000＋配当金￥6,000,000＝その他資本剰余金減少額￥6,500,000

⑹資本金￥16,000,000×（1/4）－（資本準備金￥2,000,000＋利益準備金￥500,000）＝￥1,500,000……①

　配当金￥8,000,000×（1/10）＝￥800,000……②

　①＞②より，資本準備金計上額は②の￥800,000となる。

　資本準備金計上額￥800,000＋配当金￥8,000,000＝その他資本剰余金減少額￥8,800,000

5

	借　　　　　方		貸　　　　　方	
⑴	別　途　積　立　金	2,500,000	利　益　準　備　金	2,500,000
⑵	繰　越　利　益　剰　余　金	800,000	利　益　準　備　金	800,000
⑶	利　益　準　備　金	1,000,000	新　築　積　立　金	1,000,000
⑷	利　益　準　備　金	900,000	繰　越　利　益　剰　余　金	900,000

6

	借　　　　　方		貸　　　　　方	
(1)	繰 越 利 益 剰 余 金	9,900,000	利 益 準 備 金 未 払 配 当 金	900,000 9,000,000
(2)	繰 越 利 益 剰 余 金	10,800,000	利 益 準 備 金 未 払 配 当 金	800,000 10,000,000
(3)	繰 越 利 益 剰 余 金	9,500,000	利 益 準 備 金 未 払 配 当 金 新 築 積 立 金	500,000 8,000,000 1,000,000
(4)	繰 越 利 益 剰 余 金	13,000,000	利 益 準 備 金 未 払 配 当 金 別 途 積 立 金	1,100,000 11,000,000 900,000
(5)	その他資本剰余金 繰 越 利 益 剰 余 金	4,400,000 3,300,000	資 本 準 備 金 利 益 準 備 金 未 払 配 当 金	400,000 300,000 7,000,000
(6)	配 当 平 均 積 立 金 繰 越 利 益 剰 余 金	10,000,000 9,900,000	繰 越 利 益 剰 余 金 利 益 準 備 金 未 払 配 当 金	10,000,000 900,000 9,000,000

解説

(1)資本金￥15,000,000×(1/4)−(資本準備金￥2,400,000＋利益準備金￥400,000)＝￥950,000……①

　　配当金￥9,000,000×(1/10)＝￥900,000……②

　　①＞②より，利益準備金計上額は②の￥900,000となる。

　　利益準備金計上額￥900,000＋配当金￥9,000,000＝繰越利益剰余金減少額￥9,900,000

(2)資本金￥20,000,000×(1/4)−(資本準備金￥3,400,000＋利益準備金￥800,000)＝￥800,000……①

　　配当金￥10,000,000×(1/10)＝￥1,000,000……②

　　①＜②より，利益準備金計上額は①の￥800,000となる。

　　利益準備金計上額￥800,000＋配当金￥10,000,000＝繰越利益剰余金減少額￥10,800,000

(3)資本金￥28,000,000×(1/4)−(資本準備金￥5,600,000＋利益準備金￥900,000)＝￥500,000……①

　　配当金￥8,000,000×(1 /10)＝￥800,000……②

　　①＜②より，利益準備金計上額は①の￥500,000となる。

　　利益準備金計上額￥500,000＋配当金￥8,000,000＋新築積立金増加額￥1,000,000＝繰越利益剰余金減少額￥9,500,000

(4)資本金￥25,000,000×(1/4)−(資本準備金￥4,100,000＋利益準備金￥800,000)＝￥1,350,000……①

　　配当金￥11,000,000×(1/10)＝￥1,100,000……②

　　①＞②より，利益準備金計上額は②の￥1,100,000となる。

　　利益準備金計上額￥1,100,000＋配当金￥11,000,000＋別途積立金増加額￥900,000＝繰越利益剰余金減少額￥13,000,000

(5)その他資本剰余金による配当額￥4,000,000＋繰越利益剰余金による配当額￥3,000,000＝配当金￥7,000,000

　　資本準備金計上額￥400,000＋その他資本剰余金による配当額￥4,000,000＝その他資本剰余金減少額￥4,400,000

　　利益準備金計上額￥300,000＋繰越利益剰余金による配当額￥3,000,000＝繰越利益剰余金減少額￥3,300,000

(6)利益準備金計上額￥900,000＋配当金￥9,000,000＝繰越利益剰余金減少額￥9,900,000

7

	借　　　方		貸　　　方	
(1)	構　　築　　物	25,000,000	建　設　仮　勘　定	13,000,000
			当　座　預　金	12,000,000
	新　築　積　立　金	25,000,000	繰　越　利　益　剰　余　金	25,000,000
(2)	建　　　　物	40,000,000	建　設　仮　勘　定	28,000,000
			営　業　外　支　払　手　形	12,000,000
	新　築　積　立　金	40,000,000	繰　越　利　益　剰　余　金	40,000,000
(3)	損　　　　益	2,100,000	繰　越　利　益　剰　余　金	2,100,000
(4)	繰　越　利　益　剰　余　金	490,000	損　　　　益	490,000
(5)	繰　越　利　益　剰　余　金	700,000	別　途　積　立　金	700,000
(6)	新　築　積　立　金	1,600,000	繰　越　利　益　剰　余　金	2,130,000
	別　途　積　立　金	530,000		

(1)総工事費用 ¥25,000,000 －支払済 ¥13,000,000 ＝当座預金 ¥12,000,000

(2)総工事費用 ¥40,000,000 －支払済 ¥28,000,000 ＝営業外支払手形 ¥12,000,000

8

	借　　　方		貸　　　方	
(1)	自　己　株　式	4,200,000	当　座　預　金	4,290,000
	支　払　手　数　料	90,000		
(2)	当　座　預　金	3,350,000	自　己　株　式	3,500,000
	そ　の　他　資　本　剰　余　金	150,000		
(3)	そ　の　他　資　本　剰　余　金	700,000	自　己　株　式	700,000

解説

(1)自己株式1株あたりの取得価額＠¥7,000×取得した株数600株＝自己株式の取得価額 ¥4,200,000

　　自己株式の取得価額 ¥4,200,000 ＋支払手数料 ¥90,000 ＝当座預金 ¥4,290,000

(2)自己株式1株あたりの帳簿価額＠¥7,000×処分した株数500株＝処分した自己株式の帳簿価額 ¥3,500,000

　　自己株式1株あたりの処分価額＠¥6,700×処分した株数500株＝自己株式の処分価額 ¥3,350,000

　　自己株式の処分価額 ¥3,350,000 －処分した自己株式の帳簿価額 ¥3,500,000 ＝自己株式処分差損△¥150,000

(3)自己株式1株あたりの帳簿価額＠¥7,000×消却した株数100株＝消却した自己株式の帳簿価額 ¥700,000

9

	借　　　方		貸　　　方	
(1)	自　己　株　式	6,400,000	当　座　預　金	6,510,000
	支　払　手　数　料	110,000		
(2)	当　座　預　金	5,810,000	自　己　株　式	5,600,000
			そ　の　他　資　本　剰　余　金	210,000
(3)	そ　の　他　資　本　剰　余　金	800,000	自　己　株　式	800,000

(1)自己株式1株あたりの取得価額@¥8,000×取得した株数800株＝自己株式の取得価額¥6,400,000

自己株式の取得価額¥6,400,000＋支払手数料¥110,000＝当座預金¥6,510,000

(2)自己株式1株あたりの帳簿価額@¥8,000×処分した株数700株＝処分した自己株式の帳簿価額¥5,600,000

自己株式1株あたりの処分価額@¥8,300×処分した株数700株＝自己株式の処分価額¥5,810,000

自己株式の処分価額¥5,810,000－処分した自己株式の帳簿価額¥5,600,000＝自己株式処分差益¥210,000

(3)自己株式1株あたりの帳簿価額@¥8,000×消却した株数100株＝消却した自己株式の帳簿価額¥800,000

⑩

	借　　　　　方		貸　　　　　方	
(1)	その他有価証券評価差額金	160,000	その他有価証券	160,000
(2)	その他有価証券	108,000	その他有価証券評価差額金	108,000

(1)(時価@¥11,200－帳簿価額@¥11,600)×株数400株＝その他有価証券評価差額金△¥160,000

(2)(時価@¥8,240－帳簿価額@¥7,880)×株数300株＝その他有価証券評価差額金¥108,000

⑪

	借　　　　　方		貸　　　　　方	
(1)	当　座　預　金	4,000,000	新　株　予　約　権	4,000,000
(2)	新　株　予　約　権	3,200,000	資　　本　　金	15,600,000
	当　座　預　金	28,000,000	資　本　準　備　金	15,600,000
(3)	新　株　予　約　権	800,000	新株予約権戻入益	800,000

(2)新株予約権¥4,000,000×80％＝発行時の払込金額¥3,200,000

権利行使価格¥35,000,000×80％＝権利行使時の払込金額¥28,000,000

発行時の払込金額¥3,200,000＋権利行使時の払込金額¥28,000,000＝払込金額¥31,200,000

「会社法に規定する最高限度額」とは，払込金額の2分の1であるため，

払込金額¥31,200,000×(1/2)＝資本準備金¥15,600,000

払込金額¥31,200,000－資本準備金¥15,600,000＝資本金¥15,600,000

(3)新株予約権¥4,000,000×20％＝新株予約権戻入益¥800,000

⑫

	借　　　　　方		貸　　　　　方	
(1)	当　座　預　金	2,100,000	新　株　予　約　権	2,100,000
(2)	新　株　予　約　権	1,400,000	資　　本　　金	12,400,000
	当　座　預　金	11,000,000		
(3)	新　株　予　約　権	420,000	自　己　株　式	3,600,000
	当　座　預　金	3,300,000	その他資本剰余金	120,000
(4)	新　株　予　約　権	280,000	新株予約権戻入益	280,000

(1) 払込金額@¥70,000×発行総数30個＝新株予約権¥2,100,000

(2) 払込金額@¥70,000×権利行使分20個＝発行時の払込金額¥1,400,000

　　権利行使価格@¥110,000×株数100株＝権利行使時の払込金額¥11,000,000

　　発行時の払込金額¥1,400,000＋権利行使時の払込金額¥11,000,000＝払込金額¥12,400,000

　　特に指示がないため，払込金額の全額を資本金勘定で処理する（原則処理）。

(3) 払込金額@¥70,000×権利行使分6個＝発行時の払込金額¥420,000

　　権利行使価格@¥110,000×株数30株＝権利行使時の払込金額¥3,300,000

　　発行時の払込金額¥420,000＋権利行使時の払込金額¥3,300,000＝払込金額¥3,720,000

　　自己株式1株あたりの帳簿価額@¥120,000×株数30株＝自己株式の帳簿価額¥3,600,000

　　払込金額¥3,720,000－自己株式の帳簿価額¥3,600,000＝自己株式処分差益¥120,000

(4) 払込金額@¥70,000×失効分4個＝新株予約権戻入益¥280,000

13

	借　　　　方		貸　　　　方	
(1)	新 株 予 約 権	300,000	資 本 金	3,650,000
	当 座 預 金	7,000,000	資 本 準 備 金	3,650,000
(2)	新 株 予 約 権	1,500,000	資 本 金	25,500,000
	当 座 預 金	24,000,000		

(1) 払込金額@¥30,000×権利行使分10個＝発行時の払込金額¥300,000

　　権利行使価格@¥70,000×株数100株＝権利行使時の払込金額¥7,000,000

　　発行時の払込金額¥300,000＋権利行使時の払込金額¥7,000,000＝払込金額¥7,300,000

　　「会社法に規定する最高限度額」とは，払込金額の2分の1であるため，

　　払込金額¥7,300,000×（1/2）＝資本準備金¥3,650,000

　　払込金額¥7,300,000－資本準備金¥3,650,000＝資本金¥3,650,000

(2) 払込金額@¥50,000×権利行使分30個＝発行時の払込金額¥1,500,000

　　権利行使価格@¥80,000×株数300株＝権利行使時の払込金額¥24,000,000

　　発行時の払込金額¥1,500,000＋権利行使時の払込金額¥24,000,000＝払込金額¥25,500,000

　　特に指示がないため，払込金額の全額を資本金勘定で処理する（原則処理）。

14

	借　　　　方		貸　　　　方	
(1)	電 子 記 録 債 権	5,600,000	電 子 記 録 債 務	3,700,000
	売 掛 金	9,400,000	買 掛 金	6,500,000
	繰 越 商 品	1,200,000	資 本 金	15,000,000
	建 物	8,000,000	資 本 準 備 金	4,000,000
	備 品	4,900,000	その他資本剰余金	2,000,000
	の れ ん	2,100,000		
(2)	現 金 預 金	2,190,000	電 子 記 録 債 務	3,800,000
	電 子 記 録 債 権	7,300,000	買 掛 金	4,000,000
	売 掛 金	5,810,000	資 本 金	18,000,000
	建 物	6,000,000	資 本 準 備 金	2,000,000
	土 地	5,000,000		
	の れ ん	1,500,000		

解説

(1) 1株あたりの発行金額@￥70,000×株数300株＝交付した株式の時価総額￥21,000,000

交付した株式の時価総額￥21,000,000－（資本金増加額￥15,000,000＋資本準備金増加額￥4,000,000）

＝その他資本剰余金増加額￥2,000,000

電子記録債権￥5,600,000＋売掛金￥9,400,000＋商品￥1,200,000＋建物￥8,000,000＋備品￥4,900,000

＝被合併会社の資産総額￥29,100,000

電子記録債務￥3,700,000＋買掛金￥6,500,000＝被合併会社の負債総額￥10,200,000

被合併会社の資産総額￥29,100,000－被合併会社の負債総額￥10,200,000＝被合併会社の純資産額￥18,900,000

交付した株式の時価総額￥21,000,000－被合併会社の純資産額￥18,900,000＝のれん￥2,100,000

(2) 1株あたりの発行金額@￥40,000×株数500株＝交付した株式の時価総額￥20,000,000

現金預金￥2,190,000＋電子記録債権￥7,300,000＋売掛金￥5,810,000＋建物￥6,000,000＋土地￥5,000,000

＝被合併会社の資産総額￥26,300,000

電子記録債務￥3,800,000＋買掛金￥4,000,000＝被合併会社の負債総額￥7,800,000

被合併会社の資産総額￥26,300,000－被合併会社の負債総額￥7,800,000＝被合併会社の純資産額￥18,500,000

交付した株式の時価総額￥20,000,000－被合併会社の純資産額￥18,500,000＝のれん￥1,500,000

■応用問題（p.123）

1

	借 方		貸 方	
(1)	資 本 金	3,000,000	そ の 他 資 本 剰 余 金	3,000,000
	そ の 他 資 本 剰 余 金	3,000,000	繰 越 利 益 剰 余 金	3,000,000
(2)	資 本 金	10,000,000	そ の 他 資 本 剰 余 金	10,000,000
	そ の 他 資 本 剰 余 金	9,900,000	資 本 準 備 金	900,000
			未 払 配 当 金	9,000,000
(3)	そ の 他 資 本 剰 余 金	8,600,000	資 本 準 備 金	600,000
			未 払 配 当 金	8,000,000
(4)	繰 越 利 益 剰 余 金	7,100,000	利 益 準 備 金	600,000
			未 払 配 当 金	6,000,000
			別 途 積 立 金	500,000
(5)	そ の 他 資 本 剰 余 金	3,850,000	資 本 準 備 金	350,000
	繰 越 利 益 剰 余 金	7,150,000	利 益 準 備 金	650,000
			未 払 配 当 金	10,000,000
(6)	建 物	36,000,000	建 設 仮 勘 定	21,000,000
			営 業 外 支 払 手 形	15,000,000
	新 築 積 立 金	36,000,000	繰 越 利 益 剰 余 金	36,000,000

解説

(1) 資本金勘定からいったんその他資本剰余金勘定に振り替え，その他資本剰余金勘定から繰越利益剰余金勘定に振り替えることに注意する。

(2) 配当金￥9,000,000×(1/10)＝資本準備金計上額￥900,000

資本準備金計上額￥900,000＋配当金￥9,000,000＝その他資本剰余金減少額￥9,900,000

(3) 資本金￥26,000,000×(1/4)－（資本準備金￥5,000,000＋利益準備金￥900,000）＝￥600,000……①

配当金￥8,000,000×(1/10)＝￥800,000……②

①＜②より，資本準備金計上額は①の￥600,000となる。

資本準備金計上額￥600,000＋配当金￥8,000,000＝その他資本剰余金減少額￥8,600,000

(4)資本金 ¥*20,000,000*×(1/4)−(資本準備金 ¥*3,000,000*＋利益準備金 ¥*700,000*)＝¥*1,300,000*……①

　　配当金 ¥*6,000,000*×(1/10)＝¥*600,000*……②

　　①＞②より，利益準備金計上額は②の ¥*600,000* となる。

　　利益準備金計上額 ¥*600,000*＋配当金 ¥*6,000,000*＋別途積立金増加額 ¥*500,000*＝繰越利益剰余金減少額 ¥*7,100,000*

(5)その他資本剰余金による配当額 ¥*3,500,000*＋繰越利益剰余金による配当額 ¥*6,500,000*＝配当金 ¥*10,000,000*

　　資本準備金計上額 ¥*350,000*＋その他資本剰余金による配当額 ¥*3,500,000*＝その他資本剰余金減少額 ¥*3,850,000*

　　利益準備金計上額 ¥*650,000*＋繰越利益剰余金による配当額 ¥*6,500,000*＝繰越利益剰余金減少額 ¥*7,150,000*

(6)総工事費用 ¥*36,000,000*−支払済 ¥*21,000,000*＝営業外支払手形 ¥*15,000,000*

2

	借　　　　方		貸　　　　方	
(1)	自　己　株　式 支　払　手　数　料	9,900,000 120,000	当　座　預　金	10,020,000
(2)	当　座　預　金 その他資本剰余金	2,910,000 390,000	自　己　株　式	3,300,000
(3)	当　座　預　金	4,840,000	自　己　株　式 その他資本剰余金	4,400,000 440,000
(4)	その他資本剰余金	2,200,000	自　己　株　式	2,200,000

(1)自己株式1株あたりの取得価額@¥*11,000*×取得した株数900株＝自己株式の取得価額 ¥*9,900,000*

　　自己株式の取得価額 ¥*9,900,000*＋支払手数料 ¥*120,000*＝当座預金 ¥*10,020,000*

(2)自己株式1株あたりの帳簿価額@¥*11,000*×処分した株数300株＝処分した自己株式の帳簿価額 ¥*3,300,000*

　　自己株式1株あたりの処分価額@¥*9,700*×処分した株数300株＝自己株式の処分価額 ¥*2,910,000*

　　自己株式の処分価額 ¥*2,910,000*−処分した自己株式の帳簿価額 ¥*3,300,000*＝自己株式処分差損△¥*390,000*

(3)自己株式1株あたりの帳簿価額@¥*11,000*×処分した株数400株＝処分した自己株式の帳簿価額 ¥*4,400,000*

　　自己株式1株あたりの処分価額@¥*12,100*×処分した株数400株＝自己株式の処分価額 ¥*4,840,000*

　　自己株式の処分価額 ¥*4,840,000*−処分した自己株式の帳簿価額 ¥*4,400,000*＝自己株式処分差益 ¥*440,000*

(4)自己株式1株あたりの帳簿価額@¥*11,000*×消却した株数200株＝消却した自己株式の帳簿価額 ¥*2,200,000*

3

	借　　　　方		貸　　　　方	
(1)	当　座　預　金	6,240,000	新　株　予　約　権	6,240,000
(2)	新　株　予　約　権 当　座　預　金	3,900,000 17,500,000	資　　本　　金 資　本　準　備　金	10,700,000 10,700,000
(3)	新　株　予　約　権 当　座　預　金 その他資本剰余金	1,560,000 7,000,000 240,000	自　己　株　式	8,800,000
(4)	新　株　予　約　権	780,000	新株予約権戻入益	780,000

解説

(1)払込金額@¥*78,000*×発行総数80個＝新株予約権 ¥*6,240,000*

(2)払込金額@¥*78,000*×権利行使分50個＝発行時の払込金額 ¥*3,900,000*

　　権利行使価格@¥*35,000*×株数500株＝権利行使時の払込金額 ¥*17,500,000*

　　発行時の払込金額 ¥*3,900,000*＋権利行使時の払込金額 ¥*17,500,000*−払込金額 ¥*21,400,000*

「会社法に規定する最高限度額」とは，払込金額の2分の1であるため，

払込金額 ¥21,400,000 × (1/2) = 資本準備金 ¥10,700,000

払込金額 ¥21,400,000 − 資本準備金 ¥10,700,000 = 資本金 ¥10,700,000

(3)払込金額@ ¥78,000 × 権利行使分20個 = 発行時の払込金額 ¥1,560,000

権利行使価格@ ¥35,000 × 株数200株 = 権利行使時の払込金額 ¥7,000,000

発行時の払込金額 ¥1,560,000 + 権利行使時の払込金額 ¥7,000,000 = 払込金額 ¥8,560,000

自己株式1株あたりの帳簿価額@ ¥44,000 × 株数200株 = 自己株式の帳簿価額 ¥8,800,000

払込金額 ¥8,560,000 − 自己株式の帳簿価額 ¥8,800,000 = 自己株式処分差損△ ¥240,000

(4)払込金額@ ¥78,000 × 失効分10個 = 新株予約権戻入益 ¥780,000

4

	借　　　方		貸　　　方	
(1)	現　金　預　金	2,500,000	買　　掛　　金	1,200,000
	売　　掛　　金	3,900,000	資　　本　　金	10,000,000
	繰　越　商　品	4,000,000	資　本　準　備　金	3,000,000
	備　　　品	3,600,000	その他資本剰余金	1,400,000
	の　　れ　　ん	1,600,000		
	買　　掛　　金	750,000	売　　掛　　金	750,000

(2)

貸　借　対　照　表

京都通信株式会社　　　　　　令和○年4月1日　　　　　　（単位：円）

資　　産	金　額	負債及び純資産	金　額
現　金　預　金	6,000,000	買　　掛　　金	6,950,000
売　　掛　　金	7,350,000	資　　本　　金	30,000,000
商　　　品	9,500,000	資　本　準　備　金	4,300,000
建　　　物	10,000,000	その他資本剰余金	1,400,000
備　　　品	9,700,000	利　益　準　備　金	1,500,000
の　　れ　　ん	1,600,000		
	44,150,000		44,150,000

解説

(1)1株あたりの発行金額@ ¥12,000 × 株数1,200株 = 交付した株式の時価総額 ¥14,400,000

交付した株式の時価総額 ¥14,400,000 − (資本金増加額 ¥10,000,000 + 資本準備金増加額 ¥3,000,000)

= その他資本剰余金増加額 ¥1,400,000

現金預金 ¥2,500,000 + 売掛金 ¥3,900,000 + 商品 ¥4,000,000 + 備品 ¥3,600,000 = 被合併会社の資産総額 ¥14,000,000

買掛金 ¥1,200,000 = 被合併会社の負債総額 ¥1,200,000

被合併会社の資産総額 ¥14,000,000 − 被合併会社の負債総額 ¥1,200,000 = 被合併会社の純資産額 ¥12,800,000

交付した株式の時価総額 ¥14,400,000 − 被合併会社の純資産額 ¥12,800,000 = のれん ¥1,600,000

(2)現金預金　京都通信株式会社 ¥3,500,000 + 株式会社宇治商会 ¥2,500,000 = 表示額 ¥6,000,000

売掛金　京都通信株式会社 ¥4,200,000 + 株式会社宇治商会 ¥3,900,000 − 相殺額 ¥750,000 = 表示額 ¥7,350,000

商品　京都通信株式会社 ¥5,500,000 + 株式会社宇治商会 ¥4,000,000 = 表示額 ¥9,500,000

備品　京都通信株式会社 ¥6,100,000 + 株式会社宇治商会 ¥3,600,000 = 表示額 ¥9,700,000

買掛金　京都通信株式会社 ¥6,500,000 + 株式会社宇治商会 ¥1,200,000 − 相殺額 ¥750,000 = 表示額 ¥6,950,000

資本金　京都通信株式会社 ¥20,000,000 + 資本金増加額 ¥10,000,000 = 表示額 ¥30,000,000

資本準備金　京都通信株式会社 ¥1,300,000 + 資本準備金増加額 ¥3,000,000 = 表示額 ¥4,300,000

❺

付記事項の仕訳

	借 方		貸 方	
①	損　　　　　益	2,700,000	繰 越 利 益 剰 余 金	2,700,000

決算整理仕訳

	借 方		貸 方	
a	そ の 他 有 価 証 券	60,000	その他有価証券評価差額金	60,000

貸 借 対 照 表

茨城産業株式会社　　　　　　　　令和○２年３月31日　　　　　　　　（単位：円）

純 資 産 の 部

Ⅰ　株 主 資 本
　(1)　資 本 金　　　　　　　　　　　　　　　　　（　30,000,000　）
　(2)　資 本 剰 余 金
　　　1.（ 資 本 準 備 金 ）　　　　　　　（　7,400,000　）
　　　2.（ そ の 他 資 本 剰 余 金 ）　　（　2,260,000　）
　　　　　　資 本 剰 余 金 合 計　　　　　　　　　　（　9,660,000　）
　(3)　利 益 剰 余 金
　　　1.（ 利 益 準 備 金 ）　　　　　　　（　1,500,000　）
　　　2.　そ の 他 利 益 剰 余 金
　　　　①（ 新 築 積 立 金 ）　　　　　　（　5,000,000　）
　　　　②（ 配 当 平 均 積 立 金 ）　　　（　3,000,000　）
　　　　③（ 別 途 積 立 金 ）　　　　　　（　930,000　）
　　　　④（ 繰 越 利 益 剰 余 金 ）　　　（　3,380,000　）
　　　　　　利 益 剰 余 金 合 計　　　　　　　　　　（　13,810,000　）
　(4)　自 己 株 式　　　　　　　　　　　　　　　△（　1,400,000　）
　　　　　　株 主 資 本 合 計　　　　　　　　　　　（　52,070,000　）
Ⅱ　評 価 ・ 換 算 差 額 等
　　　1.（ そ の 他 有 価 証 券 評 価 差 額 金 ）　（　60,000　）
　　　　　　評 価 ・ 換 算 差 額 等 合 計　　　　　（　60,000　）
Ⅲ　新 株 予 約 権　　　　　　　　　　　　　　　（　800,000　）
　　　　　　純 資 産 合 計　　　　　　　　　　　　（　52,930,000　）
　　　　　　負 債 及 び 純 資 産 合 計　　　　　　（　84,830,000　）

解説

【決算整理仕訳】
　その他有価証券：時価（@¥4,200×300株）－帳簿価額¥1,200,000＝その他有価証券評価差額金¥60,000
【B/S作成】
　資本準備金¥7,400,000＋その他資本剰余金¥2,260,000＝資本剰余金合計¥9,660,000
　繰越利益剰余金元帳勘定残高¥680,000＋当期純利益¥2,700,000＝繰越利益剰余金¥3,380,000
　利益準備金¥1,500,000＋新築積立金¥5,000,000＋配当平均積立金¥3,000,000＋別途積立金¥930,000
　　　　　　　　　　　　　　　　＋繰越利益剰余金¥3,380,000＝利益剰余金合計¥13,810,000
　資本金¥30,000,000＋資本剰余金¥9,660,000＋利益剰余金¥13,810,000＋自己株式△¥1,400,000
　　　　　　　　　　　　　　　　　　　　　　　　　　　　　　＝株主資本合計¥52,070,000
　株主資本¥52,070,000＋評価・換算差額等¥60,000＋新株予約権¥800,000＝純資産合計¥52,930,000
　決算整理後の負債総額¥31,900,000＋純資産合計¥52,930,000＝負債及び純資産合計¥84,830,000

1

(1)		(2)	
ア	イ	ウ	エ
2	7	6	3

2

	借　　方			貸　　方	
(1)	新　株　予　約　権	800,000	資　　本　　金		3,400,000
	当　座　預　金	6,000,000	資　本　準　備　金		3,400,000
(2)	当　座　預　金	5,600,000	自　己　株　式		5,200,000
			その他資本剰余金		400,000
(3)	その他資本剰余金	12,000,000	自　己　株　式		12,000,000
(4)	自　己　株　式	12,000,000	当　座　預　金		12,000,000

解説

(1)払込金額@¥80,000×権利行使分10個＝発行時の払込金額¥800,000

　　権利行使価格@¥120,000×株数50株＝権利行使時の払込金額¥6,000,000

　　発行時の払込金額¥800,000＋権利行使時の払込金額¥6,000,000＝払込金額¥6,800,000

　　「会社法に規定する最高限度額」とは，払込金額の2分の1であるため，

　　払込金額¥6,800,000×(1/2)＝資本準備金¥3,400,000

　　払込金額¥6,800,000－資本準備金¥3,400,000＝資本金¥3,400,000

(2)自己株式1株あたりの帳簿価額@¥650×処分した株数8,000株＝処分した自己株式の帳簿価額¥5,200,000

　　自己株式1株あたりの処分価額@¥700×処分した株数8,000株＝自己株式の処分価額¥5,600,000

　　自己株式の処分価額¥5,600,000－処分した自己株式の帳簿価額¥5,200,000＝自己株式処分差益¥400,000

(3)自己株式1株あたりの帳簿価額@¥60,000×消却した株数200株＝消却した自己株式の帳簿価額¥12,000,000

(4)自己株式1株あたりの取得価額@¥600×取得した株数20,000株＝自己株式の取得価額¥12,000,000

3

	借　　方		貸　　方	
(1)	資　　本　　金	5,000,000	その他資本剰余金	5,000,000
	その他資本剰余金	5,000,000	繰越利益剰余金	5,000,000
(2)	建　　　　物	88,000,000	建　設　仮　勘　定	65,000,000
			当　座　預　金	23,000,000
	新　築　積　立　金	88,000,000	繰越利益剰余金	88,000,000
(3)	資　　本　　金	5,500,000	その他資本剰余金	5,500,000
	その他資本剰余金	5,500,000	資　本　準　備　金	500,000
			未　払　配　当　金	5,000,000
(4)	その他資本剰余金	3,300,000	資　本　準　備　金	300,000
	繰　越　利　益　剰　余　金	3,850,000	利　益　準　備　金	350,000
			未　払　配　当　金	6,500,000
(5)	資　　本　　金	8,800,000	その他資本剰余金	8,800,000
	その他資本剰余金	8,800,000	資　本　準　備　金	800,000
			未　払　配　当　金	8,000,000
(6)	その他資本剰余金	1,100,000	資　本　準　備　金	100,000
	繰　越　利　益　剰　余　金	3,300,000	利　益　準　備　金	300,000
			未　払　配　当　金	4,000,000

(2)総工事費用 ¥88,000,000 − 当座預金 ¥23,000,000 = 支払済 ¥65,000,000

(3)配当金 ¥5,000,000 ×(1/10)= 資本準備金計上額 ¥500,000

　　資本準備金計上額 ¥500,000 + 配当金 ¥5,000,000 = その他資本剰余金減少額 ¥5,500,000

(4)資本準備金計上額 ¥300,000 + その他資本剰余金による配当額 ¥3,000,000 = その他資本剰余金減少額 ¥3,300,000

　　利益準備金計上額 ¥350,000 + 繰越利益剰余金による配当額 ¥3,500,000 = 繰越利益剰余金減少額 ¥3,850,000

(5)配当金 ¥8,000,000 ×(1/10)= 資本準備金計上額 ¥800,000

　　資本準備金計上額 ¥800,000 + 配当金 ¥8,000,000 = その他資本剰余金減少額 ¥8,800,000

(6)資本準備金計上額 ¥100,000 + その他資本剰余金による配当額 ¥1,000,000 = その他資本剰余金減少額 ¥1,100,000

　　利益準備金計上額 ¥300,000 + 繰越利益剰余金による配当額 ¥3,000,000 = 繰越利益剰余金減少額 ¥3,300,000

4

決算整理仕訳

	借　　　　方		貸　　　　方	
a	その他有価証券	40,000	その他有価証券評価差額金	40,000

貸 借 対 照 表

北海道商事株式会社　　　　令和○5年3月31日　　　　　　　　　　（単位：円）

⋮

純 資 産 の 部

Ⅰ 株 主 資 本
(1) 資　　本　　金　　　　　　　　　　　　　　　　　　　　16,000,000
(2) 資 本 剰 余 金
　　1. 資 本 準 備 金　　　　　　　　　　1,650,000
　　　　資 本 剰 余 金 合 計　　　　　　　　　　　　　　　1,650,000
(3) 利 益 剰 余 金
　　1. 利 益 準 備 金　　　　　　　　　　900,000
　　2. そ の 他 利 益 剰 余 金
　　　① 別 途 積 立 金　　　　　　　　　560,000
　　　② 繰 越 利 益 剰 余 金　　　（　1,903,810　）
　　　　利 益 剰 余 金 合 計　　　　　　　　　　　（　3,363,810　）
　　　　株 主 資 本 合 計　　　　　　　　　　　　（　21,013,810　）
Ⅱ 評 価・換 算 差 額 等
　　1. そ の 他 有 価 証 券 評 価 差 額 金　（　40,000　）
　　　　評 価・換 算 差 額 等 合 計　　　　　　　　　（　40,000　）
　　　　純 資 産 合 計　　　　　　　　　　　　　　（　21,053,810　）
　　　　負 債 及 び 純 資 産 合 計　　　　　　　　　34,550,590

【決算整理仕訳】

　　その他有価証券：（時価 @ ¥2,020 − 帳簿価額 @ ¥1,980）× 株数1,000株 = その他有価証券評価差額金 ¥40,000

【B/S作成】

　　繰越利益剰余金元帳勘定残高 ¥745,500 + 当期純利益 ¥1,158,310 = 繰越利益剰余金 ¥1,903,810

　　利益準備金 ¥900,000 + 別途積立金 ¥560,000 + 繰越利益剰余金 ¥1,903,810 = 利益剰余金合計 ¥3,363,810

　　資本金 ¥16,000,000 + 資本剰余金 ¥1,650,000 + 利益剰余金 ¥3,363,810 = 株主資本合計 ¥21,013,810

　　株主資本 ¥21,013,810 + 評価・換算差額等 ¥40,000 = 純資産合計 ¥21,053,810

　　決算整理後の負債総額 ¥13,496,780 + 純資産合計 ¥21,053,810 = 負債及び純資産合計 ¥34,550,590

■基本問題（p.133）

1

(1)		(2)	
ア	イ	ウ	エ
2	5	4	1

2

(1)	(2)		(3)		(4)		
ア	イ	ウ	エ	オ	カ	キ	ク
12	5	14	4	16	18	7	20

(5)			(6)
ケ	コ	サ	シ
2	6	19	1

3

	借　　　　方		貸　　　　方	
(1)	仕　　　　　　入	553,000	買　　　掛　　　金 現　　　　　　金	550,000 3,000
(2)	買　　　掛　　　金	550,000	当　座　預　金 仕　入　割　引	539,000 11,000

(1)商品代金 ¥550,000 ＋引取費用 ¥3,000 ＝仕入 ¥553,000

(2)買掛金 ¥550,000 ×割引率 2 ％ ＝仕入割引 ¥11,000

　　買掛金 ¥550,000 －仕入割引 ¥11,000 ＝支払額 ¥539,000

4

	借　　　　方		貸　　　　方	
(1)	売　　　掛　　　金	840,000	売　　　　　　　上	840,000
(2)	現　　　　　　金 売　　　　　　上	823,200 16,800	売　　　掛　　　金	840,000

(2)売掛金 ¥840,000 ×割引率 2 ％ ＝売上割引 ¥16,800

　　売掛金 ¥840,000 －売上割引 ¥16,800 ＝受取額 ¥823,200

　　問題文の条件より，売上割引 ¥16,800は売上勘定から直接減額する。

5

	借　　　　　方		貸　　　　　方	
(1)	当　座　預　金	6,370,000	その他有価証券 投資有価証券売却益	6,160,000 210,000
(2)	現　　　　　金 投資有価証券売却損	7,020,000 780,000	その他有価証券	7,800,000
(3)	未　収　　　金 投資有価証券売却損	6,500,000 450,000	その他有価証券	6,950,000
(4)	現　　　　　金	8,910,000	その他有価証券 投資有価証券売却益	8,370,000 540,000

＊(3)の借方の「未収金」は「未収入金」でもよい

 解説

(1) 1株あたりの帳簿価額@¥8,800×株数700株＝その他有価証券の帳簿価額¥6,160,000

　　 1株あたりの売却価額@¥9,100×株数700株＝その他有価証券の売却価額¥6,370,000

　　 その他有価証券の売却価額¥6,370,000－その他有価証券の帳簿価額¥6,160,000＝投資有価証券売却益¥210,000

(2) 1株あたりの帳簿価額@¥6,000×株数1,300株＝その他有価証券の帳簿価額¥7,800,000

　　 1株あたりの売却価額@¥5,400×株数1,300株＝その他有価証券の売却価額¥7,020,000

　　 その他有価証券の売却価額¥7,020,000－その他有価証券の帳簿価額¥7,800,000＝投資有価証券売却損△¥780,000

(3) 1株あたりの帳簿価額@¥13,900×株数500株＝その他有価証券の帳簿価額¥6,950,000

　　 1株あたりの売却価額@¥13,000×株数500株＝その他有価証券の売却価額¥6,500,000

　　 その他有価証券の売却価額¥6,500,000－その他有価証券の帳簿価額¥6,950,000＝投資有価証券売却損△¥450,000

(4) 1株あたりの帳簿価額@¥9,300×株数900株＝その他有価証券の帳簿価額¥8,370,000

　　 1株あたりの売却価額@¥9,900×株数900株＝その他有価証券の売却価額¥8,910,000

　　 その他有価証券の売却価額¥8,910,000－その他有価証券の帳簿価額¥8,370,000＝投資有価証券売却益¥540,000

6

	借　　　　　方		貸　　　　　方	
(1)	現　　　　　金	1,000,000	前　受　　　金	1,000,000
(2)	役　務　原　価 前　受　　　金	792,400 1,000,000	現　　　　　金 役　務　収　益	792,400 1,000,000

 解説

(1) サービスの提供前に受け取った代金は，一時的に前受金勘定で処理しておく。

(2) サービスの提供と同時に支払った費用は，仕掛品勘定を経由せず，直接，役務原価勘定に振り替える。

7

	借　　　　　方		貸　　　　　方	
(1)	当　座　預　金 仕　　掛　　品	3,500,000 2,700,000	前　受　　　金 現　　　　　金	3,500,000 2,700,000
(2)	前　受　　　金 役　務　原　価	2,100,000 1,620,000	役　務　収　益 仕　　掛　　品	2,100,000 1,620,000

解説

(2)前受金 ¥3,500,000 × 進捗度(6/10) = 当期の役務収益 ¥2,100,000

仕掛品 ¥2,700,000 × 進捗度(6/10) = 当期の役務費用 ¥1,620,000

8

	借　　　方		貸　　　方	
(1)	給　　　　　料	400,000	現　　　　　金	460,000
	旅　　　　　費	60,000		
(2)	仕　　　掛　　　品	184,000	給　　　　　料	160,000
			旅　　　　　費	24,000
(3)	当　座　預　金	260,000	役　務　収　益	260,000
	役　務　原　価	184,000	仕　　　掛　　　品	184,000

解説

(1)給料 ¥400,000 + 旅費 ¥60,000 = 支払額 ¥460,000

(2)給料 ¥160,000 + 旅費 ¥24,000 = 仕掛品 ¥184,000

いったん費用として処理していた金額について，サービスの提供のために直接費やされたものであることが判明したときは，当該サービスに直接費やされた分の金額を仕掛品勘定に振り替える。

9

	借　　　　方		貸　　　　方	
(1)	工　事　原　価	21,000,000	材　　　　　料	14,000,000
			賃　　　　　金	7,000,000
	契　約　資　産	29,400,000	工　事　収　益	29,400,000
(2)	工　事　原　価	38,500,000	材　　　　　料	28,000,000
			賃　　　　　金	10,500,000
	契　約　資　産	38,500,000	工　事　収　益	38,500,000
(3)	仕　訳　な　し			
(4)	工　事　原　価	23,000,000	材　　　　　料	15,000,000
			賃　　　　　金	8,000,000
	工　事　未　収　金	40,000,000	工　事　収　益	40,000,000

解説

(1)(当期発生の工事原価 ¥21,000,000 ÷ 工事原価総額 ¥70,000,000) = 進捗度0.3

工事収益総額 ¥98,000,000 × 進捗度0.3 = 当期の工事収益 ¥29,400,000

(2)原価回収基準では，(回収することが見込まれる) 当期発生の工事費用の金額 = 当期の工事収益の金額となる。

(3)(4)工事完成基準では，工事が完成し，目的物を引き渡したときに一括して工事収益と工事原価を計上する。

■応用問題 (p.138)

1

4

85

未払費用および未収収益は，発生主義の考え方ではすでに発生しているものであるから，当期の損益計算に計上する。

前払費用および前受収益は，発生主義の考え方ではまだ発生していないものであるから，当期の損益計算から除く。

2

	借　　　　　方			貸　　　　　方		
6 / 1	現　　　　　金	5,000,000		前　　受　　金	5,000,000	
	仕　　掛　　品	3,200,000		現　　　　　金	3,200,000	
3 /31	前　　受　　金	3,750,000		役　務　収　益	3,750,000	
	役　務　原　価	2,400,000		仕　　掛　　品	2,400,000	
6 /30	前　　受　　金	1,250,000		役　務　収　益	1,250,000	
	役　務　原　価	800,000		仕　　掛　　品	800,000	

3 /31　前受金￥5,000,000×進捗度75％＝当期の役務収益￥3,750,000

　　　　仕掛品￥3,200,000×進捗度75％＝当期の役務費用￥2,400,000

6 /30　前受金￥5,000,000×進捗度(100−75)％＝当期の役務収益￥1,250,000

　　　　仕掛品￥3,200,000×進捗度(100−75)％＝当期の役務費用￥800,000

3

(1)	￥	58,800,000	(2)	￥	36,300,000
(3)	￥	0			

(1)(当期発生の工事原価￥44,520,000÷工事原価総額￥106,000,000)＝進捗度0.42

　　工事収益総額￥140,000,000×進捗度0.42＝当期の工事収益￥58,800,000

(2)原価回収基準では，（回収することが見込まれる）当期発生の工事費用の金額＝当期の工事収益の金額となる。

(3)工事完成基準では，工事が完成し，目的物を引き渡したときに一括して工事収益と工事原価を計上するため，当期の

　　工事収益は￥0となる。

■検定問題（p.139）

1

	(1)		(2)		(3)		(4)	
ア	イ	ウ	エ	オ	カ	キ	ク	
10	8	3	9	3	1	6	11	

2

(1)	￥	35,000,000	(2)	￥	31,500,000
(3)	￥	0			

(1)(当期発生の工事原価 ¥26,250,000 ÷工事原価総額 ¥75,000,000)＝進捗度0.35

工事収益総額 ¥100,000,000×進捗度0.35＝当期の工事収益 ¥35,000,000

(2)原価回収基準では，（回収することが見込まれる）当期発生の工事費用の金額＝当期の工事収益の金額となる。

(3)工事完成基準では，工事が完成し，目的物を引き渡したときに一括して工事収益と工事原価を計上するため，当期の
工事収益は ¥0 となる。

3

	借 方	貸 方
(1)	役　務　原　価　341,750	現　　　　金　341,750
(2)	買　掛　金　400,000	現　　　　金　396,000 仕　入　割　引　4,000
(3)	買　掛　金　800,000	当　座　預　金　796,000 仕　入　割　引　4,000
(4)	当　座　預　金　882,000 売　　上　18,000	売　掛　金　900,000
(5)	買　掛　金　300,000	現　　　　金　298,000 仕　入　割　引　2,000
(6)	買　掛　金　250,000	現　　　　金　245,000 仕　入　割　引　5,000
(7)	現　　　　金　1,764,000 売　　上　36,000	売　掛　金　1,800,000
(8)	買　掛　金　750,000	当　座　預　金　735,000 仕　入　割　引　15,000

(1)サービスの提供と同時に支払った費用は，仕掛品勘定を経由せず，直接，役務原価勘定に振り替える。

(2)買掛金 ¥400,000 －支払額 ¥396,000 ＝仕入割引 ¥4,000

(3)買掛金 ¥800,000 －支払額 ¥794,000 ＝仕入割引 ¥4,000

(4)受取額 ¥882,000 ÷（100－2）％＝売掛金 ¥900,000

売掛金 ¥900,000 ×割引率2％＝売上割引 ¥18,000

問題文の条件より，売上割引 ¥18,000 は売上勘定から直接減額する。

(5)買掛金 ¥300,000 －支払額 ¥298,000 ＝仕入割引 ¥2,000

(6)仕入割引 ¥5,000 ＋支払額 ¥243,000 ＝買掛金 ¥250,000

(7)売掛金 ¥1,800,000 －受取額 ¥1,764,000 ＝売上割引 ¥36,000

問題文の条件より，売上割引 ¥36,000 は売上勘定から直接減額する。

(8)買掛金 ¥750,000 ×割引率2％＝仕入割引 ¥15,000

買掛金 ¥750,000 －仕入割引 ¥15,000 ＝支払額 ¥735,000

4

①	工事進行基準による当期の工事収益	¥	58,700,000
②	工事完成基準による当期の工事収益	¥	41,200,000

解説

①（当期発生の工事原価 ¥46,800,000÷工事原価総額 ¥187,200,000）＝進捗度0.25

　工事収益総額 ¥234,800,000×進捗度0.25＝当期の工事収益 ¥58,700,000

②工事完成基準では，工事が完成し，目的物を引き渡したときに一括して工事収益と工事原価を計上するため，当期の

　工事収益は ¥41,200,000 となる。

5

当期の工事収益 　¥	162,540,000

解説

（当期発生の工事原価 ¥135,450,000÷工事原価総額 ¥752,500,000）＝進捗度0.18

工事収益総額 ¥903,000,000×進捗度0.18＝当期の工事収益 ¥162,540,000

6

①	工事進行基準による当期の工事収益 　¥	98,175,000
②	工事完成基準による当期の工事収益 　¥	52,500,000

解説

①（当期発生の工事原価 ¥78,540,000÷工事原価総額 ¥285,600,000）＝進捗度0.275

　工事収益総額 ¥357,000,000×進捗度0.275＝当期の工事収益 ¥98,175,000

②工事完成基準では，工事が完成し，目的物を引き渡したときに一括して工事収益と工事原価を計上するため，当期の

　工事収益は ¥52,500,000 となる。

第14章　税

■基本問題（p.145）

1

(1)		(2)		
ア	イ	ウ	エ	オ
5	1	9	4	10

2

(1)	(2)	(3)			
ア	イ	ウ	エ	オ	カ
14	3	7	1	4	12
(4)			(5)		
キ	ク	ケ	コ	サ	シ
13	6	5	8	10	11

3

	借 方		貸 方	
11/26	仮 払 法 人 税 等	850,000	現　　　金	850,000
3/31	法 人 税 等	1,980,000	仮 払 法 人 税 等 未 払 法 人 税 等	850,000 1,130,000
5/27	未 払 法 人 税 等	1,130,000	現　　　金	1,130,000

11/26　前年度の納税額 ¥1,700,000 × (1/2) = 仮払法人税等 ¥850,000

3/31　法人税等 ¥1,980,000 − 仮払法人税等 ¥850,000 = 未払法人税等 ¥1,130,000

4

	借 方		貸 方	
(1)	未 払 法 人 税 等	1,280,000	当 座 預 金	1,280,000
(2)	仮 払 法 人 税 等	885,000	現　　　金	885,000
(3)	法 人 税 等	1,690,000	仮 払 法 人 税 等 未 払 法 人 税 等	740,000 950,000
(4)	未 払 法 人 税 等	920,000	現　　　金	920,000
(5)	未 払 法 人 税 等 所 得 税 預 り 金	880,000 160,000	当 座 預 金	1,040,000
(6)	仮 払 法 人 税 等	915,000	当 座 預 金	915,000
(7)	法 人 税 等	1,720,000	仮 払 法 人 税 等 未 払 法 人 税 等	730,000 990,000

解説

(1)法人税等 ¥2,190,000 − 仮払法人税等 ¥910,000 = 未払法人税等 ¥1,280,000

(2)前年度の納税額 ¥1,770,000 × (1/2) = 仮払法人税等 ¥885,000

(3)法人税等 ¥1,690,000 − 仮払法人税等 ¥740,000 = 未払法人税等 ¥950,000

(5)未払法人税等 ¥880,000 + 所得税預り金 ¥160,000 = 支払額 ¥1,040,000

(6)前年度の納税額 ¥1,830,000 × (1/2) = 仮払法人税等 ¥915,000

(7)法人税等 ¥1,720,000 − 仮払法人税等 ¥730,000 = 未払法人税等 ¥990,000

5

当期の法人税，住民税及び事業税の合計額　¥	1,902,000

解説

当期の収益総額 ¥76,360,000 − 当期の費用総額 ¥70,270,000 = 企業会計上の利益 ¥6,090,000

企業会計上の利益 ¥6,090,000 + 損金不算入額 ¥250,000 = 課税所得 ¥6,340,000

課税所得 ¥6,340,000 × 法定実効税率30% = 当期の法人税，住民税及び事業税の合計額 ¥1,902,000

6

当期の法人税，住民税及び事業税の合計額	¥	1,728,000

解説

当期の収益総額 ¥92,110,000 − 当期の費用総額 ¥86,490,000 ＝ 企業会計上の利益 ¥5,620,000

企業会計上の利益 ¥5,620,000 ＋ 損金不算入額 ¥140,000 ＝ 課税所得 ¥5,760,000

課税所得 ¥5,760,000 × 法定実効税率30％ ＝ 当期の法人税，住民税及び事業税の合計額 ¥1,728,000

7

	借　　　　　方		貸　　　　　方	
(1)	貸 倒 引 当 金 繰 入	70,000	貸 倒 引 当 金	70,000
	繰 延 税 金 資 産	6,000	法 人 税 等 調 整 額	6,000
(2)	法 人 税 等 調 整 額	6,000	繰 延 税 金 資 産	6,000

解説

(1)将来減算一時差異 ¥20,000 × 法定実効税率30％ ＝ 繰延税金資産 ¥6,000

(2)一時差異が解消されたため，(1)の税効果会計に関する仕訳の逆仕訳をおこなう。

8

	借　　　　　方		貸　　　　　方	
(1)	減 価 償 却 費	100,000	備 品 減 価 償 却 累 計 額	100,000
	繰 延 税 金 資 産	6,000	法 人 税 等 調 整 額	6,000
(2)	減 価 償 却 費	100,000	備 品 減 価 償 却 累 計 額	100,000
	繰 延 税 金 資 産	6,000	法 人 税 等 調 整 額	6,000

解説

(1)将来減算一時差異 ¥20,000 × 法定実効税率30％ ＝ 繰延税金資産 ¥6,000

(2)定額法による減価償却の場合，経済的耐用年数が経過するまでは一時差異が解消されず，毎期同じ仕訳が繰り返されることになる。

9

	借　　　　　方		貸　　　　　方	
(1)	その他有価証券評価差額金	90,000	そ の 他 有 価 証 券	90,000
	繰 延 税 金 資 産	27,000	その他有価証券評価差額金	27,000
(2)	そ の 他 有 価 証 券	90,000	その他有価証券評価差額金	90,000
	その他有価証券評価差額金	27,000	繰 延 税 金 資 産	27,000

＊その他有価証券評価差額金は相殺して表示してもよい

解説

(1)(時価＠¥2,000 − 帳簿価額＠¥2,100) × 株数900株 ＝ 評価差額△ ¥90,000

　将来減算一時差異 ¥90,000 × 法定実効税率30％ ＝ 繰延税金資産 ¥27,000

(2)その他有価証券を期末評価した場合は，翌期首に再振替仕訳をおこなう（洗替法）。

　なお，その他有価証券評価差額金を相殺した仕訳は次のようになる。

	借　　　　　方		貸　　　　　方	
(1)	その他有価証券評価差額金	63,000	そ　の　他　有　価　証　券	90,000
	繰　延　税　金　資　産	27,000		
(2)	そ　の　他　有　価　証　券	90,000	その他有価証券評価差額金	63,000
			繰　延　税　金　資　産	27,000

❿

	借　　　　　方		貸　　　　　方	
(1)	そ　の　他　有　価　証　券	180,000	その他有価証券評価差額金	180,000
	その他有価証券評価差額金	54,000	繰　延　税　金　負　債	54,000
(2)	その他有価証券評価差額金	180,000	そ　の　他　有　価　証　券	180,000
	繰　延　税　金　負　債	54,000	その他有価証券評価差額金	54,000

＊その他有価証券評価差額金は相殺して表示してもよい

(1)(時価@¥1,950－帳簿価額@¥1,800)×株数1,200株＝評価差額¥180,000

　将来加算一時差異¥180,000×法定実効税率30％＝繰延税金負債¥54,000

(2)その他有価証券を期末評価した場合は，翌期首に再振替仕訳をおこなう（洗替法）。

　なお，その他有価証券評価差額金を相殺した仕訳は次のようになる。

	借　　　　　方		貸　　　　　方	
(1)	そ　の　他　有　価　証　券	180,000	その他有価証券評価差額金	126,000
			繰　延　税　金　負　債	54,000
(2)	その他有価証券評価差額金	126,000	そ　の　他　有　価　証　券	180,000
	繰　延　税　金　負　債	54,000		

■応用問題 (p.149)

❶

	借　　　　　方		貸　　　　　方	
(1)	貸　倒　引　当　金　繰　入	130,000	貸　　倒　　引　　当　　金	130,000
	繰　延　税　金　資　産	9,000	法　人　税　等　調　整　額	9,000
(2)	貸　倒　引　当　金　繰　入	140,000	貸　　倒　　引　　当　　金	140,000
	繰　延　税　金　資　産	3,000	法　人　税　等　調　整　額	3,000

(1)将来減算一時差異¥30,000×法定実効税率30％＝繰延税金資産¥9,000

(2)一時差異が解消されたため，(1)の税効果会計に関する仕訳の逆仕訳をおこなう。

　(借) 法人税等調整額　9,000　　　(貸) 繰延税金資産　9,000　……①

　それと同時に，当期の繰入限度超過額の仕訳もおこなう。

　将来減算一時差異¥40,000×法定実効税率30％＝繰延税金資産¥12,000

　(借) 繰延税金資産　12,000　　　(貸) 法人税等調整額　12,000　……②

　①と②をあわせると，解答の2行目の仕訳となる。

❷

	借　　　　　方		貸　　　　　方	
(1)	減　　価　　償　　却　　費	160,000	備品減価償却累計額	160,000
	繰　延　税　金　資　産	18,000	法　人　税　等　調　整　額	18,000
(2)	減　　価　　償　　却　　費	160,000	備品減価償却累計額	160,000
	繰　延　税　金　資　産	18,000	法　人　税　等　調　整　額	18,000

(1)企業会計上：(取得原価 ¥800,000 － 残存価額 ¥0)÷経済的耐用年数 5 年＝減価償却費 ¥160,000

　税　法　上：(取得原価 ¥800,000 － 残存価額 ¥0)÷法定耐用年数 8 年＝減価償却費 ¥100,000

　将来減算一時差異(¥160,000 － ¥100,000)×法定実効税率30％＝繰延税金資産 ¥18,000

(2)定額法による減価償却の場合，経済的耐用年数が経過するまでは一時差異が解消されず，毎期同じ仕訳が繰り返されることになる。

❸

決算整理仕訳

	借　　　　　方		貸　　　　　方	
a	貸 倒 引 当 金 繰 入	180,000	貸 倒 引 当 金	180,000
	繰 延 税 金 資 産	24,000	法 人 税 等 調 整 額	24,000
b	減 価 償 却 費	112,000	備品減価償却累計額	112,000
	繰 延 税 金 資 産	12,600	法 人 税 等 調 整 額	12,600
c	そ の 他 有 価 証 券	330,000	その他有価証券評価差額金	330,000
	その他有価証券評価差額金	99,000	繰 延 税 金 負 債	99,000

＊ c のその他有価証券評価差額金は相殺して表示してもよい

損　益　計　算　書

長崎商事株式会社　　　　令和○ 1 年 4 月 1 日から令和○ 2 年 3 月31日まで　　　　　（単位：円）

税 引 前 当 期 純 利 益		3,050,000
法人税，住民税及び事業税	951,600	
法 人 税 等 調 整 額	△(36,600)	(915,000)
当 期 純 利 益		(2,135,000)

貸借対照表に表示する繰延税金負債の額	¥	49,800

【決算整理仕訳】

　a ．(電子記録債権 ¥2,300,000 ＋売掛金 ¥4,700,000)×貸倒実績率 3 ％＝貸倒見積高 ¥210,000

　　　貸倒見積高 ¥210,000 － 貸倒引当金 ¥30,000 ＝貸倒引当金繰入額 ¥180,000

　　　将来減算一時差異(¥180,000 － ¥100,000)×法定実効税率30％＝繰延税金資産 ¥24,000

　b ．企業会計上：(取得原価 ¥560,000 － 残存価額 ¥0)÷経済的耐用年数 5 年＝減価償却費 ¥112,000

　　　税　法　上：(取得原価 ¥560,000 － 残存価額 ¥0)÷法定耐用年数 8 年＝減価償却費 ¥70,000

　　　将来減算一時差異(¥112,000 － ¥70,000)×法定実効税率30％＝繰延税金資産 ¥12,600

　c ．(時価@ ¥1,580 － 帳簿価額@ ¥1,360)×株数1,500株＝評価差額 ¥330,000

　　　将来加算一時差異 ¥330,000 ×法定実効税率30％＝繰延税金負債 ¥99,000

【P/L作成】

　a の法人税等調整額 ¥24,000 ＋ b の法人税等調整額 ¥12,600 ＝法人税等調整額の表示額 ¥36,600

　税引前当期純利益 ¥3,050,000 －(法人税，住民税及び事業税 ¥951,600 －法人税等調整額 ¥36,600)

　　　＝当期純利益 ¥2,135,000

【B/Sの繰延税金負債の額】

　繰延税金資産と繰延税金負債は相殺して表示することに注意する。

繰延税金資産の元帳勘定残高 ¥12,600 + a の繰延税金資産 ¥24,000 + b の繰延税金資産 ¥12,600

= 繰延税金資産の合計額 ¥49,200

c の繰延税金負債 ¥99,000 = 繰延税金負債の合計額 ¥99,000

繰延税金負債の合計額 ¥99,000 − 繰延税金資産の合計額 ¥49,200 = 貸借対照表に表示する繰延税金負債の額 ¥49,800

■検定問題（p.151）

❶

借 方		貸 方	
減 価 償 却 費	300,000	備品減価償却累計額	300,000
繰 延 税 金 資 産	36,000	法 人 税 等 調 整 額	36,000

解説

企業会計上：（取得原価 ¥900,000 − 残存価額 ¥0）÷ 経済的耐用年数 3 年 = 減価償却費 ¥300,000

税 法 上：（取得原価 ¥900,000 − 残存価額 ¥0）÷ 法定耐用年数 5 年 = 減価償却費 ¥180,000

将来減算一時差異（¥300,000 − ¥180,000）× 法定実効税率30% = 繰延税金資産 ¥36,000

❷

決算整理仕訳

	借 方		貸 方	
a	法 人 税 等	544,200	仮 払 法 人 税 等	285,500
			未 払 法 人 税 等	258,700

貸 借 対 照 表

北海道商事株式会社　　　　　　　令和○ 5 年 3 月31日　　　　　　　　　（単位：円）

⋮

負 債 の 部

Ⅰ　流 動 負 債

⋮

5．未 払 法 人 税 等　　　　　　　　（　　258,700　）

損 益 計 算 書

北海道商事株式会社　　　令和○ 4 年 4 月 1 日から令和○ 5 年 3 月31日まで　　（単位：円）

⋮

税 引 前 当 期 純 利 益　　　　　　　　　　　　　　1,702,510

法人税，住民税及び事業税　　　　　　　　　　　（　　544,200　）

当 期 純 利 益　　　　　　　　　　　　　　　（　1,158,310　）

解説

【決算整理仕訳】

法人税等 ¥544,200 − 仮払法人税等 ¥285,500 = 未払法人税等 ¥258,700

【P/L作成】

税引前当期純利益 ¥1,702,510 − 法人税，住民税及び事業税 ¥544,200 = 当期純利益 ¥1,158,310

■基本問題（p.153）

1

	(1)		(2)			(3)		(4)
ア	イ	ウ	エ	オ	カ	キ	ク
6	2	5	7	1	4	8	3

2

	借　　　　方		貸　　　　方	
(1)	仕　　　　　　　入	2,200,000	買　　掛　　金	2,200,000
(2)	買　　掛　　金	2,200,000	当　座　預　金 為　替　差　損　益	2,160,000 40,000

(1)外貨 $20,000×仕入時の為替相場 ¥110＝買掛金 ¥2,200,000

(2)外貨 $20,000×決済時の為替相場 ¥108＝支払額 ¥2,160,000

　買掛金 ¥2,200,000－支払額 ¥2,160,000＝為替差益 ¥40,000

3

	借　　　　方		貸　　　　方	
(1)	売　　掛　　金	3,605,000	売　　　　　　上	3,605,000
(2)	当　座　預　金	3,675,000	売　　掛　　金 為　替　差　損　益	3,605,000 70,000

(1)外貨 $35,000×販売時の為替相場 ¥103＝売掛金 ¥3,605,000

(2)外貨 $35,000×決済時の為替相場 ¥105＝受取額 ¥3,675,000

　受取額 ¥3,675,000－売掛金 ¥3,605,000＝為替差益 ¥70,000

4

	借　　　　方		貸　　　　方	
(1)	仕　　　　　　　入	2,856,000	買　　掛　　金	2,856,000
(2)	買　　掛　　金 為　替　差　損　益	2,856,000 84,000	当　座　預　金	2,940,000

(1)外貨 $28,000×仕入時の為替相場 ¥102＝買掛金 ¥2,856,000

(2)外貨 $28,000×決済時の為替相場 ¥105＝支払額 ¥2,940,000

　買掛金 ¥2,856,000－支払額 ¥2,940,000＝為替差損△ ¥84,000

5

	借　　　　方		貸　　　　方	
(1)	売　　掛　　金	3,531,000	売　　　　上	3,531,000
(2)	当　座　預　金 為　替　差　損　益	3,465,000 66,000	売　　掛　　金	3,531,000

(1)外貨 $ 33,000×販売時の為替相場 ¥107＝売掛金 ¥3,531,000

(2)外貨 $ 33,000×決済時の為替相場 ¥105＝受取額 ¥3,465,000

受取額 ¥3,465,000－売掛金 ¥3,531,000＝為替差損△ ¥66,000

6

	借　　　　方		貸　　　　方	
(1)	仕　　　　入	1,908,000	買　　掛　　金	1,908,000
(2)	為　替　差　損　益	36,000	買　　掛　　金	36,000

(1)外貨 $ 18,000×仕入時の為替相場 ¥106＝買掛金 ¥1,908,000

(2)外貨 $ 18,000×決算時の為替相場 ¥108＝換算額 ¥1,944,000

買掛金 ¥1,908,000－換算額 ¥1,944,000＝為替差損△ ¥36,000

7

	借　　　　方		貸　　　　方	
(1)	売　　掛　　金	4,160,000	売　　　　上	4,160,000
(2)	為　替　差　損　益	80,000	売　　掛　　金	80,000

(1)外貨 $ 40,000×販売時の為替相場 ¥104＝売掛金 ¥4,160,000

(2)外貨 $ 40,000×決算時の為替相場 ¥102＝換算額 ¥4,080,000

換算額 ¥4,080,000－売掛金 ¥4,160,000＝為替差損△ ¥80,000

8

	借　　　　方		貸　　　　方	
(1)	仕　　　　入	2,616,000	買　　掛　　金	2,616,000
(2)	買　　掛　　金	72,000	為　替　差　損　益	72,000

(1)外貨 $ 24,000×仕入時の為替相場 ¥109＝買掛金 ¥2,616,000

(2)外貨 $ 24,000×決算時の為替相場 ¥106＝換算額 ¥2,544,000

買掛金 ¥2,616,000－換算額 ¥2,544,000＝為替差益 ¥72,000

9

	借	方		貸	方	
(1)	売　掛　金		4,752,000	売　　　　　上		4,752,000
(2)	売　掛　金		88,000	為　替　差　損　益		88,000

(1)外貨 $44,000×販売時の為替相場 ¥108 = 売掛金 ¥4,752,000

(2)外貨 $44,000×決算時の為替相場 ¥110 = 換算額 ¥4,840,000

換算額 ¥4,840,000 − 売掛金 ¥4,752,000 = 為替差益 ¥88,000

10

	借	方		貸	方	
	現　　　　　金		45,000	為　替　差　損　益		45,000

外貨 $15,000×決算時の為替相場 ¥109 = 換算額 ¥1,635,000

換算額 ¥1,635,000 − 帳簿価額 ¥1,590,000 = 為替差益 ¥45,000

11

	借	方		貸	方	
	為　替　差　損　益		44,000	現　　　　　金		44,000

外貨 $22,000×決算時の為替相場 ¥108 = 換算額 ¥2,376,000

換算額 ¥2,376,000 − 帳簿価額 ¥2,420,000 = 為替差損△ ¥44,000

12

	借	方		貸	方	
(1)	仕　　　　　入		2,332,000	買　掛　金		2,332,000
(2)	仕　訳　な　し					
(3)	買　掛　金		2,332,000	当　座　預　金		2,332,000

(1)外貨 $22,000×為替予約相場 ¥106 = 買掛金 ¥2,332,000

(2)為替予約を付した後は，換算替えをおこなわない。

(3)為替予約相場で換算した金額で仕訳をおこなう。

13

	借 方		貸 方	
(1)	売　　掛　　金	4,120,000	売　　　　上	4,120,000
(2)	仕　訳　な　し			
(3)	当　座　預　金	4,120,000	売　　掛　　金	4,120,000

(1)外貨 $40,000×為替予約相場 ¥103＝売掛金 ¥4,120,000

(2)為替予約を付した後は，換算替えをおこなわない。

(3)為替予約相場で換算した金額で仕訳をおこなう。

14

	借 方		貸 方	
(1)	仕　　　　入	3,131,000	買　　掛　　金	3,131,000
(2)	為　替　差　損　益	62,000	買　　掛　　金	62,000
(3)	仕　訳　な　し			
(4)	買　　掛　　金	3,193,000	当　座　預　金	3,193,000

(1)外貨 $31,000×仕入時の為替相場 ¥101＝買掛金 ¥3,131,000

(2)外貨 $31,000×為替予約相場 ¥103＝換算額 ¥3,193,000

　　買掛金 ¥3,131,000－換算額 ¥3,193,000＝為替差損△ ¥62,000

(3)為替予約を付した後は，換算替えをおこなわない。

(4)為替予約相場で換算した金額で仕訳をおこなう。

15

	借 方		貸 方	
(1)	売　　掛　　金	4,578,000	売　　　　上	4,578,000
(2)	為　替　差　損　益	84,000	売　　掛　　金	84,000
(3)	仕　訳　な　し			
(4)	当　座　預　金	4,494,000	売　　掛　　金	4,494,000

(1)外貨 $42,000×販売時の為替相場 ¥109＝売掛金 ¥4,578,000

(2)外貨 $42,000×為替予約相場 ¥107＝換算額 ¥4,494,000

　　換算額 ¥4,494,000－売掛金 ¥4,578,000＝為替差損△ ¥84,000

(3)為替予約を付した後は，換算替えをおこなわない。

(4)為替予約相場で換算した金額で仕訳をおこなう。

16

(a)	(b)	ア
2	2	¥ 14,000

解説

為 替 差 損 益

¥ 92,000	¥ 78,000
	借方残高　¥ 14,000

為替差損益の借方残高は，損益計算書の営業外費用の区分に為替差損として表示する。

為替差損益：為替差益（貸方）¥ 78,000 ＋為替差損（借方）△ ¥ 92,000 ＝為替差損△ ¥ 14,000

■応用問題（p.158）

1

	借　　　方		貸　　　方	
(1)	前　　払　　金　　103,000		現　　　　　金　　103,000	
(2)	仕　　　　入　　2,098,000		前　　払　　金　　103,000 買　　掛　　金　　1,995,000	

解説

(1)外貨 $ 1,000 ×前払金支払時の為替相場 ¥ 103 ＝前払金 ¥ 103,000

(2)外貨（$ 20,000 － $ 1,000）×仕入時の為替相場 ¥ 105 ＝買掛金 ¥ 1,995,000

　仕入の金額は貸方の金額を合計して求める。

　前払金 ¥ 103,000 ＋買掛金 ¥ 1,995,000 ＝仕入 ¥ 2,098,000

2

	借　　　方		貸　　　方	
(1)	現　　　　　金　　550,000		前　　受　　金　　550,000	
(2)	前　　受　　金　　550,000 売　　掛　　金　　4,320,000		売　　　　上　　4,870,000	

解説

(1)外貨 $ 5,000 ×前受金受取時の為替相場 ¥ 110 ＝前受金 ¥ 550,000

(2)外貨（$ 45,000 － $ 5,000）×販売時の為替相場 ¥ 108 ＝売掛金 ¥ 4,320,000

　売上の金額は借方の金額を合計して求める。

　前受金 ¥ 550,000 ＋売掛金 ¥ 4,320,000 ＝売上 ¥ 4,870,000

98

3

	借　　　　　方		貸　　　　　方	
2／8	仕　　　　　　　入	1,819,000	買　　掛　　金	1,819,000
3／12	売　　掛　　金	3,074,000	売　　　　　　　上	3,074,000
3／31	買　　掛　　金	34,000	為　替　差　損　益	34,000
	為　替　差　損　益	29,000	売　　掛　　金	29,000

貸借対照表に記載する売掛金の額	¥	3,045,000	
貸借対照表に記載する買掛金の額	¥	1,785,000	
損益計算書には〔（為替差益）・為替差損〕	¥	5,000	が表示される。

2／8　外貨 $ 17,000 ×仕入時の為替相場 ¥ 107 ＝買掛金 ¥ 1,819,000

3／12　外貨 $ 29,000 ×販売時の為替相場 ¥ 106 ＝売掛金 ¥ 3,074,000

3／31　買掛金：外貨 $ 17,000 ×決算時の為替相場 ¥ 105 ＝換算額（B/S表示額）¥ 1,785,000

　　　　買掛金 ¥ 1,819,000 －換算額 ¥ 1,785,000 ＝為替差益 ¥ 34,000

　　　　売掛金：外貨 $ 29,000 ×決算時の為替相場 ¥ 105 ＝換算額（B/S表示額）¥ 3,045,000

　　　　換算額 ¥ 3,045,000 －売掛金 ¥ 3,074,000 ＝為替差損△ ¥ 29,000

　　　　為替差損益：為替差益 ¥ 34,000 ＋為替差損△ ¥ 29,000 ＝為替差益（P/L表示額）¥ 5,000

■検定問題（p.159）

1

決算整理仕訳

	借　　　　　方		貸　　　　　方	
a	売　　掛　　金	80,000	為　替　差　損　益	80,000
	為　替　差　損　益	60,000	買　　掛　　金	60,000

損　　益　　計　　算　　書

北海道商事株式会社　　　令和○4年4月1日から令和○5年3月31日まで　　　　　（単位：円）

⋮

Ⅳ（営　業　外　収　益）

⋮

　4.（為　　替　　差　　益）　　　　　　　（　　20,000）

売掛金：外貨 $ 20,000 ×販売時の為替相場 ¥ 108 ＝売掛金 ¥ 2,160,000

　　　　外貨 $ 20,000 ×決算時の為替相場 ¥ 112 ＝換算額 ¥ 2,240,000

　　　　換算額 ¥ 2,240,000 －売掛金 ¥ 2,160,000 ＝為替差益 ¥ 80,000

買掛金：外貨 $ 30,000 ×仕入時の為替相場 ¥ 110 ＝買掛金 ¥ 3,300,000

　　　　外貨 $ 30,000 ×決算時の為替相場 ¥ 112 ＝換算額 ¥ 3,360,000

　　　　買掛金 ¥ 3,300,000 －換算額 ¥ 3,360,000 ＝為替差損△ ¥ 60,000

為替差損益：為替差益 ¥ 80,000 ＋為替差損△ ¥ 60,000 ＝為替差益 ¥ 20,000

Ⅲ 財務諸表の作成

第1章 資産・負債・純資産に関する財務諸表

■基本問題 (p.163)

1

(1)			(2)	
ア	イ	ウ	エ	オ
11	7	3	2	9

(3)	(4)	(5)		
カ	キ	ク	ケ	コ
6	1	12	5	12

2

(1)			(2)		(3)
ア	イ	ウ	エ	オ	カ
7	4	4	9	2	8

3

貸 借 対 照 表

資産の部	負債の部
Ⅰ （ 5 ）	Ⅰ （ 2 ）
Ⅱ （ 11 ）	Ⅱ （ 14 ）
(1) （ 6 ）	純資産の部
(2) （ 9 ）	Ⅰ （ 10 ）
(3) （ 7 ）	(1) （ 13 ）
Ⅲ　繰延資産	(2) （ 1 ）
	(3) （ 8 ）
	(4) （ 4 ）
	Ⅱ （ 3 ）
	Ⅲ　株式引受権
	Ⅳ （ 12 ）

株主資本等変動計算書

山口商事株式会社　　　令和○１年４月１日から令和○２年３月31日まで　　　（単位：千円）

		株　主　資　本							純資産合計
	資本金	資本剰余金		利益剰余金					
		資本準備金	資本剰余金合計	利益準備金	その他利益剰余金		利益剰余金合計		
					新築積立金	繰越利益剰余金			
当 期 首 残 高	20,000	2,000	2,000	840	720	1,140	2,700		24,700
当 期 変 動 額									
剰 余 金 の 配 当				60		△660	△600		△600
新 築 積 立 金 の 積 立					360	△360	—		
当 期 純 利 益						1,240	1,240		1,240
当 期 変 動 額 合 計	—	—	—	60	360	220	640		640
当 期 末 残 高	20,000	2,000	2,000	900	1,080	1,360	3,340		25,340

解説

参考までに，純資産の変動に関する情報を仕訳にすると，以下のようになる（単位：千円）。

	借　　　方		貸　　　方	
1 〜 3	繰 越 利 益 剰 余 金	1,020	利 益 準 備 金 未 払 配 当 金 新 築 積 立 金	60 600 360
4	損　　　　　益	1,240	繰 越 利 益 剰 余 金	1,240

貸　借　対　照　表

埼玉商事株式会社　　　令和○３年12月31日　　　（単位：円）

資　産　の　部

Ⅰ　流　動　資　産
　　1.（現　金　預　金）　　　　　　　　　　　　　　　　　　　（　1,938,540　）
　　2.　受　取　手　形　　　　　　　（　2,283,000　）
　　　　　貸 倒 引 当 金　　　△（　　22,830　）　　（　2,260,170　）
　　3.　売　　掛　　金　　　　　　　（　2,817,000　）
　　　　　貸 倒 引 当 金　　　△（　　28,170　）　　（　2,788,830　）
　　4.（有　価　証　券）　　　　　　　　　　　　　　　　　　　（　1,200,000　）
　　5.（商　　　　品）　　　　　　　　　　　　　　　　　　　（　3,275,400　）
　　6.（前　払　費　用）　　　　　　　　　　　　　　　　　　　（　　96,000　）
　　　　　流 動 資 産 合 計　　　　　　　　　　　　　　（　11,558,940　）
Ⅱ　固　定　資　産
（1）有 形 固 定 資 産
　　1.　備　　　　品　　　　　　　　（　　800,000　）
　　　　　減価償却累計額　　　△（　　390,400　）　　（　　409,600　）
　　2.（建 設 仮 勘 定）　　　　　　　　　　　　　　（　5,710,000　）
　　　　　有 形 固 定 資 産 合 計　　　　　　　　　（　6,119,600　）
（2）無 形 固 定 資 産
　　1.（の　れ　ん）　　　　　　　　　　　　　　　　（　　120,000　）
　　　　　無 形 固 定 資 産 合 計　　　　　　　　　（　　120,000　）
（3）投資その他の資産
　　1.（投 資 有 価 証 券）　　　　　　　　　　　　（　1,050,000　）
　　2.（関 係 会 社 株 式）　　　　　　　　　　　　（　1,020,000　）
　　3.（長 期 前 払 費 用）　　　　　　　　　　　　（　　128,000　）
　　　　　投資その他の資産合計　　　　　　　　　　（　2,198,000　）
　　　　　固 定 資 産 合 計　　　　　　　　　　　　　　　　（　8,437,600　）
　　　　　資　産　合　計　　　　　　　　　　　　　　　　　（　19,996,540　）

負　債　の　部

```
Ⅰ 流　動　負　債
  1. 支　払　手　形                              (      572,000 )
  2. 買　　掛　　金                              (    2,100,000 )
  3.（短 期 借 入 金）                           (      562,000 )
  4.（未 払 費 用）                              (      173,200 )
  5.（未 払 法 人 税 等）                         (      802,000 )
       流 動 負 債 合 計                                        (    4,209,200 )
Ⅱ 固　定　負　債
  1. 長　期　借　入　金                          (    1,000,000 )
  2. 退 職 給 付 引 当 金                          (      386,000 )
       固 定 負 債 合 計                                        (    1,386,000 )
       負　債　合　計                                          (    5,595,200 )
```

純　資　産　の　部

```
Ⅰ 株　主　資　本
 (1) 資　　本　　金                                            (   12,000,000 )
 (2) 資　本　剰　余　金
  1.（資 本 準 備 金）                           (      500,000 )
       資 本 剰 余 金 合 計                                     (      500,000 )
 (3) 利　益　剰　余　金
  1.（利 益 準 備 金）                           (       20,000 )
  2.（その他利益剰余金）
     ① 別 途 積 立 金                           (       40,000 )
     ② 繰 越 利 益 剰 余 金                        (    1,291,340 )
       利 益 剰 余 金 合 計                                     (    1,351,340 )
       株 主 資 本 合 計                                        (   13,851,340 )
Ⅱ 評価・換算差額等
  1.（その他有価証券評価差額金）                   (       50,000 )
       評価・換算差額等合計                                     (       50,000 )
Ⅲ 新　株　予　約　権                                          (      500,000 )
       純 資 産 合 計                                          (   14,401,340 )
       負債及び純資産合計                                       (   19,996,540 )
```

解説

付記事項の仕訳および決算整理仕訳を示すと以下のようになる。

	借　　　　方		貸　　　　方	
①	支　払　手　形	162,000	手　形　借　入　金	162,000
a	仕　　　　　入	2,580,800	繰　越　商　品	2,580,800
	繰　越　商　品	3,275,400	仕　　　　　入	3,275,400
b	貸 倒 引 当 金 繰 入	25,100	貸 倒 引 当 金	25,100
c	売 買 目 的 有 価 証 券	160,000	有 価 証 券 評 価 益	160,000
	そ の 他 有 価 証 券	50,000	その他有価証券評価差額金	50,000
d	減 価 償 却 費	102,400	備品減価償却累計額	102,400
e	の れ ん 償 却	40,000	の　れ　ん	40,000
f	前 払 保 険 料 長 期 前 払 保 険 料	96,000 128,000	保　　険　　料	224,000
g	広　　告　　料	173,200	未 払 広 告 料	173,200
h	退 職 給 付 費 用	226,000	退 職 給 付 引 当 金	226,000
i	法　人　税　等	1,429,000	仮 払 法 人 税 等 未 払 法 人 税 等	627,000 802,000

① 支払手形勘定から手形借入金勘定に振り替える。手形借入金は，貸借対照表には「短期借入金」として表示する。

b．受取手形￥2,283,000＋売掛金￥2,231,000＋クレジット売掛金￥586,000＝売上債権￥5,100,000

　　売上債権￥5,100,000×貸倒実績率1％＝貸倒見積高￥51,000

　　貸倒見積高￥51,000－貸倒引当金￥25,900＝貸倒引当金繰入額￥25,100

　　なお，貸借対照表には，売掛金とクレジット売掛金をまとめて表示する。

　　売掛金￥2,231,000＋クレジット売掛金￥586,000＝売掛金の貸借対照表価額￥2,817,000

c．売買目的有価証券：（時価＠￥6,000－帳簿価額＠￥5,200）×株数200株＝有価証券評価益￥160,000

　　その他有価証券：（時価＠￥1,050－帳簿価額＠￥1,000）×株数1,000株＝その他有価証券評価差額金￥50,000

d．（取得原価￥800,000－減価償却累計額￥288,000）×償却率20％＝減価償却費￥102,400

f．3年分の保険料￥288,000÷36か月＝1か月あたりの保険料￥8,000

　　令和○3年5月1日～令和○3年12月31日（8か月）→当期の保険料

　　　1か月あたりの保険料￥8,000×8か月＝当期の保険料￥64,000

　　令和○4年1月1日～令和○4年12月31日（12か月）→前払保険料

　　　1か月あたりの保険料￥8,000×12か月＝前払保険料￥96,000

　　令和○5年1月1日～令和○6年4月30日（16か月）→長期前払保険料

　　　1か月あたりの保険料￥8,000×16か月＝長期前払保険料￥128,000

i．法人税等￥1,429,000－仮払法人税等￥627,000＝未払法人税等￥802,000

6

貸 借 対 照 表

高知商事株式会社　　　　　　令和○5年3月31日　　　　　　　　（単位：円）

資 産 の 部

I 流 動 資 産		
1.（現 金 預 金）		（ 4,986,760 ）
2. 電 子 記 録 債 権	（ 2,534,000 ）	
貸 倒 引 当 金 △（ 25,340 ）		（ 2,508,660 ）
3. 売 　 掛 　 金	（ 3,699,000 ）	
貸 倒 引 当 金 △（ 36,990 ）		（ 3,662,010 ）
4.（有 価 証 券）		（ 1,440,000 ）
5.（商 　 　 　 品）		（ 3,780,000 ）
6.（前 払 費 用）		（ 210,000 ）
流 動 資 産 合 計		（ 16,587,430 ）
II 固 定 資 産		
（1）有 形 固 定 資 産		
1. 備 　 　 　 品	（ 2,000,000 ）	
減 価 償 却 累 計 額 △（ 875,000 ）		（ 1,125,000 ）
2.（土 　 　 　 地）		（ 8,270,000 ）
3. リ ー ス 資 産	（ 620,000 ）	
減 価 償 却 累 計 額 △（ 372,000 ）		（ 248,000 ）
有 形 固 定 資 産 合 計		（ 9,643,000 ）
（2）無 形 固 定 資 産		
1.（特 　 許 　 権）		（ 160,000 ）
無 形 固 定 資 産 合 計		（ 160,000 ）
（3）投 資 そ の 他 の 資 産		
1.（関 係 会 社 株 式）		（ 3,200,000 ）
投 資 そ の 他 の 資 産 合 計		（ 3,200,000 ）
固 定 資 産 合 計		（ 13,003,000 ）
資 産 合 計		（ 29,590,430 ）

負債の部

Ⅰ　流　動　負　債
　　1.　電 子 記 録 債 務　　　　　　　（　2,350,040　）
　　2.　買 　掛 　　金　　　　　　　　（　1,991,230　）
　　3.（短 期 借 入 金）　　　　　　　（　400,000　）
　　4.（リ ー ス 債 務）　　　　　　　（　124,000　）
　　5.（未 払 費 用）　　　　　　　　（　10,000　）
　　6.（未 払 法 人 税 等）　　　　　　（　758,000　）
　　　　流 動 負 債 合 計　　　　　　　　　　　　　　　　　（　5,633,270　）
Ⅱ　固　定　負　債
　　1.　長 期 借 入 金　　　　　　　　（　2,500,000　）
　　2.（リ ー ス 債 務）　　　　　　　（　124,000　）
　　3.　退 職 給 付 引 当 金　　　　　　（　1,116,000　）
　　　　固 定 負 債 合 計　　　　　　　　　　　　　　　　　（　3,740,000　）
　　　　負 債 合 計　　　　　　　　　　　　　　　　　　　　（　9,373,270　）

純資産の部

Ⅰ　株　主　資　本
（1）資 　本 　　金　　　　　　　　　（　16,000,000　）
（2）資 本 剰 余 金
　　1.（資 本 準 備 金）　　　　　　　（　1,800,000　）
　　　　資 本 剰 余 金 合 計　　　　　　　　　　　　　　　（　1,800,000　）
（3）利 益 剰 余 金
　　1.（利 益 準 備 金）　　　　　　　（　1,120,000　）
　　2.（そ の 他 利 益 剰 余 金）
　　　①　別 途 積 立 金　　　　　　　（　360,000　）
　　　②　繰 越 利 益 剰 余 金　　　　　（　1,137,160　）
　　　　利 益 剰 余 金 合 計　　　　　　　　　　　　　　　（　2,617,160　）
（4）自 　己 　株 　式　　　　　　　　△（　200,000　）
　　　　株 主 資 本 合 計　　　　　　　　　　　　　　　　　（　20,217,160　）
　　　　純 資 産 合 計　　　　　　　　　　　　　　　　　　（　20,217,160　）
　　　　負 債 及 び 純 資 産 合 計　　　　　　　　　　　　　（　29,590,430　）

解説

付記事項の仕訳および決算整理仕訳を示すと以下のようになる。

	借　　　　　方		貸　　　　　方	
①	（ 長 期 ） リ ー ス 債 務	124,000	（ 短 期 ） リ ー ス 債 務	124,000
a	仕　　　　　入	3,652,000	繰 　越 　商 　品	3,652,000
	繰 　越 　商 　品	4,140,000	仕　　　　　入	4,140,000
	棚 　卸 　減 　耗 　損	276,000	繰 　越 　商 　品	276,000
	商 　品 　評 　価 　損	84,000	繰 　越 　商 　品	84,000
	仕　　　　　入	276,000	棚 　卸 　減 　耗 　損	276,000
	仕　　　　　入	84,000	商 　品 　評 　価 　損	84,000
b	貸 倒 引 当 金 繰 入	30,630	貸 　倒 　引 　当 　金	30,630
c	有 価 証 券 評 価 損	30,000	売 買 目 的 有 価 証 券	30,000
d	減 　価 　償 　却 　費	499,000	備品減価償却累計額	375,000
			リース資産減価償却累計額	124,000
e	特 　許 　権 　償 　却	40,000	特 　　許 　　権	40,000
f	前 　払 　保 　険 　料	210,000	保 　　険 　　料	210,000
g	支 　払 　利 　息	10,000	未 　払 　利 　息	10,000

104

	借 方		貸 方	
h	退 職 給 付 費 用	435,000	退 職 給 付 引 当 金	435,000
i	法 人 税 等	1,407,000	仮 払 法 人 税 等	649,000
			未 払 法 人 税 等	758,000

① 後述

a.

原価@￥2,300×帳簿棚卸数量1,800個＝期末商品棚卸高￥4,140,000

原価@￥2,300×（帳簿棚卸数量1,800個－実地棚卸数量1,680個）＝棚卸減耗損￥276,000

（原価@￥2,300－正味売却価額@￥2,250）×実地棚卸数量1,680個＝商品評価損￥84,000

期末商品棚卸高￥4,140,000－棚卸減耗損￥276,000－商品評価損￥84,000＝貸借対照表の「商品」￥3,780,000

b. 電子記録債権￥2,534,000＋売掛金￥3,699,000＝売上債権￥6,233,000

　売上債権￥6,233,000×貸倒実績率1％＝貸倒見積高￥62,330

　貸倒見積高￥62,330－貸倒引当金￥31,700＝貸倒引当金繰入額￥30,630

c. 売買目的有価証券：（時価@￥4,800－帳簿価額@￥4,900）×株数300株＝有価証券評価損△￥30,000

d. 備品：（取得原価￥2,000,000－減価償却累計額￥500,000）×償却率25％＝減価償却費￥375,000

　リース資産：後述

f. 1年分の保険料￥360,000÷12か月＝1か月あたりの保険料￥30,000

　　令和○4年11月1日～令和○5年3月31日（5か月）→当期の保険料

　　　1か月あたりの保険料￥30,000×5か月＝当期の保険料￥150,000

　　令和○5年4月1日～令和○5年10月31日（7か月）→前払保険料

　　　1か月あたりの保険料￥30,000×7か月＝前払保険料￥210,000

i. 法人税等￥1,407,000－仮払法人税等￥649,000＝未払法人税等￥758,000

　リース資産の元帳勘定残高と見積現金購入価額が一致していることから，利子抜き法（利息相当額を控除する方法）で処理していることを判断する。なお，当期のリース料の支払いは期中の仕訳であり，元帳勘定残高はそれを反映した金額となっているため，リース料の支払いの仕訳は不要である（本問では，そもそも年間リース料が不明である）。

（リース資産総額￥620,000－残存価額￥0）÷耐用年数5年＝減価償却費￥124,000

リース資産減価償却累計額の元帳勘定残高￥248,000＋減価償却費￥124,000

　　　　　　　　　　　　　　　　　　　　＝リース資産減価償却累計額の表示額￥372,000

取得原価￥620,000－減価償却累計額￥372,000＝未償却残高￥248,000

　また付記事項①により，リース債務の元帳勘定残高￥248,000のうち，決算日の翌日から1年以内に支払期限が到来する部分は流動負債として表示する必要がある。よって，次期のリース債務減少額は流動負債として表示しなければならない。

リース債務総額（リース資産総額と同じ）￥620,000÷リース期間（耐用年数と同じ）5年

　　　　　　　　　　　　　　　　　　　＝次期のリース債務減少額（流動負債）￥124,000

リース債務の元帳勘定残高￥248,000－流動負債として表示する部分￥124,000＝固定負債として表示する部分￥124,000

7

貸 借 対 照 表

島根商事株式会社　　　　　令和○2年3月31日　　　　　　　　　（単位：円）

資 産 の 部

I 流 動 資 産
　1.（現 金 預 金）　　　　　　　　　　　　　　（　3,410,670　）
　2. 電 子 記 録 債 権　　　　（　2,320,000　）
　　　　貸 倒 引 当 金　　△（　　23,200　）　（　2,296,800　）
　3. 売　　　　掛　　　　金　　　（　3,500,000　）
　　　　貸 倒 引 当 金　　△（　　35,000　）　（　3,465,000　）
　4.（有 価 証 券）　　　　　　　　　　　　　　（　1,670,000　）
　5.（商　　　　　　　品）　　　　　　　　　　　（　1,638,000　）
　6.（前 払 費 用）　　　　　　　　　　　　　　（　156,000　）
　　　　流 動 資 産 合 計　　　　　　　　　　　　　　　　　　（　12,636,470　）
II 固 定 資 産
　(1) 有 形 固 定 資 産
　　1. 機 械 装 置　　　　　　（　2,000,000　）
　　　　減 価 償 却 累 計 額　△（　1,156,250　）　（　843,750　）
　　2.（土　　　　　　　　地）　　　　　　　　　（　8,000,000　）
　　　　有 形 固 定 資 産 合 計　　　　　　　　　（　8,843,750　）
　(2) 無 形 固 定 資 産
　　1.（ソ フ ト ウ ェ ア）　　　　　　　　　　（　300,000　）
　　　　無 形 固 定 資 産 合 計　　　　　　　　　（　300,000　）
　(3) 投 資 そ の 他 の 資 産
　　1.（投 資 有 価 証 券）　　　　　　　　　　（　1,937,000　）
　　2.（関 係 会 社 株 式）　　　　　　　　　　（　1,760,000　）
　　3.（長 期 前 払 費 用）　　　　　　　　　　（　104,000　）
　　　　投 資 そ の 他 の 資 産 合 計　　　　　　（　3,801,000　）
　　　　固 定 資 産 合 計　　　　　　　　　　　　　　　　　　（　12,944,750　）
　　　　資 産 合 計　　　　　　　　　　　　　　　　　　　　　（　25,581,220　）

負 債 の 部

I 流 動 負 債
　1. 電 子 記 録 債 務　　　　　　　　　　　　（　686,370　）
　2. 買　　　掛　　　金　　　　　　　　　　　　（　2,640,000　）
　3.（未 払 費 用）　　　　　　　　　　　　　　（　16,000　）
　4.（未 払 法 人 税 等）　　　　　　　　　　　（　920,600　）
　　　　流 動 負 債 合 計　　　　　　　　　　　　　　　　　　（　4,262,970　）
II 固 定 負 債
　1. 長 期 借 入 金　　　　　　　　　　　　　　（　2,000,000　）
　2. 退 職 給 付 引 当 金　　　　　　　　　　　（　4,259,600　）
　　　　固 定 負 債 合 計　　　　　　　　　　　　　　　　　　（　6,259,600　）
　　　　負 債 合 計　　　　　　　　　　　　　　　　　　　　　（　10,522,570　）

純 資 産 の 部

I 株 主 資 本
　(1) 資　　　本　　　金　　　　　　　　　　　　　　　　　　（　12,000,000　）
　(2) 資 本 剰 余 金
　　1.（資 本 準 備 金）　　　　　　　　　　　（　790,000　）
　　　　資 本 剰 余 金 合 計　　　　　　　　　　　　　　　　　（　790,000　）
　(3) 利 益 剰 余 金
　　1.（利 益 準 備 金）　　　　　　　　　　　（　180,000　）
　　2.（そ の 他 利 益 剰 余 金）
　　①　別 途 積 立 金　　　　　　　　　　　　（　168,000　）
　　②　繰 越 利 益 剰 余 金　　　　　　　　　　（　1,920,650　）
　　　　利 益 剰 余 金 合 計　　　　　　　　　　　　　　　　　（　2,268,650　）
　　　　株 主 資 本 合 計　　　　　　　　　　　　　　　　　　（　15,058,650　）
　　　　純 資 産 合 計　　　　　　　　　　　　　　　　　　　　（　15,058,650　）
　　　　負 債 及 び 純 資 産 合 計　　　　　　　　　　　　　　（　25,581,220　）

付記事項の仕訳および決算整理仕訳を示すと以下のようになる。

	借　　　　　　　方		貸　　　　　　　方	
①	現　　　　　　　　金	18,000	有　価　証　券　利　息	18,000
a	仕　　　　　　　　入	1,784,600	繰　　越　　商　　品	1,784,600
	繰　　越　　商　　品	1,755,000	仕　　　　　　　　入	1,755,000
	棚　卸　減　耗　損	65,000	繰　　越　　商　　品	65,000
	商　品　評　価　損	52,000	繰　　越　　商　　品	52,000
	仕　　　　　　　　入	65,000	棚　卸　減　耗　損	65,000
	仕　　　　　　　　入	52,000	商　品　評　価　損	52,000
b	売　　　掛　　　金	220,000	為　替　差　損　益	220,000
	為　替　差　損　益	420,000	買　　　掛　　　金	420,000
c	貸　倒　引　当　金　繰　入	42,970	貸　倒　引　当　金	42,970
d	売　買　目　的　有　価　証　券	20,000	有　価　証　券　評　価　益	20,000
	満　期　保　有　目　的　債　券	9,000	有　価　証　券　利　息	9,000
	子　会　社　株　式　評　価　損	3,040,000	子　会　社　株　式	3,040,000
e	減　価　償　却　費	281,250	機械装置減価償却累計額	281,250
f	ソ　フ　ト　ウ　ェ　ア　償　却	75,000	ソ　フ　ト　ウ　ェ　ア	75,000
g	前　払　保　険　料	156,000	保　　　険　　　料	260,000
	長　期　前　払　保　険　料	104,000		
h	支　　払　　利　　息	16,000	未　　払　　利　　息	16,000
i	退　職　給　付　費　用	423,000	退　職　給　付　引　当　金	423,000
j	法　　人　　税　　等	1,694,000	仮　払　法　人　税　等	773,400
			未　払　法　人　税　等	920,600

①　期限の到来した公社債利札については，すぐに換金できるので現金勘定で処理する。

a.

原価@¥650×帳簿棚卸数量2,700個＝期末商品棚卸高¥1,755,000

原価@¥650×(帳簿棚卸数量2,700個－実地棚卸数量2,600個)＝棚卸減耗損¥65,000

(原価@¥650－正味売却価額@¥630)×実地棚卸数量2,600個＝商品評価損¥52,000

期末商品棚卸高¥1,755,000－棚卸減耗損¥65,000－商品評価損¥52,000＝貸借対照表の「商品」¥1,638,000

b.　売掛金：外貨＄10,000×販売時の為替相場¥110＝売掛金¥1,100,000

　　　　　外貨＄10,000×決算時の為替相場¥132＝換算額¥1,320,000

　　　　　換算額¥1,320,000－売掛金¥1,100,000＝為替差益¥220,000

買掛金：外貨＄*20,000*×仕入時の為替相場¥*111*＝買掛金¥*2,220,000*

外貨＄*20,000*×決算時の為替相場¥*132*＝換算額¥*2,640,000*

買掛金¥*2,220,000*－換算額¥*2,640,000*＝為替差損△¥*420,000*

為替差損益：為替差益¥*220,000*＋為替差損△¥*420,000*＝為替差損△¥*200,000*

c．電子記録債権¥*2,320,000*＋売掛金（¥*3,280,000*＋¥*220,000*）＝売上債権¥*5,820,000*

売上債権¥*5,820,000*×貸倒実績率 1 ％＝貸倒見積高¥*58,200*

貸倒見積高¥*58,200*－貸倒引当金¥*15,230*＝貸倒引当金繰入額¥*42,970*

d．売買目的有価証券：各銘柄について，それぞれ時価評価額を求める。

　　広島産業株式会社　時価＠¥*3,700*×株数300株＝時価評価額¥*1,110,000*

　　岡山通信株式会社　時価＠¥*2,800*×株数200株＝時価評価額¥*560,000*

　　広島産業株式会社¥*1,110,000*＋岡山通信株式会社¥*560,000*＝時価評価額¥*1,670,000*

　　時価評価額¥*1,670,000*－帳簿価額¥*1,650,000*＝有価証券評価益¥*20,000*

　　満期保有目的債券：評価後¥*1,937,000*－評価前¥*1,928,000*＝有価証券利息¥*9,000*

　　子会社株式：（時価＠¥*2,200*×株数800株）－帳簿価額¥*4,800,000*＝子会社株式評価損△¥*3,040,000*

e．（取得原価¥*2,000,000*－減価償却累計額¥*875,000*）×償却率25％＝減価償却費¥*281,250*

g．2年分の保険料¥*312,000*÷24か月＝1か月あたりの保険料¥*13,000*

令和○1年12月1日～令和○2年3月31日（4か月）→当期の保険料

1か月あたりの保険料¥*13,000*×4か月＝当期の保険料¥*52,000*

令和○2年4月1日～令和○3年3月31日（12か月）→前払保険料

1か月あたりの保険料¥*13,000*×12か月＝前払保険料¥*156,000*

令和○3年4月1日～令和○3年11月30日（8か月）→長期前払保険料

1か月あたりの保険料¥*13,000*×8か月＝長期前払保険料¥*104,000*

j．法人税等¥*1,694,000*－仮払法人税等¥*773,400*＝未払法人税等¥*920,600*

■応用問題（p.172）

1

貸 借 対 照 表

静岡商事株式会社　　　　　令和○6年3月31日　　　　　　　（単位：円）

資 産 の 部

Ⅰ　流 動 資 産
1.（現 金 預 金）　　　　　　　　　　　　　　（ 5,770,760 ）
2.　電 子 記 録 債 権　　　（ 1,888,000 ）
　　貸 倒 引 当 金　　△（ 56,640 ）　　（ 1,831,360 ）
3.　売 　 　 掛 　 　 金　　（ 3,212,000 ）
　　貸 倒 引 当 金　　△（ 96,360 ）　　（ 3,115,640 ）
4.（有 価 証 券）　　　　　　　　　　　　　　（ 3,760,000 ）
5.（商 品）　　　　　　　　　　　　　　　　　（ 2,550,000 ）
6.（前 払 費 用）　　　　　　　　　　　　　　（ 72,000 ）
　　流 動 資 産 合 計　　　　　　　　　　　　　　　　　　（ 17,099,760 ）
Ⅱ　固 定 資 産
(1) 有 形 固 定 資 産
1.　備 　 　 　 　 品　　　（ 2,000,000 ）
　　減 価 償 却 累 計 額　　△（ 500,000 ）　　（ 1,500,000 ）
2.（土 　 　 　 　 地）　　　　　　　　　　　（ 8,950,000 ）
3.（建 設 仮 勘 定）　　　　　　　　　　　　（ 4,120,000 ）
　　有 形 固 定 資 産 合 計　　　　　　　　　　（ 14,570,000 ）
(2) 投 資 そ の 他 の 資 産
1.（投 資 有 価 証 券）　　　　　　　　　　　（ 2,336,000 ）
2.（長 期 貸 付 金）　　　　　　　　　　　　（ 800,000 ）
3.（繰 延 税 金 資 産）　　　　　　　　　　　（ 11,700 ）
　　投 資 そ の 他 の 資 産 合 計　　　　　　　（ 3,147,700 ）
　　固 定 資 産 合 計　　　　　　　　　　　　　　　　　　　（ 17,717,700 ）
　　資 産 合 計　　　　　　　　　　　　　　　　　　　　　　（ 34,817,460 ）

負　債　の　部

Ⅰ　流　動　負　債
　　1.　電 子 記 録 債 務　　　　　　　　　　　　　　(　1,176,300)
　　2.　買 　　掛 　　金　　　　　　　　　　　　　　(　2,349,160)
　　3.（未 　払 　費 　用）　　　　　　　　　　　　(　231,700)
　　4.（未 払 法 人 税 等）　　　　　　　　　　　　(　930,900)
　　　　流 動 負 債 合 計　　　　　　　　　　　　　　　　　　　　(　4,688,060)
Ⅱ　固　定　負　債
　　1.　退 職 給 付 引 当 金　　　　　　　　　　　　(　3,070,900)
　　　　固 定 負 債 合 計　　　　　　　　　　　　　　　　　　　　(　3,070,900)
　　　　負 　債 　合 　計　　　　　　　　　　　　　　　　　　　　(　7,758,960)

純　資　産　の　部

Ⅰ　株　主　資　本
　(1)　資 　　本 　　金　　　　　　　　　　　　　　　　　　　　(　20,000,000)
　(2)　資 　本 　剰 　余 　金
　　1.（資 　本 　準 　備 　金）　　　　　　　　　　(　1,500,000)
　　　　資 本 剰 余 金 合 計　　　　　　　　　　　　　　　　　　(　1,500,000)
　(3)　利 　益 　剰 　余 　金
　　1.（利 　益 　準 　備 　金）　　　　　　　　　　(　1,000,000)
　　2.（その他利益剰余金）
　　　①　別 　途 　積 　立 　金　　　　　　　　　　(　381,000)
　　　②　繰 越 利 益 剰 余 金　　　　　　　　　　　(　4,110,300)
　　　　利 益 剰 余 金 合 計　　　　　　　　　　　　　　　　　　(　5,491,300)
　　　　株 主 資 本 合 計　　　　　　　　　　　　　　　　　　　　(　26,991,300)
Ⅱ　評 価・換 算 差 額 等
　　1.（その他有価証券評価差額金）　　　　　　　　(　67,200)
　　　　評 価・換 算 差 額 等 合 計　　　　　　　　　　　　　　　(　67,200)
　　　　純 　資 　産 　合 　計　　　　　　　　　　　　　　　　　　(　27,058,500)
　　　　負 債 及 び 純 資 産 合 計　　　　　　　　　　　　　　　　(　34,817,460)

解説

付記事項の仕訳および決算整理仕訳を示すと以下のようになる。

	借　　　　　　方		貸　　　　　　方	
①	建 設 仮 勘 定	4,120,000	仮 　　払 　　金	4,747,300
	仮 払 法 人 税 等	627,300		
a	仕 　　　　　入	2,319,100	繰 　越 　商 　品	2,319,100
	繰 　越 　商 　品	2,660,000	仕 　　　　　入	2,660,000
	棚 卸 減 耗 損	35,000	繰 　越 　商 　品	35,000
	商 品 評 価 損	75,000	繰 　越 　商 　品	75,000
	仕 　　　　　入	35,000	棚 卸 減 耗 損	35,000
	仕 　　　　　入	75,000	商 品 評 価 損	75,000
b	貸 倒 引 当 金 繰 入	135,000	貸 倒 引 当 金	135,000
	繰 延 税 金 資 産	10,500	法 人 税 等 調 整 額	10,500
c	売 買 目 的 有 価 証 券	60,000	有 価 証 券 評 価 益	60,000
	その他有価証券	96,000	その他有価証券評価差額金	96,000
	その他有価証券評価差額金	28,800	繰 延 税 金 負 債	28,800
d	減 価 償 却 費	250,000	備品減価償却累計額	250,000
	繰 延 税 金 資 産	15,000	法 人 税 等 調 整 額	15,000
e	前 払 保 険 料	72,000	保 　　険 　　料	72,000

109

	借　　　　　　　方		貸　　　　　　　方	
f	給　　　　　　　料	231,700	未　払　給　料	231,700
g	退　職　給　付　費　用	398,500	退　職　給　付　引　当　金	398,500
h	法　人　税　等	1,558,200	仮　払　法　人　税　等 未　払　法　人　税　等	627,300 930,900

① ㈦の金額は建設仮勘定に，㈦の金額は仮払法人税等勘定にそれぞれ振り替える。

a.
@¥700

@¥680

|商品評価損|棚卸減耗損|
|実地棚卸高| |
3,750個　　　3,800個

原価@¥700×帳簿棚卸数量3,800個＝期末商品棚卸高¥2,660,000

原価@¥700×（帳簿棚卸数量3,800個－実地棚卸数量3,750個）＝棚卸減耗損¥35,000

（原価@¥700－正味売却価額@¥680）×実地棚卸数量3,750個＝商品評価損¥75,000

期末商品棚卸高¥2,660,000－棚卸減耗損¥35,000－商品評価損¥75,000＝貸借対照表の「商品」¥2,550,000

b．電子記録債権¥1,888,000＋売掛金¥3,212,000＝売上債権¥5,100,000

売上債権¥5,100,000×貸倒実績率3％＝貸倒見積高¥153,000

貸倒見積高¥153,000－貸倒引当金¥18,000＝貸倒引当金繰入額¥135,000

将来減算一時差異（¥135,000－¥100,000）×法定実効税率30％＝繰延税金資産¥10,500

c．売買目的有価証券：各銘柄について，それぞれ時価評価額を求める。

長野商事株式会社　（時価@¥4,800－帳簿価額@¥4,600）×株数500株＝有価証券評価益¥100,000

南東物産株式会社　（時価@¥3,400－帳簿価額@¥3,500）×株数400株＝有価証券評価損△¥40,000

有価証券評価益¥100,000＋有価証券評価損△¥40,000＝有価証券評価益¥60,000

その他有価証券：（時価@¥2,920－帳簿価額@¥2,800）×株数800株＝評価差額¥96,000

将来加算一時差異¥96,000×法定実効税率30％＝繰延税金負債¥28,800

評価差額¥96,000－繰延税金負債¥28,800＝その他有価証券評価差額金¥67,200

d．企業会計上：（取得原価¥2,000,000－残存価額¥0）÷経済的耐用年数8年＝減価償却費¥250,000

税　法　上：（取得原価¥2,000,000－残存価額¥0）÷法定耐用年数10年＝減価償却費¥200,000

将来減算一時差異（¥250,000－¥200,000）×法定実効税率30％＝繰延税金資産¥15,000

e．1年分の保険料¥216,000÷12か月＝1か月あたりの保険料¥18,000

令和○5年8月1日〜令和○6年3月31日（8か月）→当期の保険料

1か月あたりの保険料¥18,000×8か月＝当期の保険料¥144,000

令和○6年4月1日〜令和○6年7月31日（4か月）→前払保険料

1か月あたりの保険料¥18,000×4か月＝前払保険料¥72,000

h．法人税等¥1,558,200－仮払法人税等¥627,300＝未払法人税等¥930,900

繰延税金資産と繰延税金負債は相殺して表示することに注意する。

繰延税金資産の元帳勘定残高¥15,000＋bの繰延税金資産¥10,500＋dの繰延税金資産¥15,000

＝繰延税金資産の合計額¥40,500

cの繰延税金負債¥28,800＝繰延税金負債の合計額¥28,800

繰延税金資産の合計額¥40,500－繰延税金負債の合計額¥28,800＝貸借対照表に表示する繰延税金資産の額¥11,700

1

(1)

貸 借 対 照 表

神奈川産業株式会社　　　　　　　令和○2年3月31日　　　　　　　　　　（単位：円）

資 産 の 部

Ⅰ 流 動 資 産			
1.（現 金 預 金）			（ 4,738,000 ）
2. 受 取 手 形	（ 3,700,000 ）		
貸 倒 引 当 金	△（ 37,000 ）	（ 3,663,000 ）	
3. 売 掛 金	（ 4,300,000 ）		
貸 倒 引 当 金	△（ 43,000 ）	（ 4,257,000 ）	
4.（有 価 証 券）		（ 1,800,000 ）	
5.（商 品）		（ 870,000 ）	
6.（前 払 費 用）		（ 105,000 ）	
流 動 資 産 合 計			（ 15,433,000 ）
Ⅱ 固 定 資 産			
(1) 有 形 固 定 資 産			
1. 建 物	（ 8,500,000 ）		
減価償却累計額	△（ 1,190,000 ）	（ 7,310,000 ）	
2. 備 品	（ 2,500,000 ）		
減価償却累計額	△（ 1,220,000 ）	（ 1,280,000 ）	
3.（土 地）		（ 9,084,000 ）	
有 形 固 定 資 産 合 計		（ 17,674,000 ）	
(2) 投 資 そ の 他 の 資 産			
1.（投 資 有 価 証 券）		（ 1,600,000 ）	
投資その他の資産合計		（ 1,600,000 ）	
固 定 資 産 合 計			（ 19,274,000 ）
資 産 合 計			（ 34,707,000 ）

負 債 の 部

Ⅰ 流 動 負 債		
1. 支 払 手 形	（ 2,870,000 ）	
2. 買 掛 金	（ 3,476,000 ）	
3.（短 期 借 入 金）	（ 1,998,000 ）	
4.（未 払 費 用）	（ 8,000 ）	
5.（未 払 法 人 税 等）	（ 995,000 ）	
流 動 負 債 合 計		（ 9,347,000 ）
Ⅱ 固 定 負 債		
1. 長 期 借 入 金	（ 3,200,000 ）	
2. 退 職 給 付 引 当 金	（ 1,860,000 ）	
固 定 負 債 合 計		（ 5,060,000 ）
負 債 合 計		（ 14,407,000 ）

純 資 産 の 部

Ⅰ 株 主 資 本		
(1) 資 本 金		（ 12,000,000 ）
(2) 資 本 剰 余 金		
1.（資 本 準 備 金）	（ 1,500,000 ）	
資 本 剰 余 金 合 計		（ 1,500,000 ）
(3) 利 益 剰 余 金		
1.（利 益 準 備 金）	（ 860,000 ）	
2.（そ の 他 利 益 剰 余 金）		
① 別 途 積 立 金	（ 1,272,000 ）	
② 繰 越 利 益 剰 余 金	（ 4,568,000 ）	
利 益 剰 余 金 合 計		（ 6,700,000 ）
株 主 資 本 合 計		（ 20,200,000 ）
Ⅱ 評 価・換 算 差 額 等		
1.（そ の 他 有 価 証 券 評 価 差 額 金）	（ 100,000 ）	
評 価・換 算 差 額 等 合 計		（ 100,000 ）
純 資 産 合 計		（ 20,300,000 ）
負 債 及 び 純 資 産 合 計		（ 34,707,000 ）

(2)

株 主 資 本 等 変 動 計 算 書

神奈川産業株式会社　　　令和○1年4月1日から令和○2年3月31日まで　　　（単位：千円）

	株　主　資　本							
		資本剰余金		利益剰余金				株主資本合計
	資　本　金	資本準備金	資本剰余金合計	利益準備金	その他利益剰余金		利益剰余金合計	
					別途積立金	繰越利益剰余金		
当 期 首 残 高	12,000	1,500	1,500	500	1,242	4,463	6,205	19,705
当 期 変 動 額								
剰 余 金 の 配 当				(360)		(△3,960)	△3,600	△3,600
別途積立金の積立					30	△30	—	
当 期 純 利 益						(4,095)	(4,095)	(4,095)
株主資本以外(純額)								
当 期 変 動 額 合 計	—	—	—	(360)	(30)	(105)	(495)	(495)
当 期 末 残 高	12,000	1,500	1,500	860	1,272	(4,568)	(6,700)	(20,200)

下段へ続く

上段より続く

| | 評価・換算差額等 | | 純資産合計 |
	その他有価証券評価差額金	評価・換算差額等合計	
当 期 首 残 高	—	—	19,705
当 期 変 動 額			
剰 余 金 の 配 当			△3,600
別途積立金の積立			—
当 期 純 利 益			(4,095)
株主資本以外(純額)	(100)	(100)	(100)
当 期 変 動 額 合 計	(100)	(100)	(595)
当 期 末 残 高	(100)	(100)	20,300

解説

付記事項の仕訳および決算整理仕訳を示すと以下のようになる（付記事項の仕訳は，すでに期中に処理済みであることに注意）。

	借　　　　　方		貸　　　　　方	
①	繰 越 利 益 剰 余 金	3,990,000	利 益 準 備 金 未 払 配 当 金 別 途 積 立 金	360,000 3,600,000 30,000
a	仕　　　　入	937,000	繰 越 商 品	937,000
	繰 越 商 品	924,000	仕　　　　入	924,000
	棚 卸 減 耗 損	30,000	繰 越 商 品	30,000
	商 品 評 価 損	24,000	繰 越 商 品	24,000
	仕　　　　入	30,000	棚 卸 減 耗 損	30,000
	仕　　　　入	24,000	商 品 評 価 損	24,000
b	貸 倒 引 当 金 繰 入	65,000	貸 倒 引 当 金	65,000
c	売 買 目 的 有 価 証 券	150,000	有 価 証 券 評 価 益	150,000
	そ の 他 有 価 証 券	100,000	その他有価証券評価差額金	100,000

	借　　　　　　方		貸　　　　　　方	
d	減　価　償　却　費	490,000	建物減価償却累計額	170,000
			備品減価償却累計額	320,000
e	前　払　保　険　料	105,000	保　　　　険　　　　料	105,000
f	支　払　利　息	8,000	未　　払　　利　　息	8,000
g	退　職　給　付　費　用	793,000	退　職　給　付　引　当　金	793,000
h	法　人　税　等	1,755,000	仮　払　法　人　税　等	760,000
			未　払　法　人　税　等	995,000

① 資本金 ¥12,000,000 × (1/4) − (資本準備金 ¥1,500,000 + 利益準備金 ¥500,000) = ¥1,000,000……①

配当金 ¥3,600,000 × (1/10) = ¥360,000……②

①＞②より，利益準備金計上額は②の ¥360,000 となる。

利益準備金計上額 ¥360,000 + 配当金 ¥3,600,000 + 別途積立金増加額 ¥30,000 = 繰越利益剰余金減少額 ¥3,990,000

a.

A品
@ ¥520
@ ¥500
商品評価損
実地棚卸高
1,200個

B品
@ ¥300
実地棚卸高
棚卸減耗損
900個　1,000個

　B品のように，原価よりも正味売却価額の方が上回っている場合には，原価のままで評価する（評価益を計上しない）ことに注意する。

A品 （原価@ ¥520 × 帳簿棚卸数量1,200個）+ B品 （原価@ ¥300 × 帳簿棚卸数量1,000個）

= 期末商品棚卸高 ¥924,000

B品 原価@ ¥300 ×（帳簿棚卸数量1,000個 − 実地棚卸数量900個）= 棚卸減耗損 ¥30,000

A品 （原価@ ¥520 − 正味売却価額@ ¥500）× 実地棚卸数量1,200個 = 商品評価損 ¥24,000

期末商品棚卸高 ¥924,000 − 棚卸減耗損 ¥30,000 − 商品評価損 ¥24,000 = 貸借対照表の「商品」¥870,000

b. 受取手形 ¥3,700,000 + 売掛金 ¥4,300,000 = 売上債権 ¥8,000,000

売上債権 ¥8,000,000 × 貸倒実績率 1 % = 貸倒見積高 ¥80,000

貸倒見積高 ¥80,000 − 貸倒引当金 ¥15,000 = 貸倒引当金繰入額 ¥65,000

c. 売買目的有価証券：時価（@ ¥6,000 × 300株）− 帳簿価額 ¥1,650,000 = 有価証券評価益 ¥150,000

その他有価証券：時価（@ ¥3,200 × 500株）− 帳簿価額 ¥1,500,000 = その他有価証券評価差額金 ¥100,000

d. 建物：（取得原価 ¥8,500,000 − 残存価額 ¥0）÷ 耐用年数50年 = 建物の減価償却費 ¥170,000

備品：（取得原価 ¥2,500,000 − 減価償却累計額 ¥900,000）× 償却率20% = 備品の減価償却費 ¥320,000

建物の減価償却費 ¥170,000 + 備品の減価償却費 ¥320,000 = 減価償却費 ¥490,000

e. 1 年分の保険料 ¥420,000 ÷ 12か月 = 1 か月あたりの保険料 ¥35,000

令和○1年7月1日～令和○2年3月31日（9か月）→ 当期の保険料

1 か月あたりの保険料 ¥35,000 × 9 か月 = 当期の保険料 ¥315,000

令和○2年4月1日～令和○2年6月30日（3か月）→ 前払保険料

1 か月あたりの保険料 ¥35,000 × 3 か月 = 前払保険料 ¥105,000

h. 法人税等 ¥1,755,000 − 仮払法人税等 ¥760,000 = 未払法人税等 ¥995,000

■基本問題 (p.179)

1

	(1)		(2)	(3)	
ア	イ	ウ	エ	オ	カ
20	15	1	17	13	8

(4)			(5)		(6)	(7)
キ	ク	ケ	コ	サ	シ	ス
18	11	2	16	5	3	7

＊(5)ケコサは順不同

2

売 上 総 利 益 ¥	**8,320,000**	営 業 利 益 ¥	**2,930,000**
経 常 利 益 ¥	**2,991,000**	税引前当期純利益 ¥	**2,374,000**
当 期 純 利 益 ¥	**1,509,000**		

解説

売上高 ¥51,170,000 － 売上原価 ¥42,850,000 ＝ 売上総利益 ¥8,320,000

売上総利益 ¥8,320,000 － 販売費及び一般管理費 ¥5,390,000 ＝ 営業利益 ¥2,930,000

営業利益 ¥2,930,000 ＋ 営業外収益 ¥649,000 － 営業外費用 ¥588,000 ＝ 経常利益 ¥2,991,000

経常利益 ¥2,991,000 ＋ 特別利益 ¥329,000 － 特別損失 ¥946,000 ＝ 税引前当期純利益 ¥2,374,000

税引前当期純利益 ¥2,374,000 － 法人税，住民税及び事業税 ¥865,000 ＝ 当期純利益 ¥1,509,000

3

営 業 収 益	14，26，30
営 業 費 用	2，3，5，7，9，17，18，20，23，27，31
営 業 外 収 益	1，15，22，28，33
営 業 外 費 用	4，6，10，13，16，19，25，34
特 別 利 益	12，21，29，32
特 別 損 失	8，11，24

4

付記事項の仕訳

	借　　方		貸　　方	
①	雑　　　　　　　益	**30,000**	仕　入　割　引	**30,000**
②	仮　　受　　金	**90,000**	売　　掛　　金	**90,000**

決算整理仕訳

	借　　　方		貸　　　方	
a	貸 倒 引 当 金 繰 入	32,100	貸 倒 引 当 金	32,100
b	子 会 社 株 式 評 価 損	700,000	子 会 社 株 式	700,000
c	前 払 保 険 料	21,000	保 　 険 　 料	21,000
d	未 収 利 息	15,000	受 取 利 息	15,000

区分	項　目（科　目）	金　　　額
営 業 収 益	売 上 高	¥（ 13,500,000 ）
営 業 費 用	（ 保 険 料 ）	¥（ 107,000 ）
	（ 貸 倒 引 当 金 繰 入 ）	¥（ 32,100 ）
	（ 雑 費 ）	¥（ 37,000 ）
営 業 外 収 益	（ 受 取 利 息 ）	¥（ 60,000 ）
	（ 仕 入 割 引 ）	¥（ 30,000 ）
営 業 外 費 用	（ 雑 損 ）	¥（ 89,000 ）
特 別 利 益	（ 固 定 資 産 売 却 益 ）	¥（ 90,000 ）
特 別 損 失	（ 固 定 資 産 除 却 損 ）	¥（ 240,000 ）
	（ 関 係 会 社 株 式 評 価 損 ）	¥（ 700,000 ）

【決算整理仕訳】

a．売掛金（¥8,500,000 − ¥90,000）×貸倒実績率1％ ＝ 貸倒見積高¥84,100
　　貸倒見積高¥84,100 − 貸倒引当金¥52,000 ＝ 貸倒引当金繰入額¥32,100

b．子会社株式¥1,200,000 − 実質価額¥500,000 ＝ 子会社株式評価損¥700,000

c．1年分の保険料¥84,000 ÷ 12か月 ＝ 1か月あたりの保険料¥7,000
　　令和○1年7月1日〜令和○2年3月31日（9か月）→当期の保険料
　　　1か月あたりの保険料¥7,000 × 9か月 ＝ 当期の保険料¥63,000
　　令和○2年4月1日〜令和○2年6月30日（3か月）→前払保険料
　　　1か月あたりの保険料¥7,000 × 3か月 ＝ 前払保険料¥21,000

d．貸付金¥1,000,000 × 年利率6％ ÷ 12か月 ＝ 1か月あたりの受取利息¥5,000
　　　1か月あたりの受取利息¥5,000 × 3か月 ＝ 未収利息¥15,000

【P/L作成】

保険料 元帳勘定残高¥128,000 − 決算整理仕訳c ¥21,000 ＝ 表示額¥107,000

受取利息 元帳勘定残高¥45,000 + 決算整理仕訳d ¥15,000 ＝ 表示額¥60,000

なお，子会社株式評価損をP/Lに表示するさいは，「関係会社株式評価損」とすることに注意する。

5

(1)	(2)	(3)	(4)	(5)
ア	イ	ウ	エ	オ
2	7	5	1	4

損 益 計 算 書

宮崎物産株式会社　　　令和○2年1月1日から令和○2年12月31日まで　　　（単位：円）

Ⅰ	売　　上　　高		（	48,653,090 ）
Ⅱ	売　上　原　価			
	1．期首商品棚卸高	（　4,493,800 ）		
	2．当期商品仕入高	（　39,108,880 ）		
	合　　　計	（　43,602,680 ）		
	3．期末商品棚卸高	（　4,680,000 ）		
		（　38,922,680 ）		
	4．（商品評価損）	（　150,000 ）	（	39,072,680 ）
	売　上　総　利　益		（	9,580,410 ）
Ⅲ	販売費及び一般管理費			
	1．給　　　　　　料	（　4,271,500 ）		
	2．発　　送　　費	（　932,400 ）		
	3．広　　告　　料	（　385,100 ）		
	4．（貸倒引当金繰入）	（　39,720 ）		
	5．（減価償却費）	（　112,500 ）		
	6．（退職給付費用）	（　239,900 ）		
	7．（支払家賃）	（　240,000 ）		
	8．（支払リース料）	（　120,000 ）		
	9．（特許権償却）	（　50,000 ）		
	10．（研究開発費）	（　210,000 ）		
	11．（保険料）	（　80,000 ）		
	12．（水道光熱費）	（　247,200 ）		
	13．（雑費）	（　85,960 ）	（	7,014,280 ）
	営　業　利　益		（	2,566,130 ）
Ⅳ	営　業　外　収　益			
	1．（受取配当金）	（　83,000 ）		
	2．（有価証券売却益）	（　56,000 ）		
	3．（仕入割引）	（　72,000 ）	（	211,000 ）
Ⅴ	営　業　外　費　用			
	1．（支払利息）	（　89,000 ）		
	2．（電子記録債権売却損）	（　52,000 ）		
	3．（有価証券評価損）	（　30,000 ）		
	4．（棚卸減耗損）	（　180,000 ）	（	351,000 ）
	経　常　利　益		（	2,426,130 ）
Ⅵ	特　別　利　益			
	1．（固定資産売却益）	（　60,000 ）	（	60,000 ）
Ⅶ	特　別　損　失			
	1．（固定資産除却損）	（　183,000 ）	（	183,000 ）
	税引前当期純利益		（	2,303,130 ）
	法人税，住民税及び事業税		（	777,300 ）
	当　期　純　利　益		（	1,525,830 ）

解説

決算整理仕訳を示すと以下のようになる。

	借　　　方		貸　　　方	
a	仕　　　　　入	4,493,800	繰　越　商　品	4,493,800
	繰　越　商　品	4,680,000	仕　　　　　入	4,680,000
	棚　卸　減　耗　損	180,000	繰　越　商　品	180,000
	商　品　評　価　損	150,000	繰　越　商　品	150,000
	仕　　　　　入	150,000	商　品　評　価　損	150,000
b	貸　倒　引　当　金　繰　入	39,720	貸　倒　引　当　金	39,720
c	有　価　証　券　評　価　損	30,000	売買目的有価証券	30,000
d	減　価　償　却　費	112,500	備品減価償却累計額	112,500
e	特　許　権　償　却	50,000	特　　許　　権	50,000
f	前　払　保　険　料	24,000	保　　険　　料	24,000
g	支　払　リ　ー　ス　料	20,000	未　払　リ　ー　ス　料	20,000
h	退　職　給　付　費　用	239,900	退　職　給　付　引　当　金	239,900
i	法　人　税　等	777,300	仮　払　法　人　税　等	319,400
			未　払　法　人　税　等	457,900

a.

原価@¥900×帳簿棚卸数量5,200個＝期末商品棚卸高 ¥4,680,000

原価@¥900×（帳簿棚卸数量5,200個－実地棚卸数量5,000個）＝棚卸減耗損 ¥180,000

（原価@¥900－正味売却価額@¥870）×実地棚卸数量5,000個＝商品評価損 ¥150,000

b．電子記録債権 ¥4,239,100＋売掛金 ¥4,137,300＋クレジット売掛金 ¥823,600＝売上債権 ¥9,200,000

売上債権 ¥9,200,000×貸倒実績率1％＝貸倒見積高 ¥92,000

貸倒見積高 ¥92,000－貸倒引当金 ¥52,280＝貸倒引当金繰入額 ¥39,720

c．（時価@¥5,900－帳簿価額@¥6,000）×株数300株＝有価証券評価損△¥30,000

d．（取得原価 ¥800,000－減価償却累計額 ¥350,000）×償却率25％＝減価償却費 ¥112,500

f．1年分の保険料 ¥48,000÷12か月＝1か月あたりの保険料 ¥4,000

令和○2年7月1日～令和○2年12月31日（6か月）→当期の保険料

1か月あたりの保険料 ¥4,000×6か月＝当期の保険料 ¥24,000

令和○3年1月1日～令和○3年6月30日（6か月）→前払保険料

1か月あたりの保険料 ¥4,000×6か月＝前払保険料 ¥24,000

i．法人税等 ¥777,300－仮払法人税等 ¥319,400＝未払法人税等 ¥457,900

損　益　計　算　書

富山商事株式会社　　　　令和○3年4月1日から令和○4年3月31日まで　　　　　　（単位：円）

Ⅰ　売　上　高			（　43,741,000　）
Ⅱ　売　上　原　価			
1．期首商品棚卸高	（　3,454,900　）		
2．当期商品仕入高	（　36,185,040　）		
合　　　計	（　39,639,940　）		
3．期末商品棚卸高	（　3,600,000　）		
	（　36,039,940　）		
4．（棚　卸　減　耗　損）	（　50,000　）		
5．（商　品　評　価　損）	（　142,000　）	（　36,231,940　）	
売　上　総　利　益		（　7,509,060　）	
Ⅲ　販売費及び一般管理費			
1．給　　　　　料	（　2,476,710　）		
2．発　　送　　費	（　619,340　）		
3．広　　告　　料	（　349,200　）		
4．（貸倒引当金繰入）	（　37,510　）		
5．（減　価　償　却　費）	（　225,000　）		
6．（退　職　給　付　費　用）	（　294,800　）		
7．（支　払　家　賃）	（　630,000　）		
8．（特　許　権　償　却）	（　35,000　）		
9．（保　　険　　料）	（　136,000　）		
10．（修　　繕　　費）	（　150,000　）		
11．（雑　　　　費）	（　204,000　）	（　5,157,560　）	
営　業　利　益		（　2,351,500　）	
Ⅳ　営　業　外　収　益			
1．（受　取　手　数　料）	（　18,800　）		
2．（仕　入　割　引）	（　31,000　）	（　49,800　）	
Ⅴ　営　業　外　費　用			
1．（支　払　利　息）	（　60,000　）		
2．（電子記録債権売却損）	（　116,200　）		
3．（有価証券評価損）	（　60,000　）		
4．（為　替　差　損）	（　100,000　）	（　336,200　）	
経　常　利　益		（　2,065,100　）	
Ⅵ　特　別　利　益			
1．（投資有価証券売却益）	（　229,500　）	（　229,500　）	
Ⅶ　特　別　損　失			
1．（災　害　損　失）	（　380,000　）	（　380,000　）	
税引前当期純利益		（　1,914,600　）	
法人税，住民税及び事業税		（　809,900　）	
当　期　純　利　益		（　1,104,700　）	

解説

付記事項の仕訳および決算整理仕訳を示すと以下のようになる。

	借 方		貸 方	
①	修 繕 費	150,000	備 品	150,000
a	仕 入	3,454,900	繰 越 商 品	3,454,900
	繰 越 商 品	3,600,000	仕 入	3,600,000
	棚 卸 減 耗 損	50,000	繰 越 商 品	50,000
	商 品 評 価 損	142,000	繰 越 商 品	142,000
	仕 入	50,000	棚 卸 減 耗 損	50,000
	仕 入	142,000	商 品 評 価 損	142,000
b	為 替 差 損 益	200,000	売 掛 金	200,000
	買 掛 金	100,000	為 替 差 損 益	100,000
c	貸 倒 引 当 金 繰 入	37,510	貸 倒 引 当 金	37,510
d	有 価 証 券 評 価 損	60,000	売 買 目 的 有 価 証 券	60,000
e	減 価 償 却 費	225,000	備品減価償却累計額	225,000
f	特 許 権 償 却	35,000	特 許 権	35,000
g	前 払 家 賃	180,000	支 払 家 賃	180,000
h	退 職 給 付 費 用	294,800	退 職 給 付 引 当 金	294,800
i	法 人 税 等	809,900	仮 払 法 人 税 等	382,700
			未 払 法 人 税 等	427,200

①収益的支出をおこなった場合には，修繕費勘定で処理する。

a.

原価@¥5,000×帳簿棚卸数量720個＝期末商品棚卸高 ¥3,600,000

原価@¥5,000×（帳簿棚卸数量720個－実地棚卸数量710個）＝棚卸減耗損 ¥50,000

（原価@¥5,000－正味売却価額@¥4,800）×実地棚卸数量710個＝商品評価損 ¥142,000

b. 売掛金：外貨$25,000×販売時の為替相場 ¥113＝売掛金 ¥2,825,000

外貨$25,000×決算時の為替相場 ¥105＝換算額 ¥2,625,000

換算額 ¥2,625,000－売掛金 ¥2,825,000＝為替差損△ ¥200,000

買掛金：外貨$20,000×仕入時の為替相場 ¥110＝買掛金 ¥2,200,000

外貨$20,000×決算時の為替相場 ¥105＝換算額 ¥2,100,000

買掛金 ¥2,200,000－換算額 ¥2,100,000＝為替差益 ¥100,000

為替差損益：為替差損△ ¥200,000＋為替差益 ¥100,000＝為替差損△ ¥100,000

c. 電子記録債権 ¥3,050,000＋売掛金（¥4,580,000－ ¥200,000）＝売上債権 ¥7,430,000

売上債権 ¥7,430,000×貸倒実績率1％＝貸倒見積高 ¥74,300

貸倒見積高 ¥74,300－貸倒引当金 ¥36,790＝貸倒引当金繰入額 ¥37,510

d.（時価@¥5,400－帳簿価額@¥5,600）×株数300株＝有価証券評価損△ ¥60,000

e.（取得原価 ¥1,350,000－付記事項① ¥150,000－減価償却累計額 ¥300,000）×償却率25％＝減価償却費 ¥225,000

119

g. 6か月分の支払家賃¥360,000÷6か月＝1か月あたりの支払家賃¥60,000

　　令和○4年1月1日〜令和○4年3月31日（3か月）→当期の支払家賃

　　　1か月あたりの支払家賃¥60,000×3か月＝当期の支払家賃¥180,000

　　令和○4年4月1日〜令和○4年6月30日（3か月）→前払家賃

　　　1か月あたりの支払家賃¥60,000×3か月＝前払家賃¥180,000

i. 法人税等¥809,900−仮払法人税等¥382,700＝未払法人税等¥427,200

8

損　益　計　算　書

山形商事株式会社　　　令和○1年4月1日から令和○2年3月31日まで　　　　（単位：円）

Ⅰ	売　上　高		(59,699,920)
Ⅱ	売　上　原　価		
1.	期首商品棚卸高	(4,998,800)	
2.	当期商品仕入高	(44,903,160)	
	合　　　計	(49,901,960)	
3.	期末商品棚卸高	(5,100,000)	
		(44,801,960)	
4.	（商品評価損）	(134,000)	(44,935,960)
	売上総利益		(14,763,960)
Ⅲ	販売費及び一般管理費		
1.	給　料	(4,795,010)	
2.	発送費	(235,600)	
3.	広告料	(485,940)	
4.	（貸倒引当金繰入）	(34,880)	
5.	（減価償却費）	(195,200)	
6.	（退職給付費用）	(335,400)	
7.	（支払家賃）	(1,680,000)	
8.	（保険料）	(150,000)	
9.	（租税公課）	(73,700)	
10.	（雑費）	(23,800)	(8,009,530)
	営業利益		(6,754,430)
Ⅳ	営業外収益		
1.	（受取配当金）	(39,000)	
2.	（有価証券利息）	(270,000)	
3.	（有価証券評価益）	(70,000)	
4.	（雑益）	(5,480)	(384,480)
Ⅴ	営業外費用		
1.	（支払利息）	(110,000)	
2.	（手形売却損）	(281,300)	
3.	（有価証券売却損）	(56,200)	
4.	（棚卸減耗損）	(75,000)	(522,500)
	経常利益		(6,616,410)
Ⅵ	特別利益		
1.	（新株予約権戻入益）	(200,000)	(200,000)
Ⅶ	特別損失		
1.	（固定資産売却損）	(149,000)	
2.	（関係会社株式評価損）	(4,680,000)	(4,829,000)
	税引前当期純利益		(1,987,410)
	法人税, 住民税及び事業税		(946,300)
	当期純利益		(1,041,110)

付記事項の仕訳および決算整理仕訳を示すと以下のようになる。

	借 方		貸 方	
①	貸 倒 引 当 金	120,000	売 掛 金	120,000
②	現 金	39,000	受 取 配 当 金	39,000
a	仕 入	4,998,800	繰 越 商 品	4,998,800
	繰 越 商 品	5,100,000	仕 入	5,100,000
	棚 卸 減 耗 損	75,000	繰 越 商 品	75,000
	商 品 評 価 損	134,000	繰 越 商 品	134,000
	仕 入	134,000	商 品 評 価 損	134,000
b	貸 倒 引 当 金 繰 入	34,880	貸 倒 引 当 金	34,880
c	売 買 目 的 有 価 証 券	70,000	有 価 証 券 評 価 益	70,000
d	減 価 償 却 費	195,200	建物減価償却累計額	144,000
			備品減価償却累計額	51,200
e	子 会 社 株 式 評 価 損	4,680,000	子 会 社 株 式	4,680,000
f	前 払 保 険 料	192,000	保 険 料	512,000
	長 期 前 払 保 険 料	320,000		
g	退 職 給 付 費 用	335,400	退 職 給 付 引 当 金	335,400
h	法 人 税 等	946,300	仮 払 法 人 税 等	411,500
			未 払 法 人 税 等	534,800

①貸し倒れた売掛金の金額よりも貸倒引当金勘定の残高の方が大きいため，全額を貸倒引当金で処理する。

②配当金額収証を受け取ったときは受取配当金を認識し，現金を増加させる。

a.

原価@¥7,500×帳簿棚卸数量680個＝期末商品棚卸高¥5,100,000

原価@¥7,500×（帳簿棚卸数量680個－実地棚卸数量670個）＝棚卸減耗損¥75,000

（原価@¥7,500－正味売却価額@¥7,300）×実地棚卸数量670個＝商品評価損¥134,000

b．受取手形¥1,135,000＋電子記録債権¥3,617,000＋売掛金（¥4,348,000－¥120,000）＝売上債権¥8,980,000

売上債権¥8,980,000×貸倒実績率1％＝貸倒見積高¥89,800

貸倒見積高¥89,800－貸倒引当金（¥174,920－¥120,000）＝貸倒引当金繰入額¥34,880

c．各銘柄について，それぞれ時価評価額を求める。

青森商事株式会社：（時価@¥8,100－帳簿価額@¥7,900）×株数200株＝有価証券評価益¥40,000

秋田商事株式会社：（時価@¥6,400－帳簿価額@¥6,300）×株数300株＝有価証券評価益¥30,000

有価証券評価益¥40,000＋有価証券評価益¥30,000＝有価証券評価益¥70,000

d．建物：（取得原価¥8,000,000－残存価額¥8,000,000×10％）÷耐用年数50年＝建物の減価償却費¥144,000

備品：（取得原価¥500,000－減価償却累計額¥244,000）×償却率20％＝備品の減価償却費¥51,200

建物の減価償却費¥144,000＋備品の減価償却費¥51,200＝減価償却費¥195,200

e．（時価@¥2,900－帳簿価額@¥6,800）×株数1,200株＝子会社株式評価損△¥4,680,000

f．3年分の保険料¥576,000÷36か月＝1か月あたりの保険料¥16,000

令和○1年12月1日～令和○2年3月31日（4か月）→当期の保険料

1か月あたりの保険料¥16,000×4か月＝当期の保険料¥64,000

令和○2年4月1日～令和○3年3月31日（12か月）→前払保険料

　　1か月あたりの保険料￥16,000×12か月＝前払保険料￥192,000

令和○3年4月1日～令和○4年11月30日（20か月）→長期前払保険料

　　1か月あたりの保険料￥16,000×20か月＝長期前払保険料￥320,000

h．法人税等￥946,300－仮払法人税等￥411,500＝未払法人税等￥534,800

■応用問題（p.188）

1

損　益　計　算　書

東京商事株式会社　　　　令和○2年4月1日から令和○3年3月31日まで　　　　　　　　（単位：円）

Ⅰ　売　　上　　高		(74,963,270)
Ⅱ　売　上　原　価		
1．期首商品棚卸高	(4,775,800)	
2．当期商品仕入高	(55,357,680)	
合　　　計	(60,133,480)	
3．期末商品棚卸高	(4,800,000)	
	(55,333,480)	
4．（棚卸減耗損）	(120,000)	
5．（商品評価損）	(312,000)	(55,765,480)
売上総利益		(19,197,790)
Ⅲ　販売費及び一般管理費		
1．給　　　　　料	(7,809,810)	
2．発　　送　　費	(768,930)	
3．広　　告　　料	(1,302,430)	
4．（貸倒引当金繰入）	(134,700)	
5．（減価償却費）	(720,000)	
6．（退職給付費用）	(839,240)	
7．（のれん償却）	(9,000)	
8．（通　信　費）	(478,190)	
9．（消　耗　品　費）	(884,180)	
10．保　　険　　料	(433,220)	
11．租　税　公　課	(154,370)	
12．雑　　　　　費	(81,650)	(13,615,720)
営業利益		(5,582,070)
Ⅳ　営業外収益		
1．（受取手数料）	(63,000)	
2．（有価証券利息）	(52,000)	(115,000)
Ⅴ　営業外費用		
1．（支払利息）	(78,000)	
2．（有価証券売却損）	(184,000)	
3．（有価証券評価損）	(28,000)	
4．雑　　　　　損	(53,270)	(343,270)
経常利益		(5,353,800)
Ⅵ　特　別　利　益		
1．（固定資産売却益）	(110,000)	(110,000)
税引前当期純利益		(5,463,800)
法人税，住民税及び事業税	(1,730,550)	
法人税等調整額　　△	(91,410)	(1,639,140)
当期純利益		(3,824,660)

付記事項の仕訳および決算整理仕訳を示すと以下のようになる。

	借 方		貸 方	
①	仕　　　　　　入	60,000	発　　送　　費	60,000
a	仕　　　　　　入	4,775,800	繰　越　商　品	4,775,800
	繰　越　商　品	4,800,000	仕　　　　　　入	4,800,000
	棚　卸　減　耗　損	120,000	繰　越　商　品	120,000
	商　品　評　価　損	312,000	繰　越　商　品	312,000
	仕　　　　　　入	120,000	棚　卸　減　耗　損	120,000
	仕　　　　　　入	312,000	商　品　評　価　損	312,000
b	貸　倒　引　当　金　繰　入	134,700	貸　倒　引　当　金	134,700
	繰　延　税　金　資　産	10,410	法　人　税　等　調　整　額	10,410
c	有　価　証　券　評　価　損	28,000	売買目的有価証券	28,000
	その他有価証券	80,000	その他有価証券評価差額金	80,000
	その他有価証券評価差額金	24,000	繰　延　税　金　負　債	24,000
d	減　価　償　却　費	720,000	備品減価償却累計額	720,000
	繰　延　税　金　資　産	81,000	法　人　税　等　調　整　額	81,000
e	の　れ　ん　償　却	9,000	の　　れ　　ん	9,000
f	前　払　保　険　料	38,000	保　　険　　料	38,000
g	給　　　　　　料	263,150	未　払　給　料	263,150
h	退　職　給　付　費　用	839,240	退　職　給　付　引　当　金	839,240
i	法　人　税　等	1,730,550	仮　払　法　人　税　等	804,300
			未　払　法　人　税　等	926,250

① 商品を仕入れたさいの引取運賃は仕入勘定に含めるので，発送費勘定から仕入勘定に振り替える。

a.

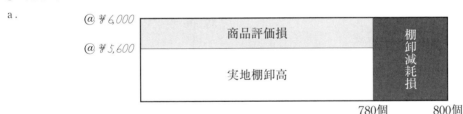

原価@¥6,000×帳簿棚卸数量800個＝期末商品棚卸高¥4,800,000

原価@¥6,000×(帳簿棚卸数量800個−実地棚卸数量780個)＝棚卸減耗損¥120,000

(原価@¥6,000−正味売却価額@¥5,600)×実地棚卸数量780個＝商品評価損¥312,000

b. 電子記録債権¥4,548,000＋売掛金¥3,182,000＝売上債権¥7,730,000

売上債権¥7,730,000×貸倒実績率2％＝貸倒見積高¥154,600

貸倒見積高¥154,600−貸倒引当金¥19,900＝貸倒引当金繰入額¥134,700

将来減算一時差異(¥134,700−¥100,000)×法定実効税率30％＝繰延税金資産¥10,410

c. 売買目的有価証券：(時価@¥6,530−帳簿価額@¥6,600)×株数400株＝有価証券評価損△¥28,000

その他有価証券：(時価@¥3,960−帳簿価額@¥3,800)×株数500株＝評価差額¥80,000

将来加算一時差異¥80,000×法定実効税率30％＝繰延税金負債¥24,000

評価差額¥80,000−繰延税金負債¥24,000＝その他有価証券評価差額金¥56,000

d. 企業会計上：(取得原価¥3,600,000−残存価額¥0)÷経済的耐用年数5年＝減価償却費¥720,000

税　法　上：(取得原価¥3,600,000−残存価額¥0)÷法定耐用年数8年＝減価償却費¥450,000

将来減算一時差異(¥720,000−¥450,000)×法定実効税率30％＝繰延税金資産¥81,000

f. 1年分の保険料 *¥228,000* ÷12か月＝1か月あたりの保険料 *¥19,000*

　　令和○2年6月1日～令和○3年3月31日（10か月）→当期の保険料

　　1か月あたりの保険料 *¥19,000* ×10か月＝当期の保険料 *¥190,000*

　　令和○3年4月1日～令和○3年5月31日（2か月）→前払保険料

　　1か月あたりの保険料 *¥19,000* ×2か月＝前払保険料 *¥38,000*

i. 法人税等 *¥1,730,550* －仮払法人税等 *¥804,300* ＝未払法人税等 *¥926,250*

■検定問題 (p.190)

1

損　益　計　算　書

北海道商事株式会社　　　令和○4年4月1日から令和○5年3月31日まで　　　　　　　　（単位：円）

Ⅰ	売　　上　　高		(	34,025,640)
Ⅱ	売　上　原　価			
	1．期首商品棚卸高	3,615,600		
	2．当期商品仕入高	18,637,960		
	合　　　計	22,253,560		
	3．期末商品棚卸高	(3,264,000)		
		(18,989,560)		
	4．（棚卸減耗損）	(34,000)		
	5．商品評価損	(76,000)	(	19,099,560)
	売上総利益		(	14,926,080)
Ⅲ	販売費及び一般管理費			
	1．給　　　　料	9,648,920		
	2．発　送　費	987,550		
	3．広　告　料	(760,000)		
	4．（貸倒引当金繰入）	(58,900)		
	5．（減価償却費）	(271,000)		
	6．（退職給付費用）	(450,800)		
	7．通　信　費	(538,400)		
	8．消　耗　品　費	(82,450)		
	9．保　険　料	(350,000)		
	10．租　税　公　課	(216,360)		
	11．（雑　　　費）	(176,940)	(	13,541,320)
	営　業　利　益		(	1,384,760)
Ⅳ	営　業　外　収　益			
	1．受　取　家　賃	156,000		
	2．受　取　配　当　金	60,000		
	3．（有価証券評価益）	(70,000)		
	4．（為　替　差　益）	(20,000)	(	306,000)
Ⅴ	営　業　外　費　用			
	1．（支　払　利　息）	(75,250)		
	2．手　形　売　却　損	92,000	(	167,250)
	経　常　利　益		(	1,523,510)
Ⅵ	特　別　利　益			
	1．固定資産売却益	179,000		179,000
	税引前当期純利益		(	1,702,510)
	法人税，住民税及び事業税		(	544,200)
	当　期　純　利　益		(	1,158,310)

解説

付記事項の仕訳および決算整理仕訳を示すと以下のようになる。

	借　　方		貸　　方	
①	（長期）リース債務	100,000	（短期）リース債務	100,000
a	仕　　入	3,615,600	繰　越　商　品	3,615,600
	繰　越　商　品	3,264,000	仕　　入	3,264,000
	棚　卸　減　耗　損	34,000	繰　越　商　品	34,000
	商　品　評　価　損	76,000	繰　越　商　品	76,000
	仕　　入	34,000	棚　卸　減　耗　損	34,000
	仕　　入	76,000	商　品　評　価　損	76,000
b	売　掛　金	80,000	為　替　差　損　益	80,000
	為　替　差　損　益	60,000	買　掛　金	60,000
c	貸　倒　引　当　金　繰　入	58,900	貸　倒　引　当　金	58,900
d	売　買　目　的　有　価　証　券	70,000	有　価　証　券　評　価　益	70,000
	そ　の　他　有　価　証　券	40,000	その他有価証券評価差額金	40,000
e	減　価　償　却　費	271,000	建物減価償却累計額	171,000
			リース資産減価償却累計額	100,000
f	前　払　保　険　料	336,000	保　　険　　料	868,000
	長　期　前　払　保　険　料	532,000		
g	支　払　利　息	21,250	未　払　利　息	21,250
h	退　職　給　付　費　用	450,800	退　職　給　付　引　当　金	450,800
i	法　人　税　等	544,200	仮　払　法　人　税　等	285,500
			未　払　法　人　税　等	258,700

①後述

a．

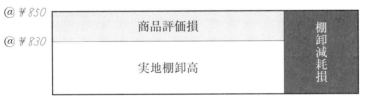

原価@¥850×帳簿棚卸数量3,840個＝期末商品棚卸高¥3,264,000

原価@¥850×（帳簿棚卸数量3,840個－実地棚卸数量3,800個）＝棚卸減耗損¥34,000

（原価@¥850－正味売却価額@¥830）×実地棚卸数量3,800個＝商品評価損¥76,000

b．売掛金：外貨＄20,000×販売時の為替相場¥108＝売掛金¥2,160,000

　　　　　外貨＄20,000×決算時の為替相場¥112＝換算額¥2,240,000

　　　　　換算額¥2,240,000－売掛金¥2,160,000＝為替差益¥80,000

　　買掛金：外貨＄30,000×仕入時の為替相場¥110＝買掛金¥3,300,000

　　　　　外貨＄30,000×決算時の為替相場¥112＝換算額¥3,360,000

　　　　　買掛金¥3,300,000－換算額¥3,360,000＝為替差損△¥60,000

　　為替差損益：為替差益¥80,000＋為替差損△¥60,000＝為替差益¥20,000

c．受取手形¥3,100,000＋売掛金（¥5,120,000＋¥80,000）＝売上債権¥8,300,000

　　売上債権¥8,300,000×貸倒実績率1％＝貸倒見積高¥83,000

　　貸倒見積高¥83,000－貸倒引当金¥24,100＝貸倒引当金繰入額¥58,900

125

d．売買目的有価証券：各銘柄について，それぞれ時価評価額を求める。

奈良商事株式会社　（時価@￥4,200－帳簿価額@￥3,800）×株数400株＝有価証券評価益￥160,000

南北物産株式会社　（時価@￥1,900－帳簿価額@￥2,200）×株数300株＝有価証券評価損△￥90,000

有価証券評価益￥160,000＋有価証券評価損△￥90,000＝有価証券評価益￥70,000

その他有価証券：（時価@￥2,020－帳簿価額@￥1,980）×株数1,000株＝その他有価証券評価差額金￥40,000

e．建物：（取得原価￥9,500,000－残存価額￥9,500,000×10%）÷耐用年数50年＝建物の減価償却費￥171,000

リース資産：後述

f．3年分の保険料￥1,008,000÷36か月＝1か月あたりの保険料￥28,000

令和○4年11月1日〜令和○5年3月31日（5か月）→当期の保険料

1か月あたりの保険料￥28,000×5か月＝当期の保険料￥140,000

令和○5年4月1日〜令和○6年3月31日（12か月）→前払保険料

1か月あたりの保険料￥28,000×12か月＝前払保険料￥336,000

令和○6年4月1日〜令和○7年10月31日（19か月）→長期前払保険料

1か月あたりの保険料￥28,000×19か月＝長期前払保険料￥532,000

i．法人税等￥544,200－仮払法人税等￥285,500＝未払法人税等￥258,700

　リース資産の元帳勘定残高と見積現金購入価額が一致していることから，利子抜き法（利息相当額を控除する方法）で処理していることを判断する。なお，当期のリース料の支払いは期中の仕訳であり，元帳勘定残高はそれを反映した金額となっているため，リース料の支払いの仕訳は不要である（本問では，そもそも年間リース料が不明である）。

（リース資産総額￥500,000－残存価額￥0）÷耐用年数5年＝減価償却費￥100,000

リース資産減価償却累計額の元帳勘定残高￥100,000＋減価償却費￥100,000

＝リース資産減価償却累計額の表示額￥200,000

取得原価￥500,000－減価償却累計額￥200,000＝未償却残高￥300,000

　また付記事項①により，リース債務の元帳勘定残高￥300,000のうち，決算日の翌日から1年以内に支払期限が到来する部分は流動負債として表示する必要がある。よって，次期のリース債務減少額は流動負債として表示しなければならない。

リース債務総額（リース資産総額と同じ）￥500,000÷リース期間（耐用年数と同じ）5年

＝次期のリース債務減少額（流動負債）￥100,000

リース債務の元帳勘定残高￥300,000－流動負債として表示する部分￥100,000＝固定負債として表示する部分￥200,000

第1章　財務諸表分析の方法

■基本問題（p.194）

1

(1)		(2)		(3)	
ア	イ	ウ	エ	オ	カ
7	13	5	12	4	8

(4)		(5)		(6)	
キ	ク	ケ	コ	サ	
11	9	10	14	15	

2

(1)			(2)			(3)	
ア	イ	ウ	エ	オ	カ	キ	ク
3	4	5	1	7	8	6	2

3

商品回転率	9.5	回

解説

期首商品棚卸高 ¥960,000 ＋ 当期商品仕入高 ¥9,465,000 － 期末商品棚卸高 ¥1,020,000 ＝ 売上原価 ¥9,405,000
売上原価 ¥9,405,000 ÷ （（期首商品棚卸高 ¥960,000 ＋ 期末商品棚卸高 ¥1,020,000）÷2）＝商品回転率9.5回

4

(1)	流　動　比　率	250.0	%	(2)	当　座　比　率	150.0	%
(3)	自　己　資　本　比　率	61.1	%	(4)	固　定　比　率	74.0	%
(5)	負　債　比　率	63.6	%	(6)	売上高純利益率	4.0	%
(7)	売上高総利益率	13.7	%	(8)	売　上　原　価　率	86.3	%
(9)	商　品　回　転　率	12.0	回	(10)	受取勘定回転率	11.0	回
(11)	固定資産回転率	6.4	回	(12)	自己資本回転率	4.7	回
(13)	総資本回転率	2.9	回	(14)	自己資本利益率	18.7	%
(15)	総資本利益率	11.4	%				

(1)現金預金 ¥780,000＋電子記録債権 ¥1,300,000＋売掛金 ¥1,796,000＋商品 ¥2,584,000＝流動資産 ¥6,460,000

　　電子記録債務 ¥964,000＋買掛金 ¥1,300,000＋未払金 ¥320,000＝流動負債 ¥2,584,000

　　（流動資産 ¥6,460,000÷流動負債 ¥2,584,000）×100＝流動比率250.0%

(2)現金預金 ¥780,000＋電子記録債権 ¥1,300,000＋売掛金 ¥1,796,000＝当座資産 ¥3,876,000

　　（当座資産 ¥3,876,000÷流動負債 ¥2,584,000）×100＝当座比率150.0%

(3)資本金 ¥5,860,000＋当期純利益 ¥1,350,000＝自己資本 ¥7,210,000

　　（自己資本 ¥7,210,000÷総資本 ¥11,794,000）×100≒自己資本比率61.1%

(4)建物 ¥3,300,000＋備品 ¥1,434,000＋投資有価証券 ¥600,000＝固定資産 ¥5,334,000

　　（固定資産 ¥5,334,000÷自己資本 ¥7,210,000）×100≒固定比率74.0%

(5)電子記録債務 ¥964,000＋買掛金 ¥1,300,000＋未払金 ¥320,000＋長期借入金 ¥2,000,000＝負債 ¥4,584,000

　　（負債 ¥4,584,000÷自己資本 ¥7,210,000）×100≒負債比率63.6%

(6)（当期純利益 ¥1,350,000÷売上高 ¥34,056,000）×100≒売上高純利益率4.0%

(7)期首商品棚卸高 ¥2,316,000＋仕入高 ¥29,668,000－期末商品棚卸高 ¥2,584,000＝売上原価 ¥29,400,000

　　売上高 ¥34,056,000－売上原価 ¥29,400,000＝売上総利益 ¥4,656,000

　　（売上総利益 ¥4,656,000÷売上高 ¥34,056,000）×100≒売上高総利益率13.7%

(8)（売上原価 ¥29,400,000÷売上高 ¥34,056,000）×100≒売上原価率86.3%

(9)売上原価 ¥29,400,000÷（（期首商品棚卸高 ¥2,316,000＋期末商品棚卸高 ¥2,584,000）÷2）＝商品回転率12.0回

(10)売上高 ¥34,056,000÷（電子記録債権 ¥1,300,000＋売掛金 ¥1,796,000）＝受取勘定回転率11.0回

(11)売上高 ¥34,056,000÷固定資産 ¥5,334,000≒固定資産回転率6.4回

(12)売上高 ¥34,056,000÷自己資本 ¥7,210,000≒自己資本回転率4.7回

(13)売上高 ¥34,056,000÷総資本 ¥11,794,000≒総資本回転率2.9回

(14)（当期純利益 ¥1,350,000÷自己資本 ¥7,210,000）×100≒自己資本利益率18.7%

(15)（当期純利益 ¥1,350,000÷総資本 ¥11,794,000）×100≒総資本利益率11.4%

5

①	B　社	②	A　社	③	D　社

(1)各社の流動比率を求めると，

　　A社：（流動資産 ¥18,000,000÷流動負債 ¥20,000,000）×100＝流動比率90%

　　B社：（流動資産 ¥50,400,000÷流動負債 ¥24,000,000）×100＝流動比率210%

　　C社：（流動資産 ¥45,540,000÷流動負債 ¥22,000,000）×100＝流動比率207%

　　D社：（流動資産 ¥46,800,000÷流動負債 ¥26,000,000）×100＝流動比率180%

　　となる。よって，短期の支払能力がもっとも高いのはB社となる。

(2)各社の自己資本比率を求めると，

　　A社：総資本 ¥100,000,000－（流動負債 ¥20,000,000＋固定負債 ¥5,640,000）＝自己資本 ¥74,360,000

　　　　（自己資本 ¥74,360,000÷総資本 ¥100,000,000）×100＝自己資本比率74.36%

　　B社：総資本 ¥102,000,000－（流動負債 ¥24,000,000＋固定負債 ¥35,160,000）＝自己資本 ¥42,840,000

　　　　（自己資本 ¥42,840,000÷総資本 ¥102,000,000）×100＝自己資本比率42.00%

　　C社：総資本 ¥120,000,000－（流動負債 ¥22,000,000＋固定負債 ¥51,068,000）＝自己資本 ¥46,932,000

　　　　（自己資本 ¥46,932,000÷総資本 ¥120,000,000）×100＝自己資本比率39.11%

128

D社：総資本¥92,000,000－（流動負債¥26,000,000＋固定負債¥4,728,000）＝自己資本¥61,272,000

（自己資本¥61,272,000÷総資本¥92,000,000）×100＝自己資本比率66.60%

となる。よって，自己資本比率による安全性がもっとも高いのはA社となる。

(3)各社の負債比率を求めると，

A社：（（流動負債¥20,000,000＋固定負債¥5,640,000）÷自己資本¥74,360,000）×100≒負債比率34.48%

B社：（（流動負債¥24,000,000＋固定負債¥35,160,000）÷自己資本¥42,840,000）×100≒負債比率138.10%

C社：（（流動負債¥22,000,000＋固定負債¥51,068,000）÷自己資本¥46,932,000）×100≒負債比率155.69%

D社：（（流動負債¥26,000,000＋固定負債¥4,728,000）÷自己資本¥61,272,000）×100≒負債比率50.15%

となる。よって，負債比率が2番目に良好なのはD社となる（負債比率は低い方が良好である）。

6

(1)	売　上　高	¥	**72,000,000**
(2)	当 期 商 品 仕 入 高	¥	**55,648,000**
(3)	営　業　費　用	¥	**68,460,000**
(4)	営　業　利　益	¥	**3,540,000**
(5)	経　常　利　益	¥	**3,828,000**
(6)	当　期　純　利　益	¥	**2,292,000**

解説

(1)売上高総利益率は22.0%なので，売上原価率は78.0%となる。よって，

（売上原価¥56,160,000÷売上高¥　　　　）×100＝売上原価率78.0%

となり，売上高は¥72,000,000とわかる。

(2)売上原価¥56,160,000＋期末商品棚卸高¥5,360,000－期首商品棚卸高¥5,872,000＝当期商品仕入高¥55,648,000

(3)売上原価¥56,160,000＋販売費及び一般管理費¥12,300,000＝営業費用¥68,460,000

(4)売上高¥72,000,000－売上原価¥56,160,000＝売上総利益¥15,840,000

売上総利益¥15,840,000－販売費及び一般管理費¥12,300,000＝営業利益¥3,540,000

(5)営業利益¥3,540,000＋営業外収益¥447,000－営業外費用¥159,000＝経常利益¥3,828,000

(6)税引前当期純利益¥3,820,000×税率40%＝法人税，住民税及び事業税¥1,528,000

税引前当期純利益¥3,820,000－法人税，住民税及び事業税¥1,528,000＝当期純利益¥2,292,000

■応用問題（p.198）

1

(1)

①	流　動　資　産	¥	**10,605,000**	②	当　座　資　産	¥	**5,775,000**
③	有 形 固 定 資 産	¥	**3,200,000**	④	投資その他の資産	¥	**6,195,000**
⑤	流　動　負　債	¥	**5,250,000**	⑥	固　定　負　債	¥	**2,150,000**
⑦	自　己　資　本	¥	**12,420,000**	⑧	利　益　剰　余　金	¥	**1,400,000**

(2)

①	流　動　比　率	202.0	%	②	当　座　比　率	110.0	%
③	自　己　資　本　比　率	62.1	%	④	固　定　比　率	75.6	%
⑤	負　債　比　率	59.6	%	⑥	自　己　資　本　利　益　率	6.6	%
⑦	総　資　本　利　益　率	4.1	%				

解説

(1)①現金預金 ¥825,000 ＋電子記録債権 ¥1,980,000 ＋売掛金 ¥2,970,000 ＋商品 ¥4,830,000 ＝流動資産 ¥10,605,000

②現金預金 ¥825,000 ＋電子記録債権 ¥1,980,000 ＋売掛金 ¥2,970,000 ＝当座資産 ¥5,775,000

③備品 ¥3,200,000 ＝有形固定資産 ¥3,200,000

④長期貸付金 ¥2,000,000 ＋投資有価証券 ¥4,195,000 ＝投資その他の資産 ¥6,195,000

⑤電子記録債務 ¥2,200,000 ＋買掛金 ¥2,470,000 ＋未払法人税等 ¥580,000 ＝流動負債 ¥5,250,000

⑥退職給付引当金 ¥2,150,000 ＝固定負債 ¥2,150,000

⑦資本金 ¥10,000,000 ＋資本準備金 ¥1,000,000 ＋利益準備金 ¥200,000 ＋別途積立金 ¥200,000
　　　　　　＋繰越利益剰余金 ¥1,000,000 ＋その他有価証券評価差額金 ¥20,000 ＝自己資本 ¥12,420,000

⑧利益準備金 ¥200,000 ＋別途積立金 ¥200,000 ＋繰越利益剰余金 ¥1,000,000 ＝利益剰余金 ¥1,400,000

(2)①（流動資産 ¥10,605,000 ÷流動負債 ¥5,250,000）×100＝流動比率202.0%

②（当座資産 ¥5,775,000 ÷流動負債 ¥5,250,000）×100＝当座比率110.0%

③（自己資本 ¥12,420,000 ÷総資本 ¥20,000,000）×100＝自己資本比率62.1%

④有形固定資産 ¥3,200,000 ＋投資その他の資産 ¥6,195,000 ＝固定資産 ¥9,395,000
　　（固定資産 ¥9,395,000 ÷自己資本 ¥12,420,000）×100≒固定比率75.6%

⑤流動負債 ¥5,250,000 ＋固定負債 ¥2,150,000 ＝負債 ¥7,400,000
　　（負債 ¥7,400,000 ÷自己資本 ¥12,420,000）×100≒負債比率59.6%

⑥（当期純利益 ¥819,000 ÷自己資本 ¥12,420,000）×100≒自己資本利益率6.6%

⑦（当期純利益 ¥819,000 ÷総資本 ¥20,000,000）×100≒総資本利益率4.1%

2

(1)	流　動　比　率	140.6	%	(2)	当　座　比　率	113.0	%
(3)	自　己　資　本　比　率	61.2	%	(4)	固　定　比　率	104.1	%
(5)	負　債　比　率	63.4	%	(6)	売　上　高　純　利　益　率	2.3	%
(7)	売　上　高　総　利　益　率	24.0	%	(8)	売　上　原　価　率	76.0	%
(9)	商　品　回　転　率	27.2	回	(10)	受　取　勘　定　回　転　率	14.5	回
(11)	固　定　資　産　回　転　率	5.2	回	(12)	自　己　資　本　回　転　率	5.4	回
(13)	総　資　本　回　転　率	3.3	回	(14)	自　己　資　本　利　益　率	12.6	%
(15)	総　資　本　利　益　率	7.7	%				

(1)現金預金 ¥750,000 + 受取手形 ¥1,483,000 + 売掛金 ¥1,140,000 + 商品 ¥824,000 = 流動資産 ¥4,197,000

支払手形 ¥836,000 + 買掛金 ¥1,850,000 + 未払法人税等 ¥300,000 = 流動負債 ¥2,986,000

（流動資産 ¥4,197,000 ÷ 流動負債 ¥2,986,000）× 100 ≒ 流動比率140.6%

(2)現金預金 ¥750,000 + 受取手形 ¥1,483,000 + 売掛金 ¥1,140,000 = 当座資産 ¥3,373,000

（当座資産 ¥3,373,000 ÷ 流動負債 ¥2,986,000）× 100 ≒ 当座比率113.0%

(3)資本金 ¥5,000,000 + 利益準備金 ¥630,000 + 繰越利益剰余金 ¥1,451,000 = 自己資本 ¥7,081,000

（自己資本 ¥7,081,000 ÷ 総資本 ¥11,567,000）× 100 ≒ 自己資本比率61.2%

(4)建物 ¥4,400,000 + 備品 ¥1,200,000 + のれん ¥970,000 + 投資有価証券 ¥800,000 = 固定資産 ¥7,370,000

（固定資産 ¥7,370,000 ÷ 自己資本 ¥7,081,000）× 100 ≒ 固定比率104.1%

(5)支払手形 ¥836,000 + 買掛金 ¥1,850,000 + 未払法人税等 ¥300,000 + 長期借入金 ¥1,500,000 = 負債 ¥4,486,000

（負債 ¥4,486,000 ÷ 自己資本 ¥7,081,000）× 100 ≒ 負債比率63.4%

(6)（当期純利益 ¥892,000 ÷ 売上高 ¥38,000,000）× 100 ≒ 売上高純利益率2.3%

(7)期首商品棚卸高 ¥1,300,000 + 仕入高 ¥28,400,000 − 期末商品棚卸高 ¥824,000 = 売上原価 ¥28,876,000

売上高 ¥38,000,000 − 売上原価 ¥28,876,000 = 売上総利益 ¥9,124,000

（売上総利益 ¥9,124,000 ÷ 売上高 ¥38,000,000）× 100 ≒ 売上高総利益率24.0%

(8)（売上原価 ¥28,876,000 ÷ 売上高 ¥38,000,000）× 100 ≒ 売上原価率76.0%

(9)売上原価 ¥28,876,000 ÷（（期首商品棚卸高 ¥1,300,000 + 期末商品棚卸高 ¥824,000）÷ 2）≒ 商品回転率27.2回

(10)売上高 ¥38,000,000 ÷（受取手形 ¥1,483,000 + 売掛金 ¥1,140,000）≒ 受取勘定回転率14.5回

(11)売上高 ¥38,000,000 ÷ 固定資産 ¥7,370,000 ≒ 固定資産回転率5.2回

(12)売上高 ¥38,000,000 ÷ 自己資本 ¥7,081,000 ≒ 自己資本回転率5.4回

(13)売上高 ¥38,000,000 ÷ 総資本 ¥11,567,000 ≒ 総資本回転率3.3回

(14)（当期純利益 ¥892,000 ÷ 自己資本 ¥7,081,000）× 100 ≒ 自己資本利益率12.6%

(15)（当期純利益 ¥892,000 ÷ 総資本 ¥11,567,000）× 100 ≒ 総資本利益率7.7%

■検定問題（p.200）

1

ア	イ
3	4

2

①

ア	イ	ウ
900 千円	**820** 千円	**6,690** 千円

エ	オ	カ	キ
65.0 %	8.0 %	25.0 %	10.0 回

②

ク	ケ	コ	サ
11.5 %	1	36.5 日	1

①ア：6/25の取引について，まずは利益準備金の計上額を求める。

資本金6,000千円×（1/4）−（資本準備金600千円＋利益準備金800千円）＝100千円……①

配当金1,400千円×（1/10）＝140千円……②

①＜②より，利益準備金計上額は①の100千円となる。

よって，利益準備金当期首残高800千円＋利益準備金計上額100千円＝利益準備金当期末残高（ア）900千円

※参考として，6/25の取引の仕訳を示すと以下のようになる（単位：千円）。

（借）繰越利益剰余金　1,580　　　　（貸）利　益　準　備　金　　100

未　払　配　当　金　1,400

新　築　積　立　金　　80

イ：第18期の損益計算書より，経常利益3,450千円−特別損失20千円＝税引前当期純利益3,430千円

税引前当期純利益3,430千円−法人税，住民税及び事業税1,030千円＝当期純利益2,400千円

よって，繰越利益剰余金減少額△1,580千円＋繰越利益剰余金増加額2,400千円

＝繰越利益剰余金変動額（イ）820千円

ウ：第18期の損益計算書より，経常利益3,450千円＋営業外費用150千円＝営業利益3,600千円

売上総利益10,290千円−営業利益3,600千円＝販売費及び一般管理費（ウ）6,690千円

エ：（売上原価15,600千円÷売上高24,000千円）×100＝売上原価率（エ）65.0％

オ：（当期純利益2,400千円÷売上高30,000千円）×100＝売上高純利益率（オ）8.0％

カ：（（第18期売上高30,000千円−第17期売上高24,000千円）÷第17期売上高24,000千円）×100

＝売上高成長率（カ）25.0％

キ：売上高30,000千円÷（（期首売上債権2,000千円＋期末売上債権4,000千円）÷2）＝受取勘定回転率（キ）10.0回

②ク：（経常利益3,450千円÷売上高30,000千円）×100＝売上高経常利益率（ク）11.5％

ケ：売上高経常利益率が第17期よりも第18期の方が高いので，業績は第18期のほうが良くなっていることがわかる。

コ：売上原価15,600千円÷（（期首商品棚卸高1,730千円＋期末商品棚卸高1,390千円）÷2）＝商品回転率10.0回

365日÷商品回転率10.0回＝商品平均在庫日数（コ）36.5日

サ：商品平均在庫日数が第17期よりも第18期の方が短いので，販売効率は第18期のほうが良くなっていることがわかる。

3

①

ア	イ	ウ
140　　　％	120　　　％	30　　　％

エ	オ	カ	キ
12　　％	4　　％	3　　回	20　　％

②

2,900　　　千円

③

1

①ア：現金預金4,200千円＋受取手形5,600千円＋売掛金9,400千円＋有価証券12,800千円＋商品23,000千円

＋短期貸付金1,000千円＝流動資産56,000千円

支払手形4,300千円＋買掛金26,500千円＋短期借入金8,000千円＋未払法人税等1,200千円＝流動負債40,000千円

（流動資産56,000千円÷流動負債40,000千円）×100＝流動比率（ア）140％

イ：現金預金1,300千円＋受取手形600千円＋売掛金2,400千円＋有価証券1,700千円＝当座資産6,000千円

　　支払手形1,400千円＋買掛金2,700千円＋短期借入金600千円＋未払法人税等300千円＝流動負債5,000千円

　　（当座資産6,000千円÷流動負債5,000千円）×100＝当座比率（イ）120％

ウ：資本金11,000千円＋資本剰余金6,400千円＋利益剰余金9,600千円＝自己資本27,000千円

　　（自己資本27,000千円÷総資本90,000千円）×100＝自己資本比率（ウ）30％

エ：（当期純利益1,680千円÷総資本14,000千円）×100＝総資本利益率（エ）12％

オ：（当期純利益1,680千円÷売上高42,000千円）×100＝売上高純利益率（オ）4％

カ：売上高42,000千円÷総資本14,000千円＝総資本回転率（カ）3回

キ：（（当期売上高60,000千円－前期売上高50,000千円）÷前期売上高50,000千円）×100＝売上高成長率（キ）20％

②ク：B社の商品回転率は9回であるため，

　　売上原価25,200千円÷（（期首商品棚卸高2,700千円＋期末商品棚卸高 _____ 千円）÷2）＝商品回転率9回

　　となり，期末商品棚卸高（ク）は2,900千円とわかる。

③総資本の金額（企業規模）はA社の方が大きいといえるが，安全性・収益性・成長性の分析の結果，各比率はB社の方が良好であるといえる。

4

収益性がもっとも高い会社	自己資本利益率
A　　　　　社	22　　　％

各社の自己資本利益率を求めると，

A社：総資本￥9,000,000－他人資本￥4,800,000＝自己資本￥4,200,000

　　（当期純利益￥924,000÷自己資本￥4,200,000）×100＝自己資本利益率22％

B社：総資本￥16,000,000－他人資本￥6,200,000＝自己資本￥9,800,000

　　（当期純利益￥1,764,000÷自己資本￥9,800,000）×100＝自己資本利益率18％

C社：総資本￥14,500,000－他人資本￥8,200,000＝自己資本￥6,300,000

　　（当期純利益￥1,260,000÷自己資本￥6,300,000）×100＝自己資本利益率20％

となる。よって，株主から投資された資金（自己資本）を効率的に運用し，収益性がもっとも高いのはA社となる。

5

ア	イ
1	2

Ⅴ 連結財務諸表の作成

■基本問題（p.207）

1

(1)		(2)		(3)	(4)
ア	イ	ウ	エ	オ	カ
5	2	8	3	4	1

2

(1) 投資と資本の相殺消去の仕訳

借　　　　　方		貸　　　　　方	
資　　本　　金	1,500,000	子 会 社 株 式	2,000,000
資 本 剰 余 金	500,000		

(2)

P社　　　　　　　　　　連 結 貸 借 対 照 表　　　　　　（単位：円）

現 金 預 金 （	6,000,000 ）	買 　 掛 　 金 （	2,000,000 ）
売 　 掛 　 金 （	3,200,000 ）	資 　 本 　 金 （	5,000,000 ）
商 　 　 　 品 （	800,000 ）	資 本 剰 余 金 （	2,500,000 ）
		利 益 剰 余 金 （	500,000 ）
（	10,000,000 ）	（	10,000,000 ）

解説

(1) 次のようにP社の投資（子会社株式）とS社の資本が相殺消去される。

P社　　　　貸 借 対 照 表　（単位：円）

現 金 預 金	4,000,000	買 　 掛 　 金	2,000,000
売 　 掛 　 金	3,200,000	資 　 本 　 金	5,000,000
商 　 　 　 品	800,000	資 本 剰 余 金	2,500,000
子会社株式	2,000,000	利 益 剰 余 金	500,000
	10,000,000		10,000,000

S社　　　　貸 借 対 照 表　（単位：円）

現 金 預 金	2,000,000	資 　 本 　 金	1,500,000
		資 本 剰 余 金	500,000
	2,000,000		2,000,000

3

(1) S社の評価替えの仕訳

借 方		貸 方	
土　　　　　　地	290,000	評　価　差　額	290,000

(2) 投資と資本の相殺消去の仕訳

借 方		貸 方	
資　　本　　金	4,000,000	子　会　社　株　式	5,000,000
資　本　剰　余　金	500,000	非　支　配　株　主　持　分	509,000
利　益　剰　余　金	300,000		
評　価　差　額	290,000		
の　　れ　　ん	419,000		

(3)

P社	連 結 貸 借 対 照 表		（単位：円）
現　金　預　金　(5,300,000)		買　　掛　　金　(6,520,000)	
売　　掛　　金　(7,100,000)		資　　本　　金　(18,000,000)	
商　　　　品　(3,800,000)		資　本　剰　余　金　(2,000,000)	
土　　　　地　(10,710,000)		利　益　剰　余　金　(300,000)	
（ の れ ん ）　(419,000)		（非支配株主持分）　(509,000)	
(27,329,000)		(27,329,000)	

解説

(2) S社の資本のうち，親会社に帰属する部分と，非支配株主に帰属する部分を示すと以下のようになる。

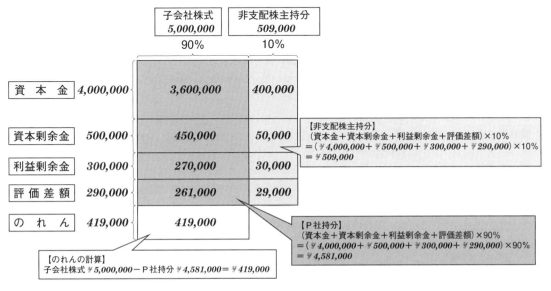

135

4

(1) S社の評価替えの仕訳（単位：千円）

借　　　　方		貸　　　　方	
土　　　　　　　　地	580	評　価　差　額	580

(2) 投資と資本の相殺消去の仕訳（単位：千円）

借　　　　方		貸　　　　方	
資　　本　　金	8,000	子　会　社　株　式	10,000
資　本　剰　余　金	1,000	非　支　配　株　主　持　分	1,018
利　益　剰　余　金	600		
評　価　差　額	580		
の　　れ　　ん	838		

(3)

P社	連　結　貸　借　対　照　表		（単位：千円）
現　金　預　金　（	10,600 ）	買　　掛　　金　（	13,040 ）
売　　掛　　金　（	14,200 ）	資　　本　　金　（	36,000 ）
商　　　品　（	7,600 ）	資　本　剰　余　金　（	4,000 ）
土　　　地　（	21,420 ）	利　益　剰　余　金　（	600 ）
（の　れ　ん）（	838 ）	（非支配株主持分）（	1,018 ）
（	54,658 ）	（	54,658 ）

解説

(2) S社の資本のうち，親会社に帰属する部分と，非支配株主に帰属する部分を示すと以下のようになる。

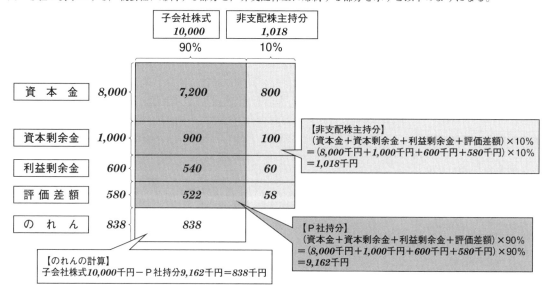

136

■基本問題（p.212）

1

(1)	(2)	(3)	(4)
ア	イ	ウ	エ
4	7	2	1

2

① 開始仕訳（単位：千円）

借　　　方		貸　　　方	
資　　本　　金	3,000	子 会 社 株 式	3,800
利益剰余金当期首残高	800	非 支 配 株 主 持 分	1,200
評　価　差　額	200		
の　　れ　　ん	1,000		

② のれんの償却（単位：千円）

借　　　方		貸　　　方	
の れ ん 償 却	50	の　　れ　　ん	50

③ 子会社の当期純利益の配分（単位：千円）

借　　　方		貸　　　方	
非 支 配 株 主 に 帰 属 する 当 期 純 利 益	150	非 支 配 株 主 持 分	150

④ 配当金の修正（単位：千円）

借　　　方		貸　　　方	
受 取 配 当 金	210	剰 余 金 の 配 当	210
非 支 配 株 主 持 分	90	剰 余 金 の 配 当	90

解説

①土地の時価 1,800 千円 − 土地の帳簿価額 1,600 千円 ＝ 評価差額 200 千円

　（資本金 3,000 千円 ＋ 利益剰余金 800 千円 ＋ 評価差額 200 千円）×非支配株主の株式保有割合30％

　　　　　　　　　　　　　　　　　　　　　　　　　　　　　　　　＝非支配株主持分 1,200 千円

　のれんの金額は仕訳の貸借差額から 1,000 千円となる。

②のれん 1,000 千円 ÷ 償却期間 20 年 ＝ のれん償却 50 千円

③Ｓ社の当期純利益 500 千円×非支配株主の株式保有割合30％＝非支配株主に帰属する当期純利益 150 千円

④Ｓ社の配当金 300 千円×Ｐ社の株式保有割合70％＝受取配当金修正額 210 千円

　Ｓ社の配当金 300 千円×非支配株主の株式保有割合30％＝非支配株主持分修正額 90 千円

(参考) 連結財務諸表の作成

連結損益計算書

P社　　　　　　　令和○１年４月１日から令和○２年３月31日まで　　　　（単位：千円）

売 上 原 価	18,250	売 上 高	24,000
給 料	3,960		
の れ ん 償 却	50		
当 期 純 利 益	**1,740**		
	24,000		24,000
非支配株主に帰属する当期純利益	150	当 期 純 利 益	1,740
親会社株主に帰属する当期純利益	**1,590**		
	1,740		1,740

連結株主資本等変動計算書

P社　　　　　　　令和○１年４月１日から令和○２年３月31日まで　　　　（単位：千円）

	株 主 資 本		非支配株主持分
	資 本 金	利益剰余金	
当期首残高	5,000	1,200	1,200
当期変動額　剰余金の配当		△ 800	
親会社株主に帰属する当期純利益		1,590	
株主資本以外の項目の当期変動額(純額)			60
当期末残高	5,000	1,990	1,260

連結貸借対照表

P社　　　　　　　令和○２年３月31日　　　　　　　　　　　　　　（単位：千円）

諸 資 産	10,100	諸 負 債	6,600
土 地	3,800	資 本 金	5,000
の れ ん	950	利 益 剰 余 金	1,990
		非 支 配 株 主 持 分	1,260
	14,850		14,850

P社受取配当金 210 千円－④受取配当金修正額 210 千円＝受取配当金の連結P/L表示額 0 千円（表示なし）

当期純利益は連結P/Lの貸借差額から 1,740 千円となる。

当期純利益 1,740 千円－③非支配株主に帰属する当期純利益 150 千円＝親会社株主に帰属する当期純利益 1,590 千円

※または,

　P社当期純利益 1,500 千円＋S社当期純利益 500 千円－②のれん償却 50 千円

　　－③非支配株主に帰属する当期純利益 150 千円－④受取配当金修正額 210 千円

　　　　　　＝親会社株主に帰属する当期純利益 1,590 千円と計算することもできる。

P社の利益剰余金当期首残高 1,200 千円＋親会社株主に帰属する当期純利益 1,590 千円－P社の剰余金の配当 800 千円

　　　　　　　　　　　　　　　　　　　　　　　　　　　　＝利益剰余金当期末残高 1,990 千円

※または,

　P社の利益剰余金当期末残高 1,900 千円＋S社の利益剰余金当期末残高 1,000 千円

　　－S社の利益剰余金当期首残高 800 千円－②のれん償却 50 千円－③非支配株主に帰属する当期純利益 150 千円

　　－④受取配当金修正額 210 千円＋④S社の配当金 300 千円

　　　　　　　　　　　　　　　　　　　　＝利益剰余金当期末残高 1,990 千円と計算することもできる。

---

③非支配株主持分 150 千円－④非支配株主持分修正額 90 千円＝非支配株主持分当期変動額 60 千円

①非支配株主持分当期首残高 1,200 千円＋非支配株主持分当期変動額 60 千円＝非支配株主持分当期末残高 1,260 千円

①のれん 1,000 千円－②のれん償却 50 千円＝のれんの連結B/S表示額（未償却残高）950 千円

（参考）タイムテーブルを用いた計算（単位：千円）

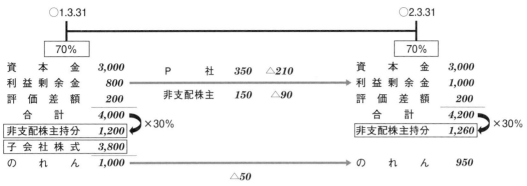

（非支配株主持分 *1,200* 千円＋子会社株式 *3,800* 千円）－ S 社資本合計 *4,000* 千円＝のれん *1,000* 千円

P 社の利益剰余金当期末残高 *1,900* 千円＋ S 社当期純利益 *500* 千円× P 社の株式保有割合 70％－のれん償却 *50* 千円

－受取配当金修正額 *210* 千円＝利益剰余金当期末残高 *1,990* 千円

3

ア	7,720	千円	イ	7,120	千円
ウ	20,800	千円	エ	4,000	千円

解説

① 開始仕訳（単位：千円）

借　　　　　方		貸　　　　　方	
資　　本　　金	12,400	子　会　社　株　式	16,000
利益剰余金当期首残高	3,600	非　支　配　株　主　持　分	3,600
評　　価　　差　　額	2,000		
の　　れ　　ん	1,600		

② のれんの償却（単位：千円）

借　　　　　方		貸　　　　　方	
の　れ　ん　償　却	80	の　　れ　　ん	80

③ 子会社の当期純利益の配分（単位：千円）

借　　　　　方		貸　　　　　方	
非　支　配　株　主　に　帰　属する　当　期　純　利　益	600	非　支　配　株　主　持　分	600

④ 配当金の修正（単位：千円）

借　　　　　方		貸　　　　　方	
受　　取　　配　　当　　金	800	剰　余　金　の　配　当	800
非　支　配　株　主　持　分	200	剰　余　金　の　配　当	200

①土地の時価 *9,800* 千円－土地の帳簿価額 *7,800* 千円＝評価差額 *2,000* 千円

　（資本金 *12,400* 千円＋利益剰余金 *3,600* 千円＋評価差額 *2,000* 千円）×非支配株主の株式保有割合 20％

＝非支配株主持分 *3,600* 千円

　のれんの金額は仕訳の貸借差額から *1,600* 千円となる。

②のれん *1,600* 千円÷償却期間 20 年＝のれん償却 *80* 千円

③S 社の当期純利益 *3,000* 千円×非支配株主の株式保有割合 20％＝非支配株主に帰属する当期純利益 *600* 千円

④S社の配当金 1,000 千円×P社の株式保有割合 80% =受取配当金修正額 800 千円

　S社の配当金 1,000 千円×非支配株主の株式保有割合 20% =非支配株主持分修正額 200 千円

連 結 損 益 計 算 書

P社　　　　　　　令和○ 3 年 4 月 1 日から令和○ 4 年 3 月 31 日まで　　　　（単位：千円）

売　上　原　価	141,300	売　　上　　高	183,600
給　　　　　料	34,750	受　取　利　息	(600)
支　払　利　息	350		
の　れ　ん　償　却	(80)		
当　期　純　利　益	(7,720)		
	(184,200)		(184,200)
非支配株主に帰属する当期純利益	(600)	当　期　純　利　益	(7,720)
親会社株主に帰属する当期純利益	(7,120)		
	(7,720)		(7,720)

連 結 株 主 資 本 等 変 動 計 算 書

P社　　　　　　　令和○ 3 年 4 月 1 日から令和○ 4 年 3 月 31 日まで　　　　（単位：千円）

	株　　主　　資　　本		非支配株主持分
	資　本　金	利益剰余金	
当期首残高	68,000	16,900	(3,600)
当期変動額　剰余金の配当		△ 2,500	
親会社株主に帰属する当期純利益		(7,120)	
株主資本以外の項目の当期変動額(純額)			(400)
当期末残高	68,000	(21,520)	(4,000)

連 結 貸 借 対 照 表

P社　　　　　　　　　　　令和○ 4 年 3 月 31 日　　　　　　　　　　（単位：千円）

諸　　資　　産	95,200	諸　　負　　債	24,000
土　　　　　地	(20,800)	資　　本　　金	(68,000)
の　　れ　　ん	(1,520)	利　益　剰　余　金	(21,520)
		非　支　配　株　主　持　分	(4,000)
	(117,520)		117,520

P社受取配当金 800 千円－④受取配当金修正額 800 千円＝受取配当金の連結 P/L 表示額 0 千円（表示なし）

当期純利益は連結 P/L の貸借差額から 7,720 千円となる。

当期純利益 7,720 千円－③非支配株主に帰属する当期純利益 600 千円＝親会社株主に帰属する当期純利益 7,120 千円

※または，

　P社当期純利益 5,600 千円＋S社当期純利益 3,000 千円－②のれん償却 80 千円

　　－③非支配株主に帰属する当期純利益 600 千円－④受取配当金修正額 800 千円

　　　　　　　　　　　＝親会社株主に帰属する当期純利益 7,120 千円と計算することもできる。

P社の利益剰余金当期首残高 16,900 千円＋親会社株主に帰属する当期純利益 7,120 千円－P社の剰余金の配当 2,500 千円

　　　　　　　　　　　　　　　　　　　　　　　＝利益剰余金当期末残高 21,520 千円

※または，

　P社の利益剰余金当期末残高 20,000 千円＋S社の利益剰余金当期末残高 5,600 千円

　　－S社の利益剰余金当期首残高 3,600 千円－②のれん償却 80 千円－③非支配株主に帰属する当期純利益 600 千円

　　－④受取配当金修正額 800 千円＋④S社の配当金 1,000 千円

　　　　　　　　　　　　　　　　　　＝利益剰余金当期末残高 21,520 千円と計算することもできる。

③非支配株主持分 *600* 千円－④非支配株主持分修正額 *200* 千円＝非支配株主持分当期変動額 *400* 千円

①非支配株主持分当期首残高 *3,600* 千円＋非支配株主持分当期変動額 *400* 千円＝非支配株主持分当期末残高 *4,000* 千円

①のれん *1,600* 千円－②のれん償却 *80* 千円＝のれんの連結 B/S 表示額（未償却残高）*1,520* 千円

（参考）タイムテーブルを用いた計算（単位：千円）

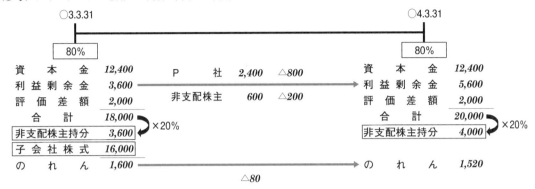

（非支配株主持分 *3,600* 千円＋子会社株式 *16,000* 千円）－S社資本合計 *18,000* 千円＝のれん *1,600* 千円

P社の利益剰余金当期末残高 *20,000* 千円＋S社当期純利益 *3,000* 千円×P社の株式保有割合 *80*％－のれん償却 *80* 千円

－受取配当金修正額 *800* 千円＝利益剰余金当期末残高 *21,520* 千円

■検定問題 (p.216)

1

ア		1,000	千円	イ		3,000	千円
ウ		1,350	千円	エ		7,450	千円

解説

① 開始仕訳（単位：千円）

借　　　方		貸　　　方	
資　本　金	*5,000*	子　会　社　株　式	*6,000*
利益剰余金当期首残高	*2,000*	非　支　配　株　主　持　分	*3,000*
評　価　差　額	*500*		
の　れ　ん	*1,500*		

② のれんの償却（単位：千円）

借　　　方		貸　　　方	
の　れ　ん　償　却	*150*	の　　れ　　ん	*150*

③ 子会社の当期純利益の配分（単位：千円）

借　　　方		貸　　　方	
非 支 配 株 主 に 帰 属 する 当 期 純 利 益	*1,000*	非　支　配　株　主　持　分	*1,000*

④ 配当金の修正（単位：千円）

借　　　方		貸　　　方	
受　取　配　当　金	*900*	剰　余　金　の　配　当	*900*
非　支　配　株　主　持　分	*600*	剰　余　金　の　配　当	*600*

①土地の時価2,000千円－土地の帳簿価額1,500千円＝評価差額500千円

（資本金5,000千円＋利益剰余金2,000千円＋評価差額500千円）×非支配株主の株式保有割合40％

＝非支配株主持分3,000千円

のれんの金額は仕訳の貸借差額から1,500千円となる。

②のれん1,500千円÷償却期間10年＝のれん償却150千円

③S社の当期純利益2,500千円×非支配株主の株式保有割合40％＝非支配株主に帰属する当期純利益1,000千円

④S社の配当金1,500千円×P社の株式保有割合60％＝受取配当金修正額900千円

S社の配当金1,500千円×非支配株主の株式保有割合40％＝非支配株主持分修正額600千円

連 結 損 益 計 算 書

P社　　　　　　　　　令和○3年4月1日から令和○4年3月31日まで　　　　　（単位：千円）

売　上　原　価	32,400	売　　上　　高	47,500
給　　　　料	8,500		
の　れ　ん　償　却	（ 150 ）		
当　期　純　利　益	（ 6,450 ）		
	47,500		47,500
非支配株主に帰属する当期純利益	（ 1,000 ）	当　期　純　利　益	（ 6,450 ）
親会社株主に帰属する当期純利益	（ 5,450 ）		
	（ 6,450 ）		（ 6,450 ）

連 結 株 主 資 本 等 変 動 計 算 書

P社　　　　　　　　　令和○3年4月1日から令和○4年3月31日まで　　　　　（単位：千円）

		株　主　資　本		非支配株主持分
		資　本　金	利益剰余金	
当期首残高		24,000	4,000	（ 3,000 ）
当期変動額	剰余金の配当		△2,000	
	親会社株主に帰属する当期純利益		（ 5,450 ）	
	株主資本以外の項目の当期変動額(純額)			（ 400 ）
当期末残高		24,000	（ 7,450 ）	3,400

連 結 貸 借 対 照 表

P社　　　　　　　　　令和○4年3月31日　　　　　（単位：千円）

諸　　資　　産	45,000	諸　　負　　債	18,500
土　　　　地	（ 7,000 ）	資　　本　　金	（ 24,000 ）
の　　れ　　ん	（ 1,350 ）	利　益　剰　余　金	（ 7,450 ）
		非　支　配　株　主　持　分	（ 3,400 ）
	（ 53,350 ）		（ 53,350 ）

P社受取配当金900千円－④受取配当金修正額900千円＝受取配当金の連結P/L表示額0千円（表示なし）

当期純利益は連結P/Lの貸借差額から6450千円となる。

当期純利益6450千円－③非支配株主に帰属する当期純利益1,000千円＝親会社株主に帰属する当期純利益5,450千円

※または，

　P社当期純利益5,000千円＋S社当期純利益2,500千円－②のれん償却150千円

　　－③非支配株主に帰属する当期純利益1,000千円－④受取配当金修正額900千円

＝親会社株主に帰属する当期純利益5,450千円と計算することもできる。

P社の利益剰余金当期首残高4,000千円＋親会社株主に帰属する当期純利益5,450千円－P社の剰余金の配当2,000千円

＝利益剰余金当期末残高7,450千円

※または、
　P社の利益剰余金当期末残高 7,000 千円＋S社の利益剰余金当期末残高 3,000 千円
　　－S社の利益剰余金当期首残高 2,000 千円－②のれん償却 150 千円－③非支配株主に帰属する当期純利益 1,000 千円
　　－④受取配当金修正額 900 千円＋S社の配当金 1,500 千円
　　　　　　　　　　　　　　　　　　　　　＝利益剰余金当期末残高 7,450 千円と計算することもできる。

③非支配株主持分 1,000 千円－④非支配株主持分修正額 600 千円＝非支配株主持分当期変動額 400 千円

①非支配株主持分当期首残高 3,000 千円＋非支配株主持分当期変動額 400 千円＝非支配株主持分当期末残高 3,400 千円

①のれん 1,500 千円－②のれん償却 150 千円＝のれんの連結 B/S 表示額（未償却残高）1,350 千円

（参考）タイムテーブルを用いた計算（単位：千円）

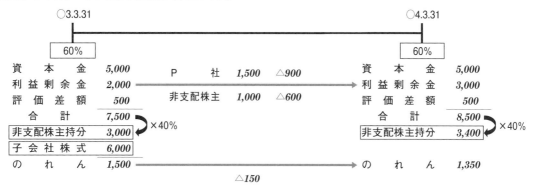

（非支配株主持分 3,000 千円＋子会社株式 6,000 千円）－S社資本合計 7,500 千円＝のれん 1,500 千円

P社の利益剰余金当期末残高 7,000 千円＋S社当期純利益 2,500 千円×P社の株式保有割合 60％－のれん償却 150 千円

　　　　　　　　　　　　　　　　　　　　　－受取配当金修正額 900 千円＝利益剰余金当期末残高 7,450 千円

2

ア	3,215	千円	イ	16,000	千円
ウ	240	千円	エ	855	千円

① 開始仕訳（単位：千円）

借　　　　　方		貸　　　　　方	
資　本　金	6,000	子　会　社　株　式	7,200
利益剰余金当期首残高	2,800	非　支　配　株　主　持　分	2,700
評　価　差　額	200		
の　れ　ん	900		

② のれんの償却（単位：千円）

借　　　　　方		貸　　　　　方	
の　れ　ん　償　却	45	の　れ　ん	45

③ 子会社の当期純利益の配分（単位：千円）

借　　　　　方		貸　　　　　方	
非支配株主に帰属する当期純利益	450	非　支　配　株　主　持　分	450

④　配当金の修正（単位：千円）

借　　　　方		貸　　　　方	
受　取　配　当　金	490	剰　余　金　の　配　当	490
非　支　配　株　主　持　分	210	剰　余　金　の　配　当	210

①土地の時価 2,000 千円 − 土地の帳簿価額 1,800 千円 = 評価差額 200 千円

　（資本金 6,000 千円 + 利益剰余金 2,800 千円 + 評価差額 200 千円）× 非支配株主の株式保有割合 30%

　　　　　　　　　　　　　　　　　　　　　　　　　　　　　　= 非支配株主持分 2,700 千円

　のれんの金額は仕訳の貸借差額から 900 千円となる。

②のれん 900 千円 ÷ 償却期間 20 年 = のれん償却 45 千円

③Ｓ社の当期純利益 1,500 千円 × 非支配株主の株式保有割合 30% = 非支配株主に帰属する当期純利益 450 千円

④Ｓ社の配当金 700 千円 × Ｐ社の株式保有割合 70% = 受取配当金修正額 490 千円

　Ｓ社の配当金 700 千円 × 非支配株主の株式保有割合 30% = 非支配株主持分修正額 210 千円

連結損益計算書

Ｐ社　　　　　　令和○ 4 年 4 月 1 日から令和○ 5 年 3 月 31 日まで　　　　（単位：千円）

売　上　原　価	55,100	売　　上　　高	72,800
給　　　料	13,940	受　取　利　息	200
（支　払　利　息）	（250）		
（の　れ　ん　償　却）	（45）		
当　期　純　利　益	（3,665）		
	（73,000）		（73,000）
非支配株主に帰属する当期純利益	450	当　期　純　利　益	（3,665）
親会社株主に帰属する当期純利益	（3,215）		
	（3,665）		（3,665）

連結株主資本等変動計算書

Ｐ社　　　　　　令和○ 4 年 4 月 1 日から令和○ 5 年 3 月 31 日まで　　　　（単位：千円）

		株　主　資　本		非支配株主持分
		資　本　金	利益剰余金	
当期首残高		（16,000）	（5,700）	（2,700）
当期変動額	剰余金の配当		△ 1,400	
	親会社株主に帰属する当期純利益		（3,215）	
	株主資本以外の項目の当期変動額（純額）			（240）
当期末残高		（16,000）	（7,515）	（2,940）

連結貸借対照表

Ｐ社　　　　　　令和○ 5 年 3 月 31 日　　　　　　　　　　　　　（単位：千円）

諸　資　産	49,100	諸　負　債	（34,000）
土　地	（10,500）	資　本　金	（16,000）
（の　れ　ん）	（855）	利　益　剰　余　金	（7,515）
		非　支　配　株　主　持　分	（2,940）
	（60,455）		（60,455）

Ｐ社受取配当金 490 千円 − ④受取配当金修正額 490 千円 = 受取配当金の連結 P/L 表示額 0 千円（表示なし）

当期純利益は連結 P/L の貸借差額から 3,665 千円となる。

当期純利益 *3,665* 千円－③非支配株主に帰属する当期純利益 *450* 千円＝親会社株主に帰属する当期純利益 *3,215* 千円

※または，

P社当期純利益 *2,700* 千円＋S社当期純利益 *1,500* 千円－②のれん償却 *45* 千円

－③非支配株主に帰属する当期純利益 *450* 千円－④受取配当金修正額 *490* 千円

＝親会社株主に帰属する当期純利益 *3,215* 千円と計算することもできる。

P社の利益剰余金当期首残高 *5,700* 千円＋親会社株主に帰属する当期純利益 *3,215* 千円－P社の剰余金の配当 *1,400* 千円

＝利益剰余金当期末残高 *7,515* 千円

※または，

P社の利益剰余金当期末残高 *7,000* 千円＋S社の利益剰余金当期末残高 *3,600* 千円

－S社の利益剰余金当期首残高 *2,800* 千円－②のれん償却 *45* 千円－③非支配株主に帰属する当期純利益 *450* 千円

－④受取配当金修正額 *490* 千円＋④S社の配当金 *700* 千円

＝利益剰余金当期末残高 *7,515* 千円と計算することもできる。

③非支配株主持分 *450* 千円－④非支配株主持分修正額 *210* 千円＝非支配株主持分当期変動額 *240* 千円

①非支配株主持分当期首残高 *2,700* 千円＋非支配株主持分当期変動額 *240* 千円＝非支配株主持分当期末残高 *2,940* 千円

①のれん *900* 千円－②のれん償却 *45* 千円＝のれんの連結B/S表示額（未償却残高）*855* 千円

（参考）タイムテーブルを用いた計算（単位：千円）

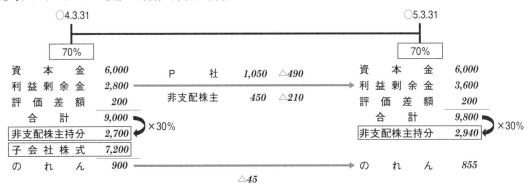

（非支配株主持分 *2,700* 千円＋子会社株式 *7,200* 千円）－S社資本合計 *9,000* 千円＝のれん *900* 千円

P社の利益剰余金当期末残高 *7,000* 千円＋S社当期純利益 *1,500* 千円×P社の株式保有割合 70％－のれん償却 *45* 千円

－受取配当金修正額 *490* 千円＝利益剰余金当期末残高 *7,515* 千円

VI 英文会計

第1章 会計用語の英語表記

■基本問題（p.222）

1

ア	5	イ	2	ウ	6

【解説】

語群の日本語訳は以下のようになる。

1．return on assets
　総資本利益率

2．one-year rule
　1年基準

3．current liabilities
　流動負債

4．operating-cycle rule
　営業循環基準

5．current assets
　流動資産

6．return on equity
　自己資本利益率

2

ア	4	イ	1	ウ	3

【解説】

語群の日本語訳は以下のようになる。

1．operating profit
　営業利益

2．management accounting
　管理会計

3．financial accounting
　財務会計

4．depreciation
　減価償却

5．gross profit
　売上総利益

6．provision
　引当金

3

ア	1	イ	5	ウ	2

【解説】

語群の日本語訳は以下のようになる。

1．fixed liabilities
　固定負債

2．treasury shares
　自己株式

3．cash basis
　現金主義

4．fixed assets
　固定資産

5．accrual basis
　発生主義

6．stakeholder
　利害関係者

4

ア	6	イ	4	ウ	3

解説

語群の日本語訳は以下のようになる。

1．notes
   注記

2．retained earnings
   利益剰余金

3．goodwill
   のれん

4．share premium
   資本剰余金

5．inventories
   棚卸資産

6．disclosure
   開示

5

ア	4	イ	5	ウ	3

解説

語群の日本語訳は以下のようになる。

1．financial position
   財政状態
   （投資のポジション）

2．current ratio
   流動比率

3．financial performance
   経営成績
   （投資の成果）

4．debt ratio
   負債比率

5．purchase discount
   仕入割引

6．sales discount
   売上割引

Ⅶ 形式別問題

第1章　仕訳 (p.224)

❶

	借　　　方		貸　　　方	
a	現　　　　　金	8,008,000	売買目的有価証券	7,840,000
			有価証券売却益	120,000
			有価証券利息	48,000
b	自　己　株　式	13,920,000	当　座　預　金	13,920,000
c	現　　　　　金	300,000	有価証券利息	332,000
	満期保有目的債券	32,000		
d	クレジット売掛金	441,000	売　　　　　上	450,000
	支　払　手　数　料	9,000		
e	繰越利益剰余金	5,670,000	利　益　準　備　金	400,000
			未　払　配　当　金	5,100,000
			別　途　積　立　金	170,000

d.クレジットカード発行会社に対する売掛金はクレジット売掛金勘定で処理する。

❷

	借　　　方		貸　　　方	
a	売買目的有価証券	11,852,000	当　座　預　金	11,870,000
	有価証券利息	18,000		
b	建　　　　　物	7,000,000	当　座　預　金	9,300,000
	修　　繕　　費	2,300,000		
c	鉱　業　権　償　却	10,500,000	鉱　　業　　権	10,500,000
d	売　　掛　　金	12,000,000	買　　掛　　金	9,400,000
	建　　　　　物	34,200,000	借　　入　　金	6,800,000
	備　　　　　品	10,000,000	資　　本　　金	40,000,000
	の　　れ　　ん	8,000,000	資　本　準　備　金	5,000,000
			その他資本剰余金	3,000,000
e	資　　本　　金	2,400,000	その他資本剰余金	2,400,000
	その他資本剰余金	2,400,000	繰越利益剰余金	2,400,000

e.資本金を減少させて繰越利益剰余金勘定の借方残高をてん補するときは，いったん資本金勘定からその他資本剰余金勘定に振り替える。

3

	借　　方		貸　　方	
a	当 座 預 金 電子記録債権売却損	548,800 11,200	電 子 記 録 債 権	560,000
b	現　　　　金	4,976,000	売買目的有価証券 有 価 証 券 売 却 益 有 価 証 券 利 息	4,930,000 10,000 36,000
c	買　　掛　　金 為 替 差 損 益	1,620,000 60,000	当 座 預 金	1,680,000
d	備　　　　品 備品減価償却累計額 固 定 資 産 売 却 損	5,000,000 1,500,000 900,000	備　　　　品 当 座 預 金	4,000,000 3,400,000
e	仕　　　　入	51,000	仕 入 割 引	51,000

c.仕入時（ $12,000 × ¥135$ ）－決算時（ $12,000 × ¥140$ ）＝為替差損△ ¥60,000

4

	借　　方		貸　　方	
a	不 渡 手 形 保 証 債 務	912,000 9,000	当 座 預 金 保証債務取崩益	912,000 9,000
b	建　　　　物 新 築 積 立 金	24,000,000 24,000,000	建 設 仮 勘 定 当 座 預 金 繰越利益剰余金	14,000,000 10,000,000 24,000,000
c	役 務 原 価	290,000	現　　　　金	290,000
d	売　　掛　　金 建　　　　物 備　　　　品 の　　れ　　ん	5,600,000 17,400,000 5,100,000 1,300,000	買　　掛　　金 当 座 預 金	3,400,000 26,000,000
e	当 座 預 金	9,200,000	自 己 株 式 その他資本剰余金	8,000,000 1,200,000

解説

c.役務収益に対応する費用は，役務原価勘定で処理する。

5

	借 方		貸 方	
a	仕　　　　　入	790,000	受　取　手　形	600,000
			当　座　預　金	190,000
	保 証 債 務 費 用	6,000	保　証　債　務	6,000
b	退 職 給 付 引 当 金	5,000,000	定　期　預　金	5,000,000
c	仕　掛　品	150,000	給　　　　　料	120,000
			旅　　　　　費	30,000
d	備　　　　　品	4,400,000	備　　　　　品	4,000,000
	備品減価償却累計額	1,952,000	未　払　金	2,800,000
	固 定 資 産 売 却 損	448,000		
e	その他資本剰余金	12,000,000	自　己　株　式	12,000,000

解説

c.いったん費用として処理していた金額について，サービスの提供のために直接費やされたものであることが判明したときは，仕掛品勘定に振り替える。

6

	借 方		貸 方	
a	ソ フ ト ウ ェ ア	7,700,000	ソフトウェア仮勘定	5,200,000
			当　座　預　金	2,500,000
b	当　座　預　金	2,000,000	新　株　予　約　権	2,000,000
c	新　株　予　約　権	2,250,000	資　　本　　金	13,500,000
	当　座　預　金	11,250,000		
d	減　価　償　却　費	150,000	備品減価償却累計額	150,000
	繰 延 税 金 資 産	9,000	法 人 税 等 調 整 額	9,000
e	売　　掛　　金	56,000	為　替　差　損　益	56,000
f	自　己　株　式	7,000,000	当　座　預　金	7,000,000

解説

d.将来減算一時差異（¥150,000 − ¥120,000）×法定実効税率30％＝繰延税金資産 ¥9,000

7

	借　方		貸　方	
a	リ ー ス 債 務 支 払 利 息	114,000 6,000	現　　　　　金	120,000
b	当 座 預 金 売　　　　　上	637,000 13,000	売　　掛　　金	650,000
c	買　　掛　　金	620,000	電 子 記 録 債 権 電 子 記 録 債 務	400,000 220,000
d	貸 倒 引 当 金 繰 入 繰 延 税 金 資 産	8,000 600	貸 倒 引 当 金 法 人 税 等 調 整 額	8,000 600
e	当 座 預 金	1,976,000	売 買 目 的 有 価 証 券 有 価 証 券 売 却 益 有 価 証 券 利 息	1,954,000 14,000 8,000

c.電子記録債権￥400,000の譲渡については，電子記録債権勘定の貸方に記入し，電子記録債務￥220,000の発生については，電子記録債務勘定の貸方に記入する。

8

	借　方		貸　方	
a	当 座 預 金 役 務 原 価	230,000 150,000	役 務 収 益 仕 掛 品	230,000 150,000
b	その他有価証券 その他有価証券評価差額金	600,000 180,000	その他有価証券評価差額金 繰 延 税 金 負 債	600,000 180,000
c	売 買 目 的 有 価 証 券 有 価 証 券 利 息	9,888,000 48,000	当 座 預 金	9,936,000
d	当 座 預 金 手 形 売 却 損 保 証 債 務 費 用	1,379,000 21,000 14,000	受 取 手 形 保 証 債 務	1,400,000 14,000
e	保 証 債 務	14,000	保 証 債 務 取 崩 益	14,000

＊bのその他有価証券評価差額金は相殺して表示してもよい

e.約束手形を割り引いたときに計上していた保証債務を取り崩し，保証債務取崩益勘定の貸方に記入する。

1

a		b		c	
ア	イ	ウ	エ	オ	カ
4	7	13	8	10	1

2

a		b		c	
ア	イ	ウ	エ	オ	カ
5	14	6	8	10	3

3

ア	イ
6	3

4

ア	イ
6	8

5

ア	イ
6	2

6

ア	イ
5	6

7

ア	イ
6	5

8

ア	イ
8	1

9

ア	イ
6	2

10

ア	イ
8	1

11

ア	イ
5	6

第3章　英文会計 (p.236)

1

ア	イ	ウ
2	1	4

2

ア	イ	ウ
5	3	1

3

ア	イ	ウ
4	1	3

4

ア	イ	ウ
2	5	6

5

ア	イ	ウ
2	6	5

6

ア	イ	ウ
2	3	4

7

ア	イ	ウ
6	1	3

8

ア	イ	ウ
1	5	2

1

原価回収基準 による工事収益	¥ *89,600,000*

2

①	¥ *98,175,000*	②	¥ *0*

3

a	¥ *1,134,000*	b	¥ *7,380,000*	c	*76.0 (76)* %

4

(1)

	借　　方		貸　　方	
1	仕　訳　な　し			
2	通　信　費	*4,000*	当　座　預　金	*4,000*
3	仕　訳　な　し			
4	当　座　預　金	*44,000*	買　掛　金	*44,000*

(2)

当座預金出納帳の次月繰越高	¥ *1,620,000*

5

1株あたりの実質価額	¥ *12,000*	評価替えをする	（　　　　　）
		評価替えをしない	（　　○　　）

6

a	*20.0 (20)* %	b	¥ *3,000*	c	*7.0 (7)* %

7

①

a	¥ *950,400*	b	*4.7* %	c	*8.4* %
d	*0.96* 回	e	*1.36* 回		

②

3

8

①

a	¥	20,620,000	b	30.0 (30) %	c	2.7 %

②

a	¥	12,280,000	b	28.0 (28) %	c	7.0 (7) %

③

ア	6.0 (6) %	イ	14.0 (14) %	ウ	2	エ	7.0 (7) 回	オ	12.0 (12) 回

9

①

a	¥	1,950,000	b	118.0 (118) %	c	190.0 (190) %

②

a	¥	8,542,000	b	4.0 (4) %	c	10.0 (10) 回

③

ア	12.0 (12) 回	イ	11.0 (11) 回	ウ	1

10

(1)	¥	3,892,500	(2)	¥	3,750,000	(3)	¥	1,383,000
(4)	160.0 (160) %		(5)	225.0 (225) %		(6)	100.0 (100) %	

解説

(1)投資有価証券・関係会社株式・長期貸付金の合計金額が投資その他の資産の合計金額になる。

¥1,250,000 + 2,400,000 + ¥242,500 = ¥3,892,500

(2)リース債務は流動負債と固定負債に分けて表示される。流動性配列法なので，退職給付引当金よりも下に表示されている金額が固定負債となるリース債務の金額である。

¥1,350,000 + ¥2,400,000 = ¥3,750,000

(3)利益準備金・別途積立金・繰越利益剰余金の合計金額である。

¥270,000 + ¥605,000 + ¥508,000 = ¥1,383,000

(4) $\dfrac{¥2,253,000 + ¥990,000 + ¥2,277,000}{¥1,375,000 + ¥1,490,000 + ¥285,000 + ¥300,000} \times 100 = 160$ （%）

(5) $\dfrac{¥2,253,000 + ¥990,000 + ¥2,277,000 + ¥2,242,500}{¥1,375,000 + ¥1,490,000 + ¥285,000 + ¥300,000} \times 100 = 225$ （%）

(6)株主資本と評価・換算差額等の合計金額を自己資本とするという条件に注意する。

$\dfrac{¥1,375,000 + ¥1,490,000 + ¥285,000 + ¥300,000 + ¥1,350,000 + ¥2,400,000}{¥5,000,000 + ¥800,000 + ¥270,000 + ¥605,000 + ¥508,000 + ¥17,000} \times 100 = 100$ （%）

■

(1)

貸 借 対 照 表

中国商事株式会社　　　　　　　令和○2年3月31日　　　　　　（単位：円）

資 産 の 部

Ⅰ　流　動　資　産				
1.　現　金　預　金			(	2,752,000)
2.　電　子　記　録　債　権	3,300,000			
貸　倒　引　当　金	△ 33,000		3,267,000	
3.　売　掛　金	(2,900,000)			
貸　倒　引　当　金	△(29,000)		(	2,871,000)
4.（有　価　証　券）			(	2,280,000)
5.（商　品）			(	4,340,000)
6.（前　払　費　用）			(	285,000)
7.（未　収　収　益）			(	13,000)
流　動　資　産　合　計			(	15,808,000)
Ⅱ　固　定　資　産				
(1)　有　形　固　定　資　産				
1.　備　品	2,800,000			
減　価　償　却　累　計　額	△(1,225,000)		(	1,575,000)
2.　土　地	4,500,000			
有　形　固　定　資　産　合　計			(	6,075,000)
(2)　投　資　そ　の　他　の　資　産				
1.（投　資　有　価　証　券）			(	1,892,000)
2.（関　係　会　社　株　式）			(	3,340,000)
3.　長　期　貸　付　金			(	2,000,000)
投　資　そ　の　他　の　資　産　合　計			(	7,232,000)
固　定　資　産　合　計			(	13,307,000)
資　産　合　計			(	29,115,000)

負 債 の 部

Ⅰ　流　動　負　債				
1.　電　子　記　録　債　務			2,740,000	
2.　買　掛　金			3,620,000	
3.（短　期　借　入　金）			(1,400,000)	
4.（未　払　法　人　税　等）			(1,220,000)	
流　動　負　債　合　計			(	8,980,000)
Ⅱ　固　定　負　債				
1.　長　期　借　入　金			(300,000)	
2.　退　職　給　付　引　当　金			(1,380,000)	
固　定　負　債　合　計			(	1,680,000)
負　債　合　計			(	10,660,000)

純 資 産 の 部

Ⅰ　株　主　資　本			
(1)　資　本　金			10,000,000
(2)　資　本　剰　余　金			
1.　資　本　準　備　金	4,000,000		
資　本　剰　余　金　合　計			4,000,000
(3)　利　益　剰　余　金			
1.　利　益　準　備　金	640,000		
2.　そ　の　他　利　益　剰　余　金			
①　別　途　積　立　金	230,000		
②　繰　越　利　益　剰　余　金	(2,993,000)		
利　益　剰　余　金　合　計		(3,863,000)	
株　主　資　本　合　計		(17,863,000)	
Ⅱ　評　価・換　算　差　額　等			
1.（その他有価証券評価差額金）	(592,000)		
評　価・換　算　差　額　等　合　計		(592,000)	
純　資　産　合　計		(18,455,000)	
負　債　及　び　純　資　産　合　計		(29,115,000)	

155

(2)

損　益　計　算　書

中国商事株式会社　　　令和○1年4月1日から令和○2年3月31日まで　　　　　　　（単位：円）

Ⅰ　売　　上　　高			52,879,000
Ⅱ　売　上　原　価			
1．期首商品棚卸高		4,930,000	
2．当期商品仕入高		（　40,390,000　）	
合　　　計		（　45,320,000　）	
3．期末商品棚卸高		（　4,640,000　）	
		（　40,680,000　）	
4．（商　品　評　価　損）		（　155,000　）	（　40,835,000　）
売　上　総　利　益			（　12,044,000　）
Ⅲ　販売費及び一般管理費			
1．給　　　　　　料		（　3,190,000　）	
2．発　　送　　費		954,000	
3．広　　告　　料		（　637,000　）	
4．（貸　倒　引　当　金　繰　入）		（　44,000　）	
5．（減　価　償　却　費）		（　525,000　）	
6．退　職　給　付　費　用		（　230,000　）	
7．支　払　家　賃		（　1,140,000　）	
8．保　　険　　料		84,000	
9．租　税　公　課		65,000	
10．雑　　　　　　費		134,000	（　7,003,000　）
営　業　利　益			（　5,041,000　）
Ⅳ　営　業　外　収　益			
1．受　取　利　息		（　13,000　）	
2．受　取　配　当　金		15,000	（　28,000　）
Ⅴ　営　業　外　費　用			
1．支　払　利　息		71,000	
2．有　価　証　券　評　価　損		（　180,000　）	
3．（棚　卸　減　耗　損）		（　145,000　）	（　396,000　）
税引前当期純利益			（　4,673,000　）
法人税，住民税及び事業税			（　1,870,000　）
当　期　純　利　益			（　2,803,000　）

解説

長期貸付金の利息は，7月末と1月末に半年経過するごとに¥39,000を受け取っているので，3月31日の時点では，2月分と3月分の2か月分の未収利息を計上することになる。

$$¥39,000 \times \frac{2か月}{6か月} = ¥13,000$$

2

(1)

損　益　計　算　書

四国商事株式会社　　　令和○3年1月1日から令和○3年12月31日まで　　　　　　　　（単位：円）

Ⅰ　売　上　高			72,300,000
Ⅱ　売　上　原　価			
1．期首商品棚卸高	6,250,000		
2．当期商品仕入高	（　56,200,000　）		
合　　計	（　62,450,000　）		
3．期末商品棚卸高	（　6,480,000　）		
	55,970,000		
4．（商品評価損）	（　176,000　）	（　56,146,000　）	
売上総利益		（　16,154,000　）	
Ⅲ　販売費及び一般管理費			
1．給　　　料	4,580,000		
2．発　送　費	1,373,000		
3．広　告　料	824,000		
4．（貸倒引当金繰入）	（　77,000　）		
5．（減価償却費）	（　710,000　）		
6．（退職給付費用）	（　180,000　）		
7．修　繕　費	（　267,000　）		
8．支払家賃	（　1,020,000　）		
9．保　険　料	（　360,000　）		
10．（ソフトウェア償却）	（　120,000　）		
11．（雑　　費）	（　246,000　）	（　9,757,000　）	
営業利益		（　6,397,000　）	
Ⅳ　営業外収益			
1．受取配当金	180,000		
2．雑　益	62,000	（　242,000　）	
Ⅴ　営業外費用			
1．支払利息	（　192,000　）		
2．手形売却損	110,000		
3．（棚卸減耗損）	（　144,000　）		
4．（有価証券評価損）	（　150,000　）	（　596,000　）	
経常利益		（　6,043,000　）	
Ⅵ　特別利益			
1．固定資産売却益	70,000	70,000	
Ⅶ　特別損失			
1．（投資有価証券売却損）	（　160,000　）	（　160,000　）	
税引前当期純利益		（　5,953,000　）	
法人税，住民税及び事業税		（　2,300,000　）	
当期純利益		（　3,653,000　）	

(2)

貸 借 対 照 表

四国商事株式会社　　　　　　　　令和○3年12月31日　　　　　　　　（単位：円）

資 産 の 部

Ⅰ　流　動　資　産
1．現　金　預　金　　　　　　　　　　　　　　（　4,716,000　）
2．受　取　手　形　　　　4,600,000
　　　貸　倒　引　当　金　△　　46,000　　　　4,554,000
3．売　　　掛　　　金　　　（　5,800,000　）
　　　貸　倒　引　当　金　△（　58,000　）　（　5,742,000　）
4．（有　価　証　券）　　　　　　　　　　　　（　3,550,000　）
5．（商　　　　　品）　　　　　　　　　　　　（　6,160,000　）
6．（前　払　費　用）　　　　　　　　　　　　（　150,000　）
　　　流　動　資　産　合　計　　　　　　　　　　　　　　（　24,872,000　）

Ⅱ　固　定　資　産
(1)　有　形　固　定　資　産
1．備　　　　　　　品　　　（　4,400,000　）
　　　減　価　償　却　累　計　額　△（　2,200,000　）　（　2,200,000　）
2．土　　　　　地　　　　　　　　　　　8,925,000
3．リ　ー　ス　資　産　　　（　800,000　）
　　　減　価　償　却　累　計　額　△（　320,000　）　（　480,000　）
　　　有　形　固　定　資　産　合　計　　　　　（　11,605,000　）
(2)　無　形　固　定　資　産
1．（ソ　フ　ト　ウ　ェ　ア）　　　　　　　　（　480,000　）
　　　無　形　固　定　資　産　合　計　　　　　（　480,000　）
(3)　投　資　そ　の　他　の　資　産
1．（投　資　有　価　証　券）　　　　　　　　（　3,000,000　）
　　　投　資　そ　の　他　の　資　産　合　計　（　3,000,000　）
　　　固　定　資　産　合　計　　　　　　　　　　　　　　（　15,085,000　）
　　　資　産　合　計　　　　　　　　　　　　　　　　　　（　39,957,000　）

負 債 の 部

Ⅰ　流　動　負　債
1．支　払　手　形　　　　　　　　　　　3,110,000
2．買　　掛　　金　　　　　　　　　　　4,120,000
3．（リ　ー　ス　債　務）　　　　　　　（　160,000　）
4．（未　払　法　人　税　等）　　　　　（　1,220,000　）
5．（未　払　費　用）　　　　　　　　　（　64,000　）
　　　流　動　負　債　合　計　　　　　　　　　　　　　　（　8,674,000　）

Ⅱ　固　定　負　債
1．長　期　借　入　金　　　　　　　　　4,000,000
2．（リ　ー　ス　債　務）　　　　　　　（　320,000　）
3．（退　職　給　付　引　当　金）　　　（　1,540,000　）
　　　固　定　負　債　合　計　　　　　　　　　　　　　　（　5,860,000　）
　　　負　債　合　計　　　　　　　　　　　　　　　　　　（　14,534,000　）

純 資 産 の 部

Ⅰ　株　主　資　本
(1)　資　本　金　　　　　　　　　　　　　　　　19,400,000
(2)　利　益　剰　余　金
1．利　益　準　備　金　　　　　　　　　950,000
2．そ　の　他　利　益　剰　余　金
①　新　築　積　立　金　　　　　　　1,100,000
②　（繰　越　利　益　剰　余　金）　（　3,973,000　）
　　　利　益　剰　余　金　合　計　　　　　　　　　　　　（　6,023,000　）
　　　株　主　資　本　合　計　　　　　　　　　　　　　　（　25,423,000　）
　　　純　資　産　合　計　　　　　　　　　　　　　　　　（　25,423,000　）
　　　負　債　及　び　純　資　産　合　計　　　　　　　　（　39,957,000　）

1

ア	400	千円	イ	7,400	千円
ウ	2,280	千円	エ	52,680	千円

解説

① 開始仕訳（単位：千円）

借　　方		貸　　方	
資　本　金	30,000	子 会 社 株 式	32,000
利益剰余金当期首残高	6,000	非 支 配 株 主 持 分	7,400
評　価　差　額	1,000		
の　れ　ん	2,400		

② のれんの償却（単位：千円）

借　　方		貸　　方	
の　れ　ん　償　却	120	の　　れ　　ん	120

③ 子会社の当期純利益の配分（単位：千円）

借　　方		貸　　方	
非支配株主に帰属する当期純利益	400	非 支 配 株 主 持 分	400

④ 配当金の修正（単位：千円）

借　　方		貸　　方	
受 取 配 当 金	800	剰 余 金 の 配 当	800
非 支 配 株 主 持 分	200	剰 余 金 の 配 当	200

①土地の時価9,000千円－土地の帳簿価額8,000千円＝評価差額1,000千円

　（資本金30,000千円＋利益剰余金6,000千円＋評価差額1,000千円）×非支配株主の株式保有割合20％

　　　　　　　　　　　　　　　　　　　　　　　　　　　　＝非支配株主持分7,400千円

　のれんの金額は仕訳の貸借差額から2,400千円となる。

②のれん2,400千円÷償却期間20年＝のれん償却120千円

③Ｓ社の当期純利益2,000千円×非支配株主の株式保有割合20％＝非支配株主に帰属する当期純利益400千円

④Ｓ社の配当金1,000千円×Ｐ社の株式保有割合80％＝受取配当金修正額800千円

　Ｓ社の配当金1,000千円×非支配株主の株式保有割合20％＝非支配株主持分修正額200千円

Ｐ社受取配当金800千円－④受取配当金修正額800千円＝受取配当金の連結P/L表示額0千円（表示なし）

当期純利益は連結P/Lの貸借差額から5,080千円となる。

当期純利益5,080千円－③非支配株主に帰属する当期純利益400千円＝親会社株主に帰属する当期純利益4,680千円

Ｐ社の利益剰余金当期首残高50,000千円＋親会社株主に帰属する当期純利益4,680千円－Ｐ社の剰余金の配当2,000千円

　　　　　　　　　　　　　　　　　　　　　　　　　　　＝利益剰余金当期末残高52,680千円

③非支配株主持分400千円－④非支配株主持分修正額200千円＝非支配株主持分当期変動額200千円

①非支配株主持分当期首残高7,400千円＋非支配株主持分当期変動額200千円＝非支配株主持分当期末残高7,600千円

①のれん2,400千円－②のれん償却120千円＝のれんの連結B/S表示額（未償却残高）2,280千円

❷

ア	8,290	千円	イ	130,000	千円
ウ	600	千円	エ	54,290	千円

解説

① 開始仕訳（単位：千円）

借　　　方		貸　　　方	
資　本　金	42,000	子 会 社 株 式	41,000
利益剰余金当期首残高	12,000	非 支 配 株 主 持 分	17,100
評　価　差　額	3,000		
の　れ　ん	1,100		

② のれんの償却（単位：千円）

借　　　方		貸　　　方	
の れ ん 償 却	110	の　れ　ん	110

③ 子会社の当期純利益の配分（単位：千円）

借　　　方		貸　　　方	
非 支 配 株 主 に 帰 属 する 当 期 純 利 益	1,500	非 支 配 株 主 持 分	1,500

④ 配当金の修正（単位：千円）

借　　　方		貸　　　方	
受 取 配 当 金	2,100	剰 余 金 の 配 当	2,100
非 支 配 株 主 持 分	900	剰 余 金 の 配 当	900

①土地の時価22,000千円－土地の帳簿価額19,000千円＝評価差額3,000千円

（資本金42,000千円＋利益剰余金12,000千円＋評価差額3,000千円）×非支配株主の株式保有割合30％

＝非支配株主持分17,100千円

のれんの金額は仕訳の貸借差額から1,100千円となる。

②のれん1,100千円÷償却期間10年＝のれん償却110千円

③S社の当期純利益5,000千円×非支配株主の株式保有割合30％＝非支配株主に帰属する当期純利益1,500千円

④S社の配当金3,000千円×P社の株式保有割合70％＝受取配当金修正額2,100千円

　S社の配当金3,000千円×非支配株主の株式保有割合30％＝非支配株主持分修正額900千円

P社受取配当金2,100千円－④受取配当金修正額2,100千円＝受取配当金の連結P/L表示額0千円（表示なし）

当期純利益は連結P/Lの貸借差額から9,790千円となる。

当期純利益9,790千円－③非支配株主に帰属する当期純利益1,500千円＝親会社株主に帰属する当期純利益8,290千円

P社の利益剰余金当期首残高50,000千円＋親会社株主に帰属する当期純利益8,290千円－P社の剰余金の配当4,000千円

＝利益剰余金当期末残高54,290千円

③非支配株主持分1,500千円－④非支配株主持分修正額900千円＝非支配株主持分当期変動額600千円

①非支配株主持分当期首残高17,100千円＋非支配株主持分当期変動額600千円＝非支配株主持分当期末残高17,700千円

①のれん1,100千円－②のれん償却110千円＝のれんの連結B/S表示額（未償却残高）990千円

A 1 XKB

160